城市轨道交通工程
地质风险分析与对策

住房城乡建设部工程质量安全监管司　　组织审定

北京城建勘测设计研究院有限责任公司

住房城乡建设部城市轨道交通工程质量安全专家委员会　组织编写

中国建筑工业出版社

图书在版编目(CIP)数据

城市轨道交通工程地质风险分析与对策/住房城乡建设部工程质量安全监管司组织审定.—北京:中国建筑工业出版社,2015.11

ISBN 978-7-112-18564-1

Ⅰ.①城… Ⅱ.①住… Ⅲ.①城市铁路—轨道交通—工程地质—风险分析 Ⅳ.①U239.5

中国版本图书馆CIP数据核字(2015)第248984号

地质条件是城市轨道交通工程建设的基础,在工程风险控制中应将其作为重要的风险控制因素。本书共分5篇共25章,分别从中国城市轨道交通工程与地质条件、常见土层的工程风险、特殊岩土的工程风险、不良地质的工程风险、地下水的工程风险五个方面,对黏土、粉细砂、卵砾石、软岩、硬岩、人工填土、软土、膨胀土、风化岩、黄土、空洞、土洞、有害气体、孤石、漂石、软硬复合地层、岩溶、地裂缝、地下水等地质条件的定义,形成的机理,在我国大陆分布的范围,岩土工程特性,在不同地质条件下采用不同工法施工可能存在的工程风险,以及针对不同风险应采取的控制措施等进行了详尽的阐述,同时配以大量的工程案例,图文并茂,由浅入深,将理论和实践、知识和经验紧密结合,既具较深的理论基础又是扎实的实践总结。

本书可供从事城市轨道交通工程建设管理、勘察、设计、施工、监理、风险管理等的技术人员、管理人员、施工操作人员使用。

责任编辑:刘 江 范业庶 万 李
责任设计:李志立
责任校对:陈晶晶 刘 钰

城市轨道交通工程地质风险分析与对策

住房城乡建设部工程质量安全监管司　　组织审定

北京城建勘测设计研究院有限责任公司　　组织编写
住房城乡建设部城市轨道交通工程质量安全专家委员会

*

中国建筑工业出版社出版、发行(北京西郊百万庄)
各地新华书店、建筑书店经销
北京永峥有限责任公司制版
北京市密东印刷有限公司印刷

*

开本:850×1168毫米　1/16　印张:19　字数:532千字
2015年11月第一版　2015年11月第一次印刷
定价:**48.00**元
ISBN 978-7-112-18564-1
(27799)

本书编审委员会

序

　　近年来，我国城市轨道交通工程建设不断提速。目前，国务院批复了 39 个城市的近期建设规划，总里程 6300 多公里，总投资额接近 3.3 万亿元，大部分工程将于 2020 年前建成。未来几年，城市轨道交通工程建设仍将保持高速发展态势。

　　城市轨道交通多为地下工程，地质条件和周边环境复杂，工程技术难度高，各地尤其是新开始建设轨道交通工程的城市普遍面临着经验不足，技术管理人才缺乏，一线作业人员技能欠缺等问题，亟需加强人员培训。为指导和规范地方培训工作，2015 年住房城乡建设部工程质量安全监管司组织专家编纂了城市轨道交通工程质量安全风险控制系列培训手册。编审人员广泛征求意见，充实内容，数易其稿，力求完善。

　　本套培训手册共分四册，即：《城市轨道交通工程安全风险管理体系构建指南》、《城市轨道交通工程地质风险分析与对策》、《城市轨道交通工程常见质量问题控制指南》、《城市轨道交通工程设备安装调试作业指南》。手册注重实操性，图文并茂、案例详实。既介绍法律法规、标准规范，又分析工程实践重点和难点；既阐释专业技术知识，又剖析常见问题和薄弱环节；力求学以致用，解决实际问题。

　　本系列手册适用于城市轨道交通工程建设主管部门和有关企业组织开展的针对技术管理和一线操作人员的培训工作。旨在让有关人员了解质量安全风险控制的重点难点和变化规律，强化各项措施落实，提高风险控制能力，确保工程质量安全水平。

住房城乡建设部　副部长：

2015 年 10 月

前　　言

　　地质体是城市轨道交通工程的载体，也是工程与周边环境相互作用的媒介，在城市轨道交通工程建设过程中，地质体也是工程施工改造的对象。我国幅员辽阔，各地的大地构造、地形地貌、水文气象等基础地质条件不同、地质现象众多，地质条件具有明显的复杂性和差异性。复杂的地质条件直接影响着工程建设的工期、造价和质量、安全，据不完全统计，在我国城市轨道交通工程建设过程中发生的各类工程风险事件中有70%以上与地质条件有关，其中明挖法工程风险事件中59%的事故原因与软弱土质相关，矿山法工程风险事件中50%的事故原因与地下水相关，盾构法工程风险事件中33%发生在软硬不均的地层中。由于地质条件的复杂性和不确定性可能导致工程风险，所以地质条件是城市轨道交通工程建设的基础，是重要的客观条件和风险因素，工程风险控制应将地质条件作为重要的风险控制因素。

　　工程地质是一项专业性很强的学科，除了必要的理论基础，更多的则是来自于实践的经验。准确地查明复杂的地质条件，分析判断并控制复杂地质条件可能给工程带来的风险，要求工程技术人员和施工人员具备必要的工程地质、岩土工程和不同施工工法的知识与经验。近年来，我国城市轨道交通工程建设迅速发展，有经验的专业技术和管理人员紧缺的问题日益突出，特别是岩土工程专业的技术人员更是短缺，工程建设中与地质条件相关的问题不断出现，在各类地质条件引发的工程事故中，基本都是由于设计人员和施工人员对地质条件的认识程度不够，采取的控制措施缺乏针对性或措施操作不当等导致工程事故发生。

　　为了方便城市轨道交通工程建设者对地质风险的认识，有效控制不良地质条件可能导致的工程风险，加强工程质量安全管理，避免或减少质量安全事故的发生，2014年初住房城乡建设部工程质量安全监管司组织开展了"典型地质条件下城市轨道交通土建工程风险控制措施及施工人员操作指南"课题的研究工作。住房城乡建设部城市轨道交通工程质量安全专家委员会、北京城建集团有限责任公司、北京城建勘测设计研究院有限责任公司、广州市地下铁道总公司、北京安捷工程咨询有限公司、天津市地下铁道集团有限公司、青岛市市政质量安全监督站、北京城建设计发展集团有限责任公司、北京市轨道交通设计研究院有限公司、中铁十六局集团有限公司等课题承担单位，联合编写了《城市轨道交通工程地质风险分析与对策》。

　　本书从技术和操作两个层面对黏土、粉细砂、卵砾石、软岩、硬岩、人工填土、软土、膨胀土、风化岩、黄土、空洞、土洞、有害气体、孤石、漂石、软硬复合地层、岩溶、地裂缝、地下水等地质条件的定义、形成的机理、在我国大陆分布的范围、岩土工程特性、在不同地质条件下采用不同工法施工可能存在的工程风险、针对不同风险应采取的控制措施等进行了详尽的阐述，同时配以大量的工程案例，图文并茂，由浅入深，将理论和实践，知识和经验紧密结合，既具较深的理论基础又有扎实的实践总结。

本书可供从事城市轨道交通工程建设管理、勘察、设计、施工、监理、风险管理等的技术人员、管理人员、施工操作人员在工作中参考。

由于时间仓促，本书中难免存在一些不完善、不准确、不恰当的地方，真诚希望读者提出宝贵意见。

本书编审委员会
2015 年 10 月

目　　录

第 1 篇

中国城市轨道交通工程与地质条件

第1章 工程地质概述

1.1 工程地质条件

工程地质条件可定义为与工程建筑有关的地质要素的综合，包括地形地貌条件、岩土类型及其工程地质性质、地质结构与地应力、水文地质条件以及物理（自然）地质现象等要素。由此可见，工程地质条件是一个综合概念。

工程地质条件是自然地质历史的产物，各地的工程地质条件反映了该地的地质发展过程及后生变化，即内外动力地质作用的性质和强度。工程地质条件的形成受大地构造、地形地势、气候、水文、植被等自然因素的控制。各地的自然因素不同、地质发展过程不同，其工程地质条件也就不同，即地质要素的组合情况不同，要素的性质、主次关系有所差异。工程地质条件各要素之间则是相互联系、相互制约的，这是因为它们受着同一地质发展历史的控制，形成一定的组合模式。例如平原区必然是碎屑物质的堆积场所，土层较厚，基岩出露较少，地质结构比较简单，物理地质现象也不很发育，地下水以孔隙水为主，天然建筑材料中土料丰富，石料缺乏。不同的地质条件对建筑的适宜性相差甚远，存在的工程地质问题也不一致。

由上述可知，认识工程地质条件必须从基础地质入手，了解地区的地质发展历史，各要素的特征及其组合的规律性，这对于解决实际问题是大有助益的。

工程地质条件的优劣在于其各个要素是否对工程有利。首先是岩土类型及其性质的好坏。坚硬完整的岩石如花岗岩、厚层石英砂岩、花岗片麻岩等，强度高，性质良好；页岩、黏土岩、炭质岩及泥质胶结的砂砾岩以及遇水膨胀、易溶解的岩类，软弱易变，性质不良，断层岩和构造破碎岩更软弱，这类岩石都是不利于地基稳定的，成为岩体研究中的重点。松软土中的特殊土如黄土、膨胀土、淤泥等也是不利因素，需要特别注意。岩土性质的优劣对轨道交通工程建设的安全、经济具有重要意义，软弱不良的岩土体工程事故不断、地质灾害多发，常须避开。地形地貌条件对建筑场地的选择，特别是对线性建筑如铁路公路，城市轨道交通等线路方案选择意义最为重大。如能合理利用地形地貌条件，不但能大量节省挖填方量，节约大量投资，而且对线路合理布局、结构形式、规模以及施工条件等也有直接影响。例如施工场地是否足够宽阔、材料运输道路是否方便等都决定于地形地貌条件。

地质结构包含地质构造、岩体结构、土体结构及地应力等，是一项具有控制性意义的要素，对岩体尤为重要。地质构造确定了一个地区的构造格架、地貌特征和岩土分布。断层尤其是活断层，确实给建（构）筑带来过很大危害。在选择建（构）筑物场地时必须注意断层的规模、产状及其活动情况。土体结构主要是指不同土层的组合关系、厚度及其空间变化。岩体结构除岩层构造外，更主要的是各种结构面的类型、特征和分布规律。不同结构类型的岩体其力学性质和变形破坏的力学机制是不同的。结构面越发育，特别是含有软弱结构面的岩体，其性质越差。岩体的地应力对建（构）筑物的施工和稳定性影响不容忽视。

水文地质条件是决定工程地质条件优劣的重要因素。地下水位较高一般对工程建设不利，地基土含水量大，黏性土处于塑态甚至流态，容许承载力降低，道路易发生冻害，隧洞及基坑开挖需进行排水。滑坡、基坑坍塌、边坡渗透变形以及许多地质灾害的发生都与地下水的参与有关，甚至起到主导作用。

物理地质现象是指对建（构）筑物有影响的自然地质作用与现象。地壳表层经常受到内动力地质作用和外动力地质作用的影响，这对建（构）筑物的安全造成很大威胁，所造成的破坏往往是大规模的，甚至是区域性的。例如地震的破坏性很大，滑坡、冲沟、泥石流的发生也给工程和环境造成无穷的灾难。在这些物理地质现象面前，只考虑工程本身的坚固性是不行的，必须充分注意其周围有哪些物理地质现象，对工程的安全有何影响，如何防治。只要注意研究其发生发展的规律，及时采取措施，可怕的物理地质现象是可以克服的。

1.2　全国地质概况

我国位于亚洲东部，太平洋西岸，大地构造位于欧亚板块的东南缘，与太平洋板块和冈底斯—印度板块相接。各地地质环境差异较大，地史发展不同，区域地质各具特色。总体而言，地层发育齐全，沉积类型多样；地质构造复杂，活动带与稳定区并存；岩浆活动频繁，地史演化漫长；变质作用类型多样，变质程度各异。我国是全球具有重要地质特色的地区之一，也是研究大陆地质构造特别是中新生代地壳构造演化的重要地区之一。多种多样的地质构造活动不仅为形成丰富的矿产资源提供了优越的成矿条件，而且构成了多姿多彩的地形地貌。

1.2.1　地理位置

我国领土面积约为 960 万 km^2，约占世界陆地面积的 6.4%，占亚洲面积的 21.8%，仅次于俄罗斯和加拿大，居世界第三位。位于亚洲的东部和中部，濒临太平洋，是一个海陆兼备的国家。

1.2.2　气候情况

我国气候的一个显著特点是类型多样。按照温度的不同，从南到北分为赤道带、热带、亚热带、暖温带、温带和寒温带六个热量带。按水分条件，自东南向西北，又有湿润、半湿润、半干旱和干旱之别。领土的辽阔、海陆位置和复杂的地形，是造成气候多样性的原因。

我国领土跨越了 49 个纬度，包容六个热量带，这是气候类型多样的基本因素。

我国位于欧亚大陆和太平洋之间。由于海陆的物理性质不同，导致表面热量状况不同，使冬夏在大陆和海洋上形成不同的温压场，而产生明显的季风。海陆二者面积越大，则季风越明显。我国正处于世界最大的大陆和最大的大洋之间，因而季风的影响最为深刻。广大的东部和南部地区均受夏季季风的影响而具有季风气候的特征。

地势的西高东低，山脉纵横交错，对气候的影响很大。冬季，高耸的青藏高原使西北内陆地区冷空气聚集更快，冷高压势更强，而且在高原的制约下，冷空气南下的途径偏东，导致东部地区冬季风更为猛烈，因而使这些地区冬季的气温比世界上同纬度的地区偏低。夏季的西南季风在高原的阻挡下，不能深入北上，只能绕过高原，在它的东南边缘进入西南、华南、华中和华东地区，加强了这些地区的降雨过程，而西北地区则发展为干旱少雨的荒漠气候。其次，东西向山脉常成为南北冷暖气候流的屏障，其中秦岭山脉的作用尤为突出，其北为暖温带，以南则为亚热带。北东向的山岭阻碍着东南季风的深入，使西北内陆地区更为干旱，东南低山丘陵区降水过程延长，降水量增加。各种地貌类型，都对局部地区的气候产生影响，如高山使气候产生垂直分异，从山脚到山顶重现前述的纬度分带和经度分带的特征，而且往往在向风侧成为降雨中心，背风侧的盆地成为高温中心，这种垂直分带现象在西部地区尤为明显。

1.2.3　地形和地势

我国的地形复杂多样：有低平宽广的平原，有起伏和缓的丘陵，有峰峦高耸的山地，有海拔较高、面积广大的高原，有周围高、中间低的盆地。我国的地形，从总体上看，山地多，平地少。山地约占全国陆地面积 2/3 以上，平地不足 1/3。海拔在 500m 以上的地区，约占全国陆地面积的 3/4（其中海拔在 3000m 以上的占 26%），在 500m 以下的占 1/4。

我国地势的总轮廓是西高东低，形成一个以青藏高原最高，向东逐级下降的阶梯状斜面，可明显分为三级阶梯，如图 1.2-1 所示。

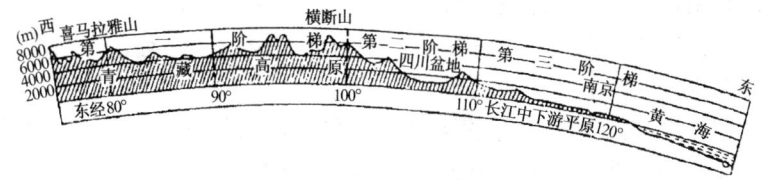

图 1.2-1　我国地势剖面图（沿北纬 32°）

最高一级阶梯为青藏高原，平均海拔 4500m，高原上横卧一系列的巨大山脉，自北而南有阿尔金山脉、昆仑山脉、念青唐古拉山脉和喜马拉雅山脉，东南部则是横断山脉。山岭之间镶嵌着辽阔的高原和无数的大小盆地。

青藏高原东缘至大兴安岭-太行山-雪峰山之间，为第二级阶梯，主要由高山、高原和大盆地组成，青藏高原之东有黄土高原、内蒙古高原、四川盆地和云贵高原；以北则为高大山系环抱的大型盆地，包括昆仑山与天山之间的塔里木盆地、天山与阿尔泰山之间的准噶尔盆地，这一阶梯海拔一般为 1000～2000m。盆地部分则往往降到 500m 以下，个别盆地还低于海平面。

沿着北东走向的大兴安岭-太行山-巫山-雪峰山以东至滨海之间的宽广平原和丘陵，这属第三级阶梯。在这级阶梯上，自北向南分布有东北平原、华北平原和长江中下游平原。长江以南还有一片广阔的低山丘陵，统称为东南丘陵。前者海拔均在 200m 以下，后者海拔大多在 500m 以下，只有少数山岭可达到或超过千米。这一阶梯的东部是大陆向海洋延伸的大陆架，这里碧波万顷，岛屿星罗密布，水深大都在 200m 以内。

1.2.4　水系情况

我国由于地域宽广，气候和地形差异较大，境内河流主要流向太平洋，其次为印度洋，少量流入北冰洋，其水系多按江河最终流向划分，另外部分河流最终流入内陆咸水湖泊，诸多河流在内陆消失于沙漠，对这类未最终流入海洋的河流也称内陆水系，内陆水系多为内陆湖泊和河流构成。对境内流域范围较小，支流较少的入海河流归入独立水系。我国境内最大的内陆水系为塔里木河，由若干主干道及多级河流构成，所有水流汇入塔里木河湮没于沙漠，青海湖构成最大的湖泊水系；由水系构成的集水区称为流域。雅鲁藏布江及狮泉河属印度洋水系。额尔齐斯河属北冰洋水系。我国境内"七大水系"均为河流构成，为"江河水系"，均属太平洋水系。"七大水系"以其主干流命名，分别为珠江水系、长江水系、黄河水系、淮河水系、海河水系、松花江水系、嫩江水系等。

1.2.5　各类土的区域分布

由于气候和地貌条件的影响，我国各类土的分布表现了明显的地区性特点。

在我国的西北部，高原干旱区广泛分布着风成的戈壁砾石和沙漠松砂，以及与风成有关的厚层黄土；盆地中堆积了潮湿时期的湖积物，并以近代盐碱堆积物和盐渍土为特点；山麓地带洪积物很发育，沿河谷则有冲积物存在；高山地区有多次冰期的冰渍物以及多年冻土和季节冻土分布。

在华北平原与东北平原，堆积着巨厚的沉积层，包括黄土状土，并有各时期的湖沼沉积物，部分为有机软土。山麓地带常有风成黄土。从山顶到山麓，还规律性地分布着残积物、坡积物和洪积物，其中太行山麓和辽东半岛还有残坡积红黏土。东北北部有岛状多年冻土以及广大地区广泛分布着不同厚度的季节性冻土。

青藏高原以冰川、冰水和湖沼堆积物为主，多年冻土和季节冻土都十分发育。

西南山地以残坡积物为主，广泛发育着更新世时期形成的残积红土，或经坡积、冲洪积改造的次生红土，还有各种冲洪积物。成都平原中黏土分布很广，并有各冰期的冰渍物和冰水沉积物。膨胀土的分布也较广泛。

东南丘陵区广泛分布着以冲积为主的网纹红土和各种残积红土，其次为冲积物和湖积物，其中最具特色的是长江中下游的冲积黄土状土和现代湖积土。此外，膨胀土也零星分布。

在近 20000km 长的海岸线内外，广泛分布着海相和海陆交互相沉积物，其中现代淤泥是最具典型意义的软土，同时，还零星分布有盐渍土。

1.2.6　典型特殊性土的区域分布

我国的黄土分布在沙漠的外缘，西起昆仑山，东南到淮阳、秦岭山地，总体呈带状展布。大致可分为三段：青海湖和乌鞘岭以西为西段；大兴安岭和太行山以东为东段；二者之间的黄河中游地区为中段，此地区黄土分布最为集中，其覆盖面积约 300000km^2，平均海拔 1000m 或更高些，覆盖厚度 100～200m（如洛川塬为 180m，董志塬达 200m，最厚的在兰州附近，厚达 400m），如此广泛而巨厚的黄土沉积，构成了独特的黄土地貌，是世界最大的黄土高原。黄土是在比较干旱的气候条件下产生的。黄土的颗粒成分以粉粒为主，其次是细砂和黏粒。其矿物成分高度均一，以原生的石英长石和云母占绝对优势（达90%）。阿拉善以西的广大沙漠，戈壁地区是黄土的重要补给区，强大的风力则是把细粒的黄土物质带到它的堆积地带的动力。另外，西北山岳冰川地区可能也是黄土物质的来源之一。

膨胀土是胀缩性较大的一种黏性土，所含黏土矿物主要来源于基性火成岩、中酸性火山岩、泥岩、黏土岩及页岩的风化产物，多为残积、坡积成因，冲洪积成因者也有，但较少。所以此类土多形成于湿润的暖温带及亚热带。我国膨胀土主要分布于中南各省，如湖北、四川、云贵、广西、陕南、安徽等处。

红土主要分布在南方各省区，其中以云贵、四川东部、两湖和两广北部等地区最为发育。它们通常产出在山间盆地、洼地、低山丘陵地带的顶部、缓坡及坡脚地段。红土是在气候湿热、雨量充沛的条件下，碳酸盐岩、玄武岩、页岩等岩石经强风化作用，由残积、坡积而形成的土层。其厚度受下伏基岩起伏的影响，变化较大，一般在 10m 左右，个别地带可达 20～30m。

我国东部、东南沿海、河流的河口三角洲及新淤滩地广泛分布着淤泥质软土。这种土是在静水或水流滞缓，富有机质缺氧的环境中沉积并经生物化学作用而形成的。其孔隙比大于 1，天然含水量大于液限，一般呈软塑状态，是一种抗剪强度很低、压缩性很强的软弱土。这种土厚度一般较大，接近地表处有时有一硬壳层。在各大湖周边、东北三江平原、川西若尔盖草原、青藏高原等多年冻结区，也零星分布有厚度不大的湖泊沼泽相的淤泥质软土。

1.2.7　水文地质条件的区域性特征

我国水文地质条件有明显的区域性特征。首先是孔隙、裂隙、喀斯特等不同的含水介质的空间分布具有区域规律性，于是就有主要分布于我国东部冲积及沉降平原的孔隙含水层，主要分布于西部山区的裂隙含水层和广泛分布于我国西南滇、黔、桂三省的裸露于地表的喀斯特含水层。其次是东南降水量较大而形成湿润区与西北形成显著差异的水文地质条件，再由于东北大兴安岭北部的高纬度地带和青藏高原的高寒地区年平均气温低于 -2℃ 而形成了多年冻结层，于是在这两个地区就有多年冻结区地下水这一特有的水文地质条件。

同，尤其是颗粒级配不良时，易出现井壁坍塌、导管施工困难等在施工过程中容易导致井壁坍塌；大颗粒卵石对井壁稳定性影响很大，处理大颗粒卵石时，容易出现井壁超挖失稳；在竖井侧壁开挖时开挖步距过大、支护不及时，更容易出现侧壁坍塌。

（2）风险对策

1）控制竖井开挖步距，分层分段进行土体开挖，及时进行支护。开挖后出现侧壁自稳能力不足时，可对侧壁先进行水泥砂浆喷护，再进行初支施作。

2）对松散、级配不良、自稳能力差的卵石通过井壁小导管注浆加固地层。采用小导管超前支护预加固地层技术，通过注浆，使小导管周围地层形成承载侧壁，在小导管及承载侧壁的棚架作用下开挖土体既安全又稳妥，此时小导管起到悬臂支撑的作用可有效地控制竖井侧壁坍塌。

3）必要时在竖井开挖过程中架设临时钢支撑。

4）对初支背后空洞进行探测和及时注浆回填。

6.3.2　涌水涌砂风险

（1）风险分析

在竖井及隧道开挖过程中，由于地下水控制效果不佳、管线渗漏或突然破裂等，产生涌水、涌砂现象，造成地面过量沉降，严重时会导致已经形成的支护背后形成空洞，而产生竖井侧壁、隧道坍塌事故（图6.3-1）。

（2）风险对策

1）隧道开挖施工前，对沿线地层和管线进行一次普查，发现有管线渗漏的情况立即通知相关单位进行修补和加固，同时采取可靠的保护措施。

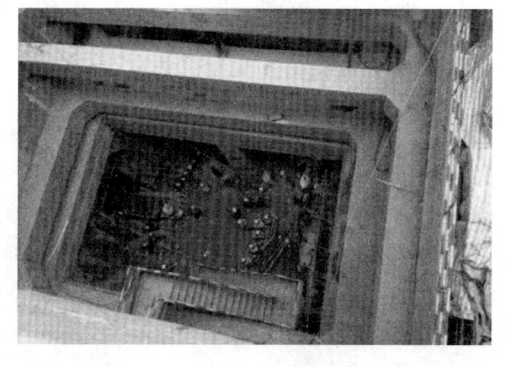

2）对不良地质提前采取加固措施。

图6.3-1　施工竖井涌水事故图

3）详细调查地下水的补给来源、采取措施切断其补给。

4）加强地下水位监测、井壁和隧道渗漏水巡视。

6.3.3　马头门开挖坍塌风险

（1）风险分析

马头门受力是复杂的立体交叉体系，确保交叉结构的安全稳定对控制地表及周边建筑物沉降异常重要。卵砾石地层稳定性较差，在竖井侧壁破除马头门，极易造成地层稳定性破坏，局部结构受力破坏导致马头门开口处受力体系失稳，导致坍塌。

（2）风险对策

1）在马头门处进行超前小导管注浆，确保注浆质量。

2）马头门处连立3榀格栅，与竖井格栅连接筋焊接一起，且浇筑混凝土形成整体式环梁。

3）对于地层松散、小导管难以打设或环境复杂地段采用深孔注浆加固。

6.3.4　拱顶及开挖面坍塌风险

（1）风险分析

卵砾石层颗粒之间孔隙较大，渗透性较强，无黏聚力，当地层松散，颗粒级配不良时，小导管施工困难，注浆范围难以控制，同时卵石地层容易出现开挖面超挖等导致拱顶及开挖面坍塌。卵石地层颗粒粒径差异较大，特别是处理大颗粒卵石时，容易出现开挖面超挖及拱顶失稳。

如果超前注浆加固效果不好、开挖步距太大或钢格栅架设不及时、喷射混凝土不及时、超挖严重导致开挖范围超出超前注浆范围加固区、各种原因导致的钢格栅封闭不及时或拱角不实、带水作业时，更容易出现拱顶及开挖面坍塌的施工风险。

（2）风险对策

1）选择适宜的降水、排水方案，确保无水作业。

2）加强超前支护施工质量，保证超前小导管或管棚的数量、长度、外插角和搭接长度，严格控制注浆和注浆压力，并根据地层特性调整注浆参数及工艺。

3）拱部采用人工开挖、预留核心土，保证在加固范围内开挖，严禁挖"神仙土"；台阶长度不得超过一倍洞径；上台阶开挖时拱角应垫牢垫实，严格按设计要求打设锁脚锚杆，保证锁脚锚管的长度及角度，保证纵向连接筋和钢筋网的焊接和搭接质量；下台阶"接腿"和仰拱施工要一次成形，保证封闭成环；开挖完成后及时架设钢支撑和喷射混凝土。

4）及时进行背后回填注浆。

5）开挖过程中如出现小范围的局部坍塌时，应立即停止开挖，并封堵开挖面，根据地质情况、坍塌范围和部位，待制订可行的防止继续塌落措施后方可继续施工。

6）加强监控量测，根据监测结果调整施工工艺和参数。

6.3.5　导洞初支失稳的施工风险

（1）风险分析

由于卵砾石具有渗透性强、级配不良、孔隙大且连通等工程特性，如果临时支撑的数量不足或刚度、强度不足、临时支撑架设和连接不及时或不符合要求、喷射混凝土不及时或不符合要求、由于后回填注浆压力过大或其他原因造成的导致初期支护承受过大荷载、在临时支撑拆除时间、方式、顺序等不符合要求时，很可能发生导洞初支失稳的施工风险。

（2）风险对策

1）从超前支护、格栅间距、开挖步序、开挖台阶长度等方面按设计文件要求组织施工，对有临时支撑的工法施工时，应严格控制每步的开挖断面尺寸。

2）保证钢格栅和纵向连接筋，特别是临时支撑的连接和焊接质量。

3）施工过程中防止临时仰拱堆载过大或动载过大。

4）在二衬施工前，严格按照设计及施工组织设计的要求方式、时间和顺序拆除临时支撑。

5）加强拱顶沉降、收敛和应力应变的监控量测工作，并加强对检测数据的整理分析，如发现异常立即停止施工，对初支进行加固。

6）进行背后回填注浆时，随时检测初支的变化情况，严格控制注浆压力。

6.3.6　小导管施作困难风险

（1）风险分析

卵砾石地层强度大、硬度高、颗粒粒径差异大，在卵砾石地层中小导管打入设计深度难度非常大，如遇到漂石更是难上加难。

（2）风险对策

1）针对卵砾石地层小导管打设困难，相对一般地层而言，小导管参数选择时尽量选用"短"、"细"钢管；"短"指的是在保证1m重叠基础上每榀一打，榀距视小导管打设难易进行调整；"细"指的是小导管在保证刚度要求的前提下尽量减小管径，以减少打设摩擦阻力，方便打设。

2）在施工过程中对难以自稳的卵石地层，可首先预埋套管喷射混凝土封闭掌子面，然后从套管内风镐顶进小导管，以稳定工作面，避免小导管打设时振动坍塌。

3）必要时机械成孔，深孔注浆。

6.3.7 大管棚施作地层沉陷风险

（1）风险分析

卵砾石层颗粒之间孔隙较大，渗透性较强，卵石粒径差异大，成孔过程中，孔径难以圆顺，孔壁难以平顺，容易出现超径现象，出土量过大时形成空洞，如回填注浆不及时，会导致上覆土层塌落引起地面沉陷。

（2）风险对策

1）采用先进管后出土成管工艺，尽量避免采用水钻法施工。

2）采用潜孔锤跟管钻进法。由于动力作用在管内，出屑在管内完成，因此施工中不会造成局部空穴使地层沉陷；同时，由于管棚管及潜孔锤配合跟进，避免成孔后插入管棚前塌孔。

3）及时探测地层空洞，采取回填注浆措施。

6.3.8 管棚施工角度偏差过大的施工风险

（1）风险分析

由于大粒径卵砾石地层强度差异大，大颗粒卵石随机分布，因此钻进方向很难控制导致偏斜，容易发生偏离预定轴线情况。

（2）风险对策

对直径大、施作长的管棚偏移控制可采用以下措施：

1）采用有线仪器定向、一次性导向跟管钻进技术，以管棚钢管为钻杆，采取钻进、铺管一次完成。

2）上下偏移控制。水平钻进受钻具自重影响，钻具前端易下垂，为了减少纠偏的工作量，控制环状间隙的扩大，开孔定位时，管棚中心距隧道初支结构开挖外轮廓 250mm，钻进时用水平导向仪及钻具前面的探头控制鸭板式钻头（内设单向阀）调整钻进轨迹（垂向），保证棚管打设满足设计要求。需要纠偏时，当钻头斜面向下，小冲程给进钻杆，钻头将逐步上抬，达到向上纠偏的目的；同理，当钻头斜面向上，可达到向下纠偏的目的。管棚的横向偏差主要通过初始段管棚钻杆的轴线方向来控制。施工时要保证钻机的横向稳定，并严格控制孔内环状间隙的扩大；钻具顺时针旋转，产生右旋力，可能会使钻孔水平向右偏斜，但偏斜幅度较小，在细碎屑较均质地层中钻进时易控制，开孔定方位时给以方位角纠偏值，可以达到质量要求。

3）方位偏移控制。钻进过程中钻机操作人员通过远程显示器上的倾角值对钻头倾角进行控制，钻头倾角偏差控制在 ±0.3% 以内，发现偏差过大则通过远程显示器上钻头钟面值对钻头进行倾角调整，一般测试频率为每米或每节钻杆测一次。为保证整条钻进轨迹的精度，在一次性导向跟管钻进长管棚施工中，还要利用钻杆即管棚钢管做导向。即开始钻进前用经纬仪准确测定钻杆的轴线方向，按设计方向钻进。钻进 10～20m 后，管棚内接入照明线路，用经纬仪复测管棚的轴线方向。满足要求后，在该段管棚的导向下，可保证整个钻进轨迹不发生大的偏差。此外，钻具顺时针旋转，产生右旋力，可能会使钻孔水平偏斜，但水平偏斜幅度较小，在细碎屑较均质地层中钻进时易控制，开孔定方位时给以方位角纠偏值，可以达到质量要求。

4）加强过程监控与纠偏。开钻前，应精确核定孔位，保证钻机钻杆线与管棚设计轴线吻合以及钻机在钻进时不产生偏移和倾斜。每钻进一节钻杆要记录远程显示器上钻头钟面值，若偏差较大，应及时对钻头进行倾角调整。钻进 20m 后，停止钻进，开始进行管位测斜。管棚测斜采用灯光测斜原理，用经纬仪复测管棚的轴线方向，若满足要求，则继续钻进；若偏差较大，应进行横向调整，甚至重新开钻。

6.4　盾构法施工工程风险分析

6.4.1　端头加固效果不佳风险

（1）风险分析

端头加固主要是指对盾构始发和盾构接收范围内地层进行加固，使得端头加固土体同时满足强度、稳定性、渗透性以及盾构几何构造尺寸的要求，确保盾构顺利始发与接收。加固效果的好坏对始发与到达阶段施工的安全非常重要，合理选择端头加固范围、加固方法很重要，目前旋喷、搅拌与注浆法比较常用。

卵砾石地层具有区域差异性大、密实度高、渗透性强、粒径大、孔隙大且连通性好等工程特性，当卵石地层富含地下水时，由于卵石地层加固时容易出现桩孔垂直度不够，桩身偏斜，加固体不连续，桩间不咬合，加固体的抗渗性达不到要求等问题，导致盾构始发到达时出现坍塌事故。

（2）风险对策

1）采取降水措施，将地层中的地下水降至开挖面以下。

2）地面深孔注浆加固或水平深孔注浆加固。常规的搅拌桩对砂卵石地层尤其是在存在地下水时不适用。深孔注浆加固方法是通过地质钻机进行成孔，采用高压泵分层注浆，以改善端头土体的物理力学性质，提高土体的强度和稳定性，并起到止水的作用。目前，水平注浆法在深圳地铁、广州地铁、天津地铁、北京地铁的盾构始发与到达端头加固、盾构隧道的联络通道的加固中都得到了应用，并取得了较好的效果。

3）根据卵石地层的密实程度、渗透性确定注浆孔的深度、间距和加固范围。当需采用注浆止水时应加密注浆孔间距，加大注浆范围。

4）加固过程控制。加固施工过程严格控制注浆压力、注浆量等工艺参数，严格控制钻孔垂直度等。重点控制端头加固的薄弱环节。

5）采用相关试验手段对加固体的强度和渗透性等性能进行检测。

6.4.2　盾构掘进中刀盘刀具磨损风险

（1）风险分析

卵砾石地层中的砾石具有强度高、硬度大、耐磨性好等特点。盾构在此地层中掘进，靠近刀盘外侧的刀具会因冲击作用首先被磨损，而过大的扭矩及推力会加剧刀具的冲击磨损；同时，卵砾石地层分布不均匀，刀盘与刀具还会出现异常磨损，降低盾构掘进效率。而且，由于卵砾石颗粒之间摩擦阻力大，在土体改良效果欠佳时难以获得良好的流动性，加之砾石本身含石英、长石等硬质矿物较多，使得切削土体时刀盘容易过热，会加剧刀盘、刀具、螺旋输送机的磨损，以致施工过程中换刀频繁，造成工程成本和风险增加。

（2）风险对策

1）根据地层特点选取合理的刀盘刀具

刀具的选择及其在刀盘上的布置必须充分与所开挖的地层特性相适应，才能取得预期效果。卵砾石粒径大、含量及强度高，且分布不均，刀具的选择与配备非常复杂，卵砾石地层不像硬岩地层，地层软硬不均，卵石之间属于点对点传力，卵石之间支撑不足，单纯使用滚刀破岩无法取得预期的效果。同时由于卵砾石粒径大，且成分中石英含量较高，对刀具磨损严重，使用软土地层的切削刀具磨损严重，无法长距离掘进，也不能取得高效的掘进效率。因此，如何选择合适的刀具及合理地将其在刀盘上进行布置，对盾构掘进效率的高低有着重要的影响，甚至直接关系到施工的成败。

目前常用的刀盘结构形式有面板式、辐条式及辐板式三种。

面板式刀盘一般为焊接箱形结构，其上设置刀座、刀具、开口、添加剂注入口及与主轴承连接部件（图 6.4-1）。切刀布置在面板上开口的两侧，滚刀布置面板是刀座。刀盘开口率较小，在 30% 左右，属闭胸式。目前，我国使用的盾构大部分为面板式刀盘结构，如上海地铁施工用的是法国 FCB 盾构，北京、广州、深圳及南京等地用的是海瑞克盾构。

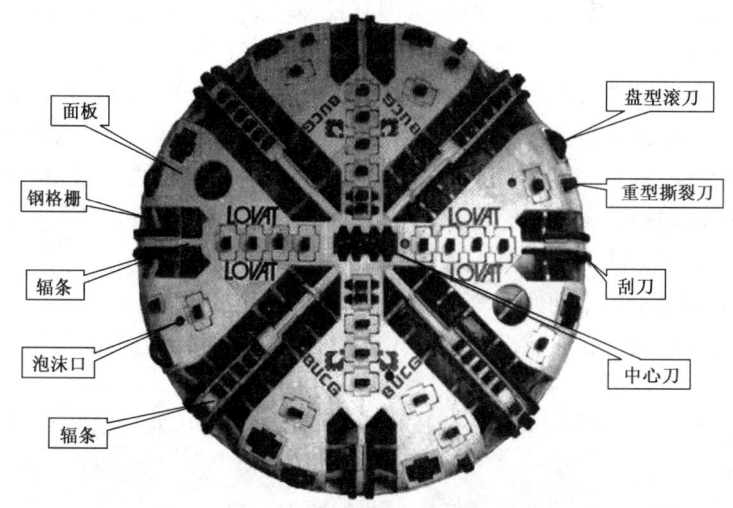

图 6.4-1　面板式刀盘

辐条式刀盘主要由轮缘、辐条及布设在辐条上的刀具组成。刀具布置在辐条的两侧，一般较难布置滚刀（图 6.4-2）。刀盘开口率很大，在 60% ~ 95% 之间，属开敞式。以往，辐条式刀盘应用较少。最近，在日本地铁工程中辐条式刀盘应用开始增多。我国盾构工法也开始应用辐条式刀盘，如北京地铁 4 号线使用的石川岛播磨 $\phi6.14m$ 盾构（开口率 95%）、小松 $\phi6.3m$ 盾构（开口率 62%），上海地铁 M6、M8 使用的石川岛播磨 $\phi6.52m$ 双圆盾构（开口率 85%）。

辐板式刀盘兼有面板式和辐条式刀盘的特点，由较宽的辐条和小块幅板组成，切刀和滚刀分别布置在宽辐条的两侧和内部，开口率约在 35% ~ 50% 之间（图 6.4-3）。如北京地铁 4 号线试验的三菱重工 $\phi6.14m$ 盾构、天津地铁 1 号线使用的小松 $\phi6.32m$ 盾构及武汉长江隧道试验的法国 NFM$\phi11.38m$ 复合式泥水盾构。

图 6.4-2　辐条式刀盘

图 6.4-3　辐板式刀盘

具体应用时采用哪种刀盘型式，应根据施工条件和土质条件等因素决定。泥水平衡盾构刀盘一般采用面板式或辐板式，而土压平衡盾构刀盘根据土质条件可采用面板式、辐条式及辐板式。不同的刀盘型式在土仓构造、开挖面稳定、土压保持、砂土的流进性、刀盘负荷和扭矩及检查换刀等方面存在较大的差异。卵砾石地层一般宜选取开口率较大的辐条式刀盘和耐磨刀具。

2）土体塑流化改良

盾构在卵砾石地层中掘进极为困难，为适应卵砾石这种地层施工，在加泥的基础上同时使用泡沫系统。利用加入泡沫改善土体粒状构造，吸附在颗粒之间的气泡可以减少土体颗粒与刀盘系统的直接摩擦，降低土体的渗透性。又因其比重小，搅拌负荷轻，容易将土体搅拌均匀，从而达到既能平衡开挖面土压，又能连续向外顺畅排土的目的。

另外，盾构在卵砾石地层推进施工时，刀盘切削土体容易使刀盘过热，影响盾构的机械性能；另一方面，螺旋机也会因工作扭矩过大而发热，影响其性能，严重时甚至停转。因此，必须通过往泥仓内加注改良材料的方式来改善土质，起到减摩的作用，满足螺旋机运输的性能，并起到冷却刀盘的作用。

因此，加泥、加泡沫的功效主要表现为以下几个方面：

①改善切削土体的塑性流动性。

②良好的塑流性使土体受力状况得到了改善，易于保持开挖面的稳定。

③使开挖面土体及切削下的土体具有良好的止水性。

④防止切削土粘附在刀盘及螺旋输送机内，避免闭塞现象，减轻机械负荷，降低刀盘扭矩，同时也提高掘进速度。

⑤对刀盘、螺旋输送机起减磨冷却作用，减少换刀次数。

3）合理选择塑流化改造材料

①加泥材料主要由膨润土、润滑剂、流化剂以及水组成。

②发泡剂属阴离子表面活性剂，由烷基磺酸盐发泡剂和羧甲基纤维素增黏剂以及其他助剂复配形成。

③根据施工经验，加泥与泡沫量的总和一般不超过土方开挖的35%，控制在20%～40%之间。

4）合理选择施工参数

根据地层特点和试掘进情况，合理选择刀盘扭矩、盾构推力、土压力、刀盘转速、贯入度等施工参数，施工中应密切观察推力、扭矩、渣土性状、机体振动状态等，分析其原因，采取应对措施。应设定异常掘进的警戒推力及扭矩值，如遇异常情况，应立即停机检查。

6.4.3　盾构掘进方向偏离的施工风险

（1）风险分析

由于大粒径卵砾石力学性质差异大，且分布不稳定，盾构姿态控制困难，容易发生盾构掘进方向偏离预定轴线情况。偏差超过一定限界时，轻则会使管片倾斜、错台、盾尾间隙变小使管片局部受力恶化，并造成地应力损失增大而使地表沉降加大；重则影响线路线型，甚至导致接口部位结构限界不能满足设计要求。

（2）风险对策

1）采用自动导向系统和人工测量辅助进行盾构姿态监测。自动导向系统配置了导向、自动定位、掘进程序软件和显示器等，能够全天候在盾构机主控室动态显示盾构当前位置与隧道设计轴线的偏差以及趋势。据此调整控制盾构掘进方向，使其始终保持在允许的偏差范围内。

随着盾构推进导向系统后视基准点需要前移，可以通过人工测量来进行精确定位。为保证推进方向的准确可靠，应每周进行两次人工测量，以校核自动导向系统的测量数据并复核盾构的位置、姿态，确保盾构掘进方向的正确。

2）采用分区操作盾构推进油缸控制盾构掘进方向。根据线路条件所做的分段轴线拟合控制计划、导向系统反映的盾构姿态信息，结合隧道地层情况，通过分区操作盾构机的推进油缸来控制掘进方向。

推进油缸按上、下、左、右分成四个组，每组油缸都有一个带行程测量和推力计算的推进油缸，根据需要调节各组油缸的推进力，控制掘进方向。

在上坡段掘进时，适当加大盾构机下部油缸的推力；在下坡段掘进时则适当加大上部油缸的推力；在左转弯曲线段掘进时，则适当加大右侧油缸推力；在右转弯曲线掘进时，则适当加大左侧油缸的推力；在直线平坡段掘进时，则尽量使所有油缸的推力保持一致。

6.4.4　盾构掘进开挖面失稳风险

（1）风险分析

1）全断面卵砾石地层。卵砾石地层颗粒之间为点对点传力模式，地层反应灵敏，盾构周围地层成拱性极差。若开挖面支撑压力不足，或螺旋输送机的排土量大于刀盘切削土量时，在刀盘前上方会产生较大的空洞区域，卵石或砾石将相继松动，在开挖面上方将会引起较大的塌落区，继而使得上覆土层产生较大的松动范围。若盾构隧道覆土较浅，将引起较大的地表沉降。如果上覆土体抗剪强度较低，稳定性较差，还会引起冒落、塌方的危险。

2）部分断面为卵砾石地层。盾构穿越部分断面卵砾石地层时，开挖面的稳定性与开挖面土体的强度和稳定性、上覆土体的强度及稳定性，以及开挖范围内卵砾石的分布状况都有密切的关系。当卵砾石位于盾构开挖面的下半部，上部为细砂、中粗砂层时，开挖面上方土体也会发生塌落和松动的情况。

（2）风险对策

1）实时监控和调整盾构掘进参数。盾构掘进过程中实时监控盾构施工参数，并对关键参数作出实时有效的调整，使得刀盘扭矩、推进油缸的推力、刀盘转速、推进速度，土压力等参数控制在正常的范围内，使得盾构土仓内的泥土压力足以与地层土压力相互平衡。

2）保持动态平衡。时刻保持开挖面切削土量与螺旋输送机排土量的平衡，以使得泥土压力与地层水土压力保持动态平衡。

3）地层塑流化改造。向土仓及开挖前方注入优质泡沫及膨润土等土体改良剂，对开挖面及土仓内土体进行塑流化改造，改善开挖面卵砾石地层的力学性质的同时，使得土仓内土体保持一种"塑流性状态"，同时有利于改善盾构刀盘和螺旋输送机的工作环境。

6.4.5　盾构掘进滞排风险

（1）风险分析

在卵砾石地层中掘进时，由于卵砾石颗粒硬度高、粒径大，一般不易破碎，进入土（泥水）仓后会导致机械损坏如磨损搅拌棒、卡死螺旋机，或堵塞螺旋机、堵塞泥水管路等。

（2）风险对策

1）在无水可以自稳地层应优先选择土压盾构，加大刀盘开口率。

2）应采用重型单刃滚刀，加密刀间距。或配置先行刀和刮刀。

3）控制刀盘厚度，做好刀盘周边刀具配置。

4）泥水盾构应配置破碎机，加强泥水循环系统能力。

6.4.6　盾构开仓坍塌风险

（1）风险分析

卵砾石地层力学性质极其不稳定，无黏聚力，自稳时间短，盾构在该地层中进行开仓，容易引发卵砾石坍塌事故，严重时可能会危及地表建（构）筑物的安全，造成巨大的经济损失。

（2）风险对策

根据卵石级配、松散程度和颗粒大小等岩土参数确定选用合适的地层加固工艺及参数，当选用旋喷桩加固时应考虑卵石地层难以切割，影响加固范围，应加密钻孔间距。当选用深孔注浆工艺时，应考虑卵石地层难以控制注浆范围，应分层分段进行注浆。

第7章　软岩的工程风险

7.1　软岩典型地质条件

7.1.1　定义

目前，人们普遍采用的软岩定义为地质学描述的范畴，即地质软岩和工程软岩。地质软岩是指强度低、孔隙度大、胶结程度差，受构造面切割及风化影响显著或含有大量泥质、炭质、膨胀性黏土矿物的松、散、软、弱岩层。该类岩石多为泥岩、页岩、粉砂岩和泥质矿岩，是天然形成的复杂地质介质。工程软岩是指在工程力作用下能产生显著塑性变形的工程岩体，具有软、弱、松、散等低强度的特点，承受荷载的能力极低，一定的应力水平（或埋深）条件下，施工中极易产生较大的施工变形。工程软岩强调软岩所承受的工程力荷载的大小，强调从软岩的强度和工程力荷载的对立统一关系中分析、把握软岩的性质（图7.1-1）。

图7.1-1　软岩

7.1.2　成因

7.1.2.1　软岩的成因类型

软岩从成因方面考虑可分为原生类型和次生类型，后者还可划分为风化软岩与断裂破碎软岩。

（1）原生类型软岩，主要是指沉积岩。它是由松散堆积物在温度不高和压力不大的条件下形成的，是地壳表面分布最广的一种层状岩石，黏土基质含量高，胶结程度差，吸水时往往具有膨胀性与易溶性，其工程性质与胶结物成分及含量密切相关，如黏土岩、泥质沙砾岩、页岩、泥灰岩、疏松砂岩、云母片岩、岩盐、石膏等。

（2）风化软岩。岩体的风化程度随深度的增加而减弱，按风化剖面将其风化程度划分为五带：未风化带、微风化带、中等风化带、强风化带及全风化带。对于硬质岩石风化成的软岩主要是全风化带与强风化带及少数中等风化。

（3）断裂破碎软岩。是由构造应力作用形成的软岩，主要包括断裂带中的软弱糜棱岩、火成岩侵入过程中的接触变质破碎软岩、层间错动的软弱层。这类软岩对工程稳定影响最严重的是层间错动的软弱层。

7.1.2.2　软岩按时代划分

不同地质时期形成的软岩其经受的构造运动次数不同，成岩和压密作用不同，因而黏土矿物成分及含量也各不相同。按生成时代和黏土矿物特征可将软岩分为三种类型：

（1）古生代软岩，主要包括中上石炭系及二叠系软岩，其主要的黏土矿物为高岭石，其次为伊利石和伊蒙混层矿物，基本上不含蒙脱石。

（2）中生代软岩，主要包括侏罗、白垩系及部分三叠系软岩，主要黏土矿物为伊蒙混层，其次为高岭石、伊利石，蒙脱石含量一般低于10%。

（3）新生代软岩，主要是第三系软岩，黏土矿物以蒙脱石为主，其次是伊蒙混层和高岭石。

7.1.3　分布范围

软岩在地球表面分布广泛，在特定环境下，它具有显著的变形性质，常给结构设计、施工工艺带来一系列特殊问题。在我国大部分省市均有分布，以大连地区尤为典型，其特点是埋深浅，工程特性明显。

图7.1-2为大连地区软岩分布典型地质剖面图。

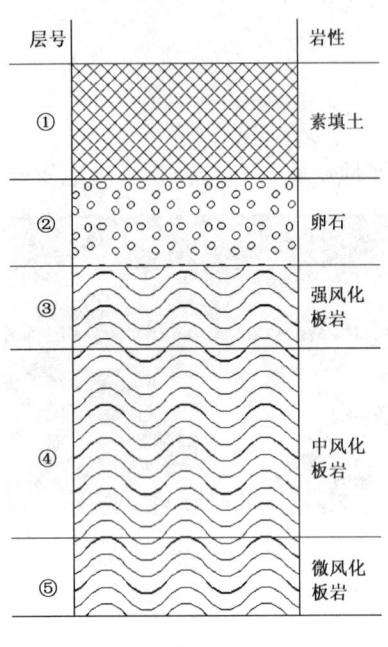

层号		岩性
①		素填土
②		卵石
③		强风化板岩
④		中风化板岩
⑤		微风化板岩

图7.1-2　大连地区典型地质概化图

7.1.4　工程特性

对于软弱围岩来说，其强度较低，主要有以下特点：

（1）岩石强度低

根据我国工程岩体分级标准、岩土工程勘察规范、铁路隧道设计规范等资料，一般将单轴饱和抗压强度低于30MPa的岩石称为软质岩或软岩。软质岩主要包括未成岩的岩石、已风化的岩石以及含有软弱矿物的岩石。未成岩的岩石，也即尚未固结的岩石，其范围大致是新第三纪以后的低固结、未固结的砂岩、泥岩，以及形成一部分冲积层的砂质土、砾质土、火山灰等未固结的以及固结度低的岩石，统称为未固结岩石。已风化的岩石是指由于风化作用而使强度降低的岩石，包括全风化的各类土。含有软弱矿物的岩石主要包括泥质岩组，含煤岩组，含盐、含石膏岩组，云母片岩、滑石片岩组等。

（2）岩体破碎

对于一些坚硬的岩石，如坚硬的岩浆岩、石灰岩、砂岩等，虽然其岩石强度较高，但若受到强烈的构造运动影响，导致节理、裂隙、断层等结构面发育，特别是结构面充填软弱充填物的场合，会造成围岩强度降低很多，其自稳性变差。

（3）围岩赋存环境差

围岩由于赋存于富水、地应力等不良地质环境中，而易引起涌水、塌方等地质灾害，赋存于这种地质环境下的围岩也称为软弱围岩。

（4）水理性质差

软岩大多数具有遇水软化、崩解的特性，在工程施工过程中容易产生坍塌。

总之，这里指的软弱围岩，包括软弱、破碎、富水等不良地质条件下的围岩，但不包括岩溶等特殊的围岩。从围岩级别上看，这类围岩，基本上属于Ⅴ、Ⅵ级围岩，对于大断面和特大断面隧道来说，也包括一部分Ⅳ级围岩在内。简单地说，软弱围岩就是用通常的初期支护及简易支护不能控制开挖后的围岩变形，而需要采取有针对性的控制变形对策的围岩。

7.2　软岩地质条件下明挖法施工工程风险分析

7.2.1　围护桩开叉、塌孔的风险

（1）风险分析

软岩地质条件下，地层软硬不均，钻孔桩若长度大，控制桩体垂直度的施工难度很大。若垂直度控制不好可能发生桩间开叉，出现桩体侵入结构限界等风险。软岩遇水软化还容易造成钻孔桩施工时由于相邻两桩施工距离太近或间隔时间太短，造成塌孔现象。

（2）风险对策

工程围护桩穿越软岩等地层，岩层厚，强度较高，地层软硬不均，施工中对于软岩条件下桩体垂直度控制，主要在钻孔前对桩机检查，熟悉软岩地质状况，桩机定位等控制措施。在钻孔过程中主要对钻机控制、操作控制、不同地质状况工艺工法控制等。在钻孔后对垂直度检测、钢筋笼安装控制等。经过以上三个过程的控制，桩的垂直度将得到行之有效的控制，达到桩体垂直度精度的要求。

为防止钻孔相互干扰造成塌孔，在钻孔时采用间隔跳钻方法；同时，为防止发生坍塌现象，采取初期慢速钻进，适当清理出土，控制桩口位置较少堆土。

7.2.2　连续墙施工槽壁坍塌、接缝渗漏风险

（1）风险分析

1）软岩地质条件下，地层软硬不均，在连续墙施作过程中，成槽垂直度控制不好，造成相邻连续墙接缝间隙过大，出现渗漏、挤入性变形等风险。

2）软岩遇水软化还容易造成连续墙施工成槽时槽壁塌落、崩解现象。

（2）风险对策

1）根据软岩的分布情况，通过对成槽机和工艺操作的调整进行垂直度控制。在成槽过程中和成槽后对垂直度进行检测，严格做到随挖随测随纠，达到垂直度要求。

2）对于软岩遇水塌落、崩解要采取泥浆护壁等手段，塌落处及时回填。控制槽壁上方堆载，减少挖槽塌陷风险。

7.2.3　锚（索）杆失效或抗拔力不足风险

（1）风险分析

1）在软岩地层下施作锚杆，由于软岩地层的软硬不均，钻孔抖动等原因易造成孔位、孔径偏差，达不到设计位置。

2）采用湿作业法时由于孔位中的软岩地层遇水软化，杆位握裹力不足，导致锚杆类支护工程失效或破坏。

（2）风险对策

1）根据软岩及硬岩分布情况，钻孔掘进时每 4～5m 检查钻进方向。

2）注浆采用两次注浆增大握裹力、抗拔力。一次注浆作业待孔口溢出同浓度浆液后停止，二次注浆作业必须保证注浆压力满足设计要求。同时二次注浆必须在一次注浆初凝前完成。

3）张拉作业采用张拉力和伸长量双控原则，必须保证两者同时满足要求，方可视为张拉作业合格。

7.2.4　土方开挖崩塌、失稳风险

（1）风险分析

1）软岩一般岩体破碎，节理裂隙极发育，在土方开挖过程中容易导致边坡崩塌和失稳。

2）风化岩中局部存在差异风化现象，表现为强风化岩中局部含有全风化及中风化岩残块，差异风化对岩体稳定性有很大影响，基坑开挖易造成基坑失稳、坍塌风险。

3）软岩在雨水、地下水作用下土体结构发生破坏，出现遇水软化、崩解现象，软岩强度、承载力骤减，易引起基坑边坡失稳、局部坍塌、地表沉陷。

4）软岩地层在揭露后，存在的层理性软岩与施作地存在一定倾斜角度，容易出现"片帮"现象。

（2）风险对策

1）在土方开挖过程中对已揭露的软岩地层立即进行挂网喷护，对于已湿陷的地层应尽快在该部位进行封堵回填，必要时分层挂网进行回填。

2）对于出现厚度较大、范围较广的软岩地层应提前进行注浆加固。

3）做好降水、排水工作。

4）着重采取下列措施，保证土方开挖安全。

①基坑上方地表堆载和施工荷载不得超过设计荷载。

②基坑开挖严格执行施工组织设计，应分层、分段对称平衡开挖，并"遵循分层开挖，严禁超挖"的原则，基坑开挖过程中，应做好基坑内的排水工作。

③基坑施工时管线易产生沉降、变形、泄漏风险。施工前应查清周边管线的实际状况，施工过程中加动态监测与保护。

④加强深基坑开挖、围护方案的优化、审查和监测、信息化施工，对关键风险节点采用严格的防范、监控措施，加强常规的土建安全风险管理。

⑤钢支撑的稳定性是控制整个基坑稳定的重要因素之一，应及时架设钢支撑。钢支撑的架设必须准确到位，并严格按设计图样的要求施加预应力。支撑、接头及支座的制作、加工、安装必须满足规范要求，确保支撑轴向受力，不产生偏心，以免支撑失稳。另外，从钢支撑的架设到拆除的整个施工过程中，对钢支撑的监测应严格要求，确保钢支撑的稳定。

⑥围护结构薄弱处与各种围护结构形式交界处为工程技术关键控制点，施工过程中应对支护结构、周边环境等的位移、变形、地下水位的动态变化进行综合观察。对监测信息进行统计和科学分析及时指导施工，确保深基坑施工过程的安全。

7.2.5　采用爆破法开挖过程的崩塌、失稳风险

（1）风险分析

软岩具有易扰动性，系指软岩软弱、裂隙发育、吸水膨胀等特性，导致软岩抗外界环境扰动的能力极差，对卸荷松动、施工扰动极为敏感。爆破法施工中，在围岩中产生爆破振动，甚至形成炮振裂缝，周边围岩常因凹凸不平而加剧应力集中，从而加速了围岩的松动破坏，造成过大的围岩压力；尤其对地质条件较差的围岩影响更为严重，当采用爆破法施工，围岩因冒落、片帮而失稳，从而产生应力集中现象，导致基坑崩塌。爆破振动不仅会影响围岩的稳定，甚至可能破坏已有的支护体系。

（2）风险对策

1）破碎围岩及软弱围岩中掘进，宜超前注浆固结后，在固结体中掘进，以降低坍塌风险。

2）在遇水易泥化膨胀的软岩中，宜采用干式钻眼法，以控制围岩的膨胀变形，消除膨胀压力，也可以有效地防止底鼓的发生。

3）采用浅眼光爆技术，打浅眼，少装药，放小炮，毫秒爆破，减小振动波对围岩的扰动，使软岩具有一定的自稳时间，并能迅速转入支护工作。

4）节理性发育时，过大振动容易导致片帮而失稳，应结合现场实施来调整钻爆参数，以达到安全、合理、经济的爆破效果。

5）注意爆破轮廓和周边围岩稳定，爆破参数的选定根据实地试验确定，也可参考有关光爆和预裂爆破的相关资料选定。软岩大多宜采用预裂爆破。

6）爆破振动不仅会影响围岩的稳定，甚至可能破坏已有的支护体系。因此，在施工过程中应严格控制爆破参数，减少爆破振动对围岩稳定的影响。

7.3　软岩典型地质条件下矿山法施工工程风险分析

7.3.1　软岩竖井开挖坍塌、支护结构失效风险

（1）风险分析

1）竖井开挖的位置位于软弱岩层上，地层受地质构造作用与地下水渗透、侵蚀作用，使得竖井地层岩石破碎，存在软弱构造面，地下水的富集或充填，造成竖井施工中的突水、突泥风险。

2）软岩地层破碎，必将导致围岩结构力学性能降低，竖井开挖后，围岩不能自稳导致坍塌风险。

3）竖井支护结构可以分为竖井井口、竖井井身以及竖井与横通道交接处结构三部分。竖井井口结构受地面机械设备和吊装设备的垂直荷载作用，使竖井井口结构受到较大的压力而存在失效风险；竖井井身结构受地层挤压变形和地下水渗透侵蚀存在失效风险。

（2）风险对策

1）施工中采用垂直钻探进行地质预报，精确掌握地质条件。

2）竖井开挖后及时进行初期支护，防止竖井周边围岩应力自身调整不能自稳出现坍方，确保竖井施工安全。

3）竖井开挖过程把注浆止水和围岩加固作为一个工序纳入施工中，根据围岩开挖情况和地下水富水情况，进行注浆，既达到堵水的效果，也加强了围岩的整体性，防止开挖中突泥、突涌水的发生。

4）井身防排水采用吊泵和深井泵接力排水，并且随时保持一套排水机械作为突涌水时的防备措施，配备备用电源，确保连续抽水，保证竖井施工安全。

5）根据地质条件、所使用的钻眼机具以及所采用的开挖方法，结合围岩的级别设计循环进尺，合理计算炮眼布置、装药量，提高钻眼质量。

6）严格控制隧道竖井超欠挖，保证开挖成型，减少爆破对围岩的振动和防止围岩应力集中。

7.3.2　马头门开挖坍塌风险

（1）风险分析

马头门处于竖井与横通道垂直交叉，软弱围岩开挖扰动大，结构受力复杂，结构受软弱围岩应力释放调整，容易产生应力集中以及结构的不规则存在失效风险。容易产生渗漏水、井壁塌陷。

（2）风险对策

1）马头门开凿处于软弱围岩中，为了防止结构出现应力集中，并且减少结构转换出荷载作用，首先对竖井接近横通道位置处的围岩进行注浆加固，改善围岩的性能，提高自稳能力。

2）在竖井内沿横通道开挖位置预埋加强筋，并施作固定锚杆，使竖井靠近横通道位置处钢架连接成整体，并通过锚杆与注浆使竖井支护与围岩共同作用。

3）横通道开挖过程中，在竖井与横通道交界面架设临时支撑，保证竖井支护结构开口后的稳定性。

4）横通道拱架采用抗力大、抗扭性好的高强钢架，提高横通道初期支护的刚度。

5）竖井钢架与横通道钢架采取双层、扩大连接，增强抵抗应力集中的能力，并通过锚杆进行固定。

6）横通道在竖井范围内开挖初期支护完成后，统一浇筑二次衬砌，使二者连接处的二次衬

砌为一个整体，利于结构稳定。

7.3.3　小导管施作塌孔风险

（1）风险分析

1）小导管在节理、层理、片理等不连续面多的中硬岩、软岩成孔过程中，由于围岩松散，孔壁不能自稳，形成塌孔。

2）在软岩地层中，软岩强度软硬不均，打设过程中导管长度无法满足设计要求，影响围岩的稳定性，同时造成小导管侵入隧道开挖线内。

（2）风险对策

1）钻孔前，精确测定孔的平面位置、倾角、外插角，并对每个孔进行编号。

2）严格控制钻孔平面位置，超前小导管和超前锚杆不得侵入隧道开挖线内，相邻的钢管不得相撞和立交。

3）终孔后，要检查锚杆的位置、孔深、方向和外插角，然后用高压风将钻孔吹洗干净。

4）软岩地层中，孔壁不能自稳的情况下可采用钻孔及注浆用同一锚杆的自钻式工法。

7.3.4　大管棚施作钻孔偏差风险

（1）风险分析

1）在软弱围岩中施作大管棚，若富水破碎，自稳性极差，难以成孔。

2）由于软弱围岩的软硬不均，在钻孔施工中，会因钻具漂移或下垂引起钻孔偏差。

（2）风险对策

1）在软弱围岩中施作大管棚，若富水破碎、自稳性差，难以成孔的情况下，可以采用跟进跟管方式成孔。

2）钻孔施作过程中，为减少因机具漂移或下垂引起的钻孔偏差，钻机立轴方向必须控制准确，钻进过程中根据导向显示数据和钻孔长度采用测斜仪量测钢管钻进的偏斜度，发现偏斜超过设计要求应及时纠正或调整。

7.3.5　隧道开挖初期支护变形侵限、隧道塌方风险

（1）风险分析

软弱围岩地层状态下，在隧道开挖后，地应力将重新分布。由于软岩强度低，对工程扰动极其敏感，在受拉或受压条件下将产生塑性区，使围岩和支护发生变形。一旦施工方法和工程措施不当，将极易发生初期支护变形侵限或者隧道塌方等工程灾害。

在软弱围岩中开挖，经常出现以下现象，如：

1）拱顶崩塌。

2）掌子面失稳。

3）底鼓现象严重。

4）长时间的持续变形，或变形不收敛。

5）初期支护严重变形。

6）在富水条件下出现异常涌水，围岩流失，形成背后空洞等。

表 7.3-1、表 7.3-2 说明了不同地质条件下掌子面坍塌现象及注意事项。

（2）风险对策

1）暗挖隧道施工应遵循"管超前、严注浆、短开挖、强支护、快封闭、勤量测"十八字方针的原则。

2）对于钻爆法施工应遵循"分部开挖、短进尺、弱爆破"的原则。

3）根据围岩特征，采用光面爆破或预裂爆破。

4）控制爆破振速，采用减振方法进行爆破。

5）通过对围岩的支护与加固控制掌子面前后方位移。

6）采取降水排水措施或注浆止水措施控制地下水。

7）有针对性进行观察、量测、超前探查地质条件的变化，防止地质灾害的发生。

掌子面崩塌现象及注意事项 　　　　　　　　　　　　　　　　　　　　　　表 7.3-1

软弱围岩状况		掌子面崩塌现象（代表性的）	关注重点	
均质	相当于大致均质的围岩，第三纪的泥岩等膨胀性围岩		基岩的性质	重要
			裂隙程度和方向	一般
			涌水	一般
层理	相当于不同物性的地层形成的互层围岩，如泥岩、砂岩等		基岩的性质	比较重要
			裂隙程度和方向	重要
			涌水	重要
节理	多为硬质岩层，因节理、裂隙等分割形成的不连续的围岩		基岩的性质	一般
			裂隙程度和方向	重要
			涌水	比较重要
强风化、破碎带	因断层、破碎带存在与周边局部劣化性质不同的围岩，如风化花岗岩		基岩的性质	重要
			裂隙程度和方向	一般
			涌水	重要

掌子面崩塌现象及影响度　　　　　　表 7.3-2

崩塌现象的因素	代表性的地质	崩塌现象的概念图	对掌子面稳定性的影响度	
起因于不连续面发育的崩塌	块状岩体：中硬岩、软岩、火成岩类、砂岩、砾岩； 层状岩体：中硬岩、软岩、片岩类、页岩、黏板岩	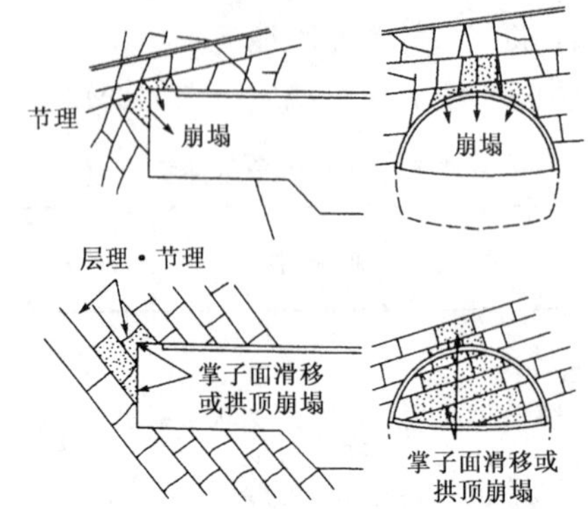	基岩的性质	小
			不连续面的状况	大
起因于涌水的崩塌	断层、破碎带、土砂围岩、岩堆、洪积层	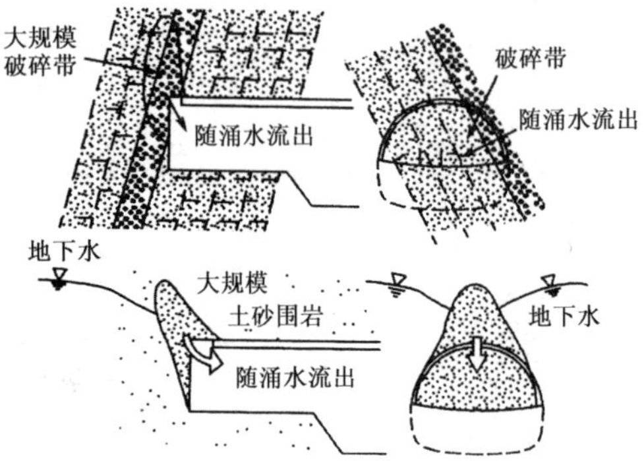	基岩的性质	大
			不连续面的状况	小
			涌水的状况	大
起因于掌子面挤出和低围岩强度的崩塌	层状岩体、软岩、凝灰岩、泥岩、片岩类、蛇纹岩	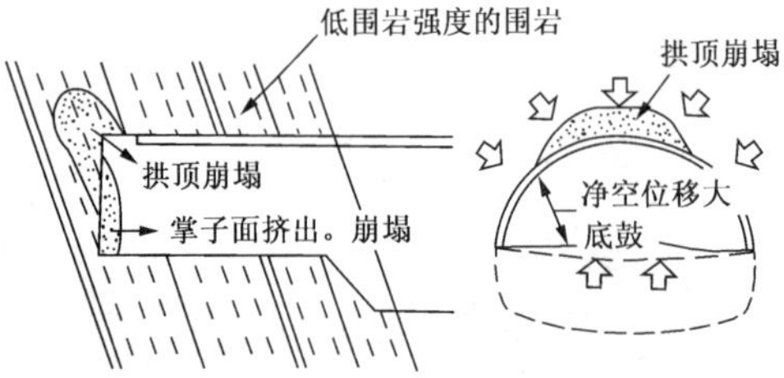	基岩的性质	大
			不连续面的状况	中~小
			涌水的状况	中
	土砂围岩、岩堆、洪积层、破碎带	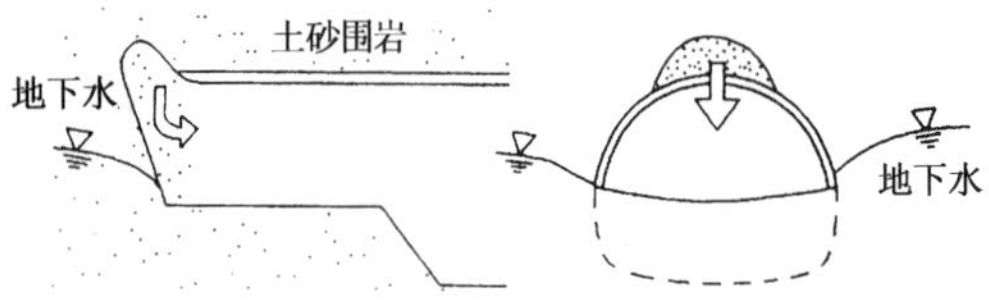	基岩的性质	大
			不连续面的状况	小
			涌水的状况	大

7.4　软岩典型地质条件下盾构法施工工程风险分析

7.4.1　端头加固效果不佳风险

（1）风险分析

1）软岩地层中软硬不均，端头加固时容易出现桩身垂直度不够，桩身偏斜，加固体不连续，桩间不咬合。

2）软岩地层的软硬不均，容易造成加固时的注浆管偏移。

3）软岩地层在重型机械作用时土体的承载力不足。盾构吊装或拆卸时，重型起重机往往作用在端头位置，容易发生失稳、坍塌。

（2）风险对策

1）对软岩富水地层，为解决加固体的止水效果，可在加固体外围采用素混凝土连续墙作为止水帷幕。

2）对泥岩层、粉砂质泥岩地层等极软岩可采用盾构洞口外素混凝土桩挡土。

3）对含水的砂岩层、泥质粉砂岩地层等软岩或极软岩可采用素混凝土桩加降水、素混凝土桩加注浆加固等措施。

4）根据试桩结果和地质特点选择可靠的机械设备和合理的施工参数。

7.4.2　洞门土体坍塌风险

（1）风险分析

1）软岩富水地层中由于软岩遇水塑化变形，盾构进出洞时造成水土流失。采用泥水盾构时，泥水压力的作用也会使加固体发生水土流失，导致无法达到泥水平衡状态，如果土体不具备一定强度，很容易坍塌。

2）软岩地层在盾构始发、到达前往往需要凿除洞口井壁的混凝土，割断钢筋，以满足盾构顺利进出洞，而洞口的井壁混凝土有时要达到 800mm 或更厚，凿除时间长，软岩地层应力集中，并且软岩暴露时间过长，容易发生片解，造成端头崩塌，或上部地表沉降过大。

3）软岩地层盾构隧道一般埋深较大，盾构始发及到达竖井在局部拆除挡土构筑物后，端头土体临空面主动土压力失去支挡平衡，极易产生坍塌；此外在深层高水头动水压作用的情况下，还会产生严重的水土流失。如果端头土体未经加固及止水处理，这些作用综合将使地面产生地面沉陷、隧道坍塌。

（2）风险对策

1）把握好始发的注浆工艺。

2）避免凿除过程发生坍塌，更要避免因开挖面暴露时间过长而坍塌或造成过大地表沉降。

3）采用竖直抽芯和水平探孔相结合的方式检查洞门加固效果。

4）合理选择洞门密封形式，改进密封设计（强化螺栓连接、改进环板形式、折形压板防逆转措施）。密封装置安装前应对帘布橡胶的整体性、硬度、老化程度等进行检查，对圆环板的成圆螺栓孔位等进行检查，并提前把帘布橡胶的螺栓孔加工好。盾构机进入预留洞门前在外围刀盘和帘布橡胶板外侧涂润滑油以免盾构机刀盘刮破帘布橡胶板影响密封效果。

5）盾构门外土体加固，用以提高土体自稳性并防止涌水坍塌。

6）盾构井围护结构在盾构门位置采用可切削玻璃纤维树脂棒替代钢筋，由盾构机直接切削围护结构进、出洞，防止发生坍塌。

7）盾构机刀盘在洞门范围时严禁转动刀盘，防止损坏压板。

8）认真做好盾构机的调试验收工作，做好始发注浆的管理。

7.4.3　盾构掘进风险分析

（1）风险分析

1）软岩地层软硬不均，出现盾构机"抬头"和"叩头"现象，刀盘机具磨损严重。

2）通过断层和较软软岩地层，有时会遇到盾壳或者刀盘被抱死的现象。

3）软岩地层软硬不均，盾构姿态偏移、管片错台。

4）软岩地层遇水产生流变，容易造成水土流失，地表沉降过大。

5）部分软岩矿物成分含量高，遇水软化，在滚刀碾磨下形成粉末状颗粒，形成泥饼。

（2）风险对策

1）软岩地层盾构条件下，主要是判断刀具是否已经发生破损，及时发现并更换刀具，以保护未破损刀具和提高施工速度。

一般当刀盘压力突然增大，或者瞬间跳动在 30bar 以上并持续跳动，则操作人员就应该意识到可能刀具发生破损。这时可以减小推力，并控制速度，观察刀盘压力是否继续保持较高的跳动值，若继续跳动，则需停机检查刀具。刀具的破损往往伴随有较大异常响声，并有较强的振动。单个刀具的破损如果没有及时更换，则会引起其他刀具受力不均匀，而造成更多刀具的损坏。刀具的过度磨损则可能对刀盘产生磨损，判断刀具磨损主要根据推进参数和地质情况，在正常地质情况下，刀盘压力和推进压力都比较大，而跳动值不大，这时操作人员可根据掘进中的经验，来判断是否需要停机检查刀具。

2）通过断层和较软软岩地层，有时会遇到盾壳或者刀盘被抱死的现象，由于软岩和断裂破碎带地层极不稳定，因此在掘进时必须保证开挖仓的水压和土压保持平衡，否则可能出现超挖现象，而造成地表下陷。

当软岩的坍塌或者泥沙过多地积压在盾壳上时，会出现推进力过大，而不能获得理想的掘进速度，并且盾尾的铰接油缸完全被拖出却不能缩回，这就是盾壳被抱死的现象。这时可以采取加注膨润土，并在第三节和盾尾的连接处加焊钢板，使第三节能够带动盾尾移动，直到离开断裂破碎带，掘进的参数趋于正常，再去掉钢板，回到正常的掘进模式。当刀盘被泥沙抱死时，会出现刀盘扭力增大而不能转动，排浆量急速下降，而进浆压力增大。出现这种情况时，可以增大进浆压力至 7～8bar，同时增大排浆量，利用进排浆的压力差，把泥沙给反冲出来，从而恢复到正常的刀盘压力。

3）在软岩或者粉砂层中，盾构的姿态也比较难以控制，还可能遇到孤立的石块，给正常的掘进制造麻烦。

硬岩中掘进时，每次导向油缸伸长量为 2mm 左右，且相对两组的差值最好不要超过 20mm；但在软岩中，由于软岩的不稳定性，盾构机的姿态相对来说较难调整，在深圳前湾过海管廊的施工中，由于盾构机要在码头的两个桩基间通过，而泥沙的不稳定性又导致盾构机向左偏离，采取加大左右两组导向油缸的相对差值，在 40～50mm 之间，又在第二节和第三节连接处的左侧添加钢板，使盾构机始终处于向右的趋势，最后顺利通过了码头上的桩基。由于岩层的不完全风化，在粉砂层可能会存在孤立的石块。孤立的石块不易被破碎，只能缓慢地掘进，使其被挤压到一边或者利用导向油缸缓慢伸缩，使其慢慢被磨碎。

4）软岩富水岩层中，盾构开挖可能造成开挖面失稳。

盾构开挖面失稳的风险因素是开挖中前方遭遇软岩遇水泥化流变或发生管涌，盾构机将发生磕头或突沉；开挖中前方地层出现空洞，导致盾构机轴线偏移、沉陷以及隧道塌方冒顶；盾构机推进过程中，出现超浅覆土，则导致冒顶；盾构推进中突然遇到涌水，导致盾构机正面发生大面积塌方；由于泥浆性能较差，不能保证开挖面土体稳定，致使地表产生过大变形。控制推进速度和泥渣排土量及新鲜泥浆补给量。超浅覆土段，一旦出现冒顶、冒浆随时开启气压平衡系统。利用探测装置进行土体崩塌检查。为保证开挖面的稳定，施工中要利用安装在盾构顶部的探测装置定期进行检查，判断盾构前上方的土体有无松动。

5）对于软岩地层盾构结泥饼现象，在掘进过程中向土仓内注入泡沫剂、膨润土等提高渣土改良的措施。

6）针对软硬地层差异调节同步注浆对应的注浆压力，使管片获得平衡的支撑，防止管片位移变形。加强人工测量，检验激光自动导向系统、盾构机姿态控制及隧道线型控制；使盾构机轴线、管片成型轴线偏差控制在隧道设计轴线允许偏差范围内。

7.4.4　盾构开仓地层片解、坍塌、涌泥涌沙等风险

（1）风险分析

盾构施工中，开仓进行作业将使作业人员脱离盾构壳体的保护，受软岩工程地质的影响，软岩裂隙发育，或遇水出现流变性，开仓后地层应力发生变化，仓内施工环境中将存在软岩地层片解、坍塌、涌泥涌沙等危险。主要表现为：一是开挖面在水的作用下开仓后很快失稳；二是开仓后软岩地层暴露时间过长，突然崩解失稳。

（2）风险对策

1）在软岩地层盾构开仓应尽量选择地下水赋存量少、地层自稳能力强的地段进行开仓施工。

2）提前对开仓掌子面土体进行加固。

3）在开仓之前，由于软岩节理裂隙发育，容易形成地下水通道，需对盾尾后面管片进行二次注浆，作为封水环，阻止管片背后形成汇水通道，防止地下水通过汇水通道流至盾体前方，影响开仓作业。

7.4.5　盾构接收涌水、涌沙、坍塌风险

（1）风险分析

盾构接收是盾构法施工的最后一道"关卡"，是盾构法施工的重点和难点之一。特别是当工作井周边处于软岩地层，存在不良地质或富水地层时，容易出现涌水、涌沙等险情，引起地面局部塌陷。主要现象如下：

1）在破除洞门过程中，洞门前方土体从洞门间隙内涌入工作井内。

2）进出洞时，大量的土体从洞口流入井内，造成洞口外侧地面大量沉降。

3）软岩节理裂隙发育，容易形成汇水通道，盾尾环片地下水通过径流流入接收洞门，出现涌水涌泥现象。

（2）风险对策

1）盾构机到达前要先通过水平探孔查明端头土体的稳定性和渗水情况，防止盾构机到达端头时土体（洞门）塌方。

2）严格执行洞门凿除的技术交底和凿除顺序，在凿除过程中，不能破坏洞门止水设施。尽量减少洞门土体无支撑的时间，刀盘到洞门钢环的距离尽量缩短，保证盾构设备的完好性能，提高负环管片的拼装时间使盾构尽快进入洞口内，调整好折页压板的位置和拧紧螺栓，对洞门口进行注浆封堵，减少土体流失。如土体流失严重，则在塌方区内填塞装泥袋。

3）将受压变形的密封圈重新压回洞口内，恢复密封性能，及时固定折页压板，改善密封橡胶帘布的工作状态；对洞口进行二次注浆，减少土体的流失；注浆堵漏完成，仍无法达到出洞所需的条件时，在洞口可重新设计加工第二套密封装置以达到洞门密封效果。

4）盾构机碰壁后，通过径向孔及盾尾注浆来防止机头尾部水流进入前仓。

7.5　周边环境风险

7.5.1　明挖施工导致的周边环境风险分析

（1）风险分析

1）明挖法基坑周边软岩地层具有流变性，遇水软化，容易造成周边环境土体流失，易引起

周边建（构）筑物、地表出现开裂、倒塌、塌陷风险。

2）软岩地层开挖采用爆破法，爆破振动过大对周边建（构）筑物等具有破坏性影响。

（2）风险对策

1）工程开工前，做好周边环境调查，根据不同结构形式、地基基础等条件，研判工程对其影响。处在影响区范围内影响较大的建（构）筑物提前采取注浆加固措施。

2）对爆破振速严格依据国家标准进行控制。

7.5.2　矿山法施工导致的周边环境风险分析

（1）风险分析

软岩体中进行浅埋隧道开挖引起应力重分布及岩体的变形、移动，对周围环境造成较大影响，城市软岩段隧道施工不可避免地要扰动地层，造成周边地表建筑物沉降、倾斜，甚至产生裂缝，影响建筑物的安全和正常使用。在富水软岩地层进行隧道施工容易出现突泥涌水、围岩坍塌，并可能导致地表沉降裂缝、地下水位下降等严重的环境问题。另外采用钻爆法施工也有一些缺点，施工造成的地表沉降较难控制，对地面建筑物及地下管线影响较大甚至引起破坏。

（2）风险对策

1）对于在软岩中施工隧道作业，合理安排工序，加强支护措施，做好超前支护和注浆加固土体等，保证隧道自身的稳定。尤其在穿越既有道路、建（构）筑物时，为减少沉降变形，可采取小导管注浆及超前大管棚施作工艺。

2）控制地表下沉，可采用地表旋喷桩加固地层，通过孔眼将高压浆液和高压风旋转喷射注入强风化岩体，改良土体、增加地基承载力，增强围岩的整体性，减少地表沉陷。

3）富水软岩地区，要先止水，防止软岩遇水泥化、崩解，产生流变，出现空洞。

4）在穿越既有建（构）筑物、道路等设施，做好地表注浆加固。

5）穿越江河时应截流或导流。在施工前应按要求将围岩节理裂隙进行填充封闭，对松散软弱岩层进行预加固。做好超前地质预报，特别是渗水情况，防止涌水回灌隧道灾害发生。注浆堵水措施主要包括隧道超前小导管注浆、超前帷幕注浆、围岩壁面的裂缝或裂隙注浆、初支背后回填注浆、二衬背后回填注浆等。

6）软岩地层围岩节理性发育，注浆严格控制注浆压力，防止地面反浆，造成地表周边建（构）筑物隆起。

7）采取必要的降振措施，尽量防止欠挖，避免多次爆破对地层进行多次扰动，同时严格控制爆破装药量及爆破振速。

7.5.3　盾构施工导致的周边环境风险分析

（1）风险分析

1）软岩节理发育、破碎、自稳能力差，失水和吸水均可造成软岩发生膨胀变形破坏或泥化破坏。在富水软岩地区，部分软岩类别遇水呈流塑态。流塑态软岩地层为高压缩高灵敏度地层，对扰动敏感，在房屋荷载和盾构掘进扰动的作用下，地层产生压缩再固结沉降，地层后期变位大。而且在这种地层，盾构姿态和掘进控制难度增大，同步注浆对控制变位的影响减弱，主要是地层呈流塑状时，盾尾空隙不能完全由浆液充填，部分被流塑化淤泥充填，因而地层损失较大。在这样特殊地段，会出现地表沉陷过大，周边建（构）筑物开裂现象。

2）软岩地层软硬不均、结构松散，造成盾构姿态难于控制，容易出现抬头、叩头现象，土仓不易实现连续的理想动态平衡，无法有效控制出土量，致使地表隆沉幅度增大。当超平衡时，地表的隆起值增大；相反，当欠平衡时，地表的沉降值增大。容易导致地表及周边建（构）筑物不均匀沉降。

3）富水软岩地层，由于软岩塑化流变，同步注浆效果不佳。由于盾壳具有一定的厚度，且刀盘存在一定的超挖量，故在管片脱离盾尾瞬间，隧道开挖壁面和衬砌外周围形成一环形空隙，若注浆没及时跟上，或者注浆效果不佳，土体将向这一空隙产生位移，从而引起地面沉降。

（2）风险对策

1）提前采取预防措施，比如对将要影响到的构筑物进行加固，提高其抵抗变形的能力，或者设置隔离墙（树根桩、钢板桩、搅拌桩或连续墙等），截断影响源。

2）重视对周围建筑物尤其是重要建筑物的变形监测，用信息化技术指导施工。

3）事后采取补救措施，即根据监测结果采取注浆等方式对盾构施工影响到的构筑物进行纠偏。

4）根据软岩地质状况，控制好平衡土压和地层损失率是减小地表变形的主要有效方法。根据盾构机的埋深和各土层的分布和特性计算平衡土压；盾尾注浆需注浆压力和注浆量双控制，确保达到要求的注浆效果。

第8章 硬岩的工程风险

8.1 硬岩典型地质条件描述

8.1.1 定义

硬岩是岩石按照坚硬程度分类和定名的，依据国家现行标准《工程岩体分级标准》GB/T 50218，岩石按照饱和单轴抗压强度大小划分为极软岩、软岩、较软岩、较硬岩、坚硬岩。工程上一般将较硬岩以上岩石统称为硬岩，即饱和单轴抗压强度大于30MPa的岩石。常见的硬岩有花岗岩、石灰岩、砂岩等（图8.1-1）。

图8.1-1 硬岩

8.1.2 成因

硬岩的成因也就是岩石的成因，主要有岩浆岩、变质岩和沉积岩。

岩浆岩又称火成岩，是由地壳下面的岩浆沿地壳薄弱地带上升侵入地壳或喷出地表后冷凝而成的岩石。

变质岩是地壳中的原岩（包括岩浆岩、沉积岩和已经生成的变质岩），由于地壳运动、岩浆活动等所造成的物理和化学条件的变化，即在高温、高压和化学性活泼的物质（水气、各种挥发性气体和热水溶液）渗入的作用下，在固体状态下改变了原来岩石的结构、构造甚至矿物成分，形成一种新的岩石称为变质岩。

沉积岩是由原岩（即岩浆岩、变质岩和早期形成的沉积岩）经风化剥蚀作用而形成的岩石碎屑、溶液析出物或有机质等，经流水、风、冰川等作用搬运到陆地低洼处或海洋中沉积，在温度不高、压力不大的条件下，经长期压密、胶结、重结晶等复杂的地质过程而形成的。

8.1.3 分布范围

硬岩作为岩石圈的重要组成部分，在地球的地壳中广泛分布，只是在不同地方其埋藏深度不同。由于人类工程活动（特别是地下工程建设）影响深度有限，在有些地区能够碰见硬岩，有些地区碰不见。地铁工程的影响深度一般为50m左右，根据全国地质数据统计情况，地铁工程建设中经常遇见硬岩的城市有：重庆、青岛、乌鲁木齐、广州、深圳、大连、贵阳等。

8.1.4　岩土工程特性

（1）质地坚硬不宜开挖

硬岩一般质地非常坚硬，饱和单轴抗压强度大于 30MPa，不易开挖，一般采用爆破方式开挖。

（2）稳定性主要由结构面控制

硬岩质地坚硬，一般不易失稳，但是由于在地质作用中，岩石中产生了许多结构面，而硬岩的稳定性主要由结构面参数控制。

（3）在高应力区易发生岩爆

硬岩在高应力区进行隧道施工，由于开挖部分岩体，使地应力失衡，易产生岩爆。

岩爆，也称冲击地压，发生在煤矿中一般叫冲击地压，发生在岩层中叫岩爆。它是一种岩体中聚积的弹性变形势能在一定条件下的突然猛烈释放，导致岩石爆裂并弹射出来的现象。

8.2　硬岩典型地质条件下明挖法施工工程风险分析

8.2.1　土方爆破开挖风险

（1）风险分析

1）爆破飞石造成周边环境的危险。

2）爆破振动造成周边管线、建（构）筑物的危险。

3）基坑开挖造成周围地表的下沉，引起周边管线、建（构）筑物的沉降及偏移。

（2）风险对策

1）采用小范围连孔爆破，炮孔采用炮泥堵塞，同时做好炮被覆盖工作。

2）爆破参数按照审批方案执行，严格控制炮孔间距、排距、孔深、装药量。同时爆破施工过程中，根据不同围岩爆破效果进行爆破参数调整，保证爆破振动处于限值范围内。

3）同时做好周边建（构）筑物、管线等沉降观测，监测点布置应符合下列要求：

①建筑物四角、沿外墙每 10～15m 处或每隔 2～3 根柱基上，且每边不少于 3 个监测点；

②不同地基或基础的分界处；

③建筑物不同结构的分界处；

④变形缝、抗震缝或严重开裂处的两侧；

⑤新、旧建筑物或高、低建筑物交界处的两侧；

⑥管线观测宜设置在管线的节点、转角点和变形曲率较大的部位。

4）增加墙体强度及围护结构刚度，能够有效地减小基坑由于侧向土压力作用产生的不利变形，从而减小周边建（构）筑物、管线等的不均匀沉降。

5）施工过程中严格控制腰梁、锚索（杆）等围护结构的质量，保证基坑稳定性，侧向位移处于限值范围内。

8.2.2　硬岩地层明挖基坑案例

8.2.2.1　工程概况

车站全长 219.2m，标准段宽 19.4m，顶板覆土 2.8～4.7m，基坑深 19.5～24.7m。

车站场区地表表覆第四系全新统人工堆积素填土（Q_4^{ml}），揭露第四系土层厚度 0.2～3.4m。下伏燕山晚期粗粒花岗岩，局部地段穿插有煌斑岩、细粒花岗岩等脉岩；局部地段发育碎裂岩等构造岩。

车站平面图如图 8.2-1 所示。

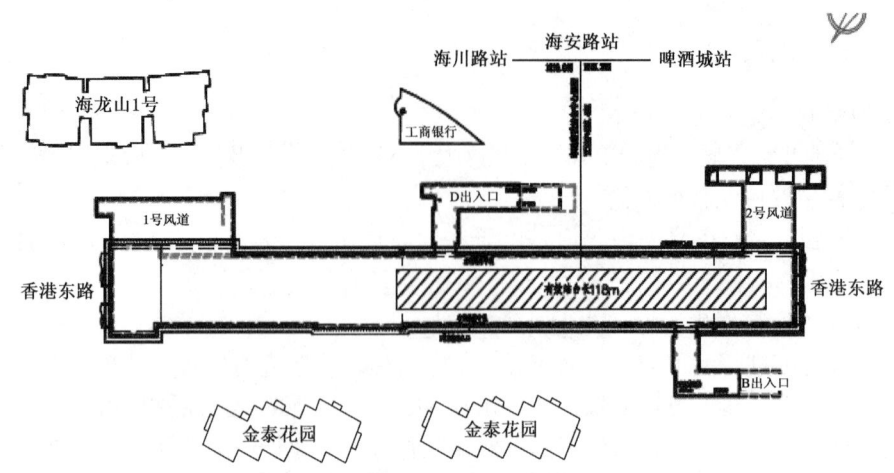

图 8.2-1　车站平面图

车站基坑断面图如图 8.2-2、图 8.2-3 所示。

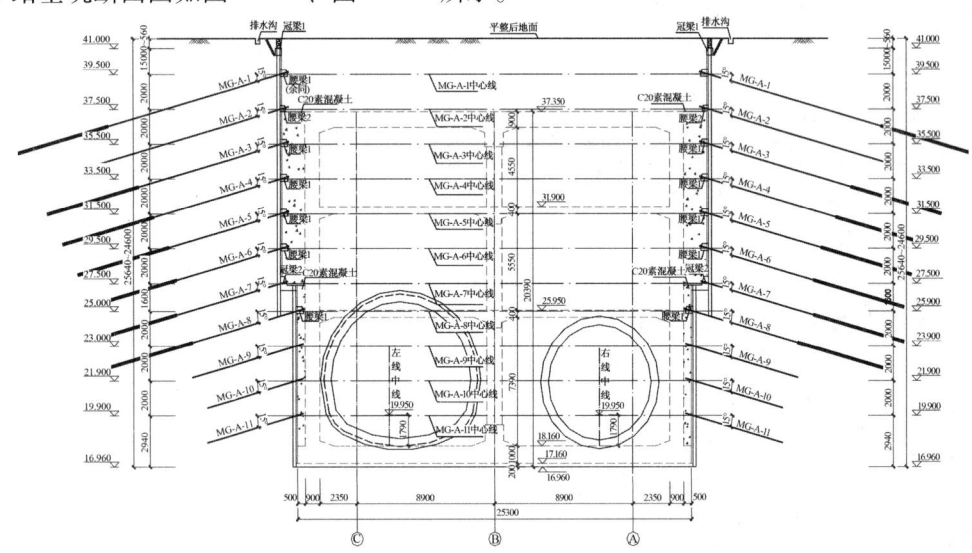

图 8.2-2　车站基坑小里程段面图

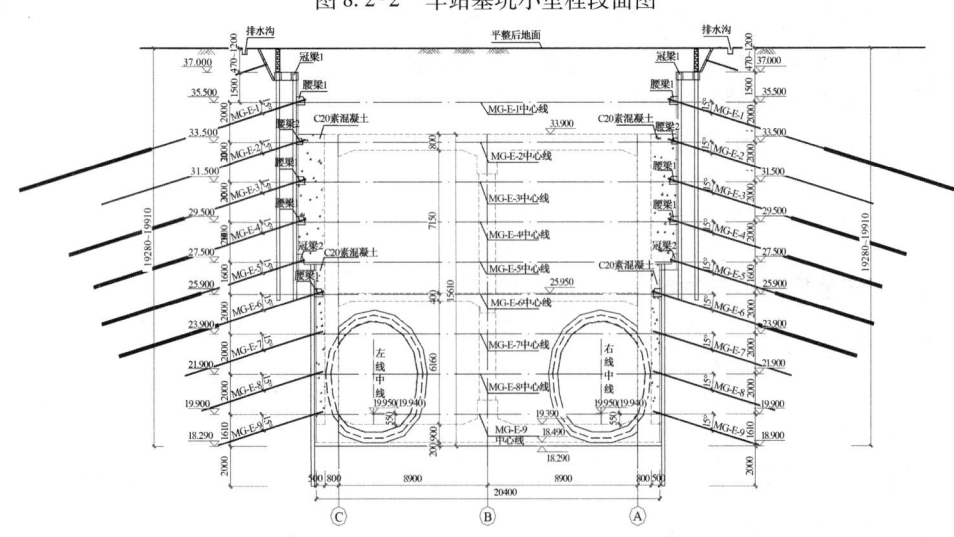

图 8.2-3　车站基坑大里程断面图

车站结构支护参数：

（1）采用钢管桩+（预应力）锚索（杆）相结合的支护型式。

（2）钢管桩采用 ϕ168mm 无缝钢管，锚索采用抗拉设计强度为 1320MPa 的 ϕ^s15.2（1×7）制作。

8.2.2.2 施工情况

（1）钢管桩

钢管桩采用 Q235 级 ϕ168mm、壁厚 6mm 无缝钢管制作，钢管桩纵横向间距 1000mm。车站基坑钢管桩设计长度及数量见表 8.2-1。

基坑钢管桩参数表 表 8.2-1

桩　型	桩参数	桩长（m）	孔径（mm）	数量（根）
A$_上$型	ϕ168mm@1000mm	15.4	200	68
B$_上$型	ϕ168mm@1000mm	15.4	200	106
C$_上$型	ϕ168mm@1000mm	13.2	200	105
D$_上$型	ϕ168mm@1000mm	13.4	200	151
E$_上$型	ϕ168mm@1000mm	11.7	200	82
E$_下$型	ϕ168mm@1000mm	10.31	200	164

采用 YGL-100A 地质钻机钻孔，输出功率 37kW，结合车站地质情况，钻进速度约 8m/h。

控制措施：

1）钢管桩定位采用固定的外放值，确保钢管桩位于一条轴线上，满足后续冠梁施工的需要，同时为冠梁施工提供方便。

2）钢管桩采用孔底返浆法注浆，确保孔内全长注浆饱满、密实。

3）注浆管装设压力表，注浆压力为 0.7MPa，水灰比控制在 0.45～0.5 之间，注浆后暂不拔管，直至从管外流出相同稠度的水泥浆为止，拔出注浆管，密封钢管端部，加压数分钟，待水泥浆再次从钢管外流出为止。

二次注浆：第一次注浆压力为 0.7MPa，并保持 3min，使浆液充分注满桩体。第二次注浆压力 2.0～3.0MPa，两次注浆必须在一次注浆浆液凝固前进行。

（2）锚索（杆）施工

锚索采用 ϕ^s15.2 钢绞线，设计强度为 1320MPa，松弛率为 2.5%，截面面积 139mm²，锚杆采用 HRB400 级 ϕ28 钢筋。

锚索根据所处位置不同设有三种不同组合方式，分别为 3ϕ^s15.2、4ϕ^s15.2、5ϕ^s15.2，锚杆分为全长粘结锚杆和岩层锚杆，其各自张拉设计参数见表 8.2-2。

锚索、锚杆张拉设计参数 表 8.2-2

序　号	锚索、锚杆类型	承载力设计值（kN）	预应力设计值（kN）
1	3ϕ^s15.2	462.3	300
2	4ϕ^s15.2	616.4	360
3	4ϕ^s15.2	770.5	400

续表

序　　号	锚索、锚杆类型	承载力设计值（kN）	预应力设计值（kN）	
4	2φ28	285.2	50	全长粘结锚杆
5	2φ28	—	—	岩层锚杆

锚索、锚杆钻孔机械同钢管桩钻孔机械，锚索、锚杆孔径分别为150mm、110mm。钻进速度根据现场观测大约为10m/h。

控制措施：

1）根据设计给定的参数，计算出锚索（杆）的理论伸长量，作业张拉施工时的双控参数之一。

伸长量公式

$$\Delta L = \frac{PL}{A_\mathrm{p} E_\mathrm{p}}$$

式中　ΔL——预应力筋的理论伸长值；

$\quad\quad P$——预应力筋的平均张拉值（N）；

$\quad\quad L$——预应力筋的长度（mm）；

$\quad\quad A_\mathrm{P}$——预应力筋的截面面积（mm^2）；

$\quad\quad E_\mathrm{P}$——预应力筋的弹性模量（N/mm^2）。

2）预应力筋张拉时，应先调整到初应力 σ_0，该初应力宜为张拉控制应力 σ_{con} 的10%~25%，伸长值应从初应力时开始量测。预应力筋的实际伸长值除量测的伸长值外，必须加上初应力以下的推算伸长值。对后张法构件，在张拉过程中产生的弹性压缩值一般可省略。

预应力筋张拉的实际伸长值 ΔL（mm），可按下式计算：

$$\Delta L = \Delta L_1 + \Delta L_2$$

式中　ΔL_1——从初应力至最大张拉应力间的实测伸长值（mm）；

$\quad\quad \Delta L_2$——初应力以下的推算伸长值（mm），可采用相邻级的伸长值。

3）锚索（杆）在最大荷载试验下所测得的最大位移量，应超过该荷载下杆体自由段长度理论伸长量的80%，且小于杆体自由段长度与1/2锚杆段长度的理论伸长量。

张拉完成后对实测值与理论值进行比较，符合要求才能进行下道工序施工。

（3）基坑开挖

基坑开挖由小里程向大里程施工，采用竖向分层、纵向分段方式组织基坑开挖施工，形成施工场地有效的运转。开挖分层、分段步序如图8.2-4所示。

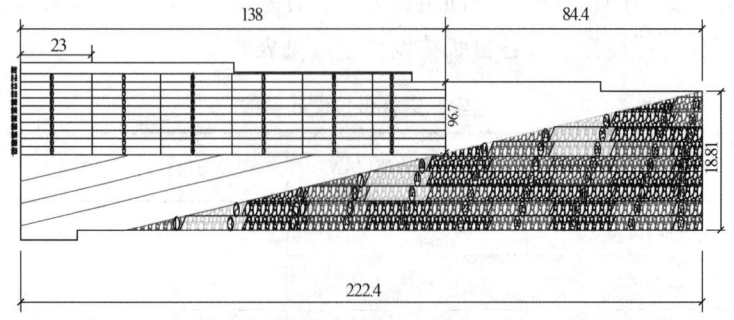

图 8.2-4　基坑开挖分层、分段步序图

根据地勘资料，基坑处于强风化、中风化、微风化岩层，主要受制于爆破施工。截至目前基坑月土石方开挖量约 10000m³。

控制措施：

1）爆破参数设计

根据测试爆破振动的经验公式，减少单段起爆药量是降低爆破施工对两侧危房产生振动危害的最有效方法。

爆破振动的经验公式：

$$V = K\left(\frac{Q^{1/3}}{R}\right)^{\alpha}$$

爆破过程中，为减少爆破负效应采取以下方法：

①炮眼采用浅孔密布的方式，从而降低单孔药量。

②减少振动的同时也要控制飞石对周边行人、车辆的影响，所以在保证每个炮孔堵塞不小于 1 倍抵抗线的前提下，应尽量打浅孔，并减小孔距排距，以减少每孔的装药量。

③严格控制临空面方向。

④为避免爆破飞石对周围环境的影响，要对爆区进行防护。

⑤爆破设计前要对地质情况进行勘察，以防因不良地质造成爆破危害。

⑥爆破施工时应准确控制单耗，注意炮孔填塞长度及填塞质量，尤其是炮孔内存水时，一定要加强覆盖防护，以防个别飞石。

2）具体爆破参数

①钻孔直径：$d = 40$mm。

②台阶高度：$H \leqslant 5$m。

③钻孔倾角：$0° \sim 90°$。

④炮眼深度 L：

$$L = (1.1 \sim 1.15)H（坚硬岩石）$$
$$L = 1.0H（中等岩石）$$
$$L = (0.85 \sim 0.95)H（松软岩石）$$

⑤最小抵抗线：

$$W = d \cdot (7.85\Delta\tau/qm)/2$$

式中　d——钻孔直径（mm）；

　　　Δ——装药密度（g/ml）；

　　　τ——深孔装药系数，$\tau = 0.7 \sim 0.8$ 取 0.7；

　　　q——单位炸药消耗量（kg/m³）；

　　　m——炮孔密集系数（即孔距与排距之比），一般 $m = 1.2 \sim 1.5$。

$$W = (0.5 \sim 0.9)H$$

在坚硬难爆的岩体中，或台阶高度 H 较高时，计算时应取较小的系数。

⑥孔间距：

$$a = (1.0 \sim 2.0)W$$
$$a = (0.5 \sim 1.0)L$$

⑦排距：

$$b = (0.8 \sim 1.2)W$$

⑧单位炸药消耗量 q：

$$q = (0.2 \sim 0.6)\text{kg/m}^3$$

单位炸药消耗量要根据试爆后调整，试爆时取小值。

⑨单孔药量：

$$Q = eqW^3$$

$$Q = eqV = eqHWa$$

式中 e——换算系数，若采用乳化炸药 $e = 1.08$。

⑩超钻视实际情况而定，$h = （0.1 \sim 0.15）H$。

⑪堵塞长度：

$$L_堵 = L - L_满$$

但同时应满足 $L_堵 \geqslant 1.1W$，这样做的目的是保证爆破不在炮口方向产生飞石。堵塞材料用砂子、黏土、岩粉等。

⑫浅孔爆破主要参数见表8.2-3。

浅孔爆破主要参数表　　　　　　　　　表8.2-3

孔径 d (mm)	台阶高 H (m)	孔深 L (m)	抵抗线 W (m)	孔间距 a (m)	排间距 b (m)	堵塞 L (m)	装药量 Q (kg)	单耗 Q (kg/m³)
40	1	1.1	0.8	1.2	0.8	0.8	0.52	0.5
40	1.5	1.65	1	1.4	1	1	0.91	0.4
40	2	2.2	1.2	1.8	1.2	1.2	1.40	0.3
40	2.5	2.75	1.3	2	1.3	1.3	1.76	0.25
40	3	3.3	1.3	2	1.3	1.3	2.11	0.25
40	3.5	3.85	1.3	2	1.3	1.3	2.46	0.25
40	4	4.4	1.5	2.2	1.5	1.5	3.14	0.22
40	4.5	4.95	1.5	2.2	1.5	1.5	3.53	0.22
40	5	5.5	1.5	2.2	1.5	1.5	3.92	0.22

（4）人工挖孔桩

1）爆破参数设计

具体爆破参数设计参照基坑开挖爆破参数，挖孔桩炮眼布置如图8.2-5所示。

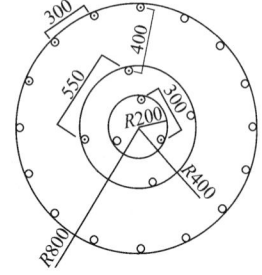

炮眼名称	孔径(mm)	孔深(mm)	装药量(kg)
周边眼	40	120	0.4
辅助眼	40	120	0.4
装药量为单孔装药量，周边眼16个，辅助眼7个			

图8.2-5 挖孔桩爆破参数布置图

在爆破施工过程中，根据试爆效果作适当的药量调整，达到在安全的前提下取得良好爆破效果的目的。

2）孔口防护

防护采用覆盖防护，在孔口放置井字形方木，铺钢筋网，网上放置多层砂袋，以防爆破冲击波和飞石从孔口冲出，如图 8.2-6 所示。

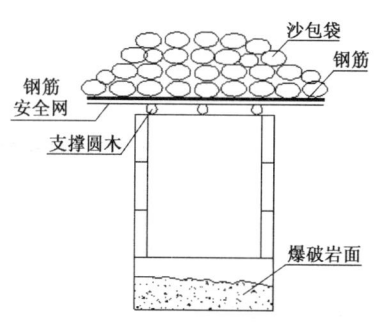

图 8.2-6　挖孔桩孔口防护示意图

8.2.2.3　工程评价

通过上述措施，基坑处于安全状态，每日各项监控量测数据，反映基坑各项监测项目均处于正常限值内。

目前基坑施工正常有序、井井有条，截至目前基坑土石方完成量为 94800m³，占设计总量的 86.14%，同时支护结构也同步跟进。

各监测项目连续监测数据如图 8.2-7～图 8.2-11 所示。

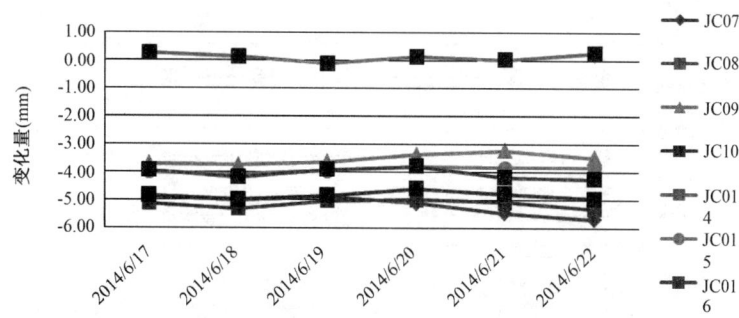

图 8.2-7　建筑沉降变化曲线图

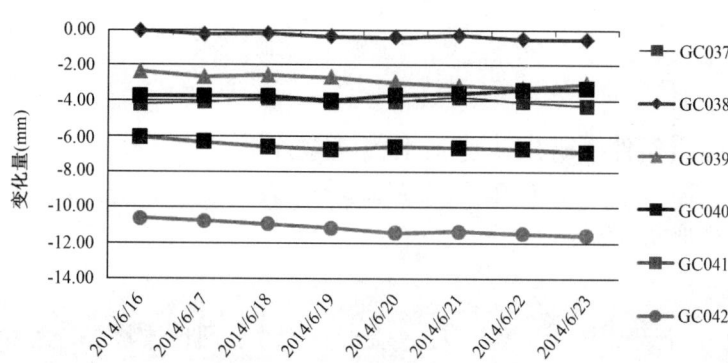

图 8.2-8　管线沉降变化曲线图

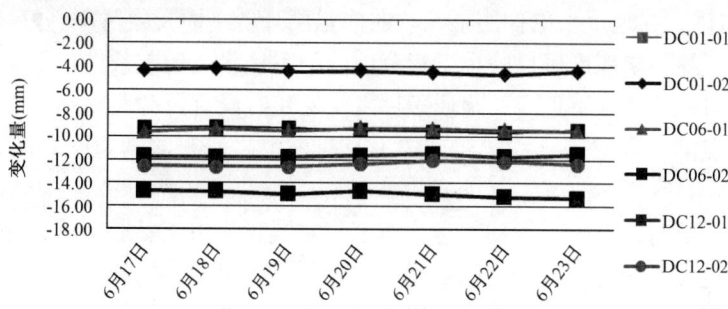

图 8.2-9　地表沉降变化曲线图

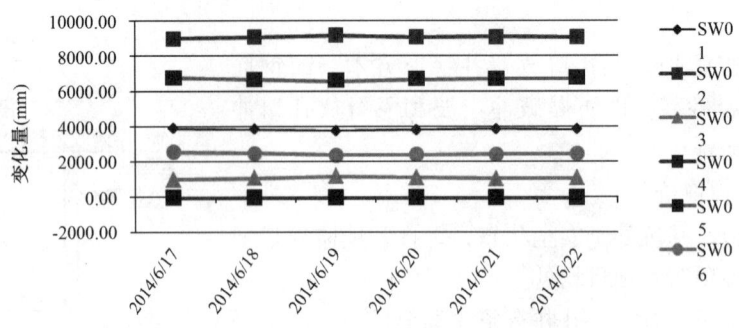

图 8.2-10 地下水位变化曲线图

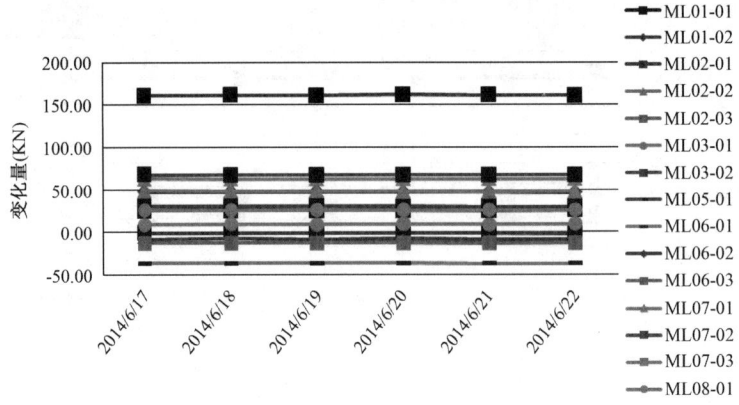

图 8.2-11 锚索轴力变化曲线图

8.3 硬岩典型地质条件下矿山法施工工程风险分析

8.3.1 开挖面坍塌风险

（1）风险分析

隧道开挖过程中导致塌方的因素很多，一是自然因素，即地质状态、受力状态、地下水变化等；二是人的因素，即不当的施工工法、不完善的设计等。

1）掌子面穿过断层及其破碎带，或在岩脉影响地段，一经开挖，潜在应力释放、围岩失稳。

2）地下水影响。地下水的软化、浸泡、冲蚀、溶解等作用加剧围岩的失稳和坍塌。当围岩中有软弱夹层等岩体，在地下水的作用下，软弱面强度降低，而发生滑塌。

3）地质调查不细，未能准确反映出工程范围内的不良水文地质条件。

4）施工工法与地质条件不适应，地质条件发生变化时没有及时调整施工工法。

5）施工工序安排不合理，导致初期支护不及时，围岩暴露时间过久，超过围岩的自稳时间，导致塌方。

6）监控量测不及时，没能够做到信息化施工，对围岩及初支变形不清，导致塌方。

7）开挖进尺过大，超过围岩的自稳空间。

8）爆破炸药用量过大，振动波引起围岩破碎岩块间的滑动，导致围岩失稳坍塌。

9）硬岩地质中隧道土方开挖，主要采取爆破掘进方式，爆破振动速度控制不当、爆破防护不当，易导致地面建（构）筑物位移、开裂、围岩破碎，引发安全风险。

10）从附属工程出入口、风道安全进入主洞开挖和从主洞安全破壁进入附属工程出入口、风道的工序转化多，空间关系复杂，施作前需制订详细的施工方案，研究合理的施工步序，安全平稳进洞。

11）采取分部开挖时，为了使导洞初期支护成环，辅以钢支撑、喷混凝土形成中隔壁，如CD 法、CRD 法开挖，分台分部爆破开挖对竖向支撑的损坏。

（2）风险对策

预防塌方选择合理的施工工法和措施至关重要，在不良地质条件段，严格按照浅埋暗挖"管超前、严注浆、短进尺、强支护、早封闭、勤量测"的十八字方针进行施工。

1）在开挖掌子面通过探孔对地质条件和地下水情况进行超前探测，同时对掌子面进行地质素描，对前方塌方的可能性进行预判。

2）做好开挖前的超前地质预报工作。对于车站主洞采用超前导洞法，小断面洞室采用超前钻探法、物探法、地质调查法，在群洞效应明显地段避免使用 TSP 和 TGP 法。

3）对前方围岩破碎地下水丰富地段可以采用超前周边孔注浆、全断面帷幕注浆等措施，对围岩进行补强加固。

4）当前方裂隙发育的岩体、断层破碎带地下水较少的情况下可以采用超前锚杆进行预支护；地下水较丰富时采用超前小导管注浆的方式进行预支护。

5）加强监控量测，信息及时反馈。

6）小洞室开挖进尺控制在 0.5~1.0m，大断面采用超前导洞法施工，扩挖时进尺控制在1.5~2.5m。

7）周边眼采用光面爆破技术。

8）主要应对措施为采用光面爆破技术，进行爆破振速控制。首先确定单段最大起爆药量。最大分段装药量可以按萨道夫斯基公式进行计算确定。

9）吸取目前施工经验教训，今后施工中建议在条件允许的情况下，加高施工横通道，在侧墙垂直面上进行破壁进洞。

10）制订分部爆破方案解决临时竖撑掘进过程中吊脚的通病。

8.3.2 开挖面爆破作业施工风险

（1）风险分析

1）风险类别及危害

城镇环境硬岩条件下矿山法爆破施工因其作业面条件差、周边环境复杂，爆破作业施工风险尤其明显，若爆破施工风险控制措施不当，重则会造成安全质量事故，如爆破振动过大，会减弱临时支撑承载力、已浇筑混凝土产生裂纹、周边建筑物、管线等设施的损害等，爆破飞石会砸坏临时支撑及洞内设施、影响临近混凝土的外观、伤人等危害，爆破噪声过大，造成扰民和投诉事件的发生，爆炸产生的有害气体和粉尘，恶化作业环境、影响作业人员健康等。常见的风险类别有爆破振动、爆破噪声、爆破飞石、爆炸产生的有害气体和粉尘、盲炮等。

2）风险产生的原因

炸药在岩体内爆炸时，瞬间会形成强烈的应力波，同时产生高温、高压气体，它们以爆源为中心，在岩体中向外扩展和传播，在爆源周围由近及远形成压缩、破裂和振动三种爆破作用，在此爆破作用过程中，对周边环境相应产生振动、噪声、飞石、有害气体、粉尘等各类爆破施工风险。然而，爆破自由面能对爆破作用发生影响并在爆破时能使岩石往自由面方向发生移动，并迅速释放多余的爆破能量，因此，爆破自由面越多，爆破破岩就越容易，爆破效果就越好，单位体积所消耗的炸药量将明显降低，从而降低了爆破施工风险。但是，由于掘进掌子面通常只有一个爆破自由面，对岩石破碎的夹制作用加大，需要通过消耗较大炸药用量达到爆破效果，因此，势必增大了振动、飞石、噪声、有害气体、粉尘等爆破施工风险。

由于地下爆破作业空间狭小、光线不足、掌子面地质情况掌握不够、爆破单耗大等因素，增大了产生盲炮的几率，若盲炮没有及时处理，会造成后续作业人员的伤亡。

3）城市地下工程爆破振动的控制还存在如下不利因素

①爆破点与地面设施之间存在高程差，容易造成爆破振动放大效应，增加了爆破振动控制难度。

②爆破工作面狭窄，爆破自由面少，爆破破岩夹制性大，需要加大炸药量破碎岩石，同样增加了爆破振动的控制难度。

因此，爆破振动控制是硬岩条件下矿山法爆破施工风险控制的重点和难点，爆破振动控制好了，爆破噪声、爆破飞石等爆破风险也同样会得到有效控制。下面从两个方面阐述爆破振动风险控制的方案。

（2）风险对策

1）爆破振动控制

①采用毫秒微差爆破。参照类似工程经验、资料和现场爆破监测成果合理选取微差间隔时间，可有效降低爆破振动。

②合理确定爆破振动控制指标。爆破振动控制指标的确定，应综合考虑保护对象安全和爆破振动扰民等因素，必要时应通过组织专家论证确定。

③限制最大一段用药量。应从确保安全的单响药量开始，逐步增大到允许药量，并按允许药量控制一次爆破规模。

④爆破振动监测成果的分析和应用。每次爆破均应进行爆破振动监测，可有效监控爆破振动控制指标的落实，同时，通过对爆破监测成果的分析，可及时调整钻爆参数和雷管段别，有效控制爆破振动。

⑤合理选择爆破掏槽类型。掏槽孔爆破是爆破振动控制的重点，应结合断面尺寸、围岩级别、爆破进尺和振动控制指标等因素综合考虑确定。

⑥制订爆破试验方案，根据爆破试验效果，优化爆破参数和起爆网路，以满足控制目的。

⑦落实管线、建筑物等周边环境的调查工作。爆破施工前应对周边环境进行详细的调查并形成调查成果，因爆破施工可能对周边环境造成较大风险的，必要时应进行安全评估。

⑧采用掏槽预裂爆破或周边打设减振孔。

⑨采用分步开挖，创造自由面的措施。

⑩调整起爆顺序，改变地震波传播方向与被保护对象的方位关系。

⑪采取孔内微差，降低单响药量。

2）爆破飞石控制

①装药前，应进行验孔，校核各药包的最小抵抗线，如有变化，必须修正装药量。

②认真对待断层、软弱层、张开裂隙、成组发育的节理等地质构造，采用药包避开软弱夹层、间隔填塞、调整装药量等措施。

③保证炮孔的填塞质量，既要保证填塞长度，又要填塞密实，填塞物要避免夹杂碎石。

④采取毫秒微差爆破，控制飞石飞散方向。

⑤采取直接防护和近体防护措施，控制飞石飞散。

⑥慎重选择爆破作用指数，尽量降低爆破单耗。如掏槽选择抛掷爆破，扩挖选择弱抛掷或松动爆破等。

3）爆破噪声控制

①除周边孔外，其他炮孔的网路连接避免采用导爆索起爆网路。

②控制一次爆破规模和爆破单耗，将总药量均匀分散到被爆破岩体中，使爆炸能量得到最大限度的利用，否则，应考虑分部开挖。

③保证炮孔的填塞质量，既要保证填塞长度，又要填塞密实，填塞物要避免夹杂碎石。

④避开清晨、傍晚和周边居民休息的时间。

⑤在掌子面附近采用砂袋等构筑阻波墙、在冲击波传播的通道或井口设置隔声材料。

⑥采用毫秒微差爆破。

4）爆破有害气体及粉尘控制

①加强通风与洒水。

②装药前需将孔内的积水和岩粉吹干净。

③定期进行检测。

④采用水封爆破和自动喷雾洒水等措施。

⑤采用最佳的起爆能，使炸药完全爆轰。

⑥保证炮孔的填塞质量，既要保证填塞长度，又要填塞密实，填塞物要避免夹杂碎石。

5）盲炮预防及处理

①尽可能采用孔内延期起爆网路，若采取孔外延期起爆网路，应采取必要的防护措施防止冲击波、飞石可能对后起爆网路的破坏。

②装填的炮孔数量，应以一次爆破为限。

③保证炮孔的填塞质量，既要保证填塞长度，又要填塞密实，填塞物要避免夹杂碎石，填塞时避免损坏传爆线。

④正确连接起爆网路，敷设起爆网路应由有经验的爆破员或爆破技术人员实施并实行双人作业制。

⑤按照国家现行《爆破安全规程》GB 6722 等要求，做好爆破器材的现场测试、检验工作。

⑥做好爆后检查工作，发现盲炮，应按照国家现行《爆破安全规程》GB 6722 等要求，对盲炮进行处理。

6）爆破振动管理措施

①核查周边环境

根据前期对管线、建筑物等周边环境的调查资料，实地核查爆破掌子面周边环境现状，摸清爆破地点与保护对象之间的实际距离。

②核查地质资料

根据地勘报告、超前钻孔和超前地质预报等相关资料，实地核查爆破掌子面地质、水文等现状，初步确定与地形、地质条件有关的 k、a 值。

③设计爆破施工图

根据核查的周边环境和地质现状，依据设计要求，优化设计爆破施工图。

④技术交底

爆破工程师给作业班组进行爆破施工图等相关技术资料交底，并详细讲解布孔、装药量、雷管段别、连线、爆破振动控制指标等技术要求。

⑤严格按技术交底发放民爆物品

按照交底的爆破施工图发放民爆物品，预防少装或多装炸药的现象发生。

⑥严格监炮制度

安排专人监督检查爆破施工图执行情况，并做好施工记录，爆破工程师应进行检查和指导。

⑦警戒

按照国家现行《爆破安全规程》GB 6722等相关规定，做好爆破警戒工作。

⑧起爆

爆破警戒工作完毕，确认安全，指挥员发布起爆命令后，方可起爆。

⑨爆破振动监测

爆破前，对需保护的对象进行监测布点，实施爆破振动监测工作。

⑩爆破振动监测数据反馈

爆破工程师根据爆破监测成果和爆后效果，确定是否优化爆破设计，优化后的爆破设计应重新交底（图8.3-1）。

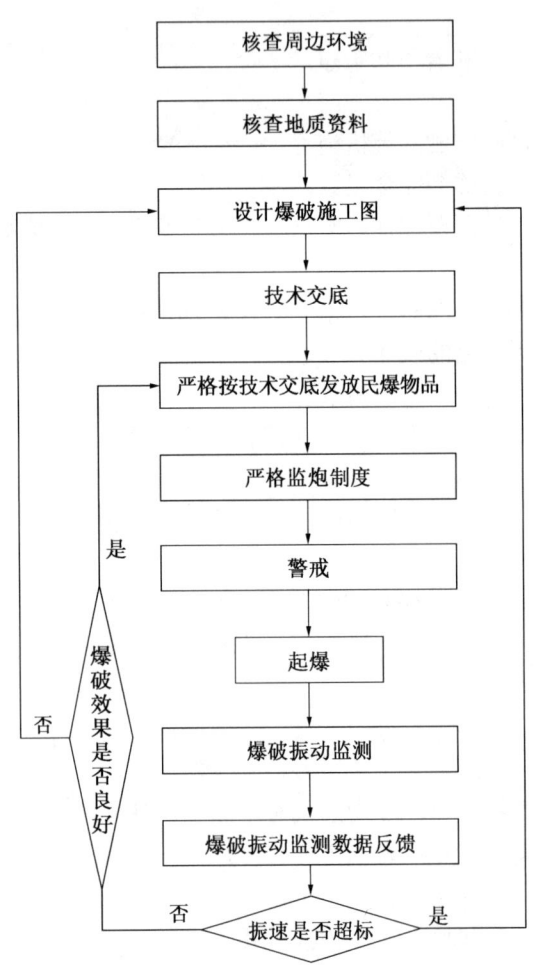

图8.3-1 爆破振动技术控制流程图

7）爆破振动控制标准及掏槽类型

①爆破振动控制标准

《爆破安全规程》GB 6722—2014给出的爆破振动安全允许标准见表8.3-1。

地铁线路大多位于城市繁华地段，点多线长，涉及的周边建筑物、管线等保护对象千差万别，制订爆破振动控制标准既要考虑安全，又要考虑周边居民的承受能力，同时还需考虑施工的可操作性，因此，制订爆破振动控制标准应以国标为依据，且综合考虑各类因素。对铁路、烟囱、加油（气）站、精密设施、老旧房屋、文物建筑、年久失修或破损的管线等建（构）筑物和设施，需经专家论证确定。目前，尚未有针对地下管线的爆破振动控制国家标准，建议参照管线的现状、自身的抗振能力、管线行业部门规定等选取。

爆破振动安全允许标准   表 8.3-1

序号	保护对象类别	安全允许质点振动速度 v（cm/s）		
		$f \leqslant 10\text{Hz}$	$10\text{Hz} < f \leqslant 50\text{Hz}$	$f > 50\text{Hz}$
1	土窑洞、土坯房、毛石房屋	0.15~0.45	0.45~0.9	0.9~1.5
2	一般民用建筑物	1.5~2.0	2.0~2.5	2.5~3.0
3	工业和商业建筑物	2.5~3.5	3.5~4.5	4.2~5.0
4	一般古建筑与古迹	0.1~0.2	0.2~0.3	0.3~0.5
5	运行中的水电站及发电厂中心控制室设备	0.5~0.6	0.6~0.7	0.7~0.9
6	水工隧洞	7~8	8~10	10~15
7	交通隧道	10~12	12~15	15~20
8	矿山巷道	15~18	18~25	20~30
9	永久性岩石高边坡	5~9	8~12	10~15
10	新浇大体积混凝土（C20）： 龄期：初凝~3d 龄期：3d~7d 龄期：7d~28d	1.5~2.0 3.0~4.0 7.0~8.0	2.0~2.5 4.0~5.0 8.0~10.0	2.5~3.0 5.0~7.0 10.0~12

注：1. 爆破振动监测应同时测定质点振动相互垂直的三个分量。

2. 表中质点振动速度为三个分量中的最大值，振动频率为主振频率。

3. 频率范围根据现场实测波形确定或按如下数据选取：硐室爆破 f 小于 20Hz；露天深孔爆破 f 在 10Hz~60Hz 之间，露天浅孔爆破 f 在 40Hz~100Hz 之间；地下深孔爆破 f 在 30Hz~100Hz 之间，地下浅孔爆破 f 在 60Hz~300Hz 之间。

②掏槽类型的选择

进行地铁隧道爆破，爆破振速超标主要集中在掏槽孔上，因此，选择合理的掏槽类型非常关键。下面介绍硬岩地层采用的几种典型掏槽类型（图 8.3-2~图 8.3-4）。

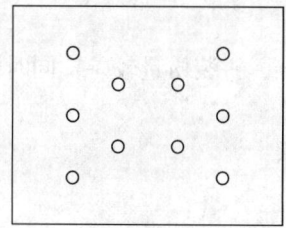
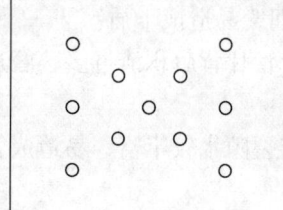
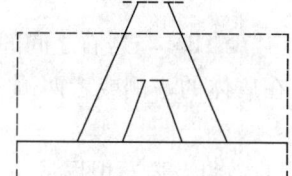
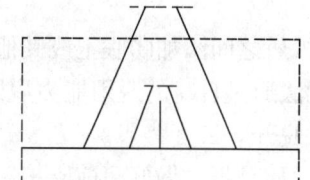

图 8.3-2　双楔形掏槽示意图　　　　图 8.3-3　多级掏槽示意图

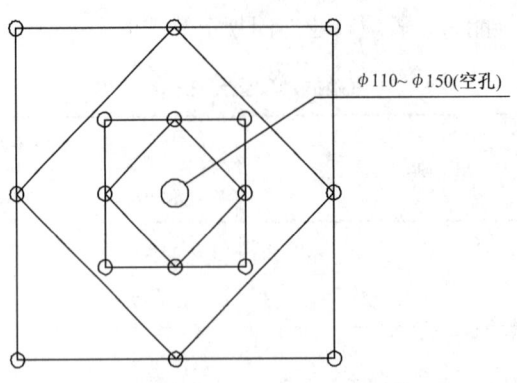

图8.3-4　中空孔直眼掏槽示意图

8.4　硬岩典型地质条件下TBM硬岩掘进机施工工程风险分析

在硬岩地质条件下，岩石强度大，围岩稳定性主要受软弱结构面控制，特别是断裂破碎带及节理裂隙发育的地区对TBM掘进机施工影响较大。

TBM在通过断层破碎带时，围岩自稳能力差，节理破碎，在掌子面极易发生坍塌，造成较大塌腔且无法及时封闭，只有在围岩露出主机后才能进行初期支护作业，初期支护相对滞后。同时，还会带来水平撑靴支撑反力不足，无法提供正常掘进所需的推力，掘进方向控制困难。通常情况下坍塌按其发生的地质原因和规模分为节理型坍塌、撑靴挤压型坍塌、构造型坍塌三种类型，TBM在通过断层破碎带时，应快速通过，减少在围岩破碎带的停机时间，加强支护，确保安全。

开敞式TBM通过断层破碎带，围岩坍塌，极易造成掘进困难，掘进方向控制困难，设备及人员容易受到伤害。TBM通过断层带时很容易造成刀盘前面和拱部坍塌。

护盾型TBM通过断层破碎带，围岩坍塌，极易造成卡盾及管片错台，掘进方向控制困难。

8.4.1　破碎带TBM施工刀盘被卡风险

（1）风险分析

1）护盾型TBM盾体较长（主机长度8~12m），围岩收敛，引起洞径减少，或者脱落围岩进入护盾与围岩中间，易造成卡盾。

2）岩体破碎，管片背后积渣过多，管片拼装困难，拼装质量较差，同时会导致掘进方向控制困难。

3）围岩断裂带裂隙水较丰富，易造成管片渗漏水。

（2）风险对策

1）在设备选型时，应考虑TBM的脱困能力，保障TBM有能力通过自身推力克服一般的卡盾情况。

2）在围岩与护盾之间添加膨胀土或其他润滑剂，减少TBM与岩石之间的摩擦力。

3）当TBM无法通过自身的脱困能力脱困时，应在盾体的一侧或者两侧人工开挖导洞并支护，使围岩与护盾脱开。

4）加强超前地质预报，做好超前支护，减少围岩收敛量及岩石坍塌量。

5）在沉降量较大的地段，应加强对地面的预处理，防止因地面沉降对管片的破坏。

6）加强地表沉降监测。

7）在断裂带地段掘进时，严格控制 TBM 转速，尽量减少对围岩的扰动，减少坍塌，尽量将渣土排净，减少管片与围岩之间的残留量，易于管片拼装质量控制；加强管片背后回填灌浆质量控制，每隔一定距离设置一道密闭环，采用双液浆及时施作封闭环，提高注浆压力，破碎带空隙填充密实，起到止水的作用，降低渗漏水的可能性；加强二次补注浆效果控制。

8.4.2　节理裂隙发育区 TBM 施工坍塌风险

（1）风险分析

节理密集带或岩层走向与隧道轴向小角度相交时，在节理、软弱结构面的切割下，岩体多呈块状镶嵌结构，围岩稳定性较差，岩体在掘进振动、地下水、重力等综合作用下，发生滑移和坠落。此类坍塌较小，通常坍塌深度 <1m，环向宽度 <5m，塌方量 <50m³，对施工安全有一定影响。

（2）风险对策

此类坍塌高度小，塌方量不大，一般 TBM 不用停机，塌腔露出护盾后再实施以下风险对策：

1）在围岩露出护盾后及时喷锚封闭岩面，当围岩露出护盾后，立即采用超前喷射混凝土，及时封闭岩面，防止坍塌进一步扩大。

2）隧道全断面挂设钢筋网，间距10cm×10cm；拱部270°范围内施作砂浆锚杆并压住钢筋网使其紧靠岩壁。

3）及时支立钢拱架，并设纵向连接筋，薄钢板封闭塌腔后用细石混凝土回填密实。

4）TBM 掘进采用低推力、低转速、低扭矩、短进尺等措施，尽可能减少掘进时对围岩的扰动。

8.4.3　软弱结构面、节理发育地带 TBM 施工撑靴挤压型坍塌

（1）风险分析

TBM 依靠隧道围岩对撑靴的反力而获得向前的推力，在软弱结构面、节理发育地带，岩体破碎，受撑靴挤压而发生滑塌。此类坍塌规模较小，一般只有 1～2m³。此类坍塌对 TBM 方向控制影响较大，对成洞质量有较大影响。

（2）风险对策

1）对已坍塌的撑靴部位，清理表层弃渣后，用混凝土喷护塌腔壁，以保证其稳定性，再利用薄钢板立模，用细石混凝土回填密实，6h 后填筑的混凝土初凝达到一定强度后，撑靴方可支撑。

2）对未坍塌撑靴部位的软弱围岩，一般采取提前加固的方式，如施作砂浆锚杆、打中空注浆锚杆注浆加固等措施。

8.4.4　构造带发育地段 TBM 施工构造型坍塌

（1）风险分析

岩体受地质构造（如次生断层、软弱结构面等）影响严重，岩体破碎，岩体的自稳能力很差，在掘进时，常在护盾上方或刀盘前方发生较大规模的坍塌。此类坍塌具有塌方深度高（>1m）、塌方量大（>50m³）、持续时间长、难以处理等特点，对施工安全有很大影响。

（2）风险对策

此类坍塌深度高，塌方量大，如采用强支硬撑的传统方法，不但费工、费料、费时，且难以保证安全。此类坍塌主要采用了超前预报、地表预加固、加强支护等综合防治措施。

1）地质超前预报工作贯穿于 TBM 施工全过程，运用地表地质调查、掌子面地质情况观测

和地球物理勘探等多种手段，综合分析，准确地探明掌子面前方一定范围内的断层破碎带、软弱结构面等不良地质体的位置、影响宽度、破碎程度等，尽早采取超前处理措施；TBM 采用较低的刀盘转速，推进速度不易过高，宜控制在 40% ~ 50%，减小撑靴的撑紧压力，从而控制刀盘的推进速度，减少对掌子面周围岩石的扰动。

2）当围岩露出护盾后，立即喷射混凝土封闭岩面，后施作自进式中空锚杆并注浆加固，以保证破碎围岩的整体稳定性。

3）随着 TBM 掘进及时支立钢拱架，间距 0.9m，局部地段可适度加密至 0.45m；对塌腔面喷不小于 25cm 厚的混凝土，以防止坍塌进一步扩大。对坍塌高度小于 3m 的地段，在钢拱架背侧用厚度 3mm 薄钢板封闭塌腔，最后用 C20 细石混凝土回填密实；对塌腔高度大于 3m 地段，利用拱架、铁板封闭回填 2.5 ~ 3m 厚的混凝土，并埋设注浆管、检测管，用水泥浆灌注密实。

4）由于地铁施工埋深较浅，对于预测到的断层破碎带可以采用地表预注浆处理。

采用水泥 - 水玻璃双液浆注浆，通过注浆管将浆液均匀地注入地层中，利用该种浆液速凝且凝固时间可控、浆液结石率高等优点将松散体固结。具体设计参数：水泥浆水灰比 1∶1，水玻璃按水泥重量的 5% 掺配，最终以试验确定最佳配比。注浆范围通过试验确定注浆的扩散半径，根据扩散半径确定开挖轮廓线以外尺寸及孔间距。注浆方式为先外围后内部，并采取同排隔孔错开，每孔分段注浆的方式进行。在进浆量很大而压力不上升的情况下，以注浆量控制；当注浆量很小时，以注浆压力为主要控制指标。

5）加强监测，掘进过程中，严格把握方向，防止掘进偏差。

8.4.5　富水地段 TBM 施工涌水风险

护盾型 TBM 通过富水地段，围岩渗漏水，破坏围岩结构，增加管片渗漏水质量风险，对设备、人员造成重大完全隐患。

（1）风险分析

TBM 在通过富水地段时，岩体被浸泡，单轴抗压强度降低，裂隙较发育，易发生局部坍塌，管片拼装困难；护盾型 TBM 仅能通过管片自防水及管片背后回填注浆止水，注浆难度加大，易发生渗漏水、隧道突泥涌水现象。同时，设备处于湿度很大的环境中，各种电气设备绝缘值降低，设备上金属结构件导电性强，易发生漏电及触电风险。

（2）风险对策

1）通过从导孔向 TBM 前部打长孔，可扩大灌浆范围，且可阻滞灌浆材料向下部流动。在 TBM 掘进时尽量靠前系统性的打孔灌浆，使用钢制锚杆加灌树脂浆进行超前加固。

2）采用地质调查、物探、红外探水和超前钻探等方法对掌子面前方进行地质预报，以便及早准备应对措施，减小由于突然大量涌水而带来损失。

3）掘进前，超前钻孔，探测钻孔出水量、水压、涌水点位置等。如果水量不大、放水使水压下降，可在做好排水系统的情况下，TBM 继续掘进；如果水量较大、水压不减，特别是软弱围岩地段，则要通过超前注浆堵水等处理后再掘进，否则涌水后可能造成掌子面或洞壁坍塌。

4）做好排水设备的储备及应急电源的保证。

5）管片渗水明显地段可以采用双液浆或化学浆液止水。

6）安装管片时注意密封条粘贴是否牢固，如有松脱及时修复，防止密封处渗水。

8.4.6　TBM 施工突泥风险

（1）风险分析

遭遇突然涌泥，如果地下水补给面积较大（人防洞室积水），且没有进行工程处理，隧道涌水量将长期维持较大的状态，此种情况极易造成地表沉降。

（2）风险对策

依照地勘资料，在到达断层区之前，加强对超前地质预报的分析。当预报前方阻力明显降低时，应对可能存在的不良地质进行超前地质钻孔探测，如发现围岩破碎应及时进行超前注浆处理；对前方的破碎围岩进行充分加固后方可向前掘进。同时，需要在地表布置勘探孔，勘探孔的布置应与围岩加固灌浆等相结合。

8.4.7　TBM 施工围岩软硬不均风险

TBM 通过围岩软硬不均地段，易导致掘进方向偏离设计轴线，增加刀具更换频率，增加换刀人员安全隐患。

（1）风险分析

地铁施工埋深一般较浅，在地势起伏较大区域，隧道经常要穿越多种地质结构带，如开挖轮廓处在地质构造带分界线上，就容易产生围岩软硬不均，则围岩对刀盘产生的倾翻力矩将出现较大差值，如图 8.4-1 所示。

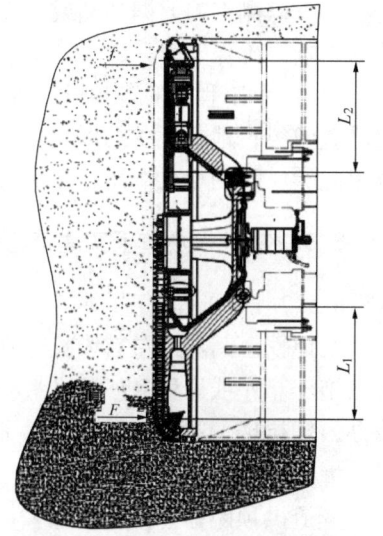

其中 f 为较软岩石对刀盘的反作用合力，F 为较硬岩石对刀盘的反作用合力，以上软下硬地质为例简要说明。当 $M_f \approx M_F$，刀盘受力平衡，才能保证 TBM 正常平稳掘进；$M_f < M_F$ 时，TBM 将会上浮，如果不能及时准确调整机器姿态，实际隧道将偏离设计轴线，给 TBM 出洞、掘进安全等带来风险；当 $M_f > M_F$，TBM 容易出现栽头现象，将很难调整。

（2）风险对策

针对围岩软硬不均的地质风险，可以采用如下的应对措施：

1）对软硬不均围岩中较软围岩进行加固处理，减少围岩强度的差别。

2）改善刀盘及主轴承结构，使刀盘和主轴承能够部分承担因围岩软硬不均引起的受力不均。

图 8.4-1　刀盘结构受力示意图

3）如围岩软硬不均情况十分严重，且长度不是很大，可以采用人工提前爆破前方围岩，TBM 出渣的方式避免 TBM 开挖此段围岩。

4）在软硬不均地段中，应对导向系统进行持续性追踪，预判 TBM 偏转趋势，提前进行相对的调向操作，遵循"勤纠偏，缓纠偏"原则。

5）掘进过程中通过对推进缸的分组控制，围岩软弱侧推进速度要适当小于围岩坚硬侧，并减慢掘进速度。

6）加强掘进过程中刀具的检查，换刀前将刀盘退至围岩相对稳定区域或人工将掌子面松散石块清理，并佩戴好安全防护用品。

8.5　环境风险分析

8.5.1　矿山法施工导致的周边环境风险分析

（1）风险分析

不论从哪个方面来说，浅埋暗挖车站工程的施工都要比地上工程的施工更加复杂、更危险。

施工给周边环境带来的风险也比较多，往往会带来很大的经济损失及社会影响，结合实际施工，主要有以下几点风险：

1）在浅埋暗挖地铁车站工程施工时，地层岩石受力发生较大变化，容易导致不均匀沉降现象出现，严重时导致地面坍塌或隆起，对上方道路、管线及建筑物等影响较大。

2）因暗挖车站下部围岩属于硬岩，在下部开挖过程中采取爆破作业，施工中不可避免地将产生爆破振动，给车站上方及周边建筑物带来较大风险，对建筑物的质量及后期使用均有较大影响。

（2）风险对策

1）在施工期间，应密切观测周边道路、管线及建筑物等的变化情况，依据变化情况及时作出相应的调整，保证周边管线及建筑物的安全，并对施工作业中可能出现的事故做好应急预案。

2）在暗挖车站施工时，对上方管线及周边建筑物作详细的调查，仔细地核对现场管线及建筑物与车站的具体位置关系；并在管线及建筑物基础上设置监测点，密切关注监测点的变化情况。一旦监测点的数据达到或者超过报警值，立即采取相应的应对措施，减少对周边管线及建筑的影响，确保安全。

3）以上工程中的各项风险因素往往相互作用，比如地面沉陷引起地下管线爆裂、地下基础的严重倾斜；地下管线的爆裂、地下基础的严重倾斜更加剧了地面的沉陷，如此往复应该注意避免此类风险的相互作用，并从源头上控制风险。

8.5.2 地铁隧道下穿建筑物的爆破振动控制案例

8.5.2.1 工程概况

某地铁区间隧道左右线长分别为1269.6m和1298.4m，区间主体及附属结构均采用喷锚构筑法施工。左线里程K7+648－K7+698正下穿一办公大楼，右线K7+646－K7+710正下斜穿该办公楼裙楼，主楼地下2层，地上16层，结构为筒体框架结构，裙楼为地下一层，地上3层，框架结构（图8.5-1）。

隧道拱顶距办公楼地下室底板13m，距抗浮锚杆底4m。该段洞身地质为中风化花岗岩，Ⅱ级围岩，隧道开挖断面高度为6.76m，开挖宽度为6.2m，开挖面积为34.8m²。采用台阶法开挖，上台阶开挖高度为3.2m，开挖面积为15.8m²，地下室底板爆破振动控制指标为2cm/s（图8.5-2）。

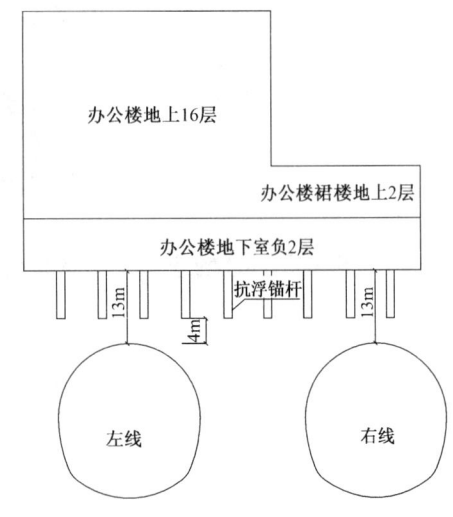

图8.5-1 办公楼与隧道的位置关系图

图8.5-2 办公楼沿隧道开挖方向正面图

8.5.2.2　上台阶直眼掏槽钻爆图表

上台阶采用大直径中空孔 +16 眼菱形直眼掏槽、左右扩爆的爆破方案，爆破进尺为 1.0m。直眼掏槽参数：中空孔直径 150mm，装药孔 16 个，钻孔直径 42mm，单孔药量 300g，采取逐孔由内向外依次起爆，爆后槽腔口尺寸 1.5m×1.5m。根据爆破监测数据，掏槽部分爆破振速可控制在 2cm/s 以内，左右扩挖和下台阶爆破，因具备了较好的临空面，采用常规的毫秒微差爆破，爆破振速可控制在 1.5cm/s 左右。上台阶掏槽钻爆设计图如图 8.5-3 所示。上台阶掏槽钻爆设计参数表见表 8.5-1。

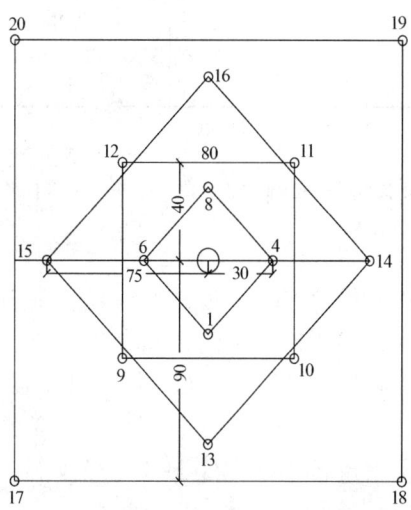

图 8.5-3　上台阶掏槽钻爆设计图

上台阶掏槽钻爆设计参数表　　　　　　　　　　　　表 8.5-1

炮孔名称	段号	炮孔数目	炮孔深度（m）	单孔装药量（kg）	最大段装药量（kg）	备注
中空孔		1	15			不装药
掏槽眼	1	1	1.0	0.3	0.3	
掏槽眼	4	1	1.0	0.3	0.3	
掏槽眼	6	1	1.0	0.3	0.3	
掏槽眼	8	1	1.0	0.3	0.3	
掏槽眼	9	1	1.0	0.3	0.3	
掏槽眼	10	1	1.0	0.3	0.3	
掏槽眼	11	1	1.0	0.3	0.3	
掏槽眼	12	1	1.0	0.3	0.3	
掏槽眼	13	1	1.0	0.3	0.3	
掏槽眼	14	1	1.0	0.3	0.3	
掏槽眼	15	1	1.0	0.3	0.3	
掏槽眼	16	1	1.0	0.3	0.3	

续表

炮孔名称	段号	炮孔数目	炮孔深度（m）	单孔装药量（kg）	最大段装药量（kg）	备注
掏槽眼	17	1	1.0	0.3	0.3	
掏槽眼	18	1	1.0	0.3	0.3	
掏槽眼	19	1	1.0	0.3	0.3	
掏槽眼	20	1	1.0	0.3	0.3	
合计		16			4.8	

8.5.3　拱盖法暗挖车站风险控制案例

8.5.3.1　工程概况

江西路车站南北走向，位于繁华的市南区（图 8.5-4），采用拱盖法施工，为地下两层岛式站台车站，全长 247m，拱顶埋深 9.3～10.5m，覆岩 2.8～6.4m，双层大拱角复合衬砌结构，宽 20.6m，高 15.5m。车站结构拱顶埋深仅 10m 左右，拱部处于强风化花岗岩中，上部为人工填土、粗砂砾层、强风化花岗岩，地质软弱且透水性强，地质条件很差，下部为微风化花岗岩，地质条件较好，基本为裂隙水，水量较小（图 8.5-5），车站主体结构采用扩大拱脚的结构形式，以充分利用下部坚硬岩体的承载力。

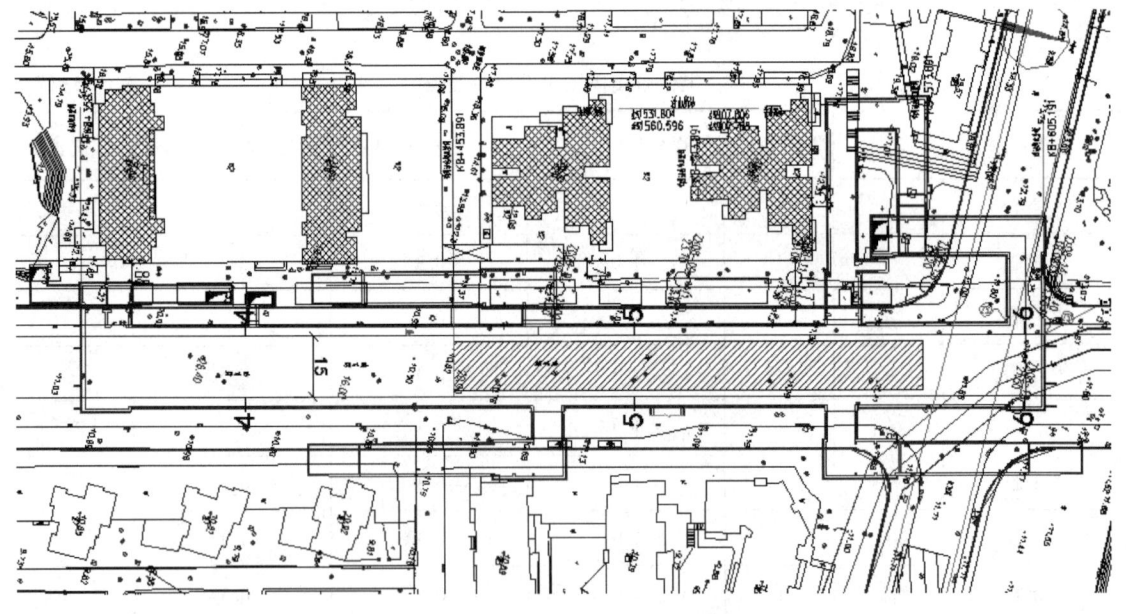

图 8.5-4　车站平面布置图

车站主体土石方开挖设计 64552.60m³，主体结构设计 11021.02m³，本车站由两端风井作为施工期间施工通道，车站的开挖及结构衬砌总体工期为 26 个月，工期较为紧张，为了保证按期完工制订了科学合理的工期总控制计划，在施工过程中制订详细的月、周、日施工计划，并进行跟踪检查，确保每一个阶段目标的实现。具体开挖及衬砌工序见图 8.5-6、图 8.5-7。

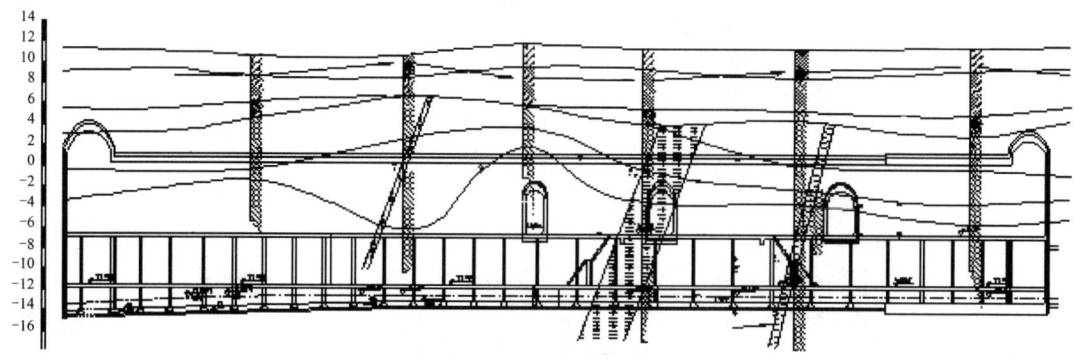

图 8.5-5　车站地质纵断面图

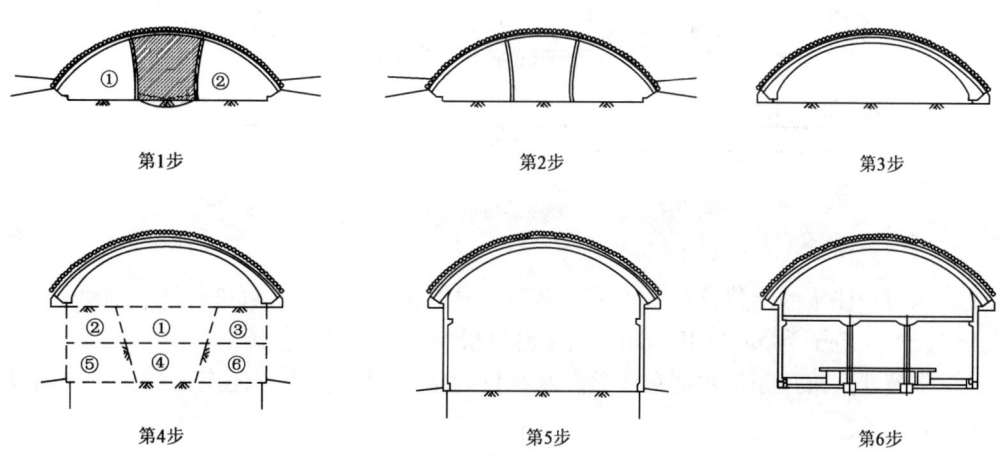

图 8.5-6　车站大拱脚施工工序图

8.5.3.2　施工方案

（1）超前支护

由于车站结构拱顶处于强风化花岗岩中且覆岩厚度较薄，为确保掌子面稳定及控制地表沉降，采取 $\phi76$ 自进式管棚 + $\phi32$ 超前小导管对掌子面前方岩体进行预加固，具体加固参数如下：

1）注浆参数

①注浆加固范围：注浆范围为隧道开挖线以外 2.5m。

②注浆扩散半径：根据浆液扩散半径可按堵水要求、隧道地质特点及注浆材料的颗径尺寸，采取工程类比法来选取。根据工程经验和工程类比，注浆扩散半径为 1.5m。施工中，可根据注浆试验或施工前期注浆效果验证、评估后进一步修正确定。

③每循环注浆长度：每循环注浆段长度为 25m，一个注浆段完成后留 5m 不开挖作为下一个注浆段的止浆岩盘。

④注浆孔布置：每循环超前预注浆共设置 60 个注浆孔，1 号～11 号孔深 8.5m，12 号～23 号孔深 12.5m，24 号～35 号孔深 18.5m，36 号～60 号孔深 25m。注浆孔开孔直径 $\phi130$，终孔直径 $\phi108$。注浆前在止浆墙或止浆盘内埋 $\phi100$ 焊接钢管作为孔口管，孔口管长 2.2m，孔口管外露 20cm。

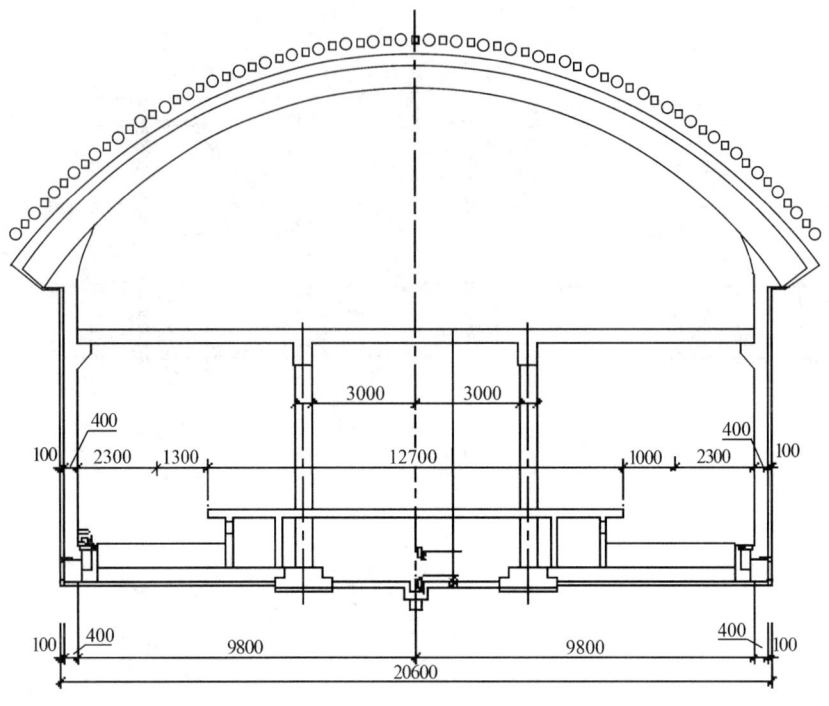

图 8.5-7　车站大拱脚断面结构图

⑤注浆压力：注浆终压建议为 1.5~2.0MPa，根据注浆现场情况可进行适当调整。

⑥注浆速率：范围为 5~110L/min，施工时可根据现场情况进行调整。

⑦注浆浆液建议采用超细水泥单液浆，水灰比为 0.8~1.2。水灰比应根据注浆效果及现场实际情况及时调整。

⑧注浆量：单孔注浆量根据注浆扩散半径和岩层填充率按照如下公式计算：

$$Q = \frac{\pi D^2}{4} Ln\alpha\eta$$

式中　Q——注浆量；

　　　D——注浆范围；

　　　L——注浆段长；

　　　n——岩层裂隙率；

　　　α——浆液在岩石裂隙中的充填系数；

　　　η——浆液消耗率。

根据经验参数取值，设计每延米单孔注浆量：ϕ108 钻孔 0.48m³/m；

2）注浆结束标准

①单孔注浆结束标准：单孔注浆以定量定压相结合。

定量标准：当注浆量达到单孔设计注浆量的 1.5~2 倍，压力仍然不上升，可采取双液注浆等措施缩短凝胶时间，使压力达到设计终压，结束该孔注浆。

定压标准：各孔段均达到设计终压，并稳定 10min，且进浆速度为开始进浆速度的 1/4 或注浆量达到设计注浆量的 80%，即可结束该孔注浆。

②全段结束标准。

a. 设计的所有注浆孔均达到注浆结束标准，无漏注现象。

b. 按总注浆孔的 5%～10% 设计检查孔，检查孔满足设计要求。

③注浆效果检查。

注浆效果检查首先是单孔和全部注浆孔均满足注浆结束标准，无漏注现象，然后通过分析法、检查孔法、开挖取样和物探方法进行综合评价。开挖前主要通过检查孔观察法和物探方法进行效果检查，必要时对检查孔取芯。开挖后应采用物探和钻孔取芯检查注浆效果和注浆范围是否达到设计要求。

（2）拆撑方案

由于本车站采用大拱角薄边墙衬砌形式，不适合定型台车，所以采用满堂脚手架支撑，拱部小模板拼装、边墙大块组合钢模板的方法施工。施工顺序为先施工大拱角二衬，然后进行下部开挖，最后依次施工底板、边墙、中板及中板以上边墙，车站主体大拱角二次衬砌采取跳板施工，即浇筑一板衬砌后隔一板浇筑。具体开挖步序及中板以上边墙逆接缝处理见图 8.5-8、图 8.5-9。

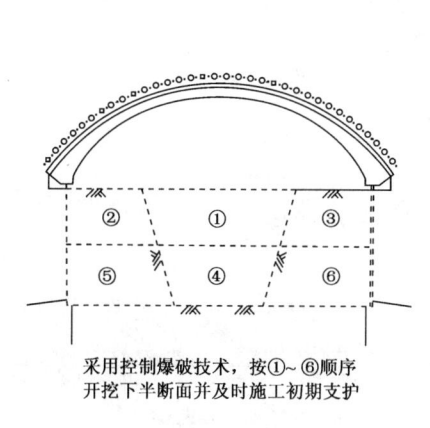

图 8.5-8　开挖步序图

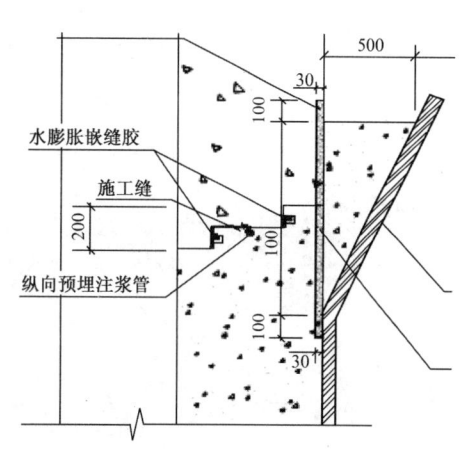

图 8.5-9　中板以上边墙逆接缝处理图

8.5.3.3　现场具体监测情况

（1）周边建筑物沉降监测

1）测点布置及埋设如图 8.5-10 所示。

2）观测措施：

沉降观测：水准网观测采用几何水准测量方法，使用 ZEISS DINI12 电子水准仪进行观测。

倾斜观测：采用 TCA1800 全站仪及配套棱镜、测量标志进行观测。

（2）地表沉降监测

1）测点布置及埋设

测点沿车站周边布置，剖面间距为 25m 左右，即每一个开挖段布设一条地表沉降剖面，初步拟定每条剖面 4 个点，每一剖面测点点距为 2m、10m、20m、30m，采用人工开挖或钻具成孔的方式进行埋设，如图 8.5-11 所示。

2）观测措施

使用 Trimble DINI12 电子水准仪及配套条形码铟钢尺进行观测。

（3）地下管线沉降变形监测

1）测点布置及埋设如图 8.5-12、图 8.5-13 所示。

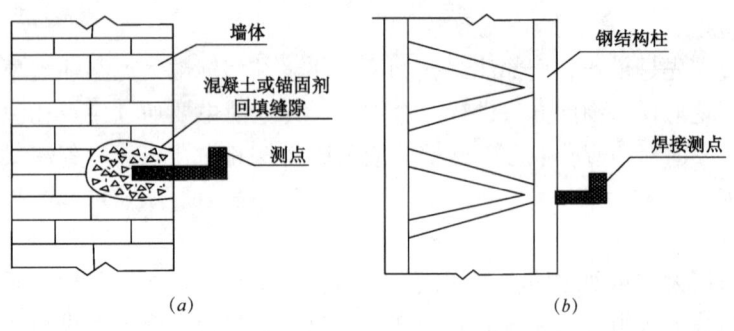

图 8.5-10　建筑物沉降监测点布设示意图

(a) 砌体结构建筑物监测点布置；(b) 钢结构建筑物监测点布置

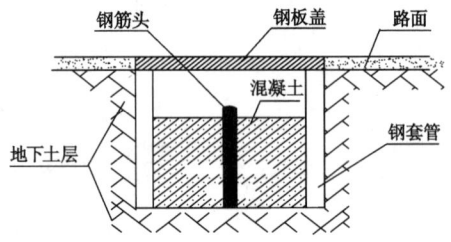

图 8.5-11　地面沉降监测点埋设示意图

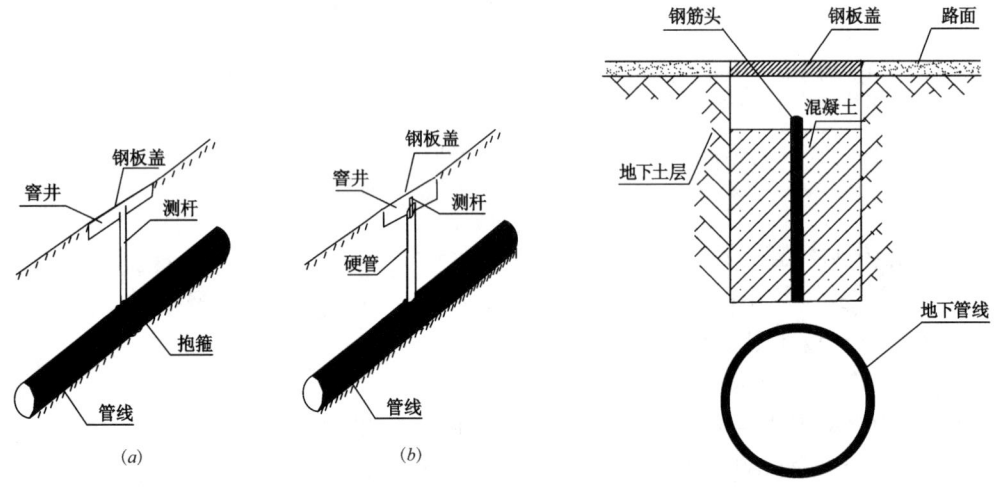

图 8.5-12　管线直接法观测测点埋设示意图　　　图 8.5-13　管线间接法观测测点埋设示意图

(a) 抱箍式埋设；(b) 套筒式埋设

2）观测措施

使用 Trimble DINI12 电子水准仪测量管线的沉降变形。

(4) 爆破振动监测如图 8.5-14 所示。

(5) 现场监测布置情况如图 8.5-15 所示。

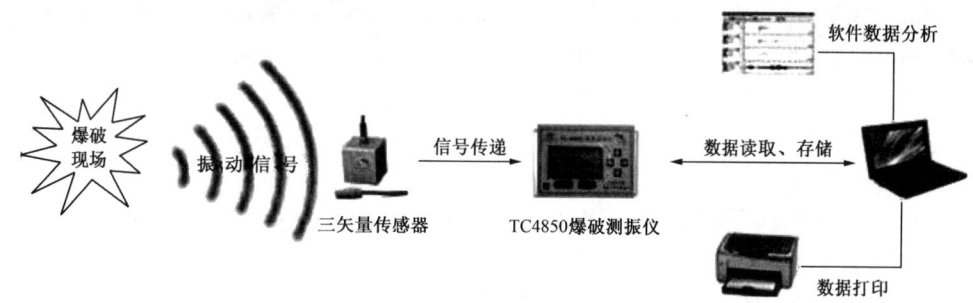

图 8.5-14　爆破振动作业流程示意图

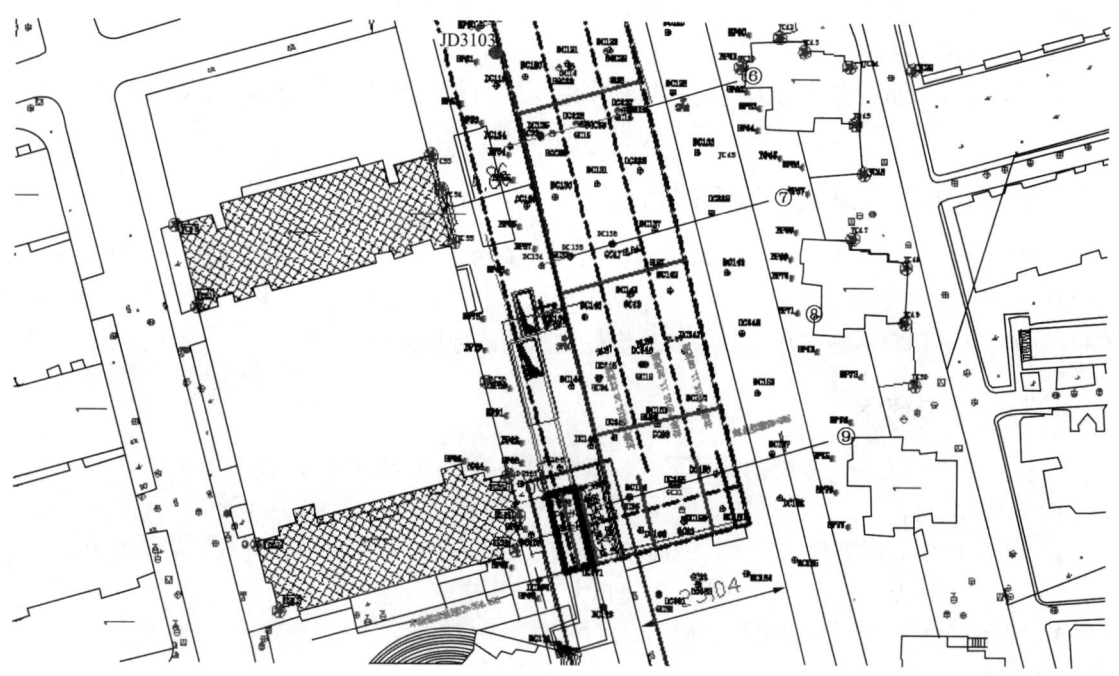

图 8.5-15　现场监测平面布置图

8.5.3.4　工程结果评价

（1）超前大管棚及小导管施作工程评价

1）ϕ76 自进式管棚 + ϕ32 超前小导管联合对掌子面前方岩体进行预加固技术在岩石破碎、裂隙发育、地下水丰富的软弱围岩及砂层中应用，可固结围岩，提高围岩类别，预防塌方的发生，施工效果显著。并且该工法具有不需要大型机具设备、工艺简单、见效快、经济和社会效益高等优点。

2）在不良地质施工中，应侧重于超前支护和初期支护相结合，特别是超前支护在不良地质地段施工尤为重要。

3）超前预注浆加固地层，只能起到临时支护的作用，只能满足开挖时地层不发生坍塌、渗漏水，保证开挖时安全即可。

（2）暗挖车站石方开挖工程评价

1）通过对下部开挖过程的爆破控制，以及爆破工序及爆破参数上的调整，在下部开挖过程中经过对拱部拱顶沉降、地表沉降及建筑物沉降等进行检测，均无异常。

107

2）经过对爆破过程中的控制以及采取的防护措施，在车站下部开挖施工中，未对拱部成品产生影响，确保了拱部衬砌成品的安全和质量。

（3）暗挖车站主体结构施工工程评价

1）通过现场严格控制，加强对拆撑及浇筑混凝土过程中的沉降观测，均满足设计规范要求，二次衬砌结构稳定。

2）某车站主体边墙混凝土已全部浇筑完成，雨期中没有发现逆接缝有渗漏水情况，边墙混凝土逆接缝处混凝土外观质量处理也达到了预期的效果。

（4）暗挖车站施工对周边环境影响的评价

通过对监测获得准确数据之后，进行定量分析与评价，从而及时对上方管线及建筑物安全作出安全与否的评判，以指导下一步施工。在车站的开挖及衬砌施工中，管线及建筑物的沉降及变形均满足设计规范要求，对周边环境影响在可控范围之内。

（5）工程进度指标评价

在项目全体人员的共同努力下，项目部采取切实可行的进度控制方法与手段，使得工程进度始终处于受控状态，从而圆满地实现建设的工期目标。

8.6　塔柱式暗挖车站施工风险控制

在世界地铁建设史上，瑞典的斯德哥尔摩地铁充分利用花岗岩的坚硬特性，大胆创新，利用岩柱自身的强度及稳定性，支撑整个车站，形成了自己特有的建筑风格。它的土建费是世界上最低的。在我国也有很多城市具备修建塔柱式车站的地质条件。

8.6.1　岩柱破坏

塔柱式车站作为一种独特的车站形式，其施工关键在于岩柱的保护。

（1）风险分析

1）岩柱位置节理裂隙较发育，地质条件较差，在开挖过程中，应力释放，岩块脱落。

2）装药量过大，造成岩柱处质点振速过大，产生次生节理。

3）岩柱附近超挖，造成岩柱厚度不足。

（2）风险对策

1）采用打设减振隔离孔、静态破碎的方法进行开挖施工。

2）主洞开挖时采用超前导洞法，扩挖时周边眼采用光面爆破技术，确保岩柱附近不超挖。

3）采用微差控制爆破技术，岩柱成型后，岩柱处的爆破振速不超过 0.5cm/s。

8.6.2　超欠挖控制

塔柱式车站要求开挖轮廓成型规则，岩面平整，炮痕率 80% 以上，且无明显的爆破裂缝。超欠挖严重会导致局部应力集中，影响整个车站的整体受力状态，考虑车站的结构安全，保证开挖轮廓达到设计的线型及规格就显得特别重要。

（1）风险分析

1）周边眼间距与光爆破层间的比例不合适。

2）周边眼的装药结构不合理。

3）炮孔的打设角度偏差大。

4）炮孔的深度不统一。

5）装药量不合适。

（2）风险对策

确定合理的光爆参数是获得良好的光面爆破效果的重要保证，光面爆破的主要参数包括周边眼的间距、光面爆破层的厚度、周边眼密集度系数、周边眼的线装药密度等。为了获取良好的光爆效果，可采取以下技术措施。

1）适当缩小周边眼间距。一般 $E = (8 \sim 18)\, d$，结合现场实际，采用 2 号岩石乳化炸药，炮眼直径 42mm 的浅孔爆破，周边眼间距控制在 350mm 或 400mm 较合适。

2）合理确定光爆层厚度。光爆层即周边眼与外层辅助眼之间的一圈岩石层。一般光爆层厚度大于周边眼间距，使得应力波在相邻炮眼间的传播距离小于至临空面的传播距离，根据实际经验一般光爆层厚度是炮眼间距的 1.25 倍，即光爆层厚度控制在 500mm 左右。

3）尽可能选用低猛度、低爆速、传爆性能好的炸药。

4）采用小直径药卷间隔不耦合装药结构。即加大炮孔与药卷之间的空隙。对于 2m 左右的开挖进尺，将装药分三段，通过导爆索串联。

5）保证光爆眼同时起爆，周边眼通过导爆索连接，隔空再放置一枚雷管。

6）加强对作业人员的交底，保证周边炮眼的外插角度、平行度、深度的统一性，在作业时，同一个部位始终由同一个工人进行炮眼打设。

7）确定适合的光面爆破参数。光面爆破设计主要有工程类比法、理论计算法、半经验半试验法。周边眼装药集中度 q，由于岩体软硬变化太大，它的变化范围也比较大，一般为（$0.04 \sim 0.4$kg/m）。对于塔柱式车站围岩较好，施工时一般取大值。

8.6.3　小导洞开挖

（1）风险分析

硬岩地质中小导洞开挖，存在初期支护逐步成环，采用爆破开挖易造成格栅钢架、型钢拱架接头处破坏，影响初期支护受力，施工不当容易造成隧道坍塌，这种坍塌不是在小导洞开挖过程中造成的坍塌，而是主体隧道逐步开挖成型，仰拱未封闭时支护体系失效引发坍塌。小导洞开挖主要施工风险如下：

1）小导洞开挖过程中，难免碰到夹水、夹泥部位，这些部位在勘察孔 20～30m/孔的密度下不易发现，施工时若拱顶发生掉块、渗水严重等情况，若按照设计要求打设锚杆、小导管易加剧掉块、渗水。

2）左、右导洞间隔长度不足，爆破振动引发中导洞未开挖岩体破碎失稳，引起隧道坍塌。

（2）风险对策

1）施工中可采取直接架立格栅钢架、型钢拱架、打设锁脚锚杆、喷射混凝土封闭的方式处理，待穿越夹水、夹泥段后再行换拱，按设计要求打设径向锚杆或超前导管。

2）左导洞和右导洞掌子面错开至少 15m 以上同步掘进。

8.6.4　塔柱式车站工程实例

8.6.4.1　工程概况

某车站为全国第一座塔柱式车站，车站为地下一层塔柱式车站，双洞分离式结构，双洞之间设置 3 条通道，车站总长 145.55m、宽 33.9m，车站设有 3 个出入口、2 组风亭，站厅层分别设于车站两侧，在岩柱中间开设上下行通道将站台与站厅相连，斜通道与左右线主体结构之间的岩柱宽度仅 3.75m，在斜通道施工过程中，必须严格控制爆破振速不得大于 0.5cm/s，必要时可以采取静态爆破，以便最大限度保护岩柱，同时减小对左右线主体结构的影响。设备房采用外挂的形式设置车站的东南侧。北站厅横穿南京路，长度 40m，平均埋深 6m，跨度 16.8m，由 3 号出入口作为施工通道，采用双侧壁导坑法施工。南站厅设于 1 号风道上方，与 1 号风道同时施工，采用 CRD 法。车站衬砌形式为 C35 合成纤维喷射混凝土，湿喷混凝土工艺（图 8.6-1~图 8.6-3）。

图 8.6-1 车站效果图

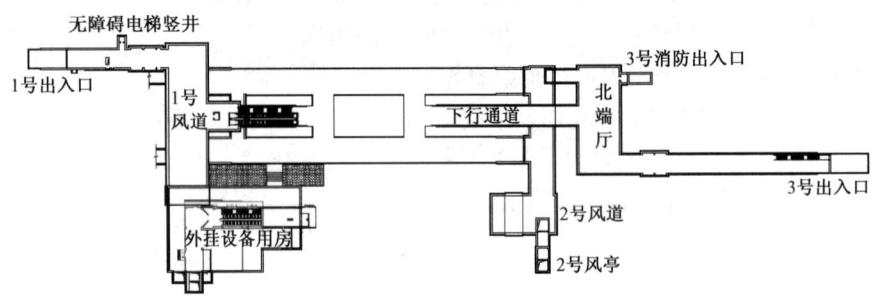

图 8.6-2 车站平面图

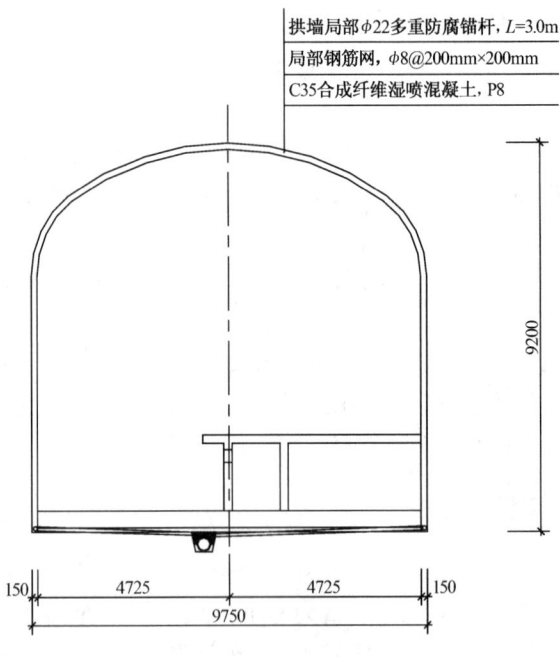

图 8.6-3 车站断面图

8.6.4.2 超前导洞施工

车站主洞超前导洞法施工，施工过程中除了要控制爆破对地面周边环境的影响，还要特别注意对岩柱的保护，北站厅下行通道与 1 号风道垂直距离为 2.35m、与车站主洞水平距离为 3.75m，南站厅无障碍电梯井与 1 号风道间岩柱的距离仅为 1.6m（图 8.6-4~图 8.6-6）。

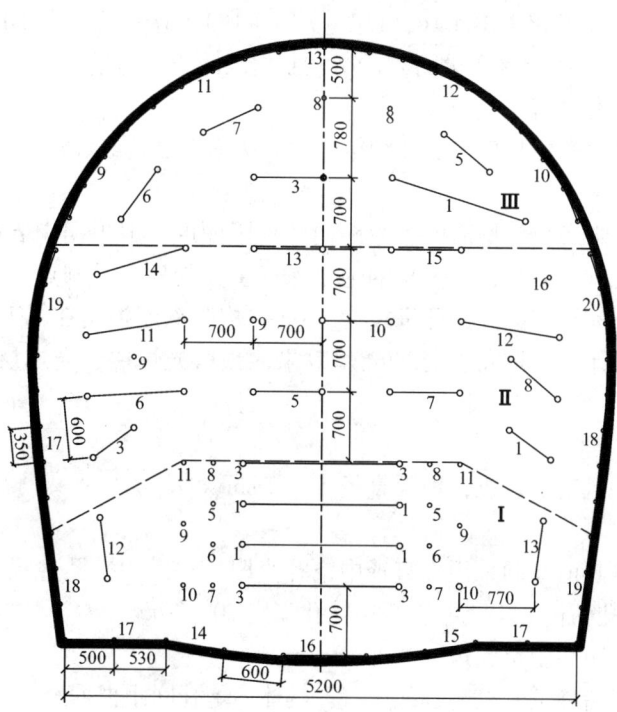

图 8.6-4　超前导洞炮眼布置图

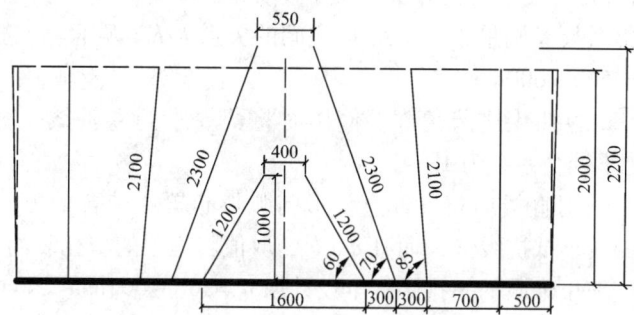

图 8.6-5　掏槽眼炮孔布置图

8.6.4.3　光面爆破施工

（1）爆破开挖方案

车站左右线隧道宽 9.75m，高 9.2m。隧道主体是暗挖塔柱式双洞分离结构形式，在施工过程中采用锚喷永久支护。采用台阶法分步开挖，上台阶采用导洞超前爆破施工方案，每步开挖的台阶长度为 5~7m。左右线站台隧道施工掌子面相隔距离不小于 20m，若从两端同时施工，两端掌子面相距 20m，一端停止施工，从另一端独头掘进贯通。要求地面质点爆破振速小于 1.0cm/s。

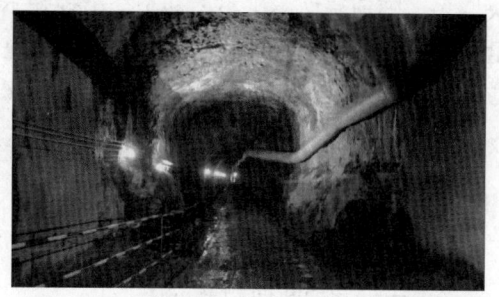

图 8.6-6　车站主洞超前导洞法施工

左右线隧道与南、北端下行通道间岩柱厚度为 3.75m，爆破施工中需要尽量降低对该部分围岩损害。车站左右线隧道的钻爆设计中，根据开挖断面距南、北端下行通道的水平距离分成两个爆区，开挖断面与南、北端下行通道上、下端口距离小于 3m 范围内为一级爆区，其余范

111

围为二级爆区,即左右线里程 K10 + 163. 117 ~ K10 + 193. 667m 及里程 K10 + 229. 667 ~ K10 + 272. 667m 为一级爆区。一级爆区爆破时须严格控制炮眼间距、药量。

(2) 上台阶爆破参数选择

采用理论计算、工程类比与现场试爆相结合的方法确定爆破参数。

1) 炮眼深度与循环

炮眼深度是指炮眼眼底至开挖面的垂直距离。炮眼深度一般根据围岩的稳定性、凿岩机的钻凿能力和掘进循环安排。但是,本工程的炮眼深度主要受地表控制点及相邻硐室控制点允许爆破振动速度控制。超前导洞部分循环进尺为 1.0m,炮眼深度控制在 1.1m 以内,掏槽孔适当加深 0. 1 ~ 0. 2m。本设计为了取得更好的光爆效果,预留光爆层,光爆层两个循环爆破一次,所以光爆孔深取 2. 4m。

2) 炮眼直径

本设计选用手持式风动凿岩机,炮眼直径 $d = 42$mm。

3) 炮眼布置

①中空孔。上台阶超前导洞采用大直径中空孔直眼掏槽。中空孔直径 200mm,距离开挖面底板高度 1m,采用潜孔钻机一次成型,每次钻孔深度 20 ~ 30m。

②掏槽眼。掏槽眼距离中空孔边缘 0. 1 ~ 0. 2m。

③周边眼。周边眼沿隧道开挖轮廓线布置。具体的炮孔间距根据经验公式和工程类比确定。

根据经验,炮眼间距 E 与炮眼直径 d 之间的关系为 $E = (10 ~ 18) d$。取 $d = 42$mm,则 $E = 420 ~ 756$mm。考虑到岩石比较坚硬,对于光面爆破取 $E = 400$mm。

周边眼的炮眼密集系数 K 与最小抵抗线 W 之间的关系为 $K = E/W$。一般 $E < W$,取 $K = 0. 8$,则对于光面爆破取 $W = 500 ~ 600$mm。

周边眼选用 $\phi 32$mm 的乳化炸药药卷。使用时将药卷沿药卷轴线一分为二,相当于直径 23mm 的药卷。装药的不耦合系数为 1. 74。

④辅助眼。辅助眼采用直线形布置或直线形与弧形布置相结合的方式。辅助眼的间距 a、排距 b 应大于周边眼的最小抵抗线 W,而且 a、b 的取值与炮眼的单孔装药量有关。要降低炮眼的单孔装药量,应相应缩小炮眼的间排距。本设计取 $a = 500 ~ 600$mm、$b = 500 ~ 700$mm。

4) 炮孔数量

炮孔数目主要与开挖断面、炮眼直径、岩石性质和炸药性能有关。炮眼数目过少将造成大块增多,隧道壁面不平整,甚至会出现炸不开的情况;相反,如果炮眼数目过多将是钻眼工作量增大。因此,炮眼数目确定的基本原则是在保证爆破效果的前提下,尽可能地减少炮眼数目。通常可根据各炮眼平均分配炸药量的原则来计算,其公式为:

$$N = \frac{kS}{\tau \gamma}$$

式中　　N——炮眼数目,不包括未装药的空眼数;

　　　　k——单位耗药量 (kg/m³);

　　　　S——开挖断面积 (m²);

　　　　τ——装药系数,即装药长度与炮眼全长的比值;

　　　　γ——每米药卷的炸药质量 (kg/m)。一卷药 0. 3kg = 0. 3m。

根据实际情况,因为开挖断面积 $S = 51. 83$m²,根据工程经验 k 取 1. 0kg/m³;τ 取 0. 25;32mm 直径的 2 号岩石乳化炸药每米药卷炸药质量 γ 为 1. 0kg/m。则代入数据:

$$N = \frac{51. 83 \times 1. 0}{0. 25 \times 1. 0} \times 207. 32$$

结合实际情况，取总炮眼数 203 个。其中，共布置掏槽眼 4 个，周边眼 45 个，辅助眼 118 个。

5）单孔装药量

①掏槽眼。由于采用大直径中空孔，可以有效降低掏槽眼的最大单孔装药量。根据爆破振动控制要求，取掏槽眼、扩槽眼的单孔装药量为 0.3kg。

②周边眼。周边眼的装药量主要根据炮眼间距、最小抵抗线和装药集中度确定。光面爆破的参考值如表 8.6-1 所示。对于装药集中度，本设计取光面爆破为 0.2kg/m。对于 2.4m 长的光面爆破炮孔，根据实际情况，光爆眼单孔装药量为 0.5kg。

光面爆破参考数值　　　　　　　　　　　　　　　　　　　　　表 8.6-1

岩石类别	炮眼间距 E（cm）	抵抗线 W（cm）	密集系数 $K = E/W$	装药集中度（kg·m^{-1}）
硬岩	55 ~ 70	60 ~ 80	0.7 ~ 1.0	0.30 ~ 0.35
中硬岩	45 ~ 65	60 ~ 80	0.7 ~ 1.0	0.20 ~ 0.30
软岩	35 ~ 50	40 ~ 60	0.5 ~ 0.8	0.07 ~ 0.12

③辅助眼。辅助眼的装药量与围岩的坚硬程度、炸药单耗、炮眼长度及辅助眼的炮眼数量及间排距等参数有关。辅助眼的单孔装药量按下式计算：

$$q = \tau \gamma L$$

式中　q——辅助眼的单孔装药量（kg）；

　　　τ——装药系数。根据炮孔间排距及围岩性质，取 $\tau = 0.25$；

　　　γ——每米药卷的炸药质量（kg/m），对于直径为 32mm 的乳化炸药，$\gamma = 1.0$kg/m；

　　　L——炮眼长度（m）。

对于炮眼长度为 1.1m 的辅助眼，计算得 $q = 0.25 \times 1.0 \times 1.1 = 0.275$kg。

结合工程实际情况，本设计取辅助眼单孔装药量为 0.3kg。

6）爆破图表

左右线上台阶炮眼布置如图 8.6-7 所示，爆破参数见表 8.6-2。

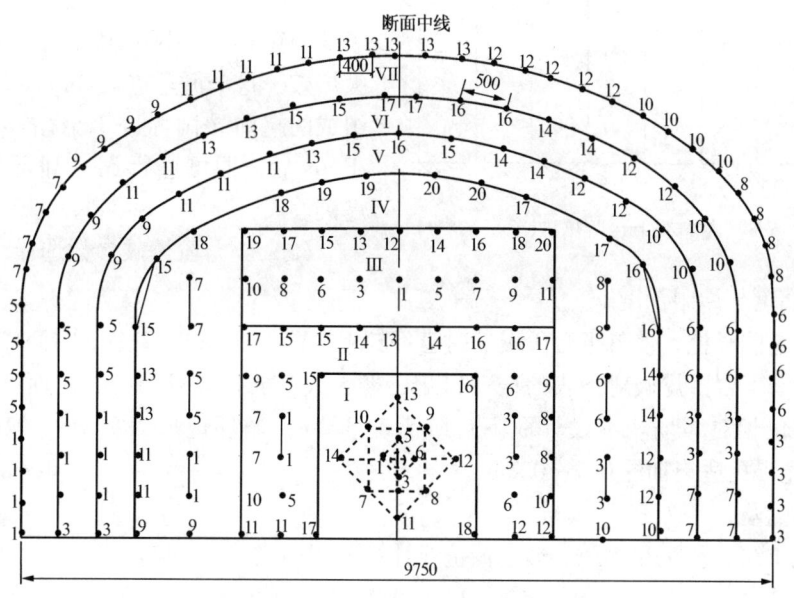

图 8.6-7　敦化路站上台阶炮孔布置图

敦化路站上台阶爆破参数表　　　　　　　　　　表8.6-2

部位	段　　号	炮孔类型	孔深（m）	每段炮孔数	单孔装药（kg）	同时起爆最大药量（kg）
Ⅰ	1、3、5、6	掏槽眼	1.2	1	0.3	0.3
	7~18	辅助眼	1.1	1	0.3	0.3
Ⅱ	1、3、5~12	辅助眼	1.1	2	0.3	0.6
	13	辅助眼	1.1	1	0.3	0.3
	14~17	辅助眼	1.1	2	0.3	0.6
Ⅲ	1、3、5~20	辅助眼	1.1	1	0.3	0.3
Ⅳ	1、3、5~20	辅助眼	2.2	2	0.6	1.2
Ⅴ	1、3、5~15	辅助眼	2.2	2	0.6	1.2
	16	辅助眼	2.2	1	0.6	0.6
Ⅵ	1	辅助眼	2.2	2	0.6	1.2
	3	辅助眼	2.2	3	0.6	1.8
	5~12	辅助眼	2.2	2	0.6	1.2
	13	辅助眼	2.2	1	0.6	0.6
	14~17	辅助眼	2.2	2	0.6	1.2
Ⅶ	1、3、5~10	光爆眼	2.4	4	0.5	2
	11~13	光爆眼	2.4	5	0.5	2.5

图8.6-8为左右线上台阶爆破顺序，关于该图有以下几点说明：

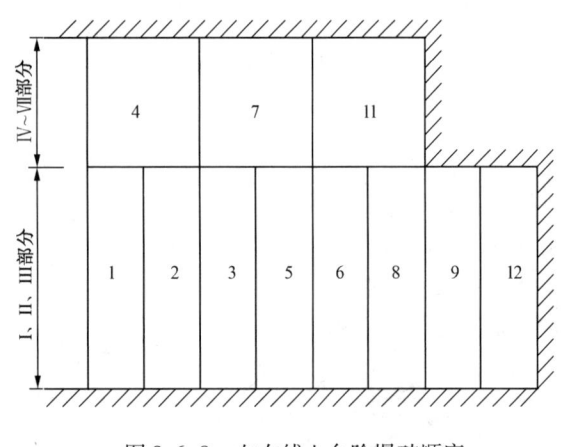

图8.6-8　左右线上台阶爆破顺序

①该设计可适用于Ⅱ~Ⅲ类较坚硬围岩。

②隧道上断面分七部分开挖。Ⅰ~Ⅲ部分与Ⅳ~Ⅶ部分沿隧道掘进方向错开3个循环，即Ⅰ~Ⅲ部分构成的上台阶超前导洞，采用分次爆破的方法超前推进，每个循环1m。待Ⅰ~Ⅲ部分构成的超前导洞朝前推进了3个循环后，Ⅳ~Ⅶ部分依次进行断面扩大爆破。每个循环进尺2m。每当Ⅰ~Ⅲ部分组成的超前导洞掘进3个循环，超前进尺大于3m后，即可进行Ⅳ~Ⅶ部分的断面扩大爆破。

（3）下台阶爆破参数选择

1）台阶高度与炮眼深度

上台阶的超前开挖，使得下台阶爆破时已经较上台阶增加了1~2个临空面。由于上台阶的围岩已经爆除，下台阶爆破对地表的振动影响已经大大减弱，并且因为自由面增加，对周边硐室的振动影响也相对减弱。本设计取下台阶高度3.2m，循环进尺为2.0m，炮眼深度控制在2.2m以内，光爆孔适当加深0.1~0.2m。

2）炮眼布置

①最小抵抗线、孔距和排距。最小抵抗线计算公式如式

$$W = (0.4 \sim 1.0)L$$

式中　L——炮孔深度（m）。取$L = 2.2 \sim 2.4m$。

则 $W = (0.4 \sim 1.0)L = (0.4 \sim 1.0)(2.2 \sim 2.4) = 0.88 \sim 2.4m$，取 $W = 0.85m$。

取主爆区炮孔密集系数 $m = 0.45$，炮孔孔距 $a = 0.75m$，则炮孔排距 $b = m/a = 0.6m$。

②周边眼。根据经验，炮眼间距 E 与炮眼直径 d 之间的关系为 $E = (10 \sim 18)d$。取 $d = 42mm$，则 $E = 420 \sim 756mm$。考虑到岩石比较坚硬，为了取得更好的光爆效果，取 $E = 400mm$。

周边眼的炮眼密集系数 K 与最小抵抗线 W 之间的关系为 $K = E/W$。一般 $E < W$，取 $K = 0.47$，则对于光面爆破取 $W = 850mm$。

周边眼选用 $\phi 32mm$ 的乳化炸药药卷。使用时将药卷沿药卷轴线一分为二，相当于直径 $23mm$ 的药卷。装药的不耦合系数为 1.74。

3）单孔装药量

①主爆区炮孔。主爆区炮孔的单孔装药量按下式计算：

$$q = kabL$$

式中　　k——单位耗药量（kg/m³），取 $k = 0.6kg/m^3$；

　　　　a——孔距（m），取 $a = 0.75m$；

　　　　b——排距（m），取 $b = 0.6m$；

　　　　L——炮孔深度（m），取 $L = 2.2 \sim 2.4m$。

则 $q = kabL = 0.594 \sim 0.648kg$，实际取 $q = 0.6kg$。后排炮孔比前排炮孔增加 $10\% \sim 20\%$ 的装药量。

②周边眼。周边眼的装药量主要根据炮眼间距、最小抵抗线和装药集中度确定。光面爆破的参考数值见表 8.6-1。对于装药集中度，本设计取光面爆破为 $0.21kg/m$。下台阶周边眼的主要参数为炮眼深度 $2.4m$，装药集中度 $0.21/kg \cdot m^{-1}$，单孔装药量 $0.5kg$。

4）爆破图表

左右线隧道下台阶炮眼布置如图 8.6-9 所示，爆破参数见表 8.6-3。

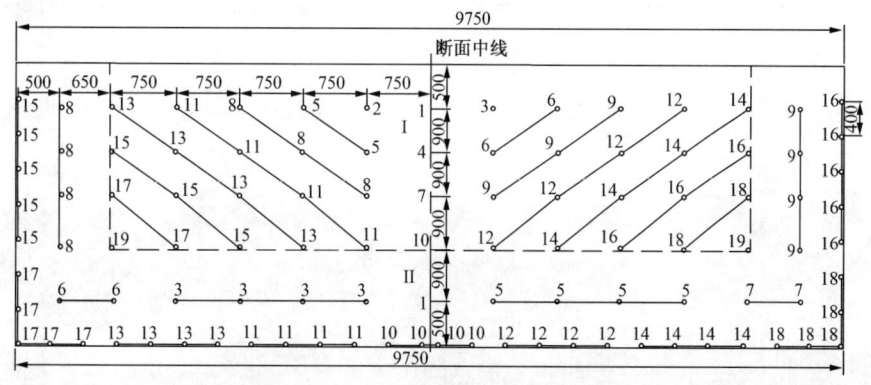

图 8.6-9　敦化路站下台阶炮孔布置图

敦化路站下台阶爆破参数表　　　　　　　　　　表 8.6-3

部位	段号	炮孔类型	孔深（m）	眼数	单孔装药（kg）	同时起爆最大药量（kg）
I	1~4	辅助眼	2.2	1	0.6	0.6
	5、6	辅助眼	2.2	2	0.6	1.2
	7	辅助眼	2.2	1	0.6	0.6
	8、9	辅助眼	2.2	3	0.6	1.8

续表

部位	段号	炮孔类型	孔深（m）	眼数	单孔装药（kg）	同时起爆最大药量（kg）
I	10	辅助眼	2.2	1	0.6	1.6
	11～14	辅助眼	2.2	4	0.6	2.4
	15、16	辅助眼	2.2	3	0.6	1.8
	17～19	辅助眼	2.2	2	0.6	1.2
II	1	辅助眼	2.2	1	0.6	0.6
	3、5	辅助眼	2.2	4	0.6	2.4
	6、7	辅助眼	2.2	2	0.6	1.2
	8、9	辅助眼	2.2	4	0.6	2.4
	10～12	光爆眼	2.4	4	0.5	2
	13～16	光爆眼	2.4	5	0.5	2.5

第 3 篇

特殊岩土的工程风险

第9章　人工填土的工程风险

9.1　人工填土典型地质条件描述

9.1.1　定义与分类

由人类活动堆填形成的各类土称为人工填土。人工填土根据组成成分和堆填方式，可分为素填土、杂填土、冲填土和压实填土四类。按堆填意愿可分为有序填土和无序填土。按堆填时间的长短划分为古填土（堆填时间在 50 年以上）、老填土（堆填时间在 15~50 年）、新填土（堆填时间不满 15 年）。

9.1.2　成因与分布

9.1.2.1　素填土

由天然土经人工扰动和搬运堆填而成，一般由碎石土、砂土、粉土和黏性土一种或几种材料组成，不含杂质或含杂质很少，常会有少量砖、瓦块（渣）及其他人为产物。

按主要组成物质分为：碎石素填土、砂性素填土、粉性素填土、黏性素填土等，可在素填土的前面冠以其主要组成物质的定名，对素填土进一步分类，如粉质黏土素填土。素填土多分布于城区的近地表，郊区采砂坑或池塘部位。

9.1.2.2　杂填土

（1）含有大量建筑垃圾，工业废料或生活垃圾等杂物的填土。按其物质成分，又可以进一步分为：

1）房渣土：主要成分为碎砖、瓦砾、朽木及部分混凝土块等建筑垃圾。

2）工业废料土：主要成分为现代工业生产的废渣、废料，如矿渣、粉煤灰、电石渣等。

3）生活垃圾土：主要成分为居民生活中抛弃的废物，诸如炉灰、布片、菜皮、纸箱片等。

（2）该类人工填土还包含两种特殊土：

1）炉灰：主要成分为以煤及煤土混合物经过燃烧而成的无凝聚性物质。

2）变质炉灰：由堆积年代较久的炉灰经过风化变质而成稍具黏性、手捻呈碎末状物质。

杂填土多分布于老城区已填埋的沟、塘、小河滨等部位及郊区的采砂坑等部位。

9.1.2.3　冲填土

冲填土又称为吹填土，是人为的用水力冲填方式而沉积的土，如图 9.1-1 所示。多用于沿海滩涂开发及河漫滩造地。上海的黄浦江，天津的海河、塘沽，广州的珠江等河流两岸及滨海地段不同程度的分布着这类土。西北地区常见的水坠坝（也称冲填坝）即是冲填土堆筑的坝。

9.1.2.4　压实填土

压实填土是按一定标准控制材料成分、密度、含水量，分层压实或夯实形成的人工填土。压实填土分布广泛，如开发区前期的场地整理、软弱地基的换土垫层（图 9.1-2）、

图 9.1-1　水力冲填土

大型基坑开挖后的侧壁回填、市政道路、高速公路（图9.1-3）、铁路及高铁的路堤、土石坝的坝体、景观河流的衬砌等。

图9.1-2　地基处理换土垫层

图9.1-3　高速公路的填土

9.1.2.5　典型人工填土地层概化图

某采砂坑人工填土地质剖面图如图9.1-4所示，某雨水管线人工填土剖面图如图9.1-5所示。

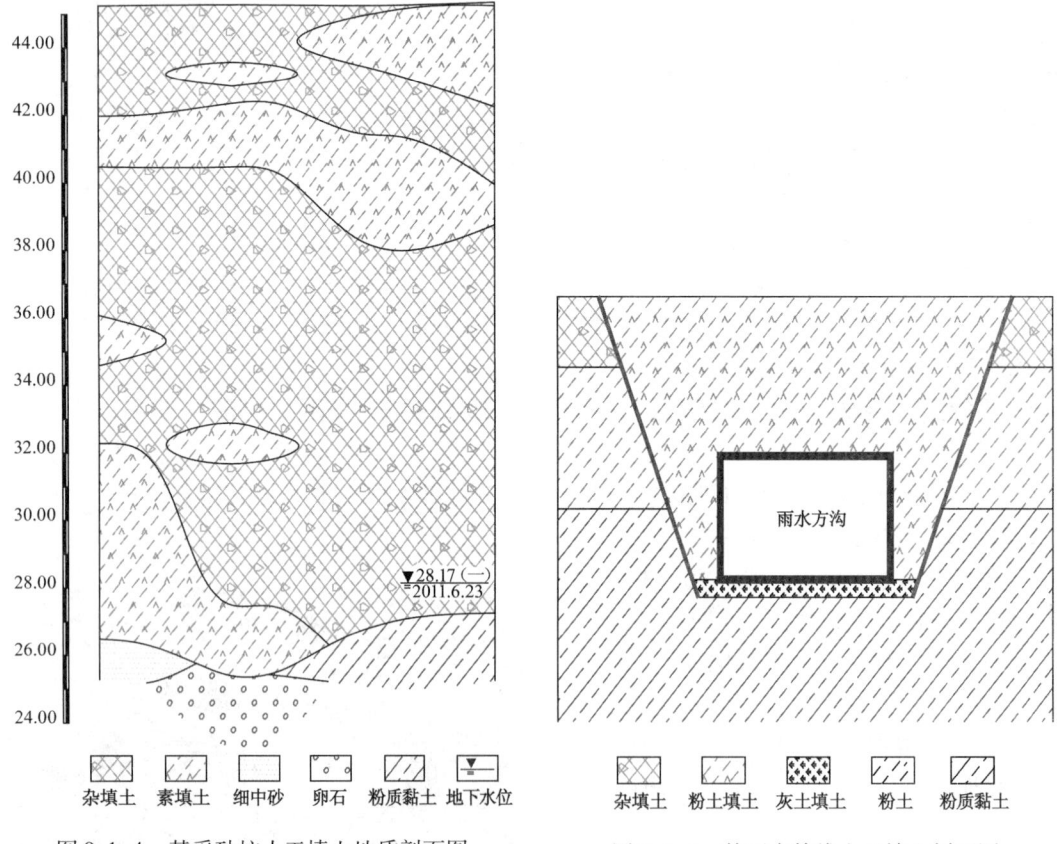

图9.1-4　某采砂坑人工填土地质剖面图

图9.1-5　某雨水管线人工填土剖面图

9.1.3　填土的工程性质

除压实填土外，其他人工填土一般具有不均匀性、湿陷性、自重压密性、低强度和高压缩性。

9.1.3.1　素填土的工程性质

素填土的工程性质取决于它的均匀性和密实度。在堆填过程中，未经人工压实者，一般密度较差。但堆积时间较长时，由于土的自重压密作用，也能达到一定密实度，从而具有一定的承载能力。如堆积时间超过10年的黏性土素填土，超过5年的砂土素填土，均具有一定的密实度和强度，也可以作为一般建筑物的天然地基。

9.1.3.2　杂填土的工程性质

（1）不均匀性，厚度和密度变化大

由于杂填土的堆积方法、堆积时间，特别是物质来源和组成成分的复杂和差异，造成杂填土的性质很不均匀，密度变化大，分布范围和厚度的变化均缺乏规律性，带有极大的人为随意性，往往在很小范围内，变化很大。当杂填土的堆积时间越长、物质组成以建筑垃圾为主、有机物含量极少，则可经强夯处理或复合地基加固后用作一般建筑的地基。

（2）变形大，并有湿陷性

就其变形特性而言，杂填土往往是一种欠压密土，一般具有较高的压缩性。对部分新的杂填土，除正常荷载作用下的沉降外，还存在自重压力下沉降及湿陷变形的特点；对生活垃圾土还存在因进一步分解腐殖质而引起的变形。在干旱和半干旱地区，干或稍湿的杂填土，往往具有湿陷性。堆积时间短、结构疏松，这是杂填土浸水湿陷和变形大的主要原因。

（3）压缩性大，强度低

杂填土的物质成分异常复杂，不同物质成分，直接影响土的工程性质。当建筑垃圾土的组成物以砖块为主时，则优于以瓦片为主的土。建筑垃圾土和工业废料土，在一般情况下优于生活垃圾土。因生活垃圾土物质成分杂乱，含大量有机质和未分解的腐殖质，具有很大的压缩性和很低的强度。即使堆积时间较长，仍较松软。

（4）孔隙大且渗透性不均匀

杂填土由于其组成物质的复杂多样性，造成杂填土中孔隙大并且其渗透性不均匀，因此在地下水位较低的地区，地下水位以上的杂填土中经常存在上层滞水。

9.1.3.3　冲填土的工程性质

（1）不均匀性

冲填土的颗粒组成随泥砂的来源而变化，有砂粒也有黏土粒和粉土粒。在吹泥的出口处，沉积的土粒较粗，甚至有石块，顺着出口向外围则逐渐变细。在冲填过程中由于泥砂来源的变化，造成冲填土在纵横方向上的不均匀性，故土层多呈透镜体状或薄层状出现。

（2）土质软塑排水固结差

冲填土的含水量大，一般大于液限，呈软塑或流塑状态。当黏粒含量多时，水分不易排出，土体形成初期呈流塑状态，后来虽土层表面经蒸发干缩龟裂，但下面土层由于水分不易排出仍处于流塑状态，稍加触动即发生触变现象。因此冲填土多属未完成自重固结的高压缩性的软土。土的结构需要有一定时间进行再组合，土的有效应力要在排水固结条件下才能提高。

土的排水固结条件，也决定土原地面的形态，如原地面高低不平或局部低洼，冲填后土内水分排不出去，长时间仍处于饱和状态；如冲填于易排水的地段或采取了排水措施时，则固结进程加快。

9.2　人工填土典型地质条件下明挖法施工工程风险分析

9.2.1　围护结构施工过程的风险分析

9.2.1.1　土钉成孔困难、坍塌风险

（1）风险分析

1）人工填土尤其是杂填土中常含有大量的建筑垃圾，会造成土钉成孔困难。

2）人工填土一般比较松散，自稳能力差，极易出现塌孔。

因此，采用常规的洛阳铲成孔（图9.2-1）或者"麻花钻"钻机成孔，会出现个别土钉无法成孔或达不到钻孔深度的现象。

图9.2-1　土钉墙成孔

（2）风险对策

1）当土钉长度小于6m时，可采用打入式钢花管注浆代替土钉。

2）如果仍遇到大块的建筑垃圾，打入式花管也无法成孔，可适当调整土钉位置或角度，避让大块建筑垃圾。

3）当土钉长度大于6m时，可采用跟管钻机施工。

9.2.1.2　锚杆成孔困难

锚杆成孔与土钉成孔工程风险类似，但一般锚杆长度较长，且需要张拉提供预应力，不能用打入式花管注浆来代替。

（1）风险分析

1）采用普通锚杆钻机容易出现塌孔等现象（机理同土钉），导致锚杆施工无法成孔。

2）因人工填土空隙大、渗透性不均匀，容易产生漏浆现象，若管理不善，会造成灌浆质量差，导致锚杆侧摩阻力低，使锚杆的抗拔承载力不足。

（2）风险对策

1）当普通锚杆钻机无法成孔时，可采用跟管钻进方式成孔（图9.2-2），并及时进行二次补浆甚至三次补浆。

2）必要时可进行劈裂注浆。

9.2.1.3　围护桩（墙）成孔（槽）困难

（1）风险分析

1）由于人工填土具有松散、自稳能力差、孔隙率大、渗透性不均匀等特性，围护桩（墙）在人工填土地层中成孔则会出现塌孔、漏浆严重等现象。

2）如果遇到大块混凝土还会造成钻孔偏斜、钻具磨损严重，甚至无法进尺。

（2）风险对策

1）如果人工填土层厚度较薄时，可采用增加护筒长度（导墙高度）的方法，防止出现塌孔、漏浆等现象。

2）如果人工填土厚度较大，可采用人工挖孔代替钻机成孔，遇到大块建筑垃圾时采用人工破除方法予以解决（图9.2-3）。

图9.2-2　跟管钻机成孔

图9.2-3　围护桩施工

9.2.1.4　人工挖孔出现孔壁坍塌等风险

（1）风险分析

1）人工填土松散、自稳能力差，孔隙率大、渗透性不均匀，进行人工挖孔时，极易出现孔壁坍塌。

2）由于人在孔内施工，孔口无法遮盖，容易发生坠物风险。

3）填土与"老土"交界部位容易存在局部滞水，或因下雨雪等原因地表水入渗，人工挖孔的侧壁局部易渗水流沙流土。

4）生活垃圾腐烂会产生有害气体，井下作业人员易发生中毒等现象。

（2）风险对策

1）采用人工挖孔，要前提做好护壁，加强护壁混凝土强度等级，并在护壁混凝土中加设钢筋网，护壁混凝土强度小于5MPa，严禁拆模。

2）孔口护壁须高出地面0.2m，如图9.2-4～图9.2-7所示，以防地面雨水进入孔内，影响侧壁安全，并防止地面物件坠落。

图9.2-4　人工挖孔孔口护壁（一）

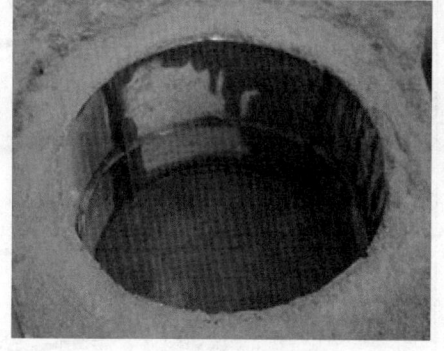

图9.2-5　人工挖孔孔口护壁（二）

3）孔口起吊弃土时，孔下应有防护措施，确保孔内施工人员人身安全。

4）出现侧壁渗水应采取疏排措施，并适当减少开挖步距；水量较大时应停止作业，采取降水措施以后再开挖，严禁带水作业。

图9.2-6　人工挖孔井口防护（一）

图9.2-7　人工挖孔井口防护（二）

5）人工挖孔前应做好有毒有害气体检测，以确保施工人员人身安全。

6）孔深超过2m，孔内下人时应采取通风措施。

7）井下准备应急逃生软梯。

8）井下照明采用12V低压照明。

9）设立专职安全管理人员，对施工人员的行为进行监督、指导。

9.2.2　土方开挖施工过程的风险分析

9.2.2.1　开挖面坍塌风险

（1）风险分析

人工填土一般比较松散、自稳能力差，土方开挖施工中易造成开挖面坍塌。

（2）风险对策

1）针对开挖面坍塌这一风险，可放大开挖面坡度，其中上部人工填土部位适当加大坡度，如图9.2-8所示。

2）减少每层开挖深度，严禁超挖。

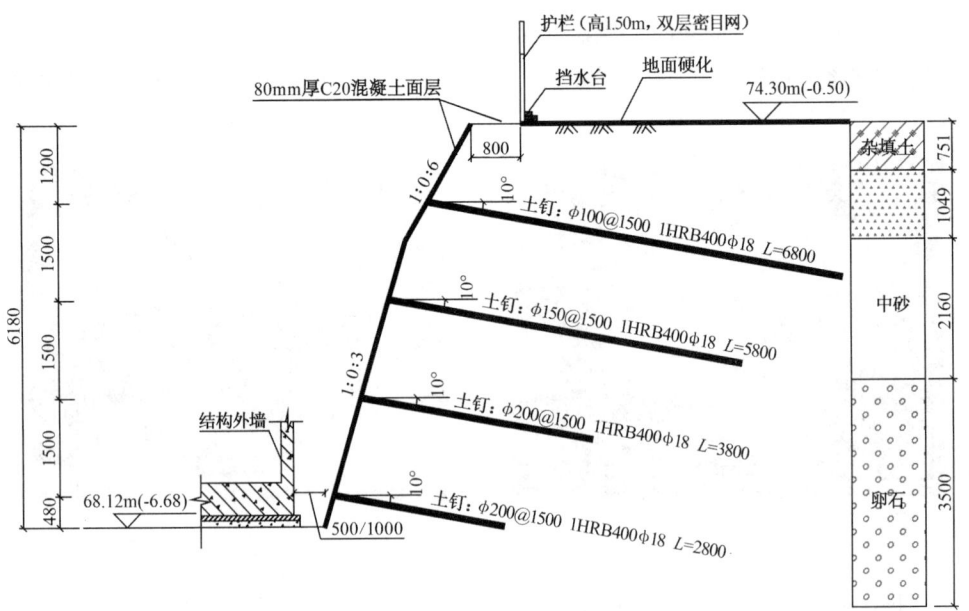

图9.2-8　人工填土部位坡度加大

9.2.2.2　挖运机具倾覆风险

（1）风险分析

由于人工填土具有压缩性高，不均匀，地基承载力低的特性，挖运机具在该地层上进行作业时，极易发生倾覆的风险。

（2）风险对策

1）挖运机具进行作业时，减少每层开挖深度。

2）及时硬化挖运作业坑内的运输道路。

9.2.3　围护体系使用过程的风险分析

9.2.3.1　基坑侧壁渗水、桩间土流失

（1）风险分析

1）人工填土具有孔隙大、不均匀，土层底部起伏大的特点，有些人工填土层底部会存在滞水。

2）如果降水或者止水效果不好，会出现基坑侧壁渗水。

渗水严重时会导致桩间土流失、桩间护壁面层脱落，桩（墙）背后形成空洞，严重时会引起地面沉降或垮塌。

（2）风险对策

1）及时寻找并切断补给水源。

2）插设导流管引排，如图 9.2-9 所示，将人工填土层中的滞水排出。

3）加强桩间土防护措施，必要时采取注浆等加固措施。

4）对已经形成的空洞，待桩间土支护面层具有一定的强度时，再利用预留注浆管或导流管进行注浆填充。

9.2.3.2　锚杆过大变形风险

（1）风险分析

人工填土抗剪强度指标低、对锚杆提供的侧摩阻力小，容易发生蠕变，达不到设计要求的抗拔力，导致基坑开挖过程中围护结构变形过大。

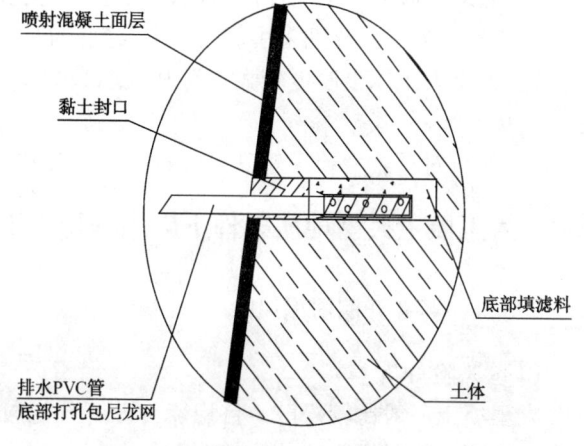

图 9.2-9　插管引流图

（2）风险对策

1）调整锚杆角度，并使锚杆的锚固段尽量避开人工填土层。

2）如无法避开时，可采用二次压力注浆提高锚杆的抗拔承载力。

3）加强变形监测。

4）必要时对主动土压力区进行加固，加固方法可根据人工填土的主要成分，分别选用搅拌桩、旋喷桩、地面深孔注浆等。

9.2.3.3　围护体系坍塌风险

（1）风险分析

1）人工填土抗剪强度指标低、主动土压力大。

2）对锚杆提供的侧摩阻力小，使锚杆的抗拔承载力满足不了设计要求。

3）围护结构的变形过大，导致滑裂面后移，进一步加大了主动土压力，造成锚杆失效。

4）人工填土孔隙率较大，渗透性不均匀，使基坑侧壁发生渗漏，若不及时采取控制措施，桩（墙）背后形成较大空洞，滑裂面进一步后移。

5）基坑侧壁的渗漏增大了围护体系的动水压力，从而使围护体系的荷载相应增加。

（2）风险对策

1）应加强变形监测和人工巡视。

2）当围护体系变形过大，且变形长期达不到稳定状态，地面出现明显裂缝时，应立即采取坡底堆土反压、坡顶卸载等处理措施。

3）在采取上述措施的同时，留下相关的影音资料，组织召开专家会议，对基坑支护体系的安全性进行评估。

4）必要时搭设临时施工架构，对支护体系进行加固，如增加锚杆等。

5）对未进行基坑支护的区域，可调整基坑设计方案，必要时可对主动土压力区和被动土压力区进行土体加固，方法同前。

6）在进行基坑加固的同时，要连续进行基坑及周边环境的变形监测。

7）对加固效果进行评价，确认控制进一步变形后，再进行下一步的基坑开挖。

9.2.4 地基承载力不足、沉降过大风险

（1）风险分析

人工填土松散、压缩性较高，承载力低，一般未经处理很难满足承载力要求。

（2）风险对策

1）如果基底人工填土厚度较薄，地基承载力要求不高，可进行换填处理，换填材料视填土层底的原状土类别，分别采用灰土或者级配碎石。

2）如果人工填土厚度较大，对基底承载力要求不是很高，可采用 CFG 桩、柱锤冲扩桩等复合地基。

3）如果对承载力要求较高，可直接采用桩基。

9.3 人工填土典型地质条件下矿山法施工工程风险分析

9.3.1 竖井开挖坍塌风险

（1）风险分析

人工填土一般比较松散、自稳能力差，开挖时容易造成塌方。人工填土成分复杂，开挖过程中处理障碍物时易导致井壁超挖引起上部土体坍塌。尤其在生活垃圾等成分复杂的人工填土中，井壁围岩的各类加固措施效果不佳，难以达到设计要求，容易引起竖井的过大变形和坍塌。

（2）风险对策

1）采用超前注浆的方法固化开挖填土层，使其开挖时保证自稳。

2）适当加大锁口圈梁的宽度和厚度。

3）对上部人工填土部位减少每次开挖深度。

4）加强锁脚锚杆的施工。

5）局部设置角撑。

9.3.2 隧道开挖面坍塌风险

（1）风险分析

1）人工填土土质松散、强度低、自稳时间短、自稳能力差，土方开挖时，容易形成坍塌。

2）埋设管道施工时，如雨水管线、污水管线等，则会在接口处发生长期渗漏现象，因人工填土不实，极易形成水囊。

3）土方开挖时由于土体沉降造成水囊破裂导致涌水，继而致使局部土方坍塌，则又会造成管线断裂，从而引发大面积土方坍塌。

（2）风险对策

1）查明填土的分布范围、成分、工程性质。有针对性地采取专项治理措施。

2）重点调查周边管线的情况，包括材质、埋深、施工方式、施工季节等。

3）在隧道施工前，对工点的施工风险进行评估、分级。

4）加密小导管和格栅间距，减少开挖进尺。

5）制订专项治理措施，一般采用全断面注浆加固，并扩大围岩的加固范围等措施。

（3）某区间隧道塌方案例

1）事故概况

某区间隧道工程左线开挖至距横通道中心线 195m、人防扩大段桩号 K20 + 518.3 处（隧道宽 9m、高 9.578m）时，CRD 法开挖的①号导洞上半断面台阶底部左侧拱脚处突然发生涌水，30min 后洞内涌水已达到 1m 深，90min 后，地面对应掌子面位置处产生坍塌，导致隧道上方土体流失和附近引桥挡土墙塌陷，塌坑长约 18m、宽约 14m、深约 12m。隧道塌方现场如图 9.3-1所示。

图 9.3-1　隧道塌方现场

2）原因分析

该区间隧道上方管线密集，地层受管线开挖、铺设、回填扰动多次。隧道涌水坍塌前，掌子面上正在进行喷射混凝土作业，在开挖、安装格栅过程中均无明显渗漏水现象，而是在喷射混凝土作业过程中左侧边墙突然涌水造成掌子面拱部坍塌。地面坍塌现场反映出结构上方的一条内径 1750mm 的污水管线断裂向洞内涌水，此污水管线与结构平行，管底距离结构顶面5.57m，为路面道路污水主管线，平均水流满管率为 85%；另一条内径 1400mm 的自来水管线悬空。综上所述，由于掌子面前上方土体受污水管线长期渗漏而形成水囊或饱和水淤泥层，开挖之后，由于土、水的受力改变而造成水囊或淤泥层涌水坍塌，土层坍塌又造成污水管断裂，从而引发大面积塌陷。

3）风险对策

①人员撤离、按程序逐级上报、封锁交通、疏散行人和车辆。

②抢险措施：

第一阶段：填坑，恢复通车。施工单位首先往坍塌孔洞内充填级配砂石料，并以充填的级配砂石料为基底，重新铺设了一条污水管线，以恢复污水排泄畅通；随着充填的进行，发现原污水管内水流量过大，填筑级配砂石料并不能完全满足要求；因此，改用充填混凝土的方式进行填坑，对混凝土下方已经充填级配砂石的部位，通过在混凝土面层上打孔，再进行向下注浆的方式来实现填充。孔洞充填完毕之后，恢复区间隧道上方路面主干道的通车。

第二阶段：地面抢险。本阶段主要是配合市政单位通过地面钻孔对各掌子面进行注浆加固。

第三阶段：洞内清淤。包括分洞内抽水、铺设栈道、通风清淤三个阶段。

第四阶段：恢复生产。包括掌子面加固和掌子面恢复施工。

掌子面加固：根据专家组的意见，除坍塌掌子面外，其余掌子面均采用挂网摊铺 10cm 厚 C20 混凝土的措施进行掌子面封闭；未封闭成环的上台阶格栅处加设临时支撑；清淤到坡脚后堆码砂袋对坡脚进行加固，并同时采用打设超前小导管注浆的措施进行加固处理。

掌子面恢复施工：专家组根据现场实际情况，制订了对掌子面前方 15m 范围采取临时仰拱的措施，顺利完成加固段。

第五阶段：坍塌处理。具体施工方案为：沿车站方向进行前进方法分段注浆、标准断面全断面注浆、人防断面轮廓线边缘管棚注浆的方案进行加固；区间方向进行止浆墙、低压填充注浆、护拱施工、原人防断面径向注浆的稳妥施工方案。

9.4　人工填土典型地质条件下盾构法施工工程风险分析

9.4.1　端头加固效果不佳风险

（1）风险分析

1）人工填土一般成分复杂、不均匀，加固时若遇到大块混凝土等废弃物会导致旋喷、搅拌、注浆等成孔打设困难。

2）土层松散、孔隙大、杂质含量高，在施工过程中有效加固范围难以控制，导致加固效果不佳，开洞门时容易导致涌水坍塌。

（2）风险对策

1）适当增大加固区段的范围，加密注浆加固钻孔间距。

2）重点控制加固的薄弱环节，包括桩的咬合位置、加固体与围护结构之间的间隙等。

3）采用竖直抽芯和水平探孔相结合的方式检查洞门加固效果。竖直抽芯的部位更注重桩的咬合部位，芯样的连续性应达到 90% 以上；水平探孔的位置主要分布在洞门周圈。

4）如发现加固效果达不到要求，应分析原因，立即采取有针对性的补充加固措施。常用的加固方案有：搅拌桩法、旋喷桩法、注浆法、冻结法等。

5）采用加固措施后，须进行加固效果检查。

6）对抽芯和探孔部位进行有效的注浆充填。

9.4.2　盾构掘进困难和坍塌风险

（1）风险分析

1）人工填土一般比较松散、自稳能力差、自稳时间短，盾构掘进时容易造成塌方。

2）当杂填土主要由碎砖、瓦砾、混凝土块等组成时，盾构推进工作面前方可能会出现各种障碍物，如废弃钢筋混凝土桩、旧桥台、人防工事等。如南京地铁一期工程 TA15 标盾构许府巷—宣武门区间在推进过程中，发现了未经探明的废弃房屋基础桩，对盾构机刀具造成一定的损害。

（2）风险对策

1）盾构隧道尽量避免穿越人工填土。

2）查明填土的分布范围、成分、工程性质。有针对性地采取专项治理措施。

3）重点调查周边管线的情况，包括材质、埋深、施工方式、施工季节等。

4）在隧道施工前，对工点的施工风险进行评估、分级。

5）当地质条件复杂风险较高时，可采用地面预处理或洞内处理的方法。

6）洞内处理障碍物时可采取以下措施：

①对地面开挖面前方 20m 实行超声波障碍物探测，及时查出大石块、废桩等；附设从密封舱隔板中向工作面延伸的钻机，对障碍物进行预破除。

②气压进出闸门，局部气压下密封舱排障，对刀盘维修。

③设置石块破碎机，将石块破碎到粒径 10mm 以下，以便泥浆泵排出。渣土分离排放系统满足泥水处理及环保要求。

9.5　案例

某区间盾构施工路面发生沉陷，沉陷区域直径约 6m，深度为 60 cm。发生下陷的路面位于该项目部西侧围墙根下，水泥路面从四周朝路心凹陷，中心处下沉半米多深，路面的围墙受牵引后，墙壁出现大量裂痕，如图 9.5-1 所示。

专家现场分析认为：该地段为地质条件极为复杂的断裂带，且上部为回填的砂土层，沉陷处地下水丰富，施工中采用的盾构机扰动了地层，地下水流失而引起路面局部沉陷。专家建议盾构施工防止地面沉陷风险，应采取以下措施：

图 9.5-1　某区间盾构施工发生路面沉陷

（1）工程施工前通过补充地质钻孔和回声测深仪，进一步查清隧道的地质条件和填土厚度，为盾构机选型、盾构掘进参数的选取及制订相应的辅助措施提供第一手准确资料。

（2）盾构机本身具有超前地质探测装置，在施工中进一步对工作面前方地层进行探明，以便早发现、早处理。

（3）在地面进行注浆加固，增强填土的承载力和强度。

第10章 软土的工程风险

10.1 软土地层典型地质条件描述

10.1.1 软土的定义

软土是指在静水或缓慢的流水环境中沉积形成的软塑到流塑状态的饱和黏性土；软土的天然含水量 W 大于液限 W_L，天然孔隙比 e 大于 1.0。当其天然孔隙比 e 大于 1.5 时为淤泥，天然孔隙比小于 1.5 而大于 1.0 时为淤泥质土。一般情况下软土的液性指数 I_L 值大于 1.0。软土的主要岩性有淤泥、淤泥质黏土、淤泥质粉质黏土、泥炭、泥炭质土等。

软土主要由黏粒和粉粒等细小颗粒组成，黏粒的黏土矿物成分以水云母和蒙脱石为主，含大量的有机质。这些黏土矿物和有机质颗粒表面带有大量负电荷，与水分子作用非常强烈，因而在其颗粒外围形成很厚的结合水膜，且在沉积过程中由于粒间静电荷引力和分子引力作用，形成絮状和蜂窝状结构，所以，软土含大量的结合水，并由于存在一定强度的粒间连结而具有显著的结构性。土力学中黏粒组以 <0.005mm 的颗粒组成，这些颗粒的比表面很大，因而具有很大的表面能，对土的性质起到决定性的作用（图 10.1-1）。

图 10.1-1　软土示意图

10.1.2 成因

按照形成和分布情况我国软土基本上可以分为两类：一类是沿海沉积的软土；一类是内陆和山区河，湖盆地及山前谷底沉积的软土。一般来说，沿海沉积软土分布比较稳定，厚度较大；内陆等沉积土常带有零星分布，沉积厚度较小，性质变化大。

沿海沉积大致可分为以下四种类型：

（1）泻湖相沉积

其特征是沉积物颗粒微细、孔隙比大、强度低，地层比较单一，分布范围比较宽阔，常分布于滨海平原。在泻湖边缘，表层常有 0.3~2.0cm 的泥炭堆积，底部含有贝壳和生物残骸。

（2）溺谷相沉积

其特征是孔隙比大、结构疏松，含水量高，表层为耕土或人工填土，以及较薄的、较致密的黏土或粉质黏土；以下为厚几米至十多米的高压缩性和低强度的软黏土；其下基岩或一般土层起伏变化比较大。软土分布较窄，在其边缘表层常有泥炭沉积。

（3）滨海相沉积

常与海浪流及潮汐的水动力作用形成较粗的颗粒相掺杂，使其颗粒不均匀。结构极疏松，增强了淤泥的透水性能，易于压缩固结。一般表层为数米厚的褐黄色粉质黏土，以下为厚层的淤泥类土，常夹粉砂薄层或透镜体。这种粉砂夹层是有黏土和粉砂交错形成的，特别是年代新的淤泥类土，其工程性质很差。

（4）三角洲相沉积

由于河流及海湖的复杂交替作用，是淤泥与薄层砂交错沉积，受海流与波浪的破坏，分选程度差，结构不稳定。比起前述三种类型的软土，这种软土性质较好。

内陆平原区软土主要有湖泊相、河漫滩和牛轭湖相、沼泽相和谷地相等类型。

10.1.3　分布范围

软土在我国滨海平原，三角洲，湖盆地周围，山间谷地等均有分布。

我国沿海软土主要分布在沿海岸和各河流的入海处，如渤海湾的塘沽地区，海州湾的连云港，杭州湾的杭州，甬江口宁波、镇海，闽江口的福州、马尾，汕头附近的拓林湾湛江等，这些地区软土沉积较厚，黏粒含量高，例如宁波、温州的软土厚达 35～40cm，沿海一带地面标高低于 5cm 的平原上，绝大部分有软土分布，只有一些硬壳较厚的地区，例如天津赢壳厚度平均为 6～7cm，地基的软弱程度较轻。

我国三角洲软土最典型的是长江三角洲的上海，珠江三角洲的广州，其软土层中常夹有中、薄层粉砂夹层，上海地区软土深达 30cm，并且软土表层硬壳略厚，为 2～3cm，广州地区软土的最大埋深只有 15cm。

河谷平原上的软土，如长江中下游的武汉、芜湖、南京；珠江下游的肇庆、三水等地均有分布。其软土层中常有粉细砂层，肇庆一带且含有植物残骸，河谷平原上的软土层埋深常小于 15cm。

湖泊周围也常有软土分布，如洞庭湖滨的岳阳，太湖边的湖州。

山间谷地软土分布范围小，但不均匀性突出，我国云贵高原，昆明，贵阳以西水域附近的烂泥坝即有软土分布，软土底部常有明显倾斜的坡度。

沼泽软土在我国分布非常广泛，是湖盆地等由于低洼积水，喜水植物孳生，常年淤积，逐渐衰退形成的。一些牛轭湖衰退形成的沼泽也零落分布，它们常常是以泥炭沉积为主，夹有软黏土、腐泥或砂层。

在已开展城市轨道交通工程建设的城市中，上海、天津、宁波、杭州、温州等城市均有软土分布（图 10.1-2）。

10.1.4　岩土工程特性

（1）流变性。软土在长期荷载作用下，除产生排水固结引起的变形外，还会发生缓慢而长期的剪切变形。软土的长期强度小于瞬时强度，用流变试验来确定长期强度比较费时，一般采用剪切试验方法求得的软土抗剪强度值在工程设计中应进行折减。

（2）触变性。软土具絮凝结构，是结构性沉积物，其结构未被破坏时具有一定的结构强度，当原状土受到振动或扰动后，由于土体结

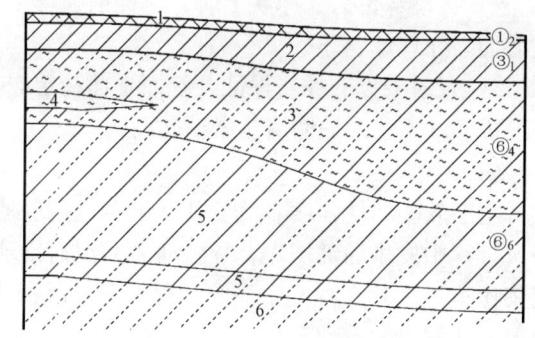

图 10.1-2　软土地层概化图

1—素填土；2—黏土；3—淤泥质粉质黏土；
4—淤泥；5—粉质黏土；6—粉土

构遭破坏，强度会大幅度降低。触变性可用灵敏度 St 表示，一般在 3 ~ 4 之间；软土中含亲水性矿物（如蒙脱土）多时，结构性强，其触变性较显著，最大可达 8 ~ 9，属高灵敏土或极灵敏土。软土受到振动后，易产生侧向滑动、沉降和基础下土体挤出等现象；在软土中钻孔取样时，常可能使土发生触变，以致取出的土样不能完全反映土的实际情况。

（3）高压缩性。软土孔隙比大，具有高压缩性的特点。其压缩系数一般为 $0.7 ~ 1.5MPa^{-1}$，随着土的液限和天然含水量的增大而增高。软土地基上的建筑物沉降量大而不均匀且稳定历时长。

（4）低强度。软土的抗剪强度很低，并与排水固结程度密切相关，在不排水剪切时，软土的内摩擦角接近于零，抗剪强度主要由内聚力决定，软土不排水抗剪强度一般小于 20kPa，经排水固结后，软土的抗剪强度便能提高，但由于其透水性差，当应力改变时，孔隙水渗出过程相当缓慢，因此抗剪强度的增长也很缓慢。软土地基的承载力很低，软土边坡稳定性极差。

（5）低透水性。软土含水量很高，但透水性差，特别是垂直向透水性更差，垂直向渗透系数一般在 $1 \times 10^{-6} ~ 1 \times 10^{-8}$cm/s 之间，属微透水 ~ 不透水层，对排水固结不利，故软土地基上建筑物沉降延续时间长，一般达数年以上。在加载初期，地基中常出现较高的孔隙水压力，影响地基强度。

（6）不均匀性。由于沉积环境的变化，土质均匀性差，具有微层理构造，水平向渗透性常好于垂直向渗透性，作为建筑物地基易产生不均匀沉降。

10.2　明挖法施工风险分析

10.2.1　围护结构施工风险分析

10.2.1.1　导墙开挖时塌方

（1）风险分析

由于软土的低强度和流变性特性，在采用机械或人工开挖导墙过程中，当土体中的剪应力超过土体本身的抗剪强度时，或在地下水的作用下，土体丧失整体稳定性，从而产生塌方。

（2）风险对策

1）导墙开挖前整平场地，采用后退式开挖。开挖出的土体随时清运，开挖范围周边不应堆载土体。

2）机械开挖时导墙边线预留部分原状土体，采用人工修整。

3）槽内积水及时抽排，槽底严禁被水浸泡。

4）导墙部位为非原状土时，应提前换填、分层夯实，回填夯实后不能满足开挖要求时，应提前加固处理。

5）及时架设支撑，保证开挖面土体稳定。

10.2.1.2　围护墙墙体出现孔洞

（1）风险分析

由于软土的低强度、流变性和触变性等特点，导致槽壁不稳定，在地下连续墙墙体混凝土浇筑过程中发生局部坍塌，导致墙体夹泥而出现孔洞，另外由于施工原因（清槽、刷壁不彻底、泥浆比重过大）在混凝土浇筑过程中泥浆沉积或残留的沙袋不能被混凝土置换，也容易在墙体中形成孔洞。

（2）风险对策

1）地下连续墙接头刷壁完成后，除观察刷壁器钢刷上是否有泥外，还必须利用超声波对接缝的刷壁质量进行检测。

2）地下连续墙成槽完成后及时清孔，钢筋笼下放完成后进行二次清孔，清底后槽底泥浆比重不应大于 1.15，沉淀物淤积厚度不应大于 100mm。

3）混凝土浇筑过程中，槽壁发生坍塌，应及时向混凝土浇筑面注入新鲜浆液对坍塌土体进行置换。

4）基坑开挖前根据地下连续墙浇筑过程对缺陷墙体进行评估，提前采用旋喷桩进行加固处理。加固完成后采用电渗法进行检测，确定该墙体内外有无明显水力联系。若有水力联系采用袖阀管重新进行注浆加固。

5）基坑开挖过程中，发现墙体孔洞后立即采取措施进行封堵。

10.2.1.3　围护墙施工引发周边建筑物变形

（1）风险分析

由于软土的低强度、高压缩性和触变性特点，在地下连续墙成槽施工过程中，抓取槽段内土层，扰动了槽段周边土层，引发槽体周边建筑物沉降变形。

（2）风险对策

1）掌握地下连续墙施工流水节拍，保证工序衔接，减少槽段暴露时间。

2）地下连续墙周边距离建筑物较近，尽量采用跳槽法施工，减少由于槽段连续暴露对周边建筑物产生持续影响。

3）槽壁两侧提前采用水泥搅拌桩进行加固，以保证地下连续墙在成槽过程中槽壁的稳定性，同时水泥搅拌桩形成一个有效的隔离在很大程度上能减少对周边建筑物的影响。

4）规划大型施工机械行走线路，应远离周边建筑物。

10.2.1.4　钢筋笼吊装失稳

（1）风险分析

由于软土的高压缩性和低承载特性，在钢筋笼吊装过程中，容易出现起重机地基不稳造成钢筋笼吊装失稳。

（2）风险对策

1）地下连续墙钢筋笼吊装属于超过一定规模的危险性较大的分部分项工程，应制订专项方案，并经过专家论证。

2）在施工场地规划阶段应充分考虑起重机行走路面，具有足够承载力，满足钢筋笼吊装要求。

3）机械进场应通过专业机构验收，并且备案手续齐全后方可使用。

4）吊装前检查钢筋笼焊接质量，特别是桁架筋、吊筋与桁架筋的连接必须满焊，确认吊点的位置是否和方案一致，同时严格执行地下连续墙钢筋笼六步验收制度。

5）起吊前检查吊索、吊具是否满足要求，起吊过程中，主吊和副吊密切配合，服从信号工指挥。

6）在吊装行走过程中，拉缆风绳保证钢筋笼平稳。同时起重机行走速度不大于 5m/min。

7）六级以上强风严禁吊装。

10.2.1.5　槽壁坍塌

（1）风险分析

由于软土的流变性和触变性，地下连续墙成槽，抓取槽段内土层，破坏了原来土层内的应力平衡，从而造成槽外自稳能力差的土体向槽内坍塌。

（2）风险对策

1）在施工中出现槽壁坍塌应及时将成槽机提至地面。

2）加强施工管理，禁止槽段两侧堆放土方、钢筋等重物，或停滞通行重型机械。

3）提高泥浆指标，采用加入外加剂，适当提高泥浆黏度、比重等指标，保证泥浆压力对槽壁的支撑。仅用高黏度、高比重泥浆压制水头作用下的流砂、管涌把握不大，而且对地下连续墙混凝土浇筑和混凝土质量的保证有负面影响。

4）采用水泥搅拌桩对槽壁两侧进行加固，以保证槽壁稳定。

5）若槽壁坍塌比较严重，要及时填入黏土，采用成槽机抓斗分层压实，待土体重新固结后重新进行抓槽。

10.2.2 土方开挖施工风险分析

10.2.2.1 开挖时塌方

（1）风险分析

由于软土的流变性、触变性和低强度特性，基坑土方开挖过程中，改变了原状土体的受力状态，当土体中的剪应力超过土体本身的抗剪强度，或由于一些意外原因（下雨、渗水），使土体含水量增大，导致土体自重增加，土的抗剪强度和内聚力减小，从而产生塌方。

（2）风险对策

1）基坑开挖前编制专项施工方案，并请专家进行论证，确保施工方案确实可行、安全可靠。

2）土方开挖过程中，严格遵循时空效应理论，做到"按需降水、分层开挖、及时支撑、快速封闭"，严格控制基坑开挖的坡度，严禁放坡开挖。

3）加强施工管理，禁止基坑四周堆放土方、钢筋等重物，或长时间停滞、通行重型机械。

4）在基坑周边设置截水设施，并在基坑上方设置临时防雨设施，防止雨水进入基坑。

5）在基坑内合理设置排水沟和集水坑，及时抽排基坑内积水。

6）根据土体的物理特性，合理确定每层开挖土体的厚度，避免超挖。

10.2.2.2 围护结构墙体涌水涌砂

（1）风险分析

地下连续墙浇筑过程中出现孔洞或者断墙。土方开挖过程中，在高地下水（特别是承压水）作用下，迎土侧土压力、水压力大于泥与混凝土的黏聚力，冲散泥沙形成水流、泥沙通道，从而导致墙体涌水、涌砂。

（2）风险对策

1）根据围护结构施工记录对围护结构混凝土浇筑异常部位及断层位置上下3m范围进行旋喷桩加固处理。

2）土方开挖前，对围护结构混凝土质量进行超声波检测，并在必要时对围护结构渗透性进行检测。一旦发现混凝土质量存在缺陷，立即在围护结构外侧对应位置加设旋喷桩加固，重点加固缺陷位置处上下3m范围。

3）在基坑开挖过程中，围护结构墙体有轻微渗水，表现为墙体湿渍、小量流淌时，找到漏水点，对漏水点采取注浆封闭处理。

4）围护结构墙体出现轻微管涌，具有较明显的水压力，采取剔凿清理漏水点，插设导流管，涂抹堵漏灵、快速水泥等封堵材料进行封堵。

5）围护结构墙体出现严重管涌，具有明显水压力。采取对围护结构墙面进行简单剔凿处理，把预先加工好的封堵钢板（焊接导流管）贴置于围护结构墙面上，漏水点与导流钢管正对，确保水流通畅，打入膨胀螺栓，将封堵钢板固定牢固，用扁状钢钎沿封堵钢板四周将棉纱拌合油脂材料（黏状油脂）沿缝隙打入，使封堵钢板与围护结构墙面缝隙填充密实，然后用堵漏灵或快硬水泥封堵钢板周边，关闭阀门；同时在围护结构墙体渗漏位置外侧注浆处理，或在围护结构内侧漏水点下方 1m 左右位置处水平注浆处理。

10.2.2.3　基底突涌

（1）风险分析

由于软土的低强度和地层中存在承压水，在基坑开挖过程中，开挖减少了含水层上面覆土厚度，当厚度减少到一定程度不足以抵抗承压水压力时，承压水水头冲透覆土造成突涌。

（2）风险对策

1）对小型基坑如出入口等，可及时采用回灌水、填土等方法，对大型基坑则应立即进行回填土方（以黏性土为佳）。

2）在管涌发生部位对应基坑外侧设置井点降水，经抽排该段地下水位，切断管涌水力供应，管涌将逐渐减弱。

3）根据管涌点的位置推断围护结构薄弱点，从而在该位置采用水泥 - 水玻璃双液注浆加固，切断管涌路线。对用 SMW 和搅拌桩作围护的基坑注浆时，一定要对注浆压力有严格的控制，防止压力过大破坏围护结构。

4）当管涌严重，涌水涌砂量大，来不及采取其他措施时，可采用滤水性材料直接分层压在管涌口范围，一般由下到上压重颗粒由小到大，厚度根据管涌程度确定，分层厚度不宜小于 30cm。

10.2.2.4　围护结构严重变形

（1）风险分析

由于软土的低强度和高地下水，造成该种地层中的主动土压力比一般地层中大很多。基坑开挖后，基坑内侧卸去原有土压力时，围护结构外侧受到主动土压力，而在基坑围护结构内侧受到全部或部分被动土压力，由于总是开挖在前、支撑在后，从而导致围护结构在外侧土压力的作用下发生变形。

（2）风险对策

1）土方开挖过程中，应严格遵循"纵向分段、横向分层、对称开挖"的原则施工。

2）开挖时处理好开挖与支撑、结构施工的关系，充分利用时空效应原理，及时支撑，快速施作混凝土垫层，缩短土体暴露时间。

3）对基坑支护体系、地下水位、周边土体及建（构）筑物等进行全方位、全过程的监控量测。通过及时反馈、分析监测信息来指导现场施工，做到信息化施工，以便及时发现问题及时处理，将事故制止在萌芽状态。

4）基坑边缘安全距离内，严禁在坑边堆放建筑材料及大型机械行驶，防止坑外土体侧压力增大。

10.2.2.5　临时立柱周边涌水

（1）风险分析

由于软土层的低强度和含有高承压水，临时立柱施工时穿透承压水层，且临时立柱与周边土体、混凝土不密实，致使桩底承压水沿桩体周围涌出。

（2）风险对策

1）使用桩侧注浆管对基础桩进行注浆，注浆水泥总量和注浆压力均达到设计参数，保证注浆量。

2）通过基坑降水，减小水压力差，减少水力供应，可以消除管涌危害。在降水生效前，应采取反压、疏排等缓解措施，避免管涌情况恶化。

3）在涌水外围处用编织袋或麻袋装土抢筑围井，井内同步铺填反滤料，从而制止涌水带砂，以防险情进一步扩大，围井面积应根据地面情况、险情程度、料物储备等确定。

4）根据涌水点的位置推断围护结构薄弱点，从而在该位置采用水泥-水玻璃双液注浆加固，切断涌水路线。

10.3 盾构施工风险分析

10.3.1 盾构始发、到达施工风险分析

10.3.1.1 盾构组装、拆卸吊装时起重设备倾覆

（1）风险分析

由于软土层承载能力低，盾构组装或拆卸起吊时，地面承载力不能满足要求，起重设备支腿地基强度不够等原因导致起重设备倾覆。

（2）风险对策

1）根据预吊重物重量，合理计算、选择所需起重设备。

2）对焊点质量进行全面检测，确保焊接质量；对吊索进行全面检查，确保吊索质量。

3）起吊前先对起吊重物进行试吊，试吊安全后方可进行吊装作业。

4）专业人员对吊装作业进行全过程指挥。

5）对起重设备的地面承载力进行计算，确保起吊时的安全。

10.3.1.2 盾构洞门土体坍塌

（1）风险分析

由于软土的低强度、高承压水，有些含腐殖质过多，导致始发、到达加固效果达不到设计要求，质量得不到保障，强度不能满足土体稳定性要求。在开洞门时，出现局部土体坍塌和喷水涌砂现象。

（2）风险对策

根据地层情况合理选择端头土体加固方案，根据设计方案组织专家论证，认真实施，严格施工管理。加固完成后，须对加固效果进行检验，确保加固效果达到设计要求。加固效果达不到设计要求时，采取有效的补救措施，以确保洞门土体的稳定。

（3）案例

某盾构洞门，加固体强度未达到设计要求，稳定性不满足，在破除洞门后发生土体坍塌（图10.3-1）。

10.3.1.3 盾构洞门凿除时地下水突涌

（1）风险分析

软土地层往往不均匀分布着砂层、粉土等透水性强地层，在地下承压水作用下，一旦出现孔洞，就会形成地下水土流失。

（2）风险对策

1）盾构洞门土体加固，一方面要防止洞门破除后土体坍塌，更为重要的是要求加固体的密封性，必须具有良好的封水效果，后者往往是软土地质条件下安全事故的主因。

2）采用搅拌桩加高压旋喷桩加固方案时，要严格按照设计和规范施工，确保桩体质量，尤其是旋喷桩的密封作用要得到充分保证。

3）采用冷冻加固时，严格按照设计要求布设冻结

图10.3-1 某盾构洞门发生土体坍塌

孔，对成孔质量要逐孔检查，冷冻过程中确保循环盐水的温度，并时刻关注冻结土体内的温度变化判断冻结效果，冷冻结束后要认真进行胶圈验算。

4）加固检验合格后，在洞门处钻孔检验洞门加固体止水效果，如发生漏水情况说明加固效果未能达到要求，需重新补充设计方案进行加固。

10.3.2　盾构掘进施工风险分析

10.3.2.1　盾构机内（螺旋输送机、铰接、盾尾等部位）地下水突涌

（1）风险分析

由于软土的触变性和地下水的高承压性，盾构施工过程中因以下各种原因导致密封不到位时，容易出现盾构机内地下水突涌。盾尾密封装置发生突涌的主要原因为：

1）管片与盾尾不同心，使盾尾和管片间的空隙局部过大，超过密封装置的密封功能界限。

2）密封装置受偏心的管片过度挤压后，产生塑性变形，失去弹性，密封性能下降。

3）盾尾密封油脂压注不充分，盾尾钢刷内侵入了注浆的浆液并固结，盾尾刷的弹性丧失，密封性能下降。

4）盾构后退，造成盾尾刷与管片间发生刷毛方向相反的运动，使刷毛反卷，盾尾刷变形而密封性能下降。

5）盾尾密封油脂的质量不好，对盾尾钢丝刷起不到保护作用，或因油脂中含有杂质堵塞泵，使油脂压注量达不到要求。

6）盾构机内与外界有水力联系的部位、阀门打开，由于压力过大，无法控制地下水突涌。

（2）风险对策

1）严格控制盾构推进的纠偏量，尽量使管片四周的盾尾空隙均匀一致，减少管片对盾尾密封刷的挤压程度。

2）及时、保量、均匀地压注盾尾油脂。

3）控制盾构姿态，避免盾构产生后退现象。

4）采用优质的盾尾油脂，要求有足够的黏度、流动性、润滑性、密封性能。

5）对已经产生泄漏的部位集中压注盾尾油脂，恢复密封的性能。

6）管片拼装时在管片背面塞入海绵，将泄漏部位堵住。

7）有多道盾尾钢丝刷的盾构，可更换最里面的一道盾尾刷，以保证盾尾刷的密封性。

8）从盾尾内清除密封装置钢刷内杂物。

9）加强对密封油脂的注入质量，确保该部位的密封效果。

10）在承压水地层中掘进时，严格控制随意打开有内外水力联系的部件，必须打开时应有预防措施。

10.3.2.2　易燃气体伤害

（1）风险分析

软土层中富含有机质，容易产生甲烷等易燃气体。盾构掘进过程中如遇有害气体，会出现操作人员缺氧中毒，或者在盾构刀盘高温高压作用下发生燃烧爆炸等现象。

（2）风险对策

1）掘进前，详细勘察区间地层，发现有害气体。

2）采取有效措施抽排地层中的有害气体。

3）盾构内安装有害气体检测装置；严格隧道内排风管理，确保持续换风。

4）掘进过程中严格控制掘进参数，加强注浆，加强对地表及管线的沉降监测，根据监测结果优化掘进参数指导现场施工，减小地表沉降量，避免易燃易爆管道漏气、燃烧、爆炸。

10.3.2.3　盾尾刷磨损严重引发地下水突涌

（1）风险分析

由于部分软土地区，地层中赋存着高承压水，盾构掘进过程中，如果盾构刷磨损严重将造成严重的地下水突涌。

（2）风险对策

1）严格控制尾刷的质量，确保原材合格。

2）合理设定盾构油脂注入压力，适当高于盾尾注浆压力，避免注浆压力大于盾构油脂压力造成盾尾刷击穿，导致地下水突涌。

3）对每环管片间隙进行量测，根据盾构间隙选择合理的管片类型，确保盾尾四周间隙量均匀，减少管片磨损盾尾刷，造成地下水突涌。

4）使用优质盾尾油脂，油脂不仅用于止水，更重要地是保护尾刷，须起到有效的保护作用。

5）避免大幅度调整盾构姿态，减少尾刷磨损。

10.3.2.4　刀盘结泥饼

（1）风险分析

软土地层中黏粒含量较高，盾构刀盘切削下来的黏土、碎屑在刀盘区聚集，形成半固结或固结块状体泥饼，会造成扭矩、总推力大幅增大、出土不畅、推进速度减慢、刀盘发热，重则造成掘进困难、在富水地层诱发喷涌甚至盾构机严重损坏。

产生的因素主要有：①对地质条件误判，刀盘选择失误；②设定过高的出土压力；③渣土改良无效；④盾构机长期运转产生的高温；⑤土仓保压时长时间停机。

（2）风险对策

1）认真研究地质资料，施工全过程现场跟踪地质条件的变化，并根据地质条件优化施工措施。

2）盾构机选型：根据地层情况合理进行盾构机选型，需考虑预防性措施。比如：刀盘布置层次要清楚，其中滚刀和刮刀的高差宜大于 35mm；刀盘中心区直径 2m 范围内少设或不宜设置滚刀，尽可能地增大开口率。

3）土体改良剂有泡沫剂和高分子聚合物，使用土体改良剂可以改善土体的和易性和塑性，大大降低结泥饼的可能性。

4）循环水是刀盘冷却系统的主要介质，随着单环掘进时间的增加，土仓内的温度很容易上升，因此应控制冷却水的温度。

5）盾构施工要求"连续、快速、稳定"，长时间的停机会导致土仓内土压逐步升高、流动性减弱、刀盘及刀具板结泥饼的可能性增加。

6）施工过程中，及时观察土体情况，分析土体黏性和含砂比例，及时添加适量的土体改良剂，减小土体黏度和黏着力。

10.4　联络通道施工风险分析

10.4.1　冷冻管钻进时地下水突涌

（1）风险分析

联络通道一般位置较深，而软土地层中多不均匀分布砂层、粉土层等透水地层，而且富含承压水。打设冷冻管时，遇到这种地质条件，在承压水作用下往往会造成地下水突涌。

（2）风险对策

在打设冷冻管之前，先在隧道管壁上加装止水装置，该装置可以起到防止地下水突涌的作用，避免在钻设冷冻孔过程中地下水大量流失。

10.4.2　氯离子含量过高影响冷冻效果

（1）风险分析

沿海地区的软土受沉积环境和海水入侵影响，地下水中的氯离子含量较高，当冷冻地层中的氯离子含量过高时，冷冻时间会大大延长，甚至影响冷冻效果。

（2）风险对策

开始冷冻之前须进行氯离子含量检测，并用原状土进行实验，根据实验结果确定冷冻时间，优化冷冻工艺、确定冻结温度。

10.5　周边环境的风险分析

10.5.1　基坑降水引发周边建筑物变形

（1）风险分析

降水使基坑内水位降低，内外形成较大的水力梯度，引起基坑内土体固结，体积收缩。在水力梯度和土体固结双重作用下造成基坑围护结构收敛变形，从而对周边环境造成影响，若围护结构存在缺陷，基坑内外存在直接的水力联系，则基坑降水将会直接引起周边建筑物变形。

（2）风险对策

1）基坑降水实施之前，降水方案需通过专家论证。

2）基坑降水前首先进行降水试验，降水试验前基坑围护结构完成渗漏检测和第一道支撑。

3）在基坑降水试验过程中发现基坑或周边建筑物变形较大应立即停止降水，分析原因，必要时对建筑物或基坑围护结构进行注浆加固。

4）基坑降水时根据土方开挖的分层厚度，严格遵循"按需降水，分层降水"原则，严禁一次降到坑底。

5）在基坑降水过程中应同时观测地下连续墙顶沉降，墙顶、墙体水平位移，及周边建筑物变形。一旦出现异常及时采取措施防止建筑物变形。

6）基坑降水过程中，不得随意启动减压备用井，启动减压备用井时需召开专家论证会，认真评估对周边环境的影响，在减压备用井运行期间必须对周边建筑物加密监测频率。

10.5.2　基坑开挖引发周边建筑物变形

（1）风险分析

1）在基坑围护结构形成之后，随着基坑内土体的挖除，支护结构在背侧土压力以及支撑轴力的作用下将产生变形，导致墙背土体产生位移，从而引起地表变形，进而引发周边建筑物变形。

2）由于基坑不断抽水，土层中的孔隙水压力不断消散，在总应力不变的情况下，消散的孔隙水压力转变为有效应力，土层在增加的有效应力作用下引起新的固结压缩变形，在地面上则产生沉降和水平位移，造成周边建筑物变形。

（2）风险对策

1）开工前做好基坑周边建（构）筑物详细调查，并请有房屋鉴定资质的第三方单位进行鉴定、出具鉴定结论，并对房屋现状情况拍照留底，与房屋业主就房屋现状结论等进行双方签认。

2）开工前作好对不良地质的详细调查，特别是施工区域内承压水等情况，并制订相应的技术措施。

3）针对现场调查情况制订周边建（构）筑保护措施，必要时采用旋喷桩止水帷幕隔离或跟踪注浆加固等措施。

4）严控围护结构地下连续墙的施工质量和支撑架设质量，严格按设计要求及规范进行。

5）做好对水的处理，包括地面的防洪及基坑内降排水，连续墙底嵌入相对隔水层，连续墙接头渗漏水的采用封堵和旋喷桩止水。基坑开挖前先做好基坑四周排水系统，并保持畅通，以免地表水流入基坑。基坑内提前降水，地下水位降至开挖面以下1m后再进行基坑土方开挖，并加强施工过程中地下水位的观测。

6）在开挖过程中掌握好"分层、分步、对称、平衡、限时"五个要点，附属出入口及风亭明挖施工遵循"竖向分层、纵向分区分段、先撑后挖、快速封底"的原则，处理好开挖和支撑的关系，充分利用时空效应原理掌握好开挖与支撑的关系。

7）基坑分层开挖到底时，快速施作混凝土地模及垫层封底，缩短基底暴露时间，做好预留降水井和残留水的处理，防止基底软化、承载力降低。尽快进行结构回筑，做到快开挖、快支护、快回筑。

8）对基坑支护体系、地下水位、周边土体及建（构）筑物等进行全方位、全过程的监控量测，通过及时反馈、分析监测信息来指导现场施工，做到信息化施工，以便及时发现问题及时处理，将事故制止在萌芽状态。

9）基坑开挖前落实专家审查制度，制订详尽、切实可行的应急预案"基坑施工应急预案"，备好各种应急物资，成立抢险应急分队，时常组织抢险演练，一旦发生险情时可做到"早发现，快反应，及时处理"，把损失降至最低。

10.5.3　盾构始发时引发周边建筑物变形

（1）风险分析

盾构始发时引发周边环境变形的主要原因有两个，一是水土流失，二是盾构掘进造成的土体扰动，其中第一项是主因。

（2）风险对策

1）高度重视"盾构洞门凿除时地下水突涌"的应对措施，确保盾构始发时不会造成水土流失。

2）在盾构始发时设定合理的掘进参数，控制掘进速度，根据地层地质和建（构）筑物情况，提前对风险性较大的建筑物进行预加固或隔离。在掘进过程中保证同步注浆质量和数量，同时加强监测，分析监测数据指导掘进施工，不断优化掘进参数，及时通过二次注浆确保地层的稳定。严格遵循"小调勤调"原则控制盾构姿态调整。

（3）案例

某盾构区间施工时，由于土仓压力过小，引发地面建筑变形开裂（图10.5-1）。

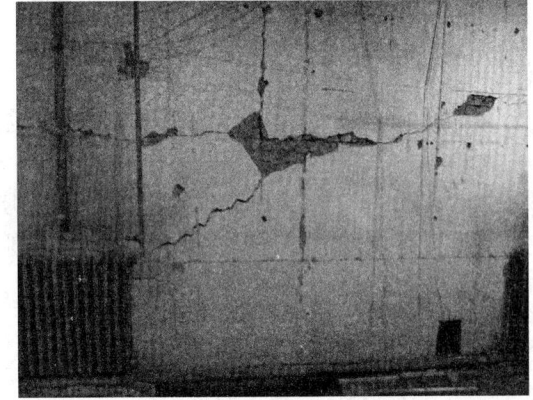

图10.5-1　建筑变形开裂图

10.5.4　掘进时引发地表建筑变形

（1）风险分析

1）土压不平衡：掘进时，土仓内的土体压力和外界土层压力相差较大，致使地表产生下沉或隆起。

2）盾构空隙引起的沉降：盾尾后隧道外围形成建筑间隙，压浆不及时、注浆量不足、压浆压力不适当，使隧道周边土体失去平衡，引起地层损失；盾构在曲线中掘进，或掘进纠偏致使实际开挖断面失圆量过大引起地层损失；盾构在土体中移动，盾壳表面粘附着一层黏土或浆液，推进时盾尾后隧道外围形成的空隙大量增加，如不相应增加注浆量，地层损失将增加。

3）衬砌变形和沉降：在土压力作用下，隧道衬砌产生的变形也会引起少量地层损失，当隧道衬砌沉降较大时会引起地层损失，衬砌渗漏也引起沉降。

4）受扰动土体的固结再沉降：由于盾构掘进过程中的挤压作用和盾尾注浆作用等因素，使周围地层形成超孔隙水压区，需经过一段时间后才能消散复原，此过程中的二次固结变形引起地面沉降。

（2）风险对策

1）有效控制地表建筑变形沉降，首先要对隧道施工影响范围内的地层状况及沿线建（构）筑物进行调查，获得相关的原始资料后，对地层条件及沿线建（构）筑物的状态进行评价，采取合理的加固措施，选用合理的掘进参数。

2）确定了沿线地层及相关建（构）筑物的控制标准之后，根据控制目标调整盾构掘进参数，使盾构在施工过程中达到最优控制掘进状态。在穿越建（构）筑物前优化各项掘进参数，保质足量进行同步注浆控制地表建筑物的沉降。

3）加强对建（构）筑物及周边地表的沉降监测，根据监测结果指导盾构掘进施工，调整掘进参数，以确保地表及建（构）筑物的稳定安全。

4）特别重视同步注浆的浆液质量以及注入量，根据经验选择合理的充盈系数。及时进行工后注浆，以监测数据为依据，多次注浆减少地面变形量。

5）严格控制水土流失。

6）遵循"顶着推、地面微隆"原则推进，及时通过同步注浆和工后注浆补充地层损失。

10.5.5　掘进时引发地表河水倒灌

（1）风险分析

1）盾构掘进过程中地表河水倒灌的主要原因有：压力设定不合理，压力过大会严重扰动河床，如压力过小不能有效支撑掌子面稳定，均有可能造成河床坍塌河水灌入隧道。

2）地质勘查时，在隧道上打孔勘探未予有效封孔，会引发河水倒灌；江河水位突然大幅度变化，也会导致压力失衡。

（2）风险对策

1）盾构机在穿越河流前首先要充分了解河床的地质情况和水深、水位变化规律，及时对水位变化情况进行观察，根据水位变化情况及时调整掘进参数，确保掘进安全。

2）根据水深、地层情况合理地计算出土仓压力，在掘进过程中避免压力波动较大，控制每环出土量避免超挖造成压力失稳。

3）施工前，认真核查隧道土体范围内是否存在勘探孔。

10.5.6　盾构接收时引发周边建筑物变形

（1）风险分析

盾构接收时造成地表建筑物沉降变形，主要是由于地下水土流失或地层变形造成，其中地下水土流失是主因。

（2）风险对策

1）高度重视"隧道洞门凿除时地下水突涌"的形成机理和应对措施。

2）盾构始发时设定合理的掘进参数，控制掘进速度。根据地质和周边建（构）筑物情况，提前对风险性较大的建筑物进行预加固或隔离。

3）在接收过程中加强同步注浆质量和数量，确保洞门附近几环管片背后注浆密实；同时加强监测，根据监测数据及时优化接收方案，确保周边建筑物稳定和安全。

第11章　膨胀土的工程风险

11.1　膨胀岩土典型地质条件描述

11.1.1　膨胀岩土的定义

11.1.1.1　定义

膨胀岩土包括膨胀岩和膨胀土。膨胀岩属于极软岩中的特殊类型，含有大量亲水矿物，亲水性异常强烈。膨胀土是指土中黏粒成分主要由亲水矿物组成，同时具有显著的吸水膨胀和失水收缩两种变形特性的黏性土（图11.1-1）。

图11.1-1　膨胀岩土

《膨胀土地区建筑技术规范》GB 50112—2013对膨胀土的定义包括三个内容：

1）控制膨胀土胀缩势能大小的物质成分主要是土中蒙脱石的含量、离子交换量以及小于$2\mu m$的黏粒含量。这些物质成分本身具有较强的亲水特性，是膨胀土具有较大胀缩变形的物质基础。

2）除亲水特性外，物质本身的结构也很重要，电镜试验证明，膨胀土的微观结构属于面—面叠聚体，它比团粒结构有更大的吸水膨胀和失水收缩的能力。

3）任何黏性土都有胀缩性，问题在于这种特性对房屋的危害程度。《膨胀土地区建筑技术规范》GB 50112—2013以未经处理的一层砌体结构房屋的极限变形幅度在15mm作为划分标准，当计算建筑地基土的胀缩变形量超过此值时，即应按照《膨胀土地区建筑技术规范》GB 50112—2013进行勘察、设计、施工和维护管理。

11.1.1.2　主要特征

1）粒度组成中黏粒（粒径小于$2\mu m$）含量大于30%。

2）黏土矿物成分中，伊利石、蒙脱石等强亲水性矿物占主导地位。

3）土体湿度增大时，体积膨胀并形成膨胀压力；土体干燥失水时，体积收缩并形成收缩裂缝。

4）膨胀、收缩变形可随环境变化往复发生，导致土的强度衰减。

5）属液限大于40%的高塑性土。

具有上述2）、3）、4）项特性的黏土类岩石称为膨胀岩。

11.1.2　膨胀岩土的成因及分类

世界上典型膨胀土的成因类型大致可归纳为残积、冲积、湖积、洪积、坡积及混合相，个别地区还有冰水成因，其中的残积、冲积、湖积成因分布较普遍。

根据资料分析国内外膨胀土的成因多数属于残、坡积型，其成因主要有两种：一是由基性火成岩或中酸性火成岩风化而成，二是与不同时代的黏土岩、泥岩、页岩的风化密切相关。洪积、冲积或其他成因的膨胀土也有，但其物质来源主要与上述条件密切联系。

我国膨胀土按成因主要分为湖相沉积型、河相沉积型、滨海相沉积型以及残积型四类。膨胀岩可参照表11.1-1分为典型的膨胀性软岩和一般的膨胀性软岩。

膨胀岩的分类　　　　　　　　表11.1-1

指　标	典型的膨胀性软岩	一般的膨胀性软岩	指　标	典型的膨胀性软岩	一般的膨胀性软岩
蒙脱石含量	≥50	≥10	体膨胀量（%）	≥3	≥2
单轴抗压强度（MPa）	≤5	>5，≤30	自由膨胀率（%）	≥30	≥25
软化系数	≤0.5	<0.6	围岩强度比	≤1	≤2
膨胀压力（MPa）	≥0.15	≥0.10	黏粒（<2μm）含量（%）	>30	>15

11.1.3　膨胀岩土的分布

我国膨胀土按其成因和性质等分成四类，主要分布区域及其岩性特征见表11.1-2。

我国膨胀土的类型及分布　　　　　　　　表11.1-2

类　型		岩　性	分布地区
Ⅰ（湖相）		（1）黏土、黏土岩，灰白、灰绿色为主，灰黄、褐色次之	平顶山、邯郸、宁明、个旧、鸡街、襄樊、蒙自、曲靖、昭通
		（2）黏土，灰色及灰黄色	
		（3）粉质黏土、泥质粉细砂、泥灰岩，灰黄色	郧县、荆门、枝江、安康、汉中、临沂、成都、合肥、南宁
Ⅱ（河相）		（1）黏土，褐黄、灰褐色	
		（2）粉质黏土，褐黄、灰白色	
Ⅲ（滨海相）		（1）黏土，灰白、灰黄色，层理发育，有垂向裂隙，含砂	湛江、海口
		（2）粉质黏土，灰色、灰白色	
Ⅳ（残积土）	Ⅳ-1（碳酸岩石地区）	（1）下部黏土，褐黄、棕黄色	贵州、柳州、来宾
		（2）上部黏土，棕红、褐色等	昆明、砚山
	Ⅳ-2（老第三系地区）	（1）黏土、黏土岩，页岩，泥岩，灰、棕红、褐色	开远、广州、中宁、盐池、哈密
		（2）粉质黏土、泥质砂岩及粉质页岩等	
	Ⅳ-3（火山灰地区）	黏土，褐红夹黄、灰黑色	儋州

11.1.3.1　合肥站膨胀土典型地质

选取合肥市轨道交通 3 号线合肥站作为膨胀岩土典型地质剖面，如图 11.1-2 所示。

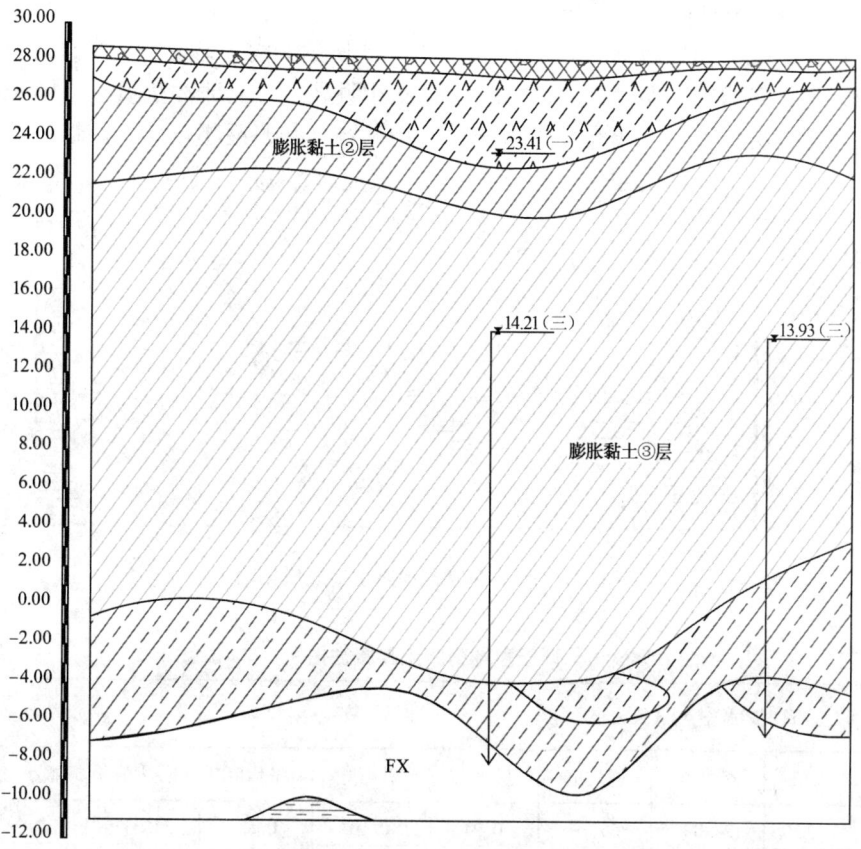

图 11.1-2　合肥膨胀土典型地质剖面概化图

合肥站（3 号线）是合肥市轨道交通 1 号线与规划地铁 3 号线的换乘站，车站位于南淝河二级阶地，场地地势基本平坦，场地分布的黏土②层、黏土③层具有弱膨胀潜势，膨胀土具有显著的吸水膨胀和失水收缩的变形性能，在膨胀或收缩变形过程中，能产生较高的膨胀力，根据《膨胀土地区建筑技术规范》GB 50112—2013，本场地土层属弱膨胀潜势的膨胀土，具体膨胀指标参数见表 11.1-3。

合肥站膨胀土膨胀性指标　　　　　　　　　　　　　　　表 11.1-3

地层代号	岩性名称	自由膨胀率 δ_{ef}（%）	膨胀率 δ_{e50}（%）	收缩系数 λ_s	膨胀力 P_e（kPa）
②	黏土	60.3	1.03	0.51	60
③	黏土	57.3	0.56	0.34	60

沿线分布的黏土②层、黏土③层具有弱膨胀潜势，膨胀土具有显著的吸水膨胀和失水收缩的变形性能，即使在荷重作用下仍能浸水膨胀，产生膨胀压力，同时膨胀土还具有胀缩变形的可逆性，在吸水膨胀、失水收缩后，有再吸水再膨胀、再失水再收缩的特性，在膨胀力及其反复收缩变形条件下，易造成建筑物结构发生开裂。基础施工宜采用分段快速作业法，施工过程中不得使基坑暴晒、泡水，雨期施工应采取有效防水、排水措施，尽量保证基底土层含水量不

发生显著变化。大气影响深度以下土层可以不考虑膨胀力的影响，对于车站出入口等附属建筑基础埋深较浅部位需考虑膨胀力影响。

11.1.3.2　南宁盆地膨胀土典型地质

南宁盆地膨胀土典型地质剖面概化图如图 11.1-3 所示。南宁盆地位于广西西南部，盆地内部地势平坦，邕江自西向东穿越其间，两岸阶地发育明显，为上部覆盖填土或圆砾层、下部泥岩的典型二元结构阶地，位于浅表层的第三系风化泥岩具有典型膨胀岩土特性，其吸水后体积膨胀强度衰减剧烈，力学性质变化明显。南宁第三系泥岩各膨胀参数特征见表 11.1-4。

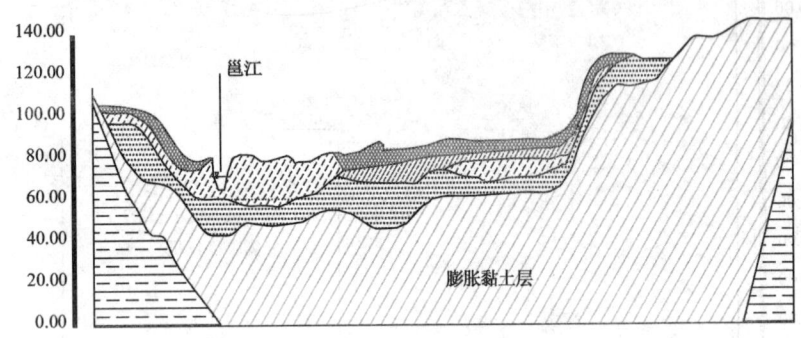

图 11.1-3　南宁盆地典型地质概化图

南宁盆地膨胀土膨胀性指标　　　　　　　　　　表 11.1-4

岩性	自由膨胀率 δ_{ef}（%）			收缩系数 λ_s			膨胀力 P_e（kPa）		
	极大值	极小值	平均值	极大值	极小值	平均值	极大值	极小值	平均值
第三系泥岩	98.33	24.00	56.79	0.94	0.10	0.52	246.37	22.02	101.08

11.1.4　膨胀岩土的判别

膨胀岩土的判定，目前尚无统一的指标和方法，多年来采用综合判定，并分为初判和终判两步。

11.1.4.1　膨胀土的判别

我国《岩土工程勘察规范》GB 50021—2001（2009 版）规定，具有下列特征的土可初判为膨胀土：

1）多分布在二级或二级以上阶地、山前丘陵和盆地边缘。

2）地形平缓、无明显自然陡坎。

3）常见浅层滑坡、地裂，新开挖的路堑、边坡、基槽易生坍塌。

4）裂缝发育，方向不规则，常有光滑面和擦痕，裂缝中常充填灰白、灰绿色黏土。

5）干时坚硬，遇水软化，自然条件下呈坚硬或硬塑状态。

6）自由膨胀率一般大于 40%。

7）未经处理的建筑物成群破坏，低层较多层严重，刚性结构较柔性结构严重。

8）建筑物开裂多发生在旱季，裂缝宽度随季节变化。

终判应在初判的基础上进行，对初判为膨胀土的地区，应计算土的膨胀变形量、收缩变形量和胀缩变形量，并划分胀缩等级。计算和划分方法应符合现行国家标准《膨胀土地区建筑技术规范》GB 50112—2013 的规定。《膨胀土地区建筑技术规范》GB 50112—2013 规定，具有下列工程地质特征的场地，且自由膨胀率大于或等于40%的土，应判为膨胀土。

1) 裂隙发育，常有光滑面和擦痕，有的裂隙中充填着灰白、灰绿色黏土。在自然条件下呈坚硬或硬塑状态。

2) 多出露于二级或二级以上阶地、山前和盆地边缘丘陵地带，地形平缓，无明显的陡坎。

3) 常见浅层塑性滑坡、地裂、新开挖坑（槽）易发生坍塌等。

4) 建筑物裂隙随气候变化而张开闭合。

11.1.4.2　膨胀岩的判别

1) 多见于黏土岩、页岩、泥质砂岩，其中伊利石含量大于20%。

2) 具有膨胀土判定标准中第2项至第5项的特征。

对于膨胀岩的判定尚无统一指标，作为地基时，可参照膨胀土的判定方法进行判定。《岩土工程勘察规范》GB 50021—2001（2009版）将膨胀岩的判定方法和膨胀土的判定方法相提并论。目前，膨胀岩作为其他环境介质时，其膨胀性的判定标准也不统一。例如，中国科学院地质研究所将钠蒙脱石含量5%～6%，钙蒙脱石含量11%～14%作为判定标准。原铁道部第一勘测设计院以蒙脱石含量8%或伊利石含量20%作为标准。也有将黏粒含量作为判定标准的，还有将干燥饱和吸水率25%作为膨胀岩和非膨胀岩的划分界线。

11.1.5　膨胀岩土的工程特性

11.1.5.1　野外特性

（1）地貌特征

多分布在二级及二级以上阶地和山前丘陵地区，个别分布在一级阶地上，呈垄岗－丘陵和浅而宽的沟谷，地形坡度平缓，一般坡度小于12°，无明显的自然陡坎。在流水冲刷作用下的水沟、水渠，常易崩塌、滑动而淤塞。

（2）结构特征

膨胀土多呈坚硬～硬塑状态，结构致密，呈棱形土块者常具有膨胀性，棱形土块越小，膨胀性越强。土内分布有裂隙，斜交剪切裂隙越发育，胀缩性越严重。膨胀土多为细腻的胶体颗粒组成，断口光滑，土内常包含钙质结核和铁锰结核，呈零星分布，有时也富集成层。

（3）地表特征

分布在沟谷头部、库岸和路堑边坡上的膨胀土常易出现浅层滑坡，新开挖的路堑边坡，旱季常出现剥落，雨期则出现表面滑塌。膨胀土分布地区还有一个特点，即在旱季常出现地裂缝，长可达数十米至近百米，深数米，雨期闭合。

（4）地下水特征

膨胀土地区地下水多为上层滞水或裂隙水，无统一水位，随着季节水位发生变化，常引起地基的不均匀胀缩变形。

11.1.5.2　膨胀土的"三性"特征

膨胀土是颗粒高分散、成分以黏土矿物为主、对环境的湿热变化敏感的高塑性黏土。它是一种吸水膨胀软化、失水收缩干裂的特殊土。胀缩特性、裂隙性、超固结性是膨胀土的基本特性，一般称之为"三性"。正是由于"三性"复杂的共同作用，使得膨胀土的工程性质极差，从而常常对各类工程建设造成巨大危害。

（1）胀缩特性

从土质学观点，膨胀土由于具有亲水性，只要与水相互作用，土体体积增大，吸水膨胀。如果土体在吸水膨胀时受到外部约束的限制阻止其膨胀，此时在土体中将产生膨胀内应力。与土体吸水相反，倘若土体失水，其体积随之减小而产生收缩，并伴随土中出现裂隙。膨胀土收缩同样可造成地基下沉及建（构）筑物开裂等变形破坏。

假如只有膨胀土的存在，而没有水介质参与相互作用，或土中含水量保持恒定，不发生水分的变化时，土体不可能产生膨胀或收缩。此外，即使在膨胀土体中含水量增加，但是土体产生的膨胀内力小于外部荷载施加的约束，土体同样也产生膨胀。然而，此时在土体内部却是积储了相当的膨胀潜势，一旦膨胀力突破外部阻抗或外部荷载在某种条件下被解除，土体则即刻显示其强烈的膨胀特性。假设土体已经接近饱和，即使含水量继续增加，土体的膨胀量以及产生的膨胀内力也是很有限的。同样，在膨胀土—水体系中，如果含水量已经小到一定程度，即土体已处于比较干燥的状态，此时含水量即使再继续减小，其土体积的收缩也将是很微弱的，然而，一旦吸水则膨胀十分惊人。

（2）裂隙性

多裂隙性是膨胀土的典型特征，膨胀土中普遍存在2～3组以上的裂隙，形成各种各样的裂隙结构体。裂隙将膨胀土体切割成一定几何形状的块体。多裂隙构成的裂隙结构体及软弱结构面产生了复杂的物理力学效应，大大降低了膨胀土的强度，导致膨胀土的工程性质恶化。

膨胀土的风化作用强烈，胀缩作用频繁，加剧了膨胀土裂隙的变形和发展，破坏了膨胀土的均一性和连续性，导致膨胀土的抗剪强度产生各向异性特征，且易在浅层或局部形成应力集中分布区，产生一定深度的强度软弱带。

（3）超固结性

膨胀土的应力历史决定了膨胀土具有超固结性，沉积的膨胀土往往经受过上部土层侵蚀的作用形成超固结土。膨胀土由于卸载作用也能引起土体裂隙的发展，例如边坡的开挖，对土体产生了卸载作用，这种卸载对土中隐蔽微裂隙的膨胀土来说，必然会促进裂隙的张开或扩展，尤其是在边坡底部剪应力集中区域裂隙面的扩展更为严重，这些区域往往是滑动开始发生的部位。卸载裂隙的扩展与膨胀土的超固结特性密切相关。

11.1.5.3　膨胀土胀缩变形的主要因素

1）膨胀土的矿物成分主要是次生黏土矿物—蒙脱石（微晶高岭土）和伊利石（水云母），具有较高的亲水性，当失水时土体即收缩，甚至出现干裂，遇水即膨胀隆起。因此，土中含有上述黏土矿物的多少直接决定了膨胀性的大小。

2）膨胀土的化学成分以 SiO_2、Al_2O_3 和 Fe_2O_3 为主，黏土粒的硅铝分子比值越小，胀缩量就小，反之则大。

3）黏土矿物中，水分不仅与晶胞离子相结合，而且还与颗粒表面上的交换阳离子相结合。这些离子随与其结合的水分子进入土中，使土发生膨胀，因此离子交换量越大，土的胀缩性就越大。

4）黏粒含量越高，比表面积大，吸水能力越强，胀缩变形就大。

5）土的密度大，孔隙比就小，反之则孔隙比大，前者浸水膨胀强烈，失水收缩小，后者浸水膨胀小，失水收缩大。

6）膨胀土含水量，决定了胀缩变形，当初始含水量与胀后含水量越接近，土的膨胀就越小，收缩的可能性和收缩值就越大；如两者差值越大，土膨胀的可能性及膨胀值就越大，收缩就越小。

7）膨胀土的微观结构与其膨胀性关系密切，一般膨胀土的微观结构属于面—面叠聚体，膨胀土微观结构单元体集聚体中叠聚体越多其膨胀就越大。

11.1.5.4　膨胀土的物理力学指标特征

（1）自由膨胀率

人工制备的烘干松散土体在水中膨胀稳定后，其体积增加值与原体积之比的百分率。

$$\delta_{ef} = \frac{\nu_w - \nu_0}{\nu_0} \times 100\%$$

式中　δ_{ef}——膨胀土的自由膨胀率（%）；

　　　ν_w——土样在水中膨胀稳定后的体积（mL）；

　　　ν_0——土样原始体积（mL）。

（2）膨胀率

固结仪中的环刀土样，在一定压力下浸水膨胀稳定后，其高度增加值与原高度之比的百分率。

$$\delta_{ep} = \frac{h_w - h_0}{h_0} \times 100\%$$

式中　δ_{ep}——某级荷载下膨胀土的膨胀率（%）；

　　　h_w——某级荷载下土样在水中膨胀稳定后的高度（mm）；

　　　h_0——土样原始高度（mm）。

（3）膨胀力

固结仪中的环刀土样，在体积不变时浸水产生的最大内应力。

（4）收缩系数

环刀土样在直线收缩阶段含水量每减少1%的竖向线缩率。

$$\lambda_s = \frac{\Delta\delta_s}{\Delta\omega}$$

式中　λ_s——膨胀土的收缩系数；

　　　$\Delta\delta_s$——收缩过程中直线变化阶段与两点含水量之差对应的竖向线缩率之差（%）；

　　　$\Delta\omega$——收缩过程中直线变化阶段两点含水量之差（mm）。

11.2　膨胀岩土典型地质条件下明挖法施工工程风险分析

11.2.1　围护结构施工过程的风险分析

11.2.1.1　边坡失稳风险

（1）风险分析

膨胀土边坡的破坏形式主要为表面岩土体风化开裂剥落及边坡小型溜坍、滑坍以及边坡浅层破坏。图11.2-1分别描述了某工程受膨胀土影响，发生浅层破坏以及某膨胀土边坡的裂隙发育（右侧）。由于膨胀土吸水膨胀软化、失水收缩干裂，对环境湿热变化敏感，且膨胀岩土体内裂隙较多，位于膨胀岩土地区的坡体易发生边坡失稳、边坡局部崩塌等病害，影响围护结构的安全性和可靠性。

图11.2-1　膨胀土边坡失稳破坏案例

膨胀土边坡失稳破坏的原因主要有：

1）边坡开挖过程中，坡面岩土体暴露后失水收缩，坡面干裂和剥落严重。

2）受大气环境及降雨条件影响，特别是大气影响深度范围内土体吸水膨胀，膨胀后土体强度降低，膨胀土随着土体内含水量的变化循环往复地发生吸水膨胀软化、失水开裂收缩现象。

3）膨胀土边坡在干湿循环交替、开挖卸载松弛以及坡面岩土体节理和裂缝分布的共同作用下发生失稳破坏。

（2）风险对策

1）土工格栅加筋柔性支护措施

柔性支护能够有效地保湿防渗，且允许边坡少量湿胀变形可释放边坡土体大部分应力和膨胀力，加之柔性挡墙具有足够的自重，能抵抗土压力。土工格栅加筋柔性支护具有"保湿防渗"及"刚柔相济"的特点。

2）土工格室加土钉支护措施

膨胀土边坡的破坏形式主要是浅层破坏，受气候变化、风化程度、裂隙发育程度等因素影响，在干湿循环作用下，土体强度受裂缝和降水影响下不断下降，表层 2m 内土体的抗剪强度明显低于深部。因此，膨胀土边坡必须做好防排水及防渗保湿工作，并结合防护、支挡和减少开挖面等综合治理措施。同时，防护工程应能够适应边坡膨胀土体可能产生的膨胀变形、膨胀应力变化而不破坏。

在膨胀土边坡中采取土工格室加土钉支护措施防止边坡发生失稳破坏，将土工格室及土工膜固定在开挖的坡面上，边坡加筋的稳定性提高的同时起到封闭防水的作用，再利用土钉将土工格室固定，提高加筋材料自身的稳定性。

3）锚杆支护

锚杆作为深入地层的受拉构件，它一端与工程构筑物连接，另一端深入地层中，整根锚杆分为自由段和锚固段，自由段是指将锚杆头处的拉力传至锚固体的区域，其功能是对锚杆施加预应力；锚固段是指水泥浆体将预应力筋与土层粘结的区域，其功能是将锚固体与土层的粘结摩擦作用增大，增加锚固体的承压作用，将自由段的拉力传至土体深处。

锚杆参数的选取和设置需要根据实际的水文地质情况，结合结构施工要求以及周围建筑物情况进行详细设计。

工程案例：锚杆支护治理某项目膨胀土陡坡

某项目坡长 130m，高 15m，坡度 80°左右，陡坡下方为拟建场地，陡坡上方为 2 层 4 栋居民房。该陡边坡曾采用人工挖井浇混凝土挡墙治理均失败，局部有崩塌现象。场地岩性为强风化的拉斑玄武岩，呈黏土状，岩（土）体力学性质差，遇水易膨胀崩塌，尤其在坡度 >45°的情况下更易发生崩塌现象。

该膨胀土边坡支护设计方案如图 11.2-2 所示，具体设计参数如下：

①锚杆设计：锚杆孔径 75mm，长度 6000～9000mm 相间分布，插入锚筋 ϕ22mm，固结锚杆的砂浆标号不低于 200，单锚杆锚固力为 50kN，锚杆分布规格为 250cm×150cm。

②挂网设计：钢筋网受力筋为 Φ12@200，构造筋 Φ10@200，钢筋网保护层为 500mm，采用 I 级钢筋，混凝土等级为 C20。

③排水设计：根据场地实际情况，均为坡面排水和坡顶面排水。坡面按 150cm×150cm 的网格设置，材料为 ϕ80mm 的 PVC 管，内侧采用土工布包扎反滤；顶面按 40cm×30cm 的规格修建排水沟。

④注浆设计：采用 42.5R 级普通硅酸盐水泥，水灰比 0.5。

⑤喷射混凝土设计：喷射混凝土强度等级 C20，厚度 20cm，其配合比水泥：中砂：砾石

（10cm）＝1:2:2，水灰比 0.4~0.45。

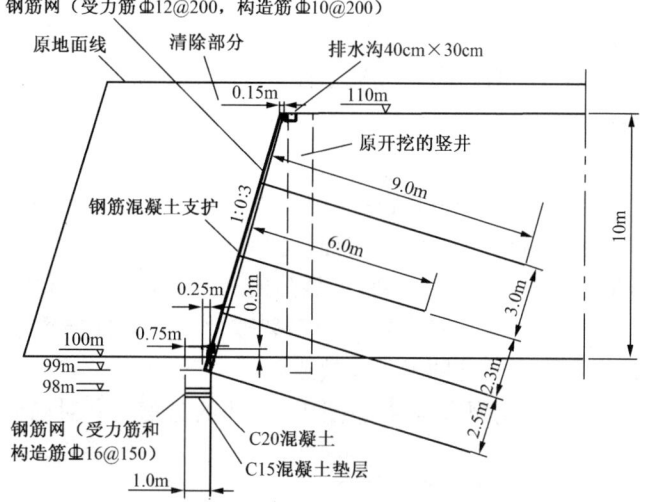

图 11.2-2　某项目膨胀土陡坡锚杆支护方案

该工程治理完成后，经过多次现场踏勘检测，边坡整体稳定，表面无裂缝、无位移现象，处理效果较好。

11.2.1.2　灌注桩缩径，塌孔风险

（1）风险分析

膨胀土具有吸水膨胀软化的特点，在灌注桩等成孔后，桩周土体受到开挖扰动以及大气等因素的影响，含水量发生变化，土体随着含水量的增加发生膨胀软化及膨胀变形，引起桩缩径、塌孔。简而言之，土体的膨胀潜势是造成桩缩径的主要原因。

（2）风险对策

1）合理选择施工时间，控制土体含水量

《膨胀土地区建筑技术规范》GB 50112—2013 规定，膨胀土地区地基基础工程及基坑支护工程等宜避开雨天施工；雨季期间施工时，应采取防水措施。灌注桩施工时，成孔过程中严禁向孔内注水。孔底虚土经清理后，应及时灌注混凝土成桩。

在施工工艺的选择上可以采取人工挖孔等干作业施工工艺，减弱施工工艺对膨胀土体含水量的影响。

2）"跳打法"施工

采用"跳打法"施工膨胀土地层钻孔灌注桩，掌控好相应的施工顺序和时间节奏，能够有效解决膨胀土地层由于黏土膨胀而导致的钻孔灌注桩的缩径问题。

工程实例：某项目钻孔灌注试验桩

某项目施工场地内 15 根试验桩其中有 10 根桩存在严重的缩径问题，缩径达 15%~25%，2 根轻微缩径幅度达 10%~15%，仅有 3 根试验桩桩身规则，达到施工设计和规范要求。这主要是由于场地内第②层黏土试样膨胀性指标检测结果显示，自由膨胀率最小值为 60%，最大值为 75%，平均值为 67.1%。该层黏土具弱膨胀潜势，涨缩等级为Ⅰ级。

通过对比试验区灌注桩成桩时间可知：

①钻孔施工时间短的桩，桩身出现缩径现象较多，钻孔施工时间长的桩，桩身出现缩径的现象偏少。

②下钢筋笼迅速，浇筑混凝土用时短，能降低桩身缩径现象。

考虑到膨胀变形与时间因素的关系，采取"跳打法"能够有效地控制桩成孔后的缩径问题，具体细节表现在钻孔成孔后，用大泵量快速调浆至设计和规范所要求的密度，然后快速下入钢筋笼；在下钢筋笼的同时，做好混凝土浇筑的准备工作，在钢筋笼下入完毕后，保证混凝土浇筑的连续性，使得在最短的时间内，成桩工程一气呵成。

11.2.1.3 锚杆失效风险

（1）风险分析

1）膨胀土锚杆施作时，由于注浆过程中水对周围土体的浸润，导致其含水量增加，膨胀土发生吸水膨胀软化，同时产生膨胀变形，影响锚杆的成孔与锁定。

2）多裂隙性是膨胀土的典型特征。膨胀土裂隙的存在，破坏了膨胀土的均一性和连续性，导致膨胀土抗剪强度产生各向异性。膨胀岩土的多裂隙性及碎裂性导致锚杆的握裹力减小，群锚机制不能充分实现，导致锚杆类支护工程失效或破坏。

3）锚杆使用过程中，大气剧烈影响深度范围内土体的胀缩性会对锚杆的工作状态产生较大影响。

（2）风险对策

1）含水量控制

针对锚杆施作过程中的风险，在膨胀土中尽量不采用泥浆护壁成孔工艺。在水泥砂浆中掺入提高注浆固结体早起强度或微膨胀的外加剂。控制注浆压力值，避免出现塌孔等现象。

2）采用框锚结构

通过对膨胀土地区单锚结构锚杆拉应力分析可以得出锚杆季节性受荷分为 3 种情况：①持续降雨，锚杆受拉；②干湿交替，部分受拉部分受压；③持续干旱，锚杆受压。

锚杆框架护坡既是一种新型的边坡防护加固措施，又是锚杆技术的扩大应用。在边坡上施加锚杆和框架梁后，框架梁可以通过锚杆对梁的约束力限制土体的膨胀变形，保证表层土体的初始干容重在一个相对稳定的范围，进而保证土体的强度。

11.2.2 基坑坍塌风险

（1）风险分析

围护结构在地铁设计、施工中存在一定的高风险性，对处于特殊岩土下围护结构的设计更应缜密考虑。当基坑开挖深度到达或超过膨胀土埋深时，膨胀土质遇水膨胀、失水收缩的特性对基坑边坡的稳定构成极大的威胁。膨胀土黏土在干燥时坚硬，但遇水时极易软化，在深基坑施工过程中很难控制其状态，易引起基坑变形，造成基坑坍塌。

1）开挖和支护控制不当

深基坑工程开挖时，开挖土方不均衡，原土层平衡应力遭受破坏，引起应力场的改变，出现支撑架设不及时，导致基底回弹隆起和周围地基土体的变形。

2）地下水控制不当

主要是基底抗突涌安全系数不足造成坑底突涌；围护结构出现渗水、漏泥，围护结构插入部分不能起到止水作用，过量降水导致周边地层塌陷等。而这些危害造成坑外发生严重水土流失，围护结构发生歪斜、下沉、失稳、破坏，危及周边公用管线和建（构）筑物安全。

（2）风险对策

1）采取有效降水措施降低水的影响

基坑施工中影响开挖的上层滞水可采用坑内明排法进行疏干，在基坑四周设置排水沟和在基坑边坡采取相应措施，防止雨水直接冲刷边坡土体。降低承压水水头标高，先进行抽水试验。降水运行过程中，做好各井的水位观测工作，及时掌握含水层水头的变化情况。

2）采用桩加钢支撑的支护措施

严格按照"分段、分层开挖，先支后挖，严禁超挖"原则进行施工，在钢管支撑安装时，控制支撑轴线及交汇点的偏心。钢围檩与围护桩体之间的缝隙必须用细石混凝土填塞，能够均匀接触，防止支撑施加轴力时因局部受力过大而失稳。支撑架设好后，定时观测预应力损失，及时复加预应力。

3）加强基坑开挖过程中施工监控量测

工程实例：成都地铁 2 号线车站明挖基坑。

车站位于成都地铁 2 号线一期工程东段，主基坑开挖深度 15.5m，开挖宽度 18.7m，基坑长 149.5m，根据钻孔揭示，场地范围内上覆第四系人工填土层；第四系中、下更新统冰水沉积层黏土、粉质黏土；下伏基岩为白垩系上统紫红色泥岩。站区内特殊岩土为膨胀土、膨胀岩。

根据站址周围的环境，围护结构拟采用人工挖孔灌注桩 + 钢管内支撑的支护形式，桩间挡土采用挂网喷射混凝土。基坑开挖前先进行基坑周边井点降水，各土层的含水量均得以下降，膨胀土的膨胀潜势得不到发挥，故在基坑开挖阶段可不考虑大气影响范围之下土层的膨胀力的影响。膨胀土地区围护结构施工过程中应保证相应的施工措施：

①基坑施工宜选择在旱季施工，开挖后应及时封闭；

②基坑周边地面应采取有效的防水、排水措施；

③围护结构采用间隔桩时应及时挂网喷射混凝土防止大气影响；

④采用信息化施工，做好必要监测工作，对周围土体、地表沉降、桩身及基坑位移及时观测并做好可能出现的事故预案。

对于膨胀土地区采用明挖法施工的车站，施工时要掌握好每次开挖的面积，分层、分阶段快速进行，注意不让基坑暴晒或浸水。由于施工阶段采用降水使坑深范围内土体处于少水或失水状态，膨胀土的膨胀潜势不能得到发挥，可通过加强内支撑体系，保证施工期间的安全。同时在施工和使用期间加强必要的监测工作，是保证围护结构安全的一道重要屏障，膨胀土（岩）条件下修建地铁车站具有一定的风险，但针对膨胀土特性制订出一整套相应的对策及措施，也能够将风险减至最小。

11.2.3　主体结构基础沉降、开裂风险

（1）风险分析

膨胀土具有遇水膨胀、失水收缩的变形特性，给工程带来较大隐患。当桩基础位于膨胀岩土体内，且上部地面在有影响的范围内并没有进行防水处理或防水处理不足以阻止地表水渗入土壤内，造成该范围内突然湿度变化大，膨胀土在遇水失水后发生胀缩变形，从而造成桩身与其相裹的土壤之间形成较大缝隙，同时由于膨胀土体本身的裂隙性，地表水沿缝隙渗入撞地，造成桩端持力层土壤受到扰动，降低桩基础承载力，引起基础整体下沉。当膨胀岩土体局部发生过大胀缩变形时，不仅会引起基础下沉、还会导致基础倾覆及开裂。

根据相关研究结果：在干湿交替循环的膨胀土地区，随着干湿循环次数的增加，会导致桩土之间界面裂隙持续扩大，从而导致单桩承载力急剧降低。膨胀土强度指标在 5 次干湿循

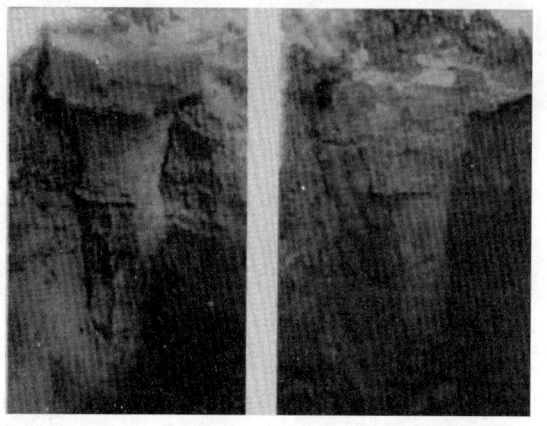

图 11.2-3　膨胀土收缩桩土脱离

环后会降低43.46%以上。图11.2-3为膨胀土收缩时桩周土体与桩体脱落情况的现场实测图。

（2）风险对策

地表水引流及基础隔水处理：为防止雨季期间干湿交替循环下地表水渗入对膨胀土以及桩端持力层的影响，采取地表水引流及基础隔水处理措施，确保膨胀土含水量的稳定，尽量减少膨胀土含水量受外界大气的影响，避免膨胀土因含水量变化而引起胀缩变形。

11.3 膨胀岩土典型地质条件下矿山法施工工程风险分析

11.3.1 膨胀土隧道开挖面过大变形坍塌风险

（1）风险分析

膨胀土由于土体开挖会导致地下水的流失，引起土体内含水量的变化，开挖断面附近水量增加，土体发生吸水软化，强度降低，较深处土体失水发生收缩开裂，为地下水的流动提供通道。因此，由于地下水的变化，膨胀土地区采用矿山法施工会增大隧道以上土体的沉降，对既有建筑基础及城市市政管线造成极大危害。

（2）风险对策

1）全断面注浆

为防止注浆时地下水涌出作业面引起膨胀岩土体内含水量的变化，在注浆地段起始处的掌子面采用0.8m厚C25挂网喷射混凝土墙作为止水、止浆墙，如图11.3-1所示。

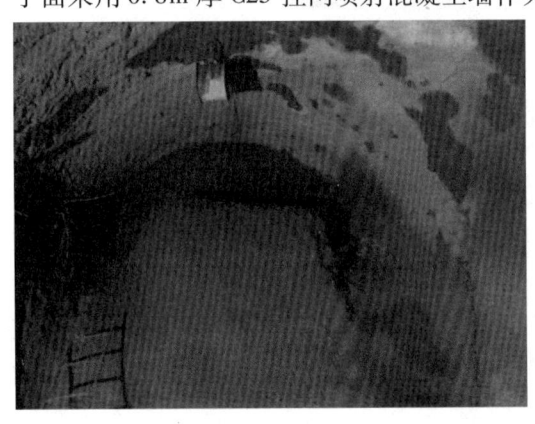

图11.3-1 止水、止浆墙

注浆设计前应通过压水试验了解注浆孔各注浆段岩层的富水性和透水性，以确定浆液配比。

①先根据注浆设计孔位、钻孔参数，在工作面上放出钻孔位置。调整钻杆的仰角和水平角，移动钻机，将钻头对准所标孔位。将棱镜放在钻杆的尾端，用全站仪检查钻杆的姿态并调整。

②钻孔按先外圈、后内圈的顺序进行。内圈钻孔可参照外圈钻孔的顺序，后序孔可检查前序孔的注浆效果。

2）尽快封闭临时支护体系，缩短开挖自由暴露时间

膨胀土洞身开挖应预留3～4m以上核心土，避免因为膨胀土开挖面的应力释放导致掌子面向外崩塌引起事故。当工作面留设核心土时，工作面土体易于维持三应力状态，使工作的大、小主应力的分布得到改善，从而保证工作面土体的稳定。工作面留设核心土，能够明显地一致向隧道内空运动的水平位移，能够有效降低松弛区的范围，而且能够在工作面前方产生压密区。

膨胀土隧道施工工序应尽可能紧凑、有序，洞身开挖后应尽快喷射混凝土，避免膨胀土长时间暴露。由于膨胀土隧道围岩本身水稳性较差，强度较低，锚杆对围岩与衬砌共同受力起着至关重要的作用，必须及时进行锚杆施工，避免由于围岩大范围的应力释放导致较大的围岩变形。

3）降水引流

膨胀土隧道地表，特别是在浅埋段易出现地裂、地沟等不良地质现象，在地表降水的影响下极易对隧道造成破坏，主要的处理措施为：

①回填地裂、地沟，防止地表水流下渗；
②加强隧道地表排水处理，将地表水引致隧道影响范围外。

11.3.2　膨胀岩隧道冒顶、片帮风险

（1）风险分析

片帮，指施工竖井作业面、隧道侧壁在土压力作用下变形，破坏而脱落的现象。冒顶是顶板失控而自行冒落的现象。隧道开挖过程中因开挖或支护不当，顶部或侧壁大面积垮塌会导致片帮、冒顶事故。

1）当膨胀岩节理裂隙发育，同时由于膨胀岩吸水膨胀，失水收缩的特性，隧道开挖后膨胀岩含水量发生变化，在胀缩力的作用下沿着岩层结构面发生脱落。

2）顶帮暴露面积太大，时间过长，加上顶板支护、放顶时间选择不当，都容易发生冒顶事故。

（2）风险对策

1）开挖以后要及时初支处理。

2）进行岩体力学性能试验和地压活动规律的研究，及时掌握顶板岩体的变化情况；同时应对采场围岩经常进行检查，及时掌握其变化情况，根据不同情况，采取相应的预防措施。

3）采用合理的支护类型，提高隧道对土压力的抵抗能力。

4）合理确定隧道断面形状和尺寸，根据场区的工程地质条件，合理地确定开挖顺序。

11.4　膨胀岩土典型地质条件下盾构法施工工程风险分析

11.4.1　盾构掘进过程中膨胀力对结构产生不利影响风险

（1）风险分析

由于盾构掘进对土体产生扰动和破坏以及膨胀土自身的裂隙性，进而形成裂隙，这将为地下水及盾尾注浆液体进入膨胀土层提供通道。膨胀性地层中盾构掘进时，盾构周围土体受扰动以及土体含水量变化的影响，土体将产生膨胀并形成对衬砌的附加膨胀荷载。膨胀荷载将引起围岩应力重分布，且围岩应力及变形受膨胀土层分布的影响较大（表11.4-1），这都会对管片、衬砌等结构的安全性及可靠性产生不利影响。

管片内力及变形与膨胀岩土层分布关系　　　　表 11.4-1

工况	膨胀岩土分布	最大变形点	最大正弯矩点	最大负弯矩点	最大轴力点
1	隧道周围没有膨胀土	位于拱顶	位于拱底	位于拱腰下侧	拱腰下侧
2	膨胀土位于隧道下方（最不利）	位于拱底并增大	内力极值点位置与工况1一致，但其值均增大		
3	膨胀土位于隧道上方（次不利）	位于拱顶并增大	位于拱底，并有轻微减小	位于拱腰上侧，并显著增大	轻微增大
4	膨胀土位于隧道单侧或两侧	随着膨胀力的增大，管片结构的变形减小，弯矩减小，轴力增大，这种工况对膨胀力及膨胀范围不要过大时是有利的。但当膨胀力及膨胀范围过大时，会使得管片结构的弯矩分布发生反转，最大正弯矩出现在两侧，最大负弯矩、最大轴力出现在仰拱处，且两侧轴力迅速降低，甚至出现受拉状态			

续表

工况	膨胀岩土分布	最大变形点	最大正弯矩点	最大负弯矩点	最大轴力点
5	隧道完全处于膨胀土地层中	随着膨胀力的增大，管片衬砌结构的变形和弯矩稍有增大，但不明显，而轴力增幅很大。这种工况相当于在隧道外侧施加一个静水压力，这对于结构受力而言是非常有利的			

（2）风险对策

1）结构对策

针对膨胀土的分布情况，不同区段进行分别处理：

①当隧道下方或上方存在膨胀土时，膨胀土的膨胀将会增大管片结构的内力，可以通过增加局部配筋量来满足设计要求，或者采用通缝拼装方式来降低管片结构受力。

②当隧道单侧或两侧存在膨胀土时，在一定膨胀力范围内可以不做针对处理。若膨胀力过大，应根据围岩应力重分布的规律有针对性的特殊处理，譬如改变钢筋布设形式，增加负筋，避免膨胀力过大引起的反弯矩导致管片结构破坏。

③隧道完全处于膨胀土地层中，结构设计时不考虑膨胀力的影响是偏于安全的。

2）施工措施

膨胀土发生膨胀变形的诱因在于含水率的改变，从盾构施工来说可以从以下方面来避免和减轻岩土含水率变化带来的负面影响。

①盾构施工过程中应避免引起周围地下水位发生变化。

②在盾构施工过程中，应充分保证管片的防水能力和抗渗能力，包括接缝处及管片自身的防水。施工过程中应保证盾尾注浆质量，并适当地进行二次补浆，尽量减少或杜绝地下水沿管片流失。

（3）工程实例：成都地铁 2 号线

成都地铁 2 号线自天府广场以东区间的隧道穿越膨胀岩土地层，该膨胀地层主要有全风化、强风化和中风化的泥岩构成（图 11.4-1、图 11.4-2）。成都地铁 2 号线区间隧道工程普遍采用盾构工法修建。该地区膨胀性岩土主要具有以下特点：

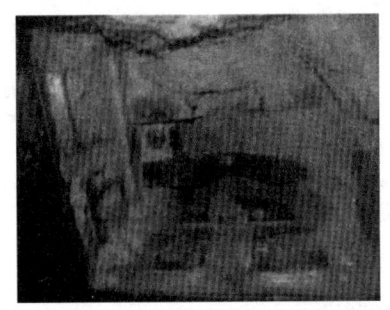

图 11.4-1　地表膨胀土　　　　　图 11.4-2　膨胀岩地层盾构隧道掌子面

①地下水主要为上层滞水和泥岩裂隙水。

②该膨胀岩土的自由膨胀率大多在 65% 以下。

③膨胀力大，黏土膨胀力为 100～200kPa，最大达到 340kPa；泥岩膨胀力为 60～160kPa，最大达到 500kPa。

④成都市大气影响急剧深度为 1.35m，大气影响深度为 3.0m。

成都地铁 2 号线采用 B 型车，盾构区间隧道内径取 5.4m，盾构管片采用单层钢筋混凝土平板型衬砌，接头采用弯螺栓，管片厚度为 0.3m。一环管片由 1 个封顶块（圆心角 15°）、2 个邻接块（圆心角 64.5°）和 3 个标准块（圆心角 72°）管片组成，纵向接头为 10 处，按 36°等角度布置。在平面曲线半径小于或等于 400m 的曲线段采用 1.2m 的管片幅宽，在直线和平面曲线大于 400m 的区间段采用 1.5m 的管片幅宽。

由于 1 号线 2 号线沙河以东盾构区间均采用内径 5.4m、外径 6.0m 的平板型钢筋混凝土管片，2 号线膨胀土地层盾构管片设定了"可能情况下，盾构管片模板尽量全线统一"的目标，因此膨胀性地层盾构管片采取了以下措施：

①根据膨胀土的分布分段配筋，即根据地勘报告膨胀岩土分布情况、膨胀力大小、隧道埋深等进行针对性分析，将全线膨胀岩土段共分为 6 个配筋段，含钢量为 $155 \sim 220 \ \mathrm{kg/m^3}$。

②根据结构内力要求，特殊地段（长度约 200m）将盾构管片钢筋级别由 Ⅱ 级调整为 Ⅲ 级。同时调整管片拼接方式，将错缝式拼装调整为通缝式拼装。

③调整螺栓强度，全线螺栓强度分别为 5.6、6.8 及 8.8 三个等级。

从结构设计角度看，通过加强这些部位的结构配筋，提高结构抗荷能力。从施工措施角度看，一方面确保管片自身的防水能力和抗渗能力，另一方面应进行二次注浆，在盾构隧道的外侧形成一个注浆保护圈。这样，就从根本上杜绝了地下水沿管片途径的流失，保证了盾构施工的顺利开展。

11.5　膨胀岩土典型地质条件下周边环境施工风险分析

（1）风险分析

城市隧道不可避免接近或穿越现有建筑物，对建筑桩基产生附加位移和内力，继而引起建筑物倾斜、沉降，甚至坍塌。无论是明挖法、矿山法还是盾构法施工，都会由于应力的重分布影响到既有建筑桩基的应力和变形。隧道开挖不可避免地会引起地基的附加变形，相应地引起相邻桩基础的附加轴力和弯矩及桩周边土体明显的应力松弛。

（2）风险对策

1）隔断法

隔断法即在建筑物附近进行隧道施工时，为减少隧道开挖引起的土体位移及变形对建筑物桩基础的影响，在隧道开挖面与建筑物桩基础之间设置隔断墙的方法。

地铁区间隧道由于埋深较深，隔断墙一般有钻（挖）孔桩、深层搅拌桩、旋喷桩等构成，主要用于承受隧道施工引起的侧向土压力和地基差异沉降产生的阻力，以尽量减小对建筑物基础的受力状态的影响，保证建筑物的安全。

2）注浆加固法

注浆加固法即在建筑物附近进行隧道施工时，为减少隧道开挖引起的土体位移及变形对建筑物桩基础的影响，采用洞内超前注浆或者从地面对建筑物基础周围地层进行注浆改善地层的方法。

注浆加固法适用于隧道在桩基础下方通过或隧道与桩基础水平距离很近，没有足够的空间施作隔断墙，或地面因为交通、管线等原因无法施作隔断墙的情况。

3）桩基托换法

桩基托换法即预先在隧道两侧或单侧影响范围外设置新桩基和承载梁，以代替原桩基承托原建筑物基础的方法。桩基托换法适用于隧道施工时需要将建筑物的桩基切断或者可能使其产生过大的变形从而危及建筑物安全时，在盾构法和矿山法施工的隧道中均有大量的应用。该方法对环境影响较大，造价较高。

第 12 章　风化岩的工程风险

12.1　风化岩典型地质条件描述

12.1.1　风化岩的定义

风化岩是指岩石在风化应力等作用下，使其结构、成分、性质产生不同程度变异的岩石。岩石已完成风化而未经搬运的称为残积土。花岗岩风化地层的特点在于：

1）残积层、全风化层塑性指数低，遇水崩解；

2）强、中风化层渗透系数大，容易具承压性；

3）残积层、全风化层、强风化层往往有风化核（孤石）存在。

图 12.1-1　风化岩示意图

《城市轨道交通岩土工程勘察规范》GB 50307—2012 按照岩石的风化程度，将岩石进行分类，见表 12.1-1。

岩石按风化程度分类　　　　　　　　　　　　　　　表 12.1-1

风化程度	野外特征	风化程度参数指标	
		波速比	风化系数
未风化	结构和构造未变，岩质新鲜，偶见风化痕迹	0.9 ~ 1.0	0.9 ~ 1.0
微风化	结构和构造基本未变，仅节理面有铁锰质渲染或矿物略有变色，有少量风化裂隙	0.8 ~ 0.9	0.8 ~ 0.9
中等风化	（1）组织结构部分破坏，矿物成分基本未变，沿节理面出现次生矿物，风化裂隙发育 （2）岩体被节理、裂隙分割成块状 200 ~ 500mm；硬质岩，锤击声脆，且不易击碎；软质岩，锤击易碎 （3）用镐难挖掘，用岩芯钻方可钻进	0.6 ~ 0.8	0.4 ~ 0.8
强风化	（1）组织结构大部分破坏、矿物成分已显著变化 （2）岩体被节理、裂隙分割成块状 20 ~ 200mm，碎石用手可以折断 （3）用镐可挖掘，用干钻不易钻进	0.4 ~ 0.6	<0.4

风化程度	野 外 特 征	风化程度参数指标	
		波速比	风化系数
全风化	（1）结构已基本破坏，但尚可辨认 （2）岩石已风化成坚硬或密实土状，可用镐挖，干钻可钻进 （3）需用机械普遍刨松方能铲挖满载	0.2～0.4	—
残积土	组织结构全部破坏，已风化成土状，锹镐易挖掘，干钻易钻进，具可塑性	<0.2	—

注：1. 波速比为风化岩与新鲜岩石压缩波速度之比。

　　2. 风化系数为风化岩石与新鲜岩石饱和单轴抗压强度之比。

　　3. 岩石风化程度除按表列野外特征和定量指标划分外，也可根据当地经验划分。

　　4. 花岗岩类岩石，可采用标准贯入试验划分，$N \geqslant 50$ 为强风化；$50 > N \geqslant 30$ 为全风化；$N < 30$ 为残积土。

　　5. 泥岩和半成岩，可不进行风化程度划分。

《城市轨道交通岩土工程勘察规范》GB 50307—2012 将花岗岩类的强风化、全风化与残积土定为特殊性岩土，并对其进行划分，见表 12.1-2。

花岗岩类的强风化、全风化与残积土的划分　　　　　　表 12.1-2

测试项目及指标 岩土名称	标准贯入 N 值（实测值）	剪切波波速（v_s）
强风化岩	$N \geqslant 50$	$v_s \geqslant 400$
全风化岩	$50 > N \geqslant 30$	$400 > v_s \geqslant 300$
残积土	$N < 30$	$v_s < 300$

12.1.2　风化岩形成的基本机理

地表岩石在原地发生机械破碎而不改变其化学成分也不产生新矿物的作用称物理风化作用。如矿物岩石的热胀冷缩、冰劈作用、层裂和盐分结晶等作用均可使岩石由大块变成小块以至完全碎裂。化学风化作用是指地表岩石受到水、氧气和二氧化碳的作用而发生化学成分和矿物成分变化，并产生新矿物的作用。主要通过溶解作用、水化作用、水解作用、碳酸化作用和氧化作用等方式进行。

以花岗岩残积土为例，其主要为石英、长石组成的花岗岩（侵入岩）和混合花岗岩（变质岩），经物理风化和化学风化后残留在原地的碎屑物。花岗岩化学风化主要是其中占约三分之二的长石，在水、空气中的氧与二氧化碳等作用下，发生水解和碳酸化形成高岭石，进而风化成土状，花岗岩残积土主要是粉黏粒、砂粒和砂砾形成的混合体。

生物风化亦有可能参与物理风化（同时亦有化学风化）。例如，地衣及藓类植物在光秃秃的岩石表面生长，做成一个更为潮湿的化学微环境。岩石被这些生物附上后会加强在岩石上表面微表层进行物理与化学分解。大范围的幼苗发芽及植物的根部除了在岩石上裂隙施加物理压力外，亦提供一个水及化学物的渗透渠道。挖洞动物及昆虫分布在基岩附近的土壤表层亦会增加水及酸的渗透性和进行氧化。

12.1.3　风化岩的分布范围

风化岩在我国分布范围很广，其中花岗岩约占我国面积的9%，华东、华南地区花岗岩的风化壳深厚，容易引发多种地质灾害问题。

例如，青岛地区风化岩分布广泛，具有风化程度差异大，风化层厚度、埋藏深度、局部起伏变化大等特点，这些特点使得在风化岩地基上进行桩基础设计时会遇到近距离范围内桩长变化较大的情况。

目前在珠三角地区如广州、深圳、东莞等城市中均发现存在风化岩。

选取广州市轨道交通6号线二期苏元站～萝岗站区间作为风化岩典型地质概化图，如图12.1-2所示。

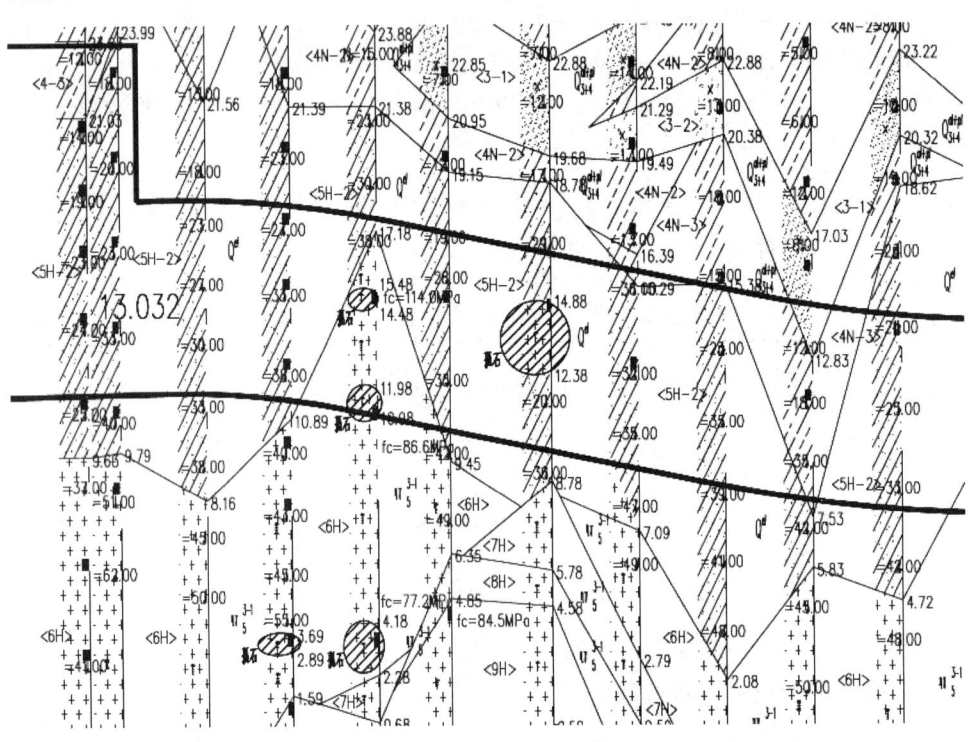

图12.1-2　苏元站～萝岗站区间风化岩典型地质概化图

图12.1-2中<5H-1>为可塑状花岗岩残积土层、<5H-2>为硬塑～坚硬花岗岩残积土层、<6H>为花岗岩全风化带、<7H>为花岗岩强风化带、<8H>为花岗岩中风化带、<9H>为花岗岩微风化带。

12.1.4　影响岩石风化的因素

虽然所有的岩石都会风化，但并不是都按同一条路径或同一个速率发生变化。经过长期对不同条件下风化岩石的观察，人们得知岩石特征、气候和地形条件是控制岩石风化的主要因素。不同的岩石有不同的矿物组成和结构构造，不同矿物的溶解性差异很大。节理、层理和孔隙的分布状况和矿物的粒度，又决定了岩石的易碎性和表面积。风化速率的差异，可以从不同岩石类型的石碑上表现出来。如花岗岩石碑，其成分主要是硅酸盐矿物。这种石碑就能很好地抵御化学风化。而大理岩石碑则明显地容易遭受风化。

气候因素主要是通过气温、降雨量以及生物的繁殖状况而表现的。在温暖和潮湿的环境下，气温高，降雨量大，植物茂密，微生物活跃，化学风化作用速度快而充分，岩石的分解向纵深发展可形成巨厚的风化层。在极地和沙漠地区，由于气候干冷，化学风化的作用不大，岩石易破碎为棱角状的碎屑。最典型的例子，是将矗立于干燥的埃及已 35 个世纪并保存完好的克列奥帕特拉花岗岩尖柱塔，搬移到空气污染严重的纽约城中心公园之后，仅过了 75 年就已面目全非。

地势的高度影响到气候：中低纬度的高山区山麓与山顶的温度、气候差别很大，其生物界面貌显著不同。因而风化作用也存在显著的差别。地势的起伏程度对于风化作用也具普遍意义：地势起伏大的山区，风化产物易被外力剥蚀而使基岩裸露，加速风化。山坡的方向涉及气候和日照强度，如山体的向阳坡日照强，雨水多，而山体的背阳坡可能常年冰雪不化，显然岩石的风化特点差别较大。

12.1.5　风化岩和残积土的岩土工程特性

1）软化性：风化岩抗水性弱，浸水后强度显著降低；广州地区花岗岩残积土中粉粒、黏粒含量可达 10% ~ 20%，天然状态下具有较好的力学性质，遇水后"土变泥、泥变浆"，迅速软化、泥化、崩解，土体强度等力学性质急剧变差，甚至丧失承载力；组分中长石含量高，风化后所形成的黏土矿物越多，软化泥化性能越明显。

2）不均匀性：残积土尤其是花岗岩残积土，由于球状风化或囊状风化造成风化岩和残积土的不均匀性，或由于岩脉穿插，风化程度不同造成；花岗岩残积土粒度具有"两头大，中间小的分布特征"，即颗粒成分中粗颗粒的组分及颗粒小的组分含量较多，而介于其中的颗粒成分较少，粗颗粒组分中的中、细砂及粉砂的含量较少。这种独特的组分特征，使其具有砂土的特征，亦具有黏性土特征，物质组成的不均匀性和结构的不连续性显著，导致其工程性质复杂，差异性大。

3）上软下硬特征：花岗岩分布区出露地表或地下水位以上接近地表的残积土，因受水的淋滤作用，氧化铁富集，并稍具胶结状态，形成网纹结构，土质坚硬，而其下强度低于上部土段，再下由于风化程度减弱，强度逐渐增加。

4）发育有球状风化体：当花岗岩中发育有几组交叉的节理时节理把岩石分割成棱角形块，风化特别集中在节理相交的棱角部位，风化速度快，久而久之，棱角逐渐被圆化。风化作用不断进行时，渐趋于使岩块变圆，形成花岗岩球状风化体（孤石）。花岗岩球状风化体主要分布于全风化带和强风化带，在全风化带中也可能存在较大的孤石，在强风化带中，也有可能出现较小直径的孤石，球状风化体的大小受到局部岩性条件和地质条件等因素的影响。

5）膨胀性和湿陷性：灰岩、黏土岩、砾岩、泥岩、玄武岩等的风化岩和残积土可能还有膨胀性和湿陷性。

12.2　明挖法施工风险分析

12.2.1　土方开挖过程的风险分析

12.2.1.1　围护结构失稳、坍塌风险

（1）风险分析

基坑内风化岩遇水软化，强度等力学性质变差，地基承载力降低，造成基坑内被动土压力降低，支撑轴力增大，围护结构变形加大，易造成围护结构失稳、坍塌。

（2）风险对策

1）减弱或切断基坑内外地层间的水力联系。

2）基坑内基底加固。基坑开挖前对基坑内基底以下一定范围内的风化土层（包括残积土、全风化土层）进行旋喷桩预加固形成复合地基，复合地基受水的影响相对较小，加固桩体成桩质量能够保证复合地基承载力一般都能达到设计要求；但该措施仍可能存在基岩裂隙水通过加固体间土层向上渗流现象，加固体间风化土软化后需做换填处理；在基岩裂隙水发育地段上述问题可能更为严重，甚至无法满足地基验收条件，裂隙水渗流失水过多，易导致周边地表、建筑物沉降。

3）基坑内注浆止水。基坑开挖前对基坑内基底以下一定范围内风化土层采用梅花形布置袖阀管低压注浆，以填充土层内原生节理、孔隙，阻断基岩裂隙水向上渗流的通道，注浆填充、挤密也可对风化土有一定程度的改良。

4）基坑外注浆止水。基坑开挖前，在基坑围护结构外围采用前进式注浆工艺，目的是在围护结构外侧形成一道防渗帷幕，减弱或切断基坑内外强、中风化带间的水力联系。例如，通过在广州轨道交通 3 号线燕塘站、6 号线长㳟站实施，该工艺采用自上而下分段循环灌浆，可灌性好，基本达到预期效果。

5）基坑内降水。基坑开挖前、开挖中至结构施工期间采用集水井（重力式）或井点（强制式）方式进行基坑内降水，目的是通过降水始终保持基坑内开挖面或基底面不泡水。井点降水常见有井点、管井等降水形式。该控制措施工艺成熟，工程投资小，但花岗岩风化土层为弱微透水性土，该地层采用重力式降水速度慢、工效低，采用井点降水效果较好，但井点降水工艺相对复杂，对基坑开工进度有一定的影响。

12.2.1.2　开挖面坍塌风险

（1）风险分析

花岗岩残积土和花岗岩风化带遇水易软化崩解，造成开挖面易坍塌，并且随着开挖暴露时间的延长，影响范围可能进一步扩大。

（2）风险对策

1）开挖前进行基坑内降水，或采用基坑内开挖面上方设置排水沟，或基坑内设置集水坑，及时将汇集的水进行抽排。

2）为防止开挖面塌陷或地下水汇流形成泥石流威胁后方基底，每完成机械开挖一个区段即在靠近开挖面设横向挡土墙，挡土墙可采用型钢插入基底，横向用方木绑扎在型钢上，安设潜水泵，分段抽水。

12.2.1.3　地基承载力不足风险

（1）风险分析

若基坑开挖范围内土层含水量高、透水性强，将造成开挖面汇流积水、基底被水浸泡软化，承载力降低。

（2）预防措施

1）为防止地基基面大面积浸水，在基坑两侧、中部开挖排水沟槽，在开挖面设置集水坑并安放抽水机，抛填片石前在沟槽中布设 $\phi100\text{mm}$ 的 PVC 盲管并覆以碎石，确保排水流畅。

2）基底软化的地层需要进行换填，为保证换填层厚度，人工清底要将被水浸泡软化的地层清除直至未被扰动的地层或较坚硬地层。

3）由于基底冒水和开挖面汇流积水，人工检底很难彻底清除被浸水扰动软化崩解的残积土，可选择进行抛填片石，在抛填片石的过程中要不断把片石挤压出来的泥土清理干净。

12.2.1.4　集水坑开挖困难风险

（1）风险分析

集水坑周边土体遇水软化崩解，极易坍塌，导致开挖困难。

（2）预防措施

集水坑可采用单管旋喷护壁桩，旋喷桩之间咬合，嵌入基底不小于 2m，待旋喷桩达到强度后，再进行开挖。也可在旋喷桩内插入钢管或型钢增加刚度。

12.2.1.5　工程实例

某地铁车站基坑开挖范围内分布有广泛的淤泥质土，呈层分布，为流塑状，厚度为 0.4 ~ 3.9m，平均厚度 1.63m，还分布有较广泛的厚层砂层，车站范围内厚度为 0.50 ~ 6.50m，平均厚度 2.21m，以及花岗岩残积土和花岗岩全、强、中和微风化带。

在土方开挖到花岗岩残积土和花岗岩风化带时，由于该花岗岩残积土含砂较多，遇水易软化崩解，水浸泡易发生崩塌和流砂，导致连续墙变形，出现裂纹。

此外，该工点在进行集水坑开挖时，采用钢筋混凝土护壁，但该方法不成功，造成周边土体塌陷，影响了施工进度。主要原因为：①地下水丰富、基底冒水或开挖面渗水；②钢筋混凝土护壁需要一定时间达到强度，不能及时对土体进行封闭；③钢筋刚度不足，对土体支撑作用小，造成护壁大量变形和开裂。之后采用了单管旋喷桩护壁，开挖非常顺利，节省了工期。

12.3　矿山法施工风险分析

12.3.1　隧道掌子面坍塌风险

（1）风险分析

掌子面或掌子面拱顶为残积土层，该地层遇水后软化崩解，掌子面地层自稳性变差，易导致掌子面渗水、坍塌。

（2）风险对策

1）地面注浆。

2）洞内注浆。

3）冷冻法。

12.3.2　工程实例

（1）广州轨道交通 2 号线三元里暗挖隧道折返线，分别在砂岩全风化层与灰岩的分界面（砂岩全风化层裂隙发育、透水严重），部分全风化及强风化泥质灰岩（岩性软弱，节理发育，透水性不均，个别地段围岩破碎，透水严重）中通过。在施工中采用地面注浆辅以洞内注浆相结合的方法。

（2）广州轨道交通 3 号线天河客运站折返线隧道过花岗岩残积土层，采用水平冻结法加固地层施工，通过对以往的冻结设计进行较大的改进，使冻结法能够满足南方高温、高湿的气候条件。该方法冷冻质量好、速度快，同时采用该方法所引起的地表沉降变化远远小于常规的施工方法。

12.4　盾构法施工风险分析

12.4.1　盾构刀具磨损风险

（1）风险分析

在黏土矿物含量高的残积层，混合岩全、强风化地层进行盾构施工，极易在刀盘开口处和切削仓聚集泥饼，泥饼形成后，掘进速度急剧下降，刀盘扭矩也会上升，大大降低掘进效率，刀具发生磨损。

（2）风险对策

1）在到达该地层前把刀盘的部分刀具换成齿刀，增加刀盘的开口率。

2）掘进时注泡沫剂，改善土体的和易性，预防黏土结块。

3）刀盘背面和土仓隔板上增设搅动棒，增加搅动棒强度和范围，并且（空心）棒内还可预留注水孔，以便清洗刀盘和土仓。

4）如果地层隔水性好，则可采用气压平衡模式掘进。

5）在有条件的情况下，掘进过程中，进行空转刀盘，使泥饼在离心力作用下脱落。

6）在开挖面稳定的前提下，人工清除泥饼。

7）压气作业进舱清除泥饼。

第13章 黄土的工程风险

13.1 黄土地层地质条件描述

13.1.1 定义

黄土（loess）指的是在干燥气候条件下形成的多孔性具有柱状节理的黄色粉性土，湿陷性黄土受水浸湿后会产生较大的沉陷（图13.1-1）。

13.1.2 成因

黄土是第四纪干旱、半干旱气候条件下，陆相沉积的一种特殊土。《铁路工程地质勘察规范》TB 10012根据成因将黄土分为黄土、黄土质土两大类，按形成时代并结合工程建设的特点，又将黄土分为老黄土、新黄土、非湿陷性黄土和湿陷性黄土。

13.1.3 分布范围

我国黄土以分布广、厚度大、地层层序完

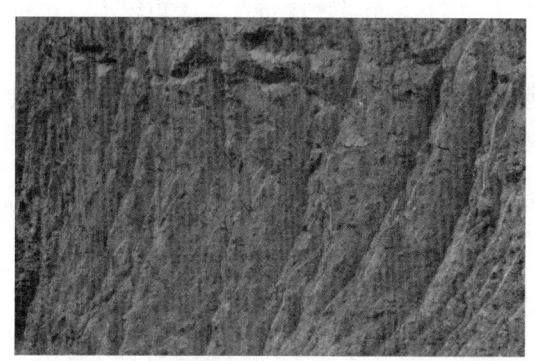

图13.1-1 黄土

整、古土壤清楚而著称于世。自西向东主要分布在新疆、青海、甘肃、宁夏、陕西、山西、河南、河北、山东、内蒙古、辽宁、吉林等地，分布面积63.5万 km^2，约占全国陆地面积的6.6%。尤其是在西起乌鞘岭，东到太行山，北起长城，南抵秦岭的黄河中游地区，地表几乎完全为黄土所覆盖，连续分布面积达44万 km^2，形成了地层连续、厚度大、面积广、蔚为壮观的黄土高原地貌景观，为世界所罕见。

河南省郑州市区地貌类型划分为黄土地貌、流水地貌两大类型。郑州市轨道交通2号线一期工程横跨两个地貌单元，陇海路以北基本上为黄河冲洪积平原，陇海路以南基本上为黄河二级阶地。黄土地层主要为Q1黄土、Q2黄土和Q3黄土。

河北省石家庄市黄土状粉质黏土呈湿陷性，施工时的振动可能会使尚未密实的土体发生塌方，对基槽和邻近建（构）筑物产生影响。主要为黄土状粉质黏土，黄褐色、褐黄色，场地内普遍分布于第一层砂层之上，层位连续，层厚1.5~12.6m，湿陷系数 $\delta = 0.015 \sim 0.059$。

各地区黄土总厚度不一，一般来说，高原地区较厚，而以陕甘高原最厚，可达100~200m，而其他高原地区一般可达30~100m，河谷地区的黄土总厚度一般只有几米到30m，且主要是新黄土，老黄土常缺失。

13.1.4 岩土工程特性

黄土的湿陷性是由于其成分和组成结构的原因而具有的一种特殊属性。在天然含水率条件下，一般具有较高的强度，且其压缩系数不大，但是在覆盖土层的自重压力下，或是在覆盖土层的自重压力和建筑物的附加压力的共同作用下，一旦受水浸湿，土的结构迅速破坏，承载力急剧降低，随之产生显著的附加下沉，从而使建筑物出现裂缝甚至破坏，黄土的这种属性谓之湿陷性。其中湿陷性黄土受水浸湿后在自重压力作用下即产生湿陷，称为自重湿陷性黄土；受水浸湿后只有在自重压力和附加压力共同作用下才能产生湿陷成为非自重湿陷性黄土。

西安地区内有此性质的土层有：①晚更新世黄土；②全新世以来形成的黄土状土；③全新世的素填土；④中更新世黄土的顶部。土质均匀，较疏松，大孔和虫孔发育，具有垂直节理，一般都具有湿陷性，土的承载力较低。西安地区黄土地层以风积黄土为主，土层直立性和稳定性较好，对于工程建设十分有利。但黄土具有遇水湿陷的特点，工程建设遇到大量地下水时容易出现隧道和边坡失稳问题。

根据国内外对黄土湿陷原因和机理的研究结果，黄土发生湿陷必须具备两个内因要素：一是多孔性和疏松的结构；二是不抗水的粒间联结。发生湿陷必须具备的外在因素是湿陷性黄土地基受水浸湿。其湿陷机理是黄土被水浸湿后，水分子渗入到颗粒之间，破坏吸附的水膜并溶解胶结物质，使水膜变厚，黏结力降低，原有结构解体，黄土颗粒重新排列后，使黄土密度加大，孔隙度减少，造成黄土的体积缩小，从而发生沉陷。

黄土湿陷类型按照浸水来源分为两种类型：自上而下浸水（地表积水入渗）型和自下而上浸水（地下水位抬升）型。黄土湿陷表现出的特点主要有三个方面：①湿陷在瞬间发生；②造成建筑物的局部破坏；③其破坏程度较一般压缩变形引起的破坏强烈得多。

13.1.4.1　黄土的基本特征

1）基本色调是黄色，通常为黄褐、褐黄、灰黄、棕黄或棕红等颜色。

2）具有多孔性，有肉眼能看到的大孔隙，孔隙比一般为 0.7～1.1，呈松散结构状态，密度低。

3）质地均匀，以颗粒成分的粉粒（0.075～0.005mm）为主，占 50%～75%，几乎没有大于 0.25mm 的颗粒。

4）碳酸钙含量多在 10%～30% 之间，部分含钙质结核，并含有少量中溶盐和易溶盐。

5）一般无明显层理，有堆积间断的剥蚀面和埋藏的古土壤层。

6）具有柱状节理，垂直节理发育，直立性强。

7）天然状态下，含水率低，遇水易崩解，剥蚀。

8）表层多具湿陷性，易产生潜蚀，形成陷穴。

13.1.4.2　黄土地貌

黄土地貌一般分为"塬、梁、峁"三大类型以及河谷阶地，冲积、洪积平原等。

1）黄土塬：具有面积较大的平坦高地，有陡峻边缘，通常由黄土所构成，在黄土塬顶部表层广泛分布着黄土质土。

2）黄土梁：地形呈长条状的垄岗，两旁夹以深谷，垄岗高度大体保持一致，也是由黄土所构成，但也有少数上更新统和全新统新近堆积的黄土质土，如陇中、陇东、陕北、晋南、柴达木盆地香日德附近等地区。

3）黄土峁：指个体独立或连续的黄土丘陵，由于地形严重切割，沟谷斜坡地带往往分布着新近堆积的湿陷性大的黄土质土。

4）河谷阶地：包括现代河流的河漫滩、超漫滩、低级阶地、高级阶地及河谷范围内的各种斜坡地带以及河谷两侧的一些沟谷等地貌。

5）冲积、洪积平原：分布着全新统的黄土质土，一般具有较弱的湿陷性，当含黏土颗粒较多时，湿陷性较小或无湿陷性。如关中、河南、河北等黄土冲积、洪积平原。

13.1.4.3　不同地质时代黄土及特征

黄土堆积时代主要在第四系，包括老黄土和新黄土，老黄土是下更新统的午城黄土（Q1）和中更新统的离石黄土（Q2）的统称，其大孔结构多经压密，一般没有湿陷性或仅在 Q2 黄土的上部有轻微湿陷性，土的承载力较高。覆盖在老黄土上部及阶地上的上更新统马兰（Q3）黄土及全新统的新近堆积黄土（Q4），称为新黄土，土质均匀，较疏松，大孔和虫孔发育，具有垂直节理，一般都具有湿陷性，土的承载力较低。

黄土是一种特殊性质的土体，土体性质不同（如新老黄土）、含水率不同，其力学指标差异较大，而且随隧道跨度和断面大小不同，围岩所表现出的力学行为也不一样。

13.1.4.4　新黄土隧道

新黄土（Q3、Q4）大孔发育，具有垂直节理，土质结构比较松散，含水率较小，一般 5%～15%，接近于地表，厚度一般 30～50m。由于其垂直节理发育，在垂直节理面上因节理切割形成竖向软弱面，软弱面之间黏聚力很小，在下部开挖隧道时形成临空面，受开挖扰动，在重力作用下棱体塌落，地表会随掌子面产生纵向裂缝和环向裂缝，易形成塌方。根据对其变形分析，在新黄土（Q3、Q4）地层，围岩变形释放快、具突然性。

13.1.4.5　老黄土隧道

一般覆于新黄土之下，埋深较大，含水率为 10%～40%，与隧道位置原始地应力相比，其围岩强度低，围岩容易发生屈服形成塑性区，其变形为塑性变形，可进行柔性支护和适度释放变形，但若无支撑或支护强度不足时围岩蠕变变形过大，会脱落形成塌方。老黄土隧道含水率的大小对黄土的物理力学特性影响很大，对隧道施工的影响也很大，直接影响着隧道的围岩稳定和施工安全。

13.1.4.6　黄土的工程特性

我国大部分湿陷性黄土的工程特性为：可塑性较弱；含水量较少；压实程度很差，孔隙比较大；抗水性很弱，遇水强烈崩解；膨胀量较小，但是失水收缩较明显；有很强的透水性。

从力学性质来考虑，湿陷性黄土的特殊性更突出地表现在它的结构性、欠压密性和湿陷性三个方面。

湿陷性黄土是一种结构性土，其结构强度在未被破坏软化时，常表现出压缩性低、强度高等特性，但当黄土受水浸湿结构性一旦遭受破坏时，其结构迅速破坏，其力学性质将呈现出屈服、软化、湿陷等特性，所以，黄土的结构性是黄土工程性质最基本的本质。湿陷性黄土由于特殊的地质条件，沉积过程一般比较缓慢，在此漫长的过程中，上覆压力增长速率比颗粒间固化强度的增长速率要慢得多，颗粒接触点间的结构强度始终超过上覆土重，使黄土的颗粒保持着比较疏松的高孔隙度结构而未在上覆荷重作用下被固结压密，处在欠压密状态，含水量少、孔隙比大、欠压密状态是黄土产生湿陷性的充分条件。

湿陷性黄土对地铁工程的影响主要表现在：

（1）黄土节理：在红棕色或深褐色的古土壤黄土层，常具有各方向的构造节理，有的原生节理呈 X 型，成对出现，并有一定延续性。在隧道开挖时，土体容易顺着节理张松或剪断。如果这种地层位于隧道顶部，极易产生"塌顶"。如果位于侧壁，则普遍出现侧壁掉土，若施工时处理不当，常会引起较大的坍塌。

（2）黄土冲沟地段：隧道在黄土冲沟或塬边地段施工时，当隧道在较长范围内沿着冲沟或塬边平行走向，而覆盖较薄或偏压很大的情况下，容易发生较大的坍塌或滑坡现象。

（3）黄土溶洞与陷穴：黄土溶洞与陷穴，是黄土地区经常见到的不良地质现象，隧道若修建在其上方，则有基础下沉的危害。隧道若修建在其下方，施工时有发生冒顶的危险。隧道若修建在其邻侧，则有可能承受偏压。

（4）水对黄土隧道施工的影响：在含有地下水的黄土层中修建隧道，由于黄土在干燥时很坚固，承压力也较高，施工可顺利进行。当其受水浸湿后，呈不同程度的湿陷性，会突然发生下沉现象，使开挖后的围岩迅速丧失自稳能力，如果支护措施满足不了变化后的情况，极容易造成坍塌。

（5）黄土地层土质直立性好，盾构施工中，掌子面较稳定，对刀具的磨损较小，但由于黄土地层裂隙垂直发育，盾构施工注浆容易沿垂直裂隙向地面冒浆，影响地面交通。

（6）对于黄土地区基坑，由于黄土具有特殊物质成分和结构特征，其强度特性不同于黏性土：天然状态下强度较高；浸水饱和后，土体软化，结构破坏，强度大幅度降低，因此黄土浸水后，黄土抗剪强度大幅度降低，可能引起基坑工程事故。

13.1.5　西安黄土

西安地区地貌由南东向北西呈阶梯状下降，分布有黄土台塬、黄土塬前冲洪积台地及河流阶地。西安市位于关中平原中部，其内沉积了巨厚的第四系地层，地铁工程涉及的主要有第四系全新统、上更新统和中更新统地层，而主要以覆盖在老黄土上部及阶地上的上更新统马兰（Q3）黄土及全新统的新近堆积黄土（Q4）被称为新黄土的地层作为研究对象，西安地区的主要工程地质问题为黄土湿陷和地裂缝作用。西安市湿陷性地层分布如图 13.1-2 所示。

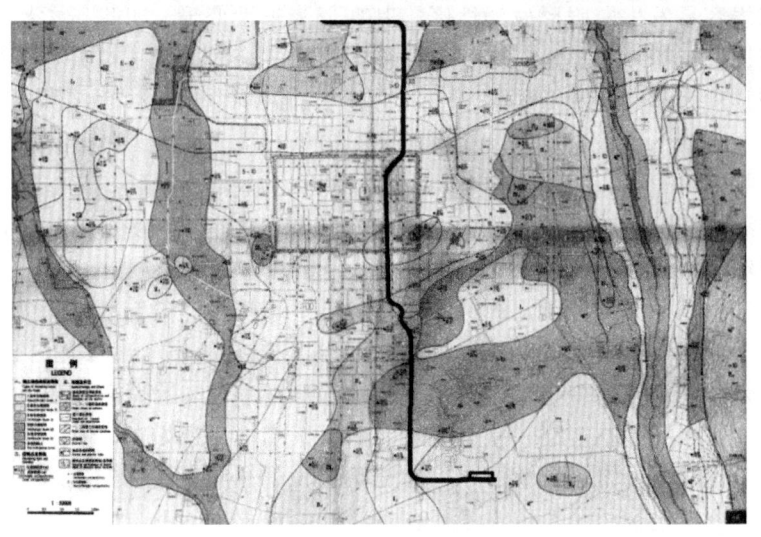

图 13.1-2　西安市黄土湿陷性分布图

西安市黄土场地的湿陷类型主要有两种：自重湿陷性和非自重湿陷性场地，例如西安地铁 1 号线万寿路～长乐坡区间湿陷性黄土：场地内 2-1-2 层黄土状土、3-1-1 层新黄土、3-2-1 层古土壤和 4-1-1 层老黄土为湿陷性土层，厚度 4.1～20m。在 YDK25+989～YDK26+660 段地基湿陷等级为 Ⅱ 级（中等）～Ⅲ 级（严重）。

西安地铁 1 号线劳动路站往东至纺织城段广泛分布有湿陷性地层，湿陷性地层主要为 3-1-1 层新黄土，局部为 1-2 层素填土、2-1-1 层黄土状土、3-2-1 层古土壤和 4-1-1 层老黄土。上述地层分布厚度大小不一，其中万寿路～长乐坡区间最大厚度达到 20m。湿陷性地层的湿陷等级为轻微～严重，部分为很严重。

西安地铁 1 号线万寿路站站址范围内 3-1-1 层新黄土、3-2-1 层古土壤及 4-1-1 层老黄土的湿陷等级为严重～很严重，湿陷性地层在场地内连续分布，厚度达 24.6～25.6m，该土层遇水（如地下管道破裂出水等）湿陷，强度降低。

西安地铁 3 号线小寨～大雁塔区间存在湿陷性黄土：场地内湿陷性土层为 1-1 层素填土及 3-1 层新黄土，湿陷性黄土在场地内连续分布，厚度 5.20～11.20m，埋深小于 12.80m。ZDK22+500 附近场地的地基湿陷等级为 Ⅲ 级（严重）、区间 YDK22+780～YDK22+860 段的地基湿陷等级为 Ⅲ 级（严重），其他部位的湿陷等级为 Ⅱ 级。

西安地铁 3 号线广泰门站湿陷性黄土主要为：3-1-1 层新黄土、3-1 层新黄土具自重湿陷性，3-2-1 层古土壤局部具湿陷性，湿陷性黄土分布厚度 8.2 ~ 15.5m。地基湿陷等级为 II 级（中等）~ IV（很严重）。湿陷性黄土分布见表 13.1-1。

湿陷性黄土分布状态　　　　　　　　　　　　　　　　　表 13.1-1

序号	途径线路	地貌单元	湿陷性黄土
1	停车场 ~ 出入线 ~ 鱼化寨 ~ 丈八北路 ~ 延平门 ~ 科技路 ~ 太白南路 ~ 吉祥村	皂河阶地	轻微非自重湿陷，鱼化寨站湿陷深度 7.5m；鱼丈区间湿陷深度 10m；丈八北路站湿陷深度 7m；丈延区间湿陷深度 8.7m；延科区间湿陷深度 8.5m；太白南路湿陷深度 2.2 ~ 3.5m；区间暗挖基底非湿陷性土
2	吉祥村（含站）~ 小寨 ~ 大雁塔北 ~ 北池头 ~ 青龙寺 ~ 建工路 ~ 咸宁路 ~ 韩森寨 ~ 通化门 ~ 胡家庙 ~ 石家街 ~ 辛家庙	黄土梁洼	吉祥村站轻微湿陷深度 7.5m；吉小区间为非自重湿陷，深度 7.5m；大雁塔北站自重湿陷，深度 7 ~ 12.25m；北池头站 1 号风亭严重自重湿陷，其余中等湿陷；北青区间主要为中等湿陷，局部严重湿陷；建工路站轻微湿陷，深度 3.5 ~ 6.1m；韩森寨站中等非自重湿陷，深度 8.5m，影响到所有附属结构；石家街站中等非自重湿陷，深度 10.5m；石辛区间中等 ~ 严重湿陷，深度 12m
3	辛家庙（含站）~ 广运潭大道	渭河阶地	辛家庙非湿陷性土；辛广区间中等 ~ 严重湿陷深度 15m，基底非湿陷性土
4	广运潭大道（含站）~ 出地面线	浐河阶地	广运潭大道站中等及很严重湿陷深度 15.5m，基底非湿陷土，至出口段中等 ~ 很严重湿陷深度 17.4m

地铁 4 号线沿线经过了黄土台塬工程地质亚区、黄土台地工程地质亚区、渭河阶地及河漫滩工程地质亚区等多个地质亚区。各分区特征存在明显区别，详见西安市地铁 4 号线工程地质分区及工程地质条件评价表 13.1-2、表 13.1-3。

黄土台塬主要分布于航天东路 ~ 神州大道 ~ 航创路 ~ 航天大道一带；冲湖积台地主要分布航天大道 ~ 大雁塔北 ~ 火车站 ~ 大明宫一带；渭河阶地及漫滩分布于大明宫 ~ 行政中心 ~ 北客站一带。

西安地铁 4 号线工程地质分区及工程地质条件评价表　　　　　表 13.1-2

工程地质图	工程地质亚区	工程地质段	土体结构	地下水位埋深（m）	工程地质特征及评价
黄土台塬工程地质区	少陵塬工程地质亚区	自重湿陷性黄土工程地质段	单一黄土型	>50	黄土厚度大于 120m，上部黄土具自重湿陷性，湿陷系数 $\delta_s = 0.015 ~ 0.128$，湿陷深度 15 ~ 25m，湿陷等级 II ~ IV 级，承载力 $f_{ak} = 130 ~ 180kPa$。塬面相对平坦，塬斜坡地带地形起伏较大，湿陷性需要按照规范进行处理
		非自重湿陷性黄土工程地质段	单一黄土型	>30	黄土厚度大于 60m，上部黄土具非自重湿陷性，湿陷系数 $\delta_s = 0.015 ~ 0.063$，湿陷深度 10 ~ 20m，湿陷等级 II ~ III 级，承载力 $f_{ak} = 120 ~ 160kPa$。长安—临潼断裂带通过本段，地形坡度大，工程地质条件差。湿陷性需要按照规范进行处理

工程地质图	工程地质亚区	工程地质段	土体结构	地下水位埋深（m）	工程地质特征及评价
冲湖积台地工程地质区	五六级台地亚区工程地质亚区	自重湿陷性黄土工程地质段	单一黄土型	10～15	黄土层厚大于30m，上部具自重湿陷性，自重湿陷系数$\delta_{zs}=0.015\sim0.070$，湿陷系数$\delta_s=0.015\sim0.088$，湿陷深度10～20m，湿陷等级Ⅱ～Ⅲ级，承载力$f_{ak}=110\sim160$kPa。地形起伏大，工程地质条件差。自重湿陷性黄土作地基必须处理或采用桩基
		非自重湿陷性黄土工程地质段			本段处于该亚区的南部，位于长安—临潼断裂北侧。黄土具非自重湿陷性，湿陷系数$\delta_s=0.016\sim0.063$，湿陷深度8～15m，湿陷等级Ⅱ级，承载力$\sigma_0=120\sim170$kPa。总体工程地质条件较差，湿陷性黄土作地基需进行处理
	二三级台地亚区工程地质亚区	自重湿陷性黄土工程地质段	黄土—黏性土型、局部单一黄土型	5～10	黄土厚15～25m，黄土具自重湿陷性，自重湿陷系数$\delta_{zs}=0.015\sim0.159$，湿陷系数$\delta_s=0.015\sim0.155$，湿陷深度8～15m，湿陷等级Ⅱ～Ⅲ级，承载力$f_{ak}=130\sim170$kPa。第一层古土壤及以下老黄土、粉质黏土工程性能好，上部黄土工程性能差。自重湿陷性黄土不能作天然地基使用，必须进行处理或采用桩基
		非自重湿陷性黄土工程地质段	黄土—黏性土型，局部梁上为单一黄土型	6～12	地层条件基本同上段，黄土具非自重湿陷性黄土，湿陷系数$\delta_s=0.015\sim0.155$，湿陷深度3～10，湿陷等级Ⅰ～Ⅱ级，黄土承载力$f_{ak}=110\sim160$kPa。局部地段存在饱和软黄土，第一层古土壤及以下老黄土工程性能好一般，其下的粉质黏土工程性能较好，总体工程地质条件一般。Ⅱ级湿陷性黄土作地基时，必须进行处理
		厚层杂填土、饱和软黄土工程地质段	填土—黄土—黏性土型	5～10部分地段＜5	上部填土厚几米到十多米，厚度变化大，填土与第一层古土壤之间存在饱和软黄土，局部地形稍高，黄土亦存在湿陷性。黄土工程性能差。第一层古土壤及以下黄土，粉质黏土工程性能较好。杂填土，饱和软黄土，不宜作天然地基使用，必须进行处理或采用桩基

西安地铁4号线工程地质分区及工程地质条件评价表　　　　表13.1-3

工程地质图	工程地质亚区	工程地质段	土体结构	地下水位埋深（m）	工程地质特征及评价
渭河冲积平原工程地质区	渭河二级阶地工程地质亚区	自重湿陷性黄土工程地质段	黄土—黏性土夹砾砂土型	10～20	上部黄土厚25m左右，具自重湿陷性，湿陷系数 $\delta_s = 0.016 \sim 0.098$，自重湿陷系数 $\delta_{zs} = 0.015 \sim 0.083$，湿陷性土层深度8～15m，湿陷等级Ⅱ～Ⅲ级，承载力 $f_{ak} = 120 \sim 180$kPa，工程性能差。下部黏性土和中砂层工程性能较好，$f_{ak} = 200 \sim 300$kPa，自重湿陷黄土作为建筑地基须进行处理或采用桩基
		非自重湿陷性黄土工程地质段			地质条件同上段，黄土为非自重湿陷性，湿陷系数 $\delta_s = 0.025 \sim 0.052$，湿陷性土层深度8～12m，湿陷等级为Ⅰ～Ⅱ级，承载力 $f_{ak} = 150$kPa。总体工程地质条件较好，以非自重Ⅱ级湿陷性黄土作建筑地基，必须进行处理
		饱和软黄土工程地质段			地质条件同上段，第一层古土壤之上存在饱和软黄土，埋深8m余，厚度1～2m，其承载力 $f_{ak} = 110 \sim 120$kPa，上部黄土具有非自重湿陷性，湿陷等级Ⅰ～Ⅱ级。总体工程地质条件较好，饱和软黄土和非自重Ⅱ湿陷性黄土作建筑地基，须进行处理
	渭河一级阶地工程地质亚区	自重湿陷性黄土工程地质段	黄土—砂土—砂土夹黏性土型	10～20	上部黄土厚15～17m，具自重湿陷性，湿陷系数 $\delta_s = 0.015 \sim 0.155$，自重湿陷系数 $\delta_{zs} = 0.015 \sim 0.109$；湿陷土层深度5.8～10.8m，湿陷等级Ⅱ～Ⅲ级，$f_{ak} = 120 \sim 150$kPa，工程性能差。中部为厚层中细砂，厚12～15m，$f_{ak} = 200 \sim 300$kPa 下部黏性土 $f_{ak} = 150 \sim 250$kPa 工程性能好。其湿陷性黄土作建筑地基必须进行处理或采用桩基
		非自重湿陷性黄土工程地质段		10～20	上部黄土厚15～17m，具非自重湿陷性，湿陷系数 $\delta_s = 0.015 \sim 0.153$，湿陷性土层深度5.4～8.5m，湿陷等级Ⅰ～Ⅱ级。中部为中细砂同Ⅰ1段。工程地质条件较好。非自重Ⅱ级湿陷性黄土地基必须进行处理或采用桩基
	渭河河漫滩工程地质亚区	星点状轻微到中等液化土层工程地质段	单一砂土型	<5	表层有很薄的黏性土，其下为中、粗砂、砾砂。$f_{ak} = 160 \sim 280$kPa 土质不均，存在星点状的轻微液化，工程地质条件较好
		非液化土层工程地质段	黏性土—砂土型	5～10	上部黏性土一般不具湿陷性，其下砂土为非液化土，黏性土 $f_{ak} = 130 \sim 180$kPa；北郊污水渠周围 $f_{ak} = 100 \sim 130$kPa；砂土 $f_{ak} = 180 \sim 250$kPa；工程地质条件良好

西安地铁 4 号线大唐芙蓉园～大雁塔区间，湿陷性土层主要为 3-1-1 层新黄土及 3-2-1 层古土壤，湿陷性土层在场地内基本连续分布，一般厚 6.5～11.5m。区间沿线各段场地 YDK9 + 851.600～YDK10 +500 属非自重湿陷性黄土场地；YDK10 +500～YDK11 +515.0 区间沿线场地属自重湿陷性黄土场地。区间沿线分布有 3-1-1 层高压缩性新黄土，区间场地基本均有分布，层厚 1.4～13.5m。

西安地铁 4 号线百花村～常青路区间地层存在 3 − 1 − 1 新黄土（水上），硬塑为主，具自重湿陷性，属高压缩性土，土质均匀，层厚 6～12.5m（图 13.1-3）。

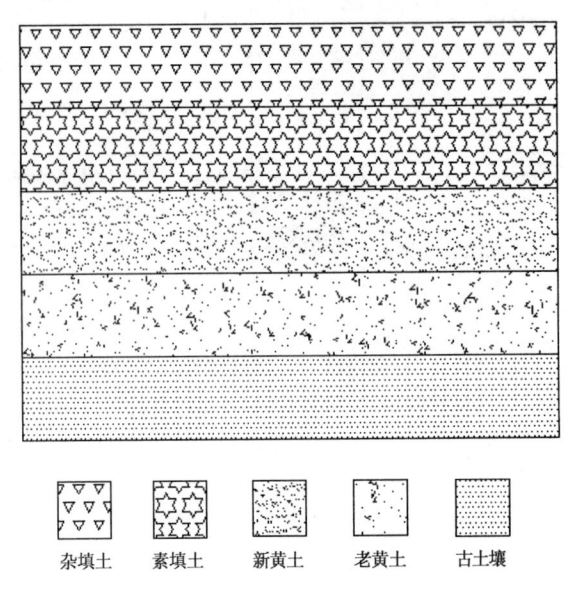

图 13.1-3　西安市湿陷性黄土概化图

13.2　湿陷性黄土条件下明挖法施工工程风险分析

13.2.1　钻孔桩（墙）施工过程的塌孔风险

（1）风险分析

在湿陷性黄土地层中采用湿式成孔（槽）方法进行围护桩（墙）施工时，易因护壁泥浆渗入湿陷性黄土地层而引起相应地层发生湿陷，在成孔（槽）过程中引起塌孔（槽），继而出现周边地面及建（构）筑物沉降风险。

（2）风险对策

在钻孔阶段应注意在湿陷性黄土地层里的钻进速度和钻压的控制，减小机械钻孔对孔壁湿陷性黄土的扰动；另外，根据黄土湿陷性的特点，正、反循环钻孔机械应加大泥浆的比重和黏度，泥浆相对密度控制在 1.25 以上，黏度不得大于 28s，及时补浆，提高泥浆水头，控制槽内液面标高高于地下水位 1m 以上，增加泥浆对孔壁的侧向压力，达到泥浆护壁效果。

（3）工程实例

某地铁线路部分车站分布有厚度较大的 3-1-1 层新黄土，该地层具有湿陷性，局部区段地基湿陷等级为 Ⅲ 级（严重）～Ⅳ 级（很严重）。在湿陷性黄土地层中采用湿式成孔方法进行围护桩施工时，易因护壁泥浆渗入湿陷性黄土地层而引起相应地层发生湿陷，在成孔过程中引起桩孔扩大、倾斜，产生凿桩风险（图 13.2-1～图 13.2-4）。

图 13.2-1　围护桩扩孔

图 13.2-2　围护桩倾斜后侵限

图 13.2-3　围护桩倾斜

图 13.2-4　围护桩侵限严重

13.2.2　放坡开挖土体滑动风险

（1）风险分析

湿陷性黄土地层在放坡开挖揭露后，由于开挖面有一定的坡度，开始暴露时土体结构竖向节理处于稳定状态，并且能有一定的强度，但是在暴露时间较长，且受到雨水、地层滞水作用下土体结构立刻破坏而转为流塑状，从而产生滑动流失，在坡面上形成空洞。

（2）风险对策

在放坡开挖过程中对已揭露的湿陷性黄土立即进行挂网喷护，对于已湿陷的黄土地层应尽快在该部位进行封堵回填，必要时分层挂网进行回填；对于出现厚度较大、范围较广的湿陷性黄土地层应提前进行注浆加固。

13.2.3　地基湿陷风险

（1）风险分析

黄土具有不同方向的原生和构造节理，尤其是垂直节理发育，多空隙、结构疏松，遇水易崩解、剥落。基坑开挖至基坑底部时，基底渗水或降雨会对基坑底部湿陷性黄土基底浸泡，承载能力急剧降低后，对主体结构的承载能力也随之降低，若产生不均匀沉降，主体结构将会产生开裂、甚至破坏等风险。

（2）风险对策

对于主体结构基坑底部湿陷性黄土进行垫层法、换填法、重锤夯实（强夯法）、挤密法、预浸水法、桩基础法、高压旋喷桩、水泥搅拌桩、化学加固法等。

（3）工程实例

某明挖区间，基坑开挖深度为 4～8m，基底多为素填土和湿陷性黄土，第十段基坑开挖到底后发现有较大厚度的湿陷性黄土地层，并且已受雨水浸泡，基底已遇水沉陷，考虑到影响基坑底部地基承载力会因此降低，设计对该地层采取了三七灰土换填 1.0m 的处理方案。现场情况如图 13.2-5 所示。

图 13.2-5　湿陷性黄土基底换填三七灰土

13.2.4　围护结构渗漏风险

（1）风险分析

由于基坑在土方开挖过程中揭露湿陷性黄土后对已湿陷的黄土地层形成的土洞回填处理不理想，或者在某些情况下黄土地层含水量较大，并且水源补给较快，导致在开挖喷护过后在围护结构上出现较多渗漏水，影响围护结构稳定性。

（2）风险对策

对于围护结构渗漏水的处理应区分事前和事后的处理措施。在基坑开挖过程中遇到揭露湿陷性黄土流失形成的土洞回填时尽量做到密实，如果地层含水较大时应设置导流管进行引排；在喷护后产生的渗漏水可考虑对地层进行注浆封堵措施。

（3）工程实例

某车站明挖基坑围护结构采用旋喷桩止水帷幕 + 钻孔桩，坑内降水，由于车站基坑周边地层含有较厚湿陷性黄土，旋喷桩施工在靠近中下部时出现不连续或者咬合不密封的情况，南端基坑侧壁渗水较大，桩间土体极易脱落。现场情况如图 13.2-6 所示。

图 13.2-6　车站南端基坑围护结构渗漏

13.2.5　桩间土流失的风险

（1）风险分析

在基坑开挖过程中，桩间土刚暴露时，如果桩间土为湿陷性黄土，且含水较大，土体结构会立刻破坏而转为流塑状，从而产生滑动流失，在围护桩间形成空洞，影响围护结构整体稳定性。

（2）风险对策

遇到桩间土流失后形成的空洞，应立即采用砂袋进行暂时封堵，即阻止桩间土进一步的流失，并设置导流管对地层中的含水进行疏排，再逐层挂网喷混到围护结构设计面，注意分层挂网喷混的厚度控制在 100mm 以内。

（3）工程实例

某地铁线路部分明挖基坑出现桩间渗水、流土（砂），引发周边地表及建（构）筑物变形过大风险。湿陷性黄土地层降水困难出现的工程自身风险即基坑渗水严重，甚至流土、流砂，掏空桩体背后土体。同时，出现采用管井方式进行坑外大面积降水，黄土因失水发生固结，引起周边地面及建（构）筑物的沉降过大的风险，如图 13.2-7 和图 13.2-8 所示。

图 13.2-7　桩间土流失　　　　　图 13.2-8　桩间土掏空

13.3　湿陷性黄土条件下矿山法施工工程风险分析

13.3.1　竖井开挖周边地表过大沉降风险

（1）风险分析

工作竖井围护结构大多采用倒挂井壁的形式，竖井在施工前，采用管井方式进行坑外大面积降水，湿陷性黄土遇水沉陷，并因失水发生固结，会引起周边地表沉降过大。另外，竖井土方开挖后，因基坑卸载或基坑围护结构变形，使围护结构外侧湿陷性黄土受到扰动，导致竖井周边地表沉降更加突出。

（2）风险对策

在竖井开挖过程中对井壁已揭露的湿陷性黄土地层应立即进行格栅安装，并合理打设锚管，适时进行注浆，对于已湿陷的黄土地层应尽快在初支背后进行封堵回填，对于存在厚度较大、范围较广的湿陷性黄土地层应提前对该地层进行注浆加固。

（3）工程实例

某区间地裂缝暗挖段施工竖井在 2013 年 4 月 20 日出现井周边地表 i 系列、m 系列、n 系列等多个沉降监测点监测数据发生突变，呈报警状态。截至 2013 年 4 月 26 日，地表沉降报警点已达 5 个，预警点已达 4 个。其中 n6 地表监测点累计沉降值达 −55.05mm，远超控制值。

2013 年 4 月 21 日 18:00，出土井南侧隧道掌子面上方开始出现涌水。施工单位启动应急预案，对暗挖隧道掌子面进行封堵，并分析与查找造成涌水的水源，至 2013 年 4 月 23 日，已查明出土井周边市政迁改的污水管未封堵严密，施工单位对该污水管再次进行了封堵。

2013 年 4 月 23 日，出土井内底部已充填积水（图 13.3-1），且竖井井壁初支已出现裂纹（图 13.3-2），竖井周边地表的硬化场地也已出现开裂（图 13.3-3）。

图 13.3-1　出土井内底部已充填积水　　　图 13.3-2　出土井井壁初支裂纹

图 13.3-3　出土井周边地表开裂

2013 年 4 月 24 日上午，建设单位组织设计单位、监理单位、第三方监测单位、施工单位召开了地面沉降过大原因分析会，经过各方充分讨论，认为造成此次地表沉降过大的主要原因为市政改迁的污水管未封堵严密，导致降水井的水通过污水管回流到隧道上方引起涌水所致。会议确定了以下应对措施：①正线停止开挖，出土井开挖到底后再挖正线；②加强监测，对沉降较大点监测频率加大为 2 次/d；③对洞内收敛及拱顶沉降尽快开始监测；④待正线成环后及时进行地面注浆和初支背后注浆；⑤做好超前地质探测；⑥南北向正线洞口各设一道 1.5m 宽的临时仰拱；⑦对竖井开口处进行支护。

2013 年 4 月 26 日，建设单位再次组织设计单位、监理单位、第三方监测单位、风险管理咨询单位、施工单位等相关参建单位对 2013 年 4 月 24 日召开会议确定的措施落实情况进行检查，并对下一步工作重点进行了强调。

经现场检查：洞内收敛及拱顶沉降监测点已布设，并已采集了初始值；已在出土井南北向正线洞口各增设一道 1.5m 宽的临时支撑（图 13.3-4）；已对竖井开口处进行了支护。

图 13.3-4　出土井南北向正线洞口增设的临时支撑

2013 年 5 月 3 日，出土井南侧暗挖隧道上台阶仍未恢复开挖，进行下台阶施工，以便使初支尽快成环。

2013 年 4 月 30 日至 2013 年 5 月 4 日，累计沉降值最大 n6 地表监测点累计沉降值在 -61.55 ~ -65.15mm，平均沉降速率为 -0.9mm/d，其中，2013 年 5 月 4 日，n6 地表监测点沉降速率仅为 -0.38mm/d（施工单位提供）。以上沉降速率未超过控制值，说明地表沉降趋缓，但需加强监测。

从 2013 年 4 月 30 日至 2013 年 5 月 31 日，出土井周边累计沉降值最大 n6 地表监测点累计沉降值在 -61.55 ~ -83.2mm，平均沉降速率为 -0.69mm/d，其中，2013 年 5 月 31 日，n6 地表监测点沉降速率为 −0.1mm/d（施工单位提供）。以上沉降速率未超过控制值，说明地表沉降趋缓。之后，该部位地表监测点逐渐趋于稳定。

风险事件小结：暗挖隧道上方如果存在有水管线就应在该段开挖前做好地层加固措施，有采用小导管超前注浆、WSS深孔注浆、对管线底部进行加固等。

当开挖过程中造成管线变形开裂渗漏后，隧道拱顶出现涌水会对隧道初支造成较大的沉降变形，特别是竖井破除马头门后初进洞时出现涌水时，该种情况下应立即采取如下措施：

①停止隧道开挖，出土井开挖到底后再挖正线，缩短初支闭合成环时间间隔；②待正线成环后及时进行地面注浆和初支背后注浆；③正线洞口设一道1.5m宽的临时仰拱；④对竖井开口处进行支护。

13.3.2　竖井涌水风险

（1）风险分析

在部分开挖竖井附近地层中地下水丰富，地层透水性小，导致降水效果差，地层中含有大量滞水。湿陷性黄土会因地层中的含水而产生较明显的湿陷性，在地层中形成"土洞"和"土管"，这些空洞就会与滞水相通，在竖井开挖后会出现涌水现象，造成一定的风险。

（2）风险对策

对于竖井周边降水效果不理想、地层透水性差的情况，可以采取增设坑外降水井和井内降水井的措施，也可以采取在竖井内涌水方向的一定距离外增加止水帷幕的办法隔断过水通道。

（3）工程实例

某区间地裂缝暗挖段施工竖井在2013年8月20竖井开挖，到2013年9月9日4:00，竖井东南侧突然出现渗水，之后水量逐渐增多，至2013年9月9日11:20水量增大至35m³/h，此时施工竖井开挖深度约19m。

当时应急小组采取对涌水点实施封堵和竖井底部反压的应急措施，并在涌水点附近增设降水井。

经过施工单位的应急处置，到2013年9月11日下午16:00，施工竖井开挖面以上侧壁初支已完成，原涌水处已封堵完成，并埋设注浆管和增加了砂袋的反压高度。经过施工单位现场应急处理后，涌水有所减小。随后，施工单位对竖井底部回填2m厚填土进行反压。现场见图13.3-5和图13.3-6。

图13.3-5　现场涌水情况　　　　图13.3-6　施工竖井内涌水点及积水

2013年9月14日，施工竖井周围地表沉降监测点出现预警，且沉降速率较大，各方再次开会讨论：加快对竖井底部的反压，对已增设的降水井加大抽水，对地表沉降监测点继续跟踪监测。

该竖井由于在2013年9月9日至2013年10月22日暂停开挖期间，涌水造成的地表沉降较大，从 2013 年 9 月 6 日至 2013 年 9 月 14 日（2013 年 9 月 14 日，第三方监测数据）的数据反映，该段时间内地表累计沉降在 10.3 ~ 12.3mm 范围，速率在 -1.1 ~ -1.37mm 范围，特别是 W1（-26.7mm）、N1（-24.1mm）点的沉降值已超预警。从 2013 年 9 月 22 日至 2013 年 9 月 26 日（第三方监测提供，2013 年 9 月 26 日）的数据反映，该段时间内地表累计沉降在 -20.5 ~ -30.5mm 范围，速率在 -0.09 ~ 0.06mm 范围，地表沉降数据已逐渐稳定。现场监测点布设平面如图 13.3-7 所示。

2013 年 9 月 25 日，竖井周围 10 口降水井全部开启 24h 不间断抽水作业，降水井水位均在 25m 以下，每口井抽水量为 15m³/h。

现场对竖井底部进行回填土反压后，土层表面已无明显渗漏现象，已有明显干燥状态，竖井周边降水井正在不间断抽水，现场情况如图 13.3-8 所示。

风险事件小结：该竖井在发生涌水事件后所采取的竖井底部反压和竖井周围增加降水井的措施合理有效，风险得以完全控制。施工单位又对竖井周围和横通道范围施作了旋喷桩止水帷幕，彻底隔离了竖井周围的地层水。根据以上的处理过程，此次竖井涌水风险处理及时，处理措施合理有效，风险应

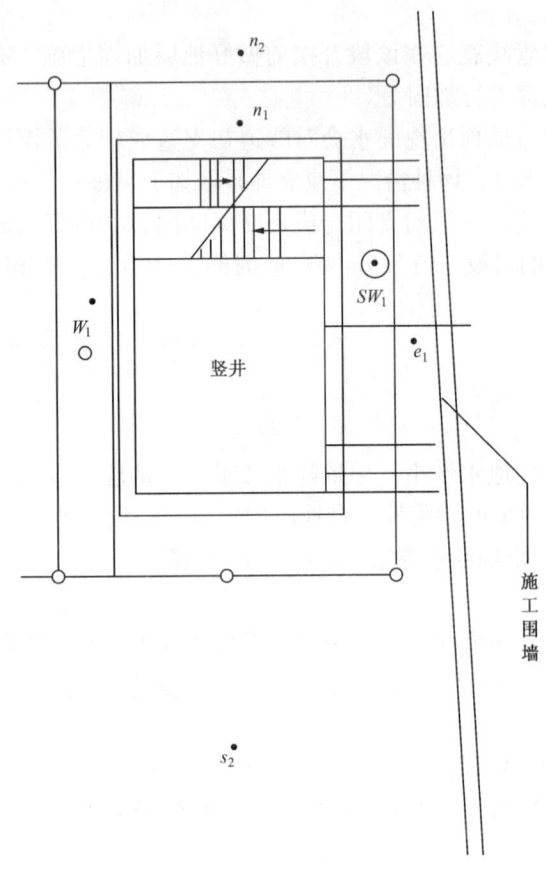

图 13.3-7　施工竖井周边监测点平面布置

急处理比较成功。

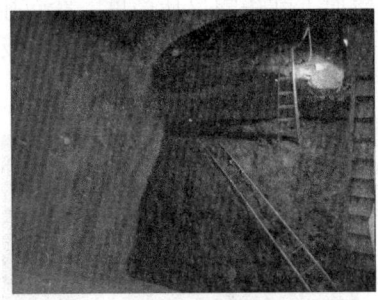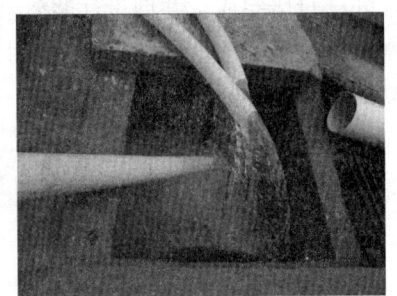

图 13.3-8　施工竖井内反压土层及竖井边降水井

13.3.3　马头门破除拱顶坍塌风险

（1）风险分析

对于竖井破马头门部位的洞门处拱部土体一般在 6 ~ 12m，常伴有砂层和湿陷性黄土，因此，在洞门破除过程中，竖井周围降水效果不理想，洞门处拱部土体会因为存在湿陷性黄土，湿陷后在洞门拱部土体自稳性差，开挖扰动后易产生坍塌。

（2）风险对策

一般在竖井破马头门前设计有大管棚+小导管对洞门处土体进行预加固，这可以有效避免因洞门临空面较大的情况下拱部地层不良所造成的坍塌风险，也有在竖井开挖前对马头门前方的地层进行旋喷注浆进行加固的措施。另外，就是要严格控制洞门破除过程中开挖循环进尺深度和洞口密拼格栅的安装封闭时机。

（3）工程实例

某区间盾构竖井 2012 年 9 月 15 日破洞门进正线时，由于降水效果不理想，洞门在破除过程中拱部湿陷性黄土湿陷后坍塌，现场发现洞门处正同时破除围护桩（图 13.3-9）。

图 13.3-9　围护桩破除后拱部土体坍塌

风险事件总结：①盾构始发井需破除马头门，施工风险极大，应严格执行已经审批的专项方案实施，确保施工安全；②建议在洞门破除前对地层周边降水效果仔细调查，必要时在洞门处进行注浆加固。

13.3.4　掌子面土体坍塌风险

（1）风险分析

隧道土方开挖掌子面出现湿陷性黄土地层时，当地层中无地下水时，该地层的稳定性较好，并且掌子面土体具有一定的强度，开挖过程中比较安全；但是，在地层中含水较大时，湿陷性黄土遇水后结构强度迅速损失，自稳性几乎消失，掌子面土体快速形成流塑状态，如果开挖扰动较大时会产生坍塌的风险。

（2）风险对策

目前所采取的掌子面前方超前地质探测的方法能预知前方 3~5m 的地层情况和含水情况，在开挖扰动前做出相应的处理。在隧道内对掌子面前方土体进行加固通常采取的方法有 WSS 深层注浆、小导管超前注浆、大管棚注浆、水平旋喷注浆等。

（3）工程实例

某区间在 2013 年 3 月 27 日暗挖横通道土方开挖时，开挖掌子面土体大部分为湿陷性黄土，遇水后不久掌子面土体坍塌，如图 13.3-10、图 13.3-11 所示。

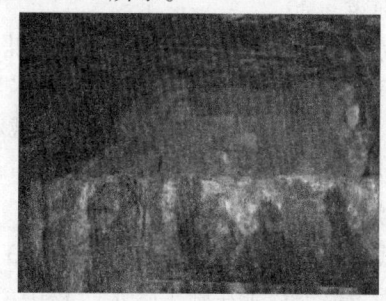

图 13.3-10　横通道上断面滑塌　　　　图 13.3-11　横通道下断面掌子面少量坍塌

经参建各方研究后确定了以下措施：①暂停竖井横通道上、中断面掘进施工，并对掌子面实施封闭；②加快跟进下断面掘进施工，尽量缩短上、下断面施工步距；③加大监测频率，一日两次；④组织有关人员判断地质情况是否与地勘资料相符；⑤加大暗挖隧道内及上方地表巡查力度，并建立信息联络机制等措施。

据施工单位监测日报显示，竖井横通道上方 HTD2 系列地表沉降监测点监测数据仍未趋于稳定，沉降时态曲线如图 13.3-12 所示。同时，截止到 2013 年 4 月 6 日，报警测点数由 2013 年 3 月 29 日 HTD2 系列的 4 个测点增加到 HTD1～HTD3 系列的 10 个测点。

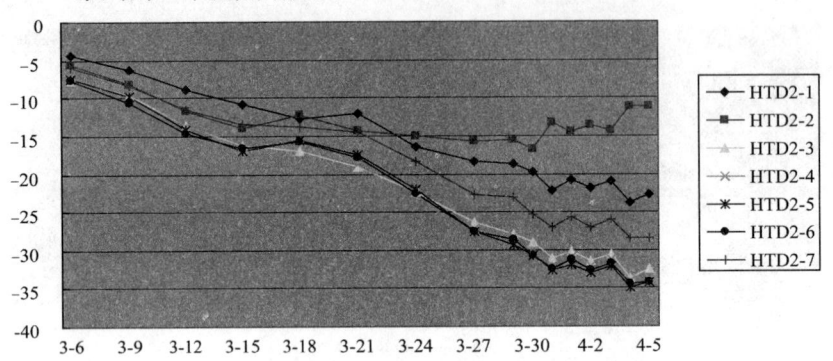

图 13.3-12　竖井横通道 30m 上方地表 HTD2 系列监测点沉降时态曲线图

风险事件小结：①竖井横通道上断面掌子面后方左侧约 3m 处已发生少量滑塌，建议施工单位尽快对滑塌区域实施封闭，并埋设注浆管，确保滑塌形成的空洞回填密实。同时对下断面掌子面有少量坍塌，应及时喷混凝土封闭；②目前，竖井横通道上断面已暂停掘进，建议施工单位进一步封闭掌子面，待上、下两断面拉开适当距离，并地表沉降趋于稳定后，方可恢复开挖；③竖井横通道开挖地层主要为湿陷性黄土，地下水较丰富。建议下一步开挖过程中，施工单位应根据已审批的降水方案，严格进行降水施工，确保无水作业；④施工单位应按照设计要求埋设初支背后注浆管，并及时进行初支背后注浆；⑤加强竖井横通道上方地表沉降监测点以及洞内拱顶沉降、净空收敛的监测，同时，洞内及隧道上方地表应派专人进行巡查，以便及时发现险情，消除安全隐患。

13.3.5　初支结构过大变形风险

（1）风险分析

初支结构施工完成后，若上部存在湿陷性黄土地层时，隧道围岩遇水湿陷后会对初支结构产生较大的侧向土压力，初支结构格栅之间的连接强度不足以抵御侧向土压力的推力，格栅间将产生差异沉降变形，甚至出现开裂。

（2）风险对策

对于出现初支结构过大变形的情况，应考虑以下应对措施：

1）在允许范围内缩小上、下台阶距离，尽早使初支结构进行闭合。

2）对初支背后土体进行回填注浆加固，减小地层变形。

3）加强降水井抽排，并核查隧道上方地层有水管线渗漏情况，及时进行处理，减小地层渗水。

（3）工程实例

某车站右线采用 CRD 法暗挖施工，在 2013 年 3 月 26 日第三方监测单位监测初支监控量测数据报警，原因主要为：①在施工降水过程中，隧道拱顶上覆湿陷性黄土地层失水固结造成地表沉降；②施工不规范，如：开挖步序不合理；开挖进尺较大，约 1.0m 以上，两榀一支（图

13.3-13、图 13.3-14）。

图 13.3-13 隧道开挖两榀一支　　　图 13.3-14 隧道内初支变形较大

确定了以下处理措施：①必须严格按照 CRD 工法的施工步序进行开挖，确保各导洞之间安全距离；②严格按照设计文件要求控制开挖长度，及时架设格栅拱架并喷混凝土（一榀一喷），及时封闭成环；③严格按设计要求进行锁脚锚杆的打设，且与格栅拱架焊接；④加强初支背后注浆管理；⑤加强超前地质预报；⑥对地表监测点进行校核，加密监测频率。

截至 2013 年 4 月 20 日，据施工单位：ADB2-2 地表沉降测点累计沉降最大，其值为 -52.78mm，沉降速率为 -0.72mm/d；YGD2 拱顶沉降测点累计沉降最大，其值为 -45.74mm，沉降速率为 -1.01mm/d。以上测点虽累计沉降值均远超控制值，但沉降速率均较小，说明近期暗挖隧道围岩变形及其上方地表沉降均趋缓，风险降低，下一步还应继续予以关注。

13.4　湿陷性黄土条件下盾构机栽头风险

（1）风险分析

盾构在湿陷性黄土地层中施工时，湿陷性黄土盾构机自重和地下水的共同作用下，土的结构迅速破坏，承载力急剧降低，随之产生显著的附加下沉，从而出现盾构机栽头的风险。

（2）风险对策

1）在盾构通过湿陷性黄土地层时，加强掘进参数和掘进速度的控制，减小盾构施工对地层的扰动。

2）加强同步注浆方量及砂浆初凝时间控制，缩短砂浆初凝时间，一般 4~5h 为宜，防止盾构在湿陷性黄土中出现二次沉降。

（3）工程实例

某区间穿越湿陷性黄土地层，施工引发地表及建筑物沉降较大，最大值分别为 -70mm、-50mm，主要是软塑或流塑状湿陷性黄土含水量大，同时具蠕变性，变形时间长，盾构施工中渗水量较大，管片背后注浆不及时导致地层变形过大，盾构刀头下部土体流失较大造成盾构前端底部承载力减弱，最终导致盾构栽头。现场情况如图 13.4-1~图 13.4-4 所示。

图 13.4-1 护城河拱桥钢支架加固　　　图 13.4-2 黄土渣土

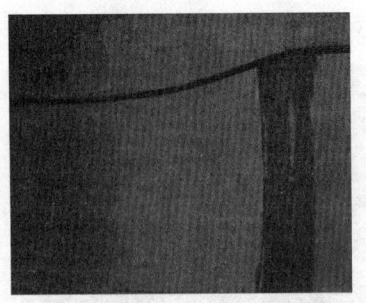

图 13.4-3　管片错台严重　　　　　图 13.4-4　管片渗水

13.5　黄土地层地铁施工可能产生的环境风险

13.5.1　地铁施工对周边环境的风险分析

13.5.1.1　明挖法施工对周边环境的影响

（1）风险分析

湿陷性黄土地层在遇水湿陷后，强度损失较大，并伴随有较高的压缩性，因此该地层会产生较大的沉降，建筑物基础设计不当将会受湿陷性黄土地层下沉影响而产生不均匀沉降，从而造成建筑物墙体变形、开裂。

在地铁明挖基坑周边的建筑物下方存在湿陷性黄土的，会受基坑开挖的地层应力释放而产生向基坑的侧向土压力，地层在遇水湿陷后产生沉降会随地铁明挖基坑开挖而变形增加，地层变形较为显著，从而更加剧建筑物沉降的幅度。

（2）风险对策

针对临近明挖基坑周边的建筑物的防变形处理，目前西安地铁采取的是在建筑物和明挖基坑之间设置混凝土隔离桩（隔离墙），对建筑物基础加固或托换。

同时，在建筑物的结构柱或角部设置沉降监测点，主要观察建筑物的沉降变形和差异变形，防止建筑物变形、开裂。

（3）工程实例

某车站明挖基坑东侧临近的地面及侧墙局部发现细小裂缝，现场情况如图 13.5-1 和图 13.5-2。

图 13.5-1　现场基坑施工与建筑物位置对应关系

13.5.1.2　矿山法施工对周边建筑物的风险分析

（1）风险分析

湿陷性黄土地层在遇水湿陷后，强度损失较大，并伴随有较高的压缩性，因此该地层会产生较大的沉降，建筑物基础设置不当将会受湿陷性黄土地层下沉影响而产生不均匀沉降，从而造成建筑物墙体变形、开裂。

图 13.5-2　裂缝观测点

在地铁矿山法隧道沿线的建筑物下方存在湿陷性黄土的，会受隧道开挖的地层应力释放而产生土压力的自我平衡，围岩会沿隧道径向产生一定的土压力，地层在遇水湿陷后产生沉降会随地铁明挖基坑开挖而增加变形，地层变形较为显著，从而更加剧了建筑物沉降的幅度。

（2）风险对策

针对在矿山法隧道影响范围内的建筑物的防变形处理，一般采取在建筑物和明挖基坑之间设置混凝土隔离桩（隔离墙），建筑物基础加固或托换等措施。同时，在建筑物的结构柱或角部设置沉降监测点，主要观察建筑物的沉降变形和差异变形，防止建筑物的变形、开裂。

（3）工程实例

某地铁线路部分区间暗挖隧道开挖过程中揭露湿陷性黄土地层，大断面暗挖段采用分部开挖 CD 法、CRD 法、双侧壁导坑法施作过程中，由于上述三种工法施工安全风险为递增顺序，从而施工工艺水平要求也依次较高，围岩的变形释放量越大，相应的地表沉降量越大，加之初支闭合不及时，导致围岩及地表建（构）筑物发生较大速率变形甚至引起地面相邻建筑物的开裂、损坏风险。现场情况如图 13.5-3 ~ 图 13.5-5 所示。

图 13.5-3　区间右线不对称临时支撑

图 13.5-4　区间左线开挖台阶过短　　图 13.5-5　区间公交调度站墙面开裂

13.5.1.3　盾构法施工对周边环境的风险分析

（1）风险分析

盾构在湿陷性黄土地层中施工时，湿陷性黄土在盾构机推力和地下水的共同作用下，刀盘前方土体的结构迅速破坏，承载力急剧降低，湿陷性黄土上部土体随之下沉，从而反映至地表，出现地表沉降的风险。

（2）风险对策

1）在盾构通过湿陷性黄土地层时，放慢掘进速度，适当降低总推力，减小盾构施工对地层的扰动。

2）加强同步注浆方量及砂浆初凝时间控制，缩短砂浆初凝时间，一般 4～5h 为宜，防止盾构在湿陷性黄土中出现二次沉降。

3）提高盾构刀盘仓压力，刀盘仓压力保持在掌子面水土压力的 120%，防止掌子面出现坍塌。

（3）工程实例

某地铁线路南延段盾构在穿越湿陷性地层施工中，由于未根据不断变化的地层情况及时调整各种掘进参数，如掘进速度、土仓压力等，同时中渣土改良不好，普遍发生涌水（砂）严重，加之管片二次注浆不及时，导致地表及建（构）筑物产生较大速率沉降，造成建（构）筑物损坏的风险。如某区间最大地表沉降 −160mm，较严重的是某建筑物下沉达 −120mm，造成该建筑物开裂，现场情况如图 13.5-6 所示。

图 13.5-6　盾构区间某建筑物开裂情况

13.5.2　施工降水对周边环境的风险分析

（1）风险分析

地铁施工降水是造成周边地表、管线、建（构）筑物等环境发生变化的关键因素之一。由于地铁施工多采用井点轻型降水，根据类似场地施工经验不考虑设置回灌井。在地铁明挖基坑周边密集布设降水井间距不大于 7m，井深最大 45m，明挖基坑周边实际形成的降水漏斗宽度能达到 30～70m，根据周边地区（地铁 2 号线小寨站）的施工监测资料显示，降水期间最大沉降量为 18mm，而对于湿陷性地层周边建筑物沉降差异大于 50mm。地铁施工降水影响范围较广，地层中湿陷性黄土遇水湿陷的确会对周边环境造成较大影响。

（2）风险对策

对于大面积降水对周边环境的影响目前主要采用回灌、合理设置降水井、对周边环境进行加固保护、加强变形监测和水位监测等，大多都能减小降水造成的影响，但是城市地铁大面积降水所造成的风险和环境影响还有待进一步考证。

（3）工程实例

某车站在开挖至基坑中间段东侧由于大面积降水，湿陷性黄土地层失水固结后大面积下沉，造成基坑周边及车站围挡附近地面产生较大范围的沉陷，造成地面开裂。现场情况如图 13.5-7 和图 13.5-8 所示。

图 13.5-7　基坑周边地表沉降开裂　　图 13.5-8　基坑东侧地表沉降开裂

第4篇

不良地质的工程风险

第 14 章　地层空洞的工程风险

14.1　地层空洞土洞典型地质条件描述

14.1.1　定义

14.1.1.1　土洞
一般特指可溶岩上覆盖的土层被地表水冲蚀或地下水潜蚀所形成的洞穴。其进一步发展将形成地表塌陷，如图 14.1-1 所示。

14.1.1.2　空洞
由于地下管线长年使用后的老化造成长期渗漏，或人工凿井长年抽取地下水，建安、市政施工降水等其他人为因素导致土层流失而形成的洞穴。

废弃的私人菜窖、人防工事也属于地下空洞的一种特例。

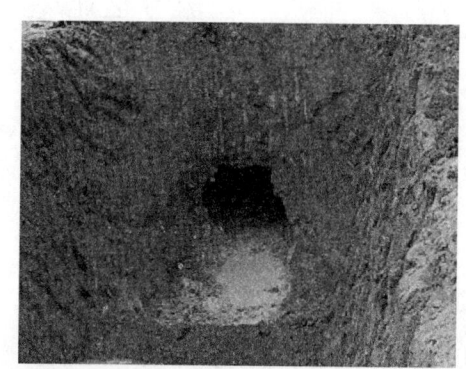

图 14.1-1　土洞

14.1.2　成因

14.1.2.1　土洞的成因
徐拾根、杨德才发表的《浅谈土洞的成因及地基处理》一文，总结了土洞形成的两种主要因素：一是内因，包括土的结构、构造、水文地质条件、基岩岩溶发育情况等，它们对土洞的形成起决定性作用；二是外因，包括天然和人为因素引起的地下水位变化所造成的潜蚀作用，它们是土洞形成的"催化剂"，其形成过程如下：

（1）在岩溶地区，地下水动力条件发生变化时，原来被堵塞的落水洞，裂隙口及与其相连的下部排水通道复活，重新成为地下水集中活动地段。

（2）地下水位上升，遇抗水性差的土，溶蚀作用加强引起土体强烈崩解，崩解物部分顺喇叭口落入溶洞中，初步形成上覆土层中的土洞。

（3）地下水继续作用，土颗粒沿岩溶洞穴裂隙被带走使上层土中的空洞逐渐扩大，向上呈拱形发展。

（4）土洞进一步扩大，空洞向地表发展，顶板渐薄到不能支持上部土的重量时便突然发生塌落。

（5）塌陷后，地面便成为地表径流汇集的场所，大量冲积物日益堆积，使底部逐渐接近碟形洼地。

（6）土洞在形成过程中，沉积在洞底的塌落土体有时不能被带走而堵塞通道，若潜蚀作用大于堵塞作用，土洞继续发展；反之土洞就停止发展。因此，不是所有土洞都能发展到地表塌陷（图 14.1-2）。

14.1.2.2　空洞的成因
主要成因可归结为地下既有管线的长期渗漏或其他人为原因两大类，具体可表现为：

（1）暗渠化河道建设标准低，结构设计强度难以满足荷载要求，年久老化，且缺乏日常的维护管理，一旦发生渗漏，水流会带走暗渠周边泥土，造成地下空洞。

（2）给水排水管道建设主体较多，建设情况复杂，部分管道存在建设标准低、施工质量差、建设资料缺乏、维护管理不到位等诸多问题，造成管道损坏渗漏，掏空泥土，形成地下空洞。

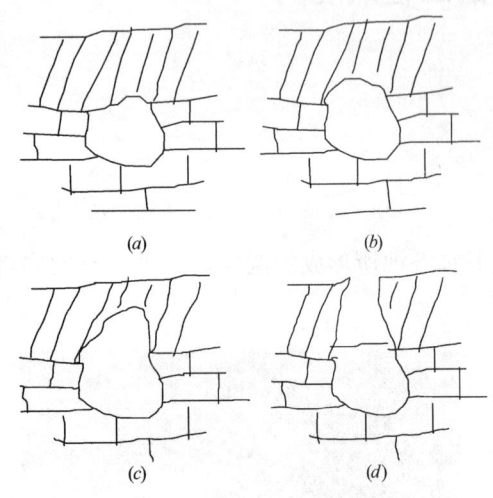

图 14.1-2　土洞的形成
（a）土洞形成以前；（b）土洞初步形成；
（c）土洞向上发展；（d）地表塌陷

（3）地下隧道工程施工作业扰动岩土体，有时会间接损坏地下管网，造成管道损坏、渗漏或破裂，也易形成地下空洞。

（4）轨道交通车站等深基坑施工，基坑支护不当也会引起周边变形沉降，连带造成排水管线受损、断裂，由此产生的水流带走泥土，形成地下空洞，进而引发地面坍塌事故。

（5）地下隧道、明挖深基坑等地下工程，施工需要抽排地下水，短时间内使地下水位快速降低，造成上部土体沉降，导致给水排水管线受损、断裂，形成地下空洞。

（6）填海区多为软土分布，土体较软，固结沉降引起地面变形，导致给水排水管线受损、断裂，形成地下空洞。

（7）建筑、市政工程降水施工、民用水井常年抽水、农业灌溉用井等由于成井质量问题，造成施工时及抽水期间地层流失，形成空洞。

（8）人为修建而现阶段已经废弃的防空工事，居民早年开挖的菜窖等（图 14.1-3、图 14.1-4）。

图 14.1-3　人工开挖的菜窖

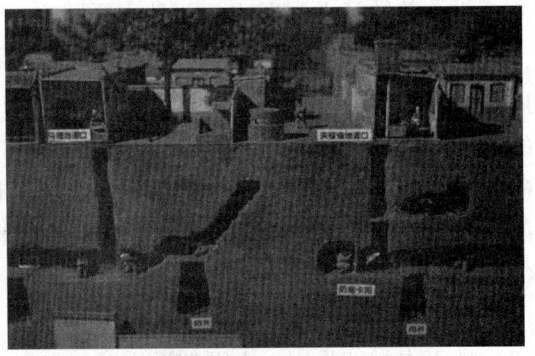

图 14.1-4　地道、人防

14.1.3　分布范围

14.1.3.1　土洞的分布范围

我国可溶性岩石（主要是石灰岩、白云岩）分布范围较广，贵州、广西、四川、云南东部、湖北西部、广东北部、江苏南部、浙江西部、河南北部、山西西部、山东中部等地均有分布，其中以云贵高原最为集中，详见图 14.1-5。

土洞或地表塌陷，是岩溶现象在土层中的特殊反映，其生成条件与岩溶密切相关，土洞具有埋藏浅、分布密、发育快、顶板强度低（可因自重而塌陷）的特点，因此，土洞对工程建设的影响甚至远大于岩溶。

14.1.3.2　空洞的分布范围

空洞与工程建设及其他人为因素密切相关，只要存在工程建设和人类活动，就会存在地下空洞。空洞的概化图如图 14.1-5 所示。

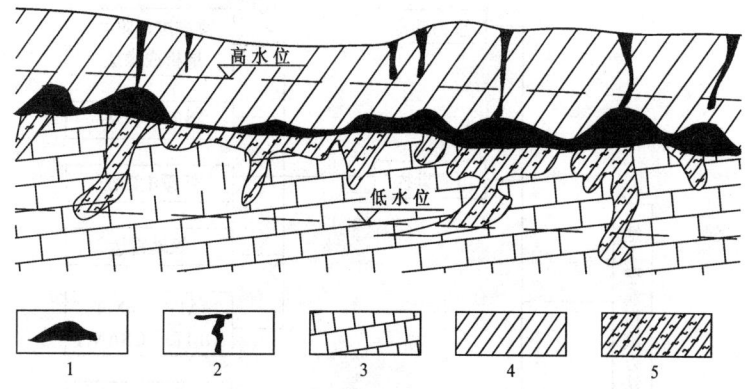

图 14.1-5　土洞的分布和发育示意图
1—土洞；2—裂隙；3—石灰岩；4—黏性土；5—软土或稀泥

14.1.4　工程特性

1）虽然土洞的形成和发展存在一定的规律性，但由于场地的工程地质和水文地质条件的复杂性，决定了土洞的分布和大小具有随机性。

2）空洞的成因除与场地的工程地质和水文条件相关外，还与工程建设与人类活动息息相关，更导致了空洞复杂性和多变性。

3）土洞和空洞的分布与大小受场地水文地质条件变化与人类活动的影响而发生和发展，因此土洞和空洞具有动态变化性。

4）土洞和空洞破坏了地层结构，弱化了地层自身强度和抗变形能力，甚至导致地面塌陷。

5）施工活动会加剧地层的受力不平衡导致土体失稳破坏，进而造成地面塌陷，对周边环境影响极大。

14.1.5　土洞的探查勘察重点

14.1.5.1　土洞的勘察重点
土洞一般分布在如下的岩溶发育区，这些地段是土洞勘察的重点区域：

1）土层较薄、土中裂隙及其下岩体洞隙发育部位。

2）岩面张开裂隙发育、石芽或外露的岩体与土体交接部位。

3）两组构造裂隙交汇处和宽大裂隙带。

4）隐伏溶沟、溶槽、漏斗等，其上有软弱土分布的负岩面地段。

5）地下水强烈活动于岩土交界面的地段和大幅度人工降水地段。

6）低洼地段和地表水体近旁。

14.1.5.2　土洞的勘察方法
目前，国内外对地下空洞和不密实带探测的研究，主要以工程钻探和地球物理勘探为主。

（1）工程地质测绘与调查

工程地质测绘与调查是土洞勘察的一个重要工作方法。尤其是空洞，包括民用菜窖、民用机井、人防工事等主要是通过现场走访当地老住户了解。

（2）地球物理勘探

根据其所研究地球物理场的不同，通常可分为：重力勘探、电磁勘探、地震勘探和放射性勘探，如图14.1-6所示。

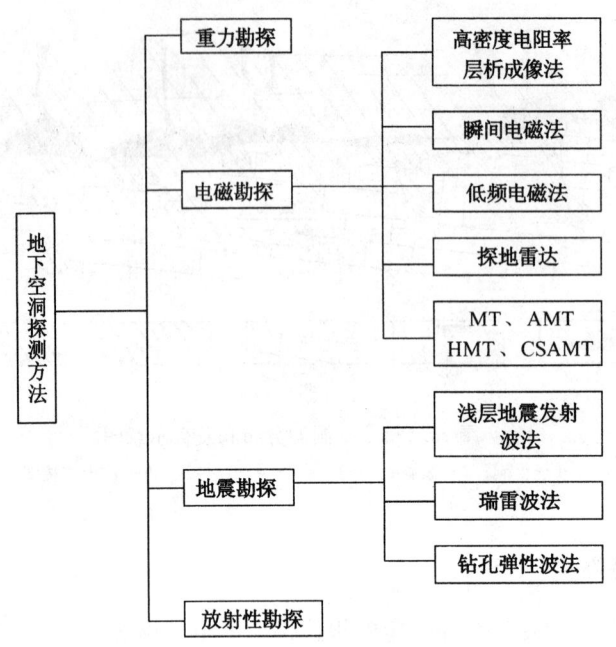

图14.1-6　地下空洞探测方法

（3）钎探

钎探是查明土洞简便而又可行的主要手段，因而在生产中得以广泛应用。

1）钎探工具：多用钢筋做成。

2）探点布置：间距一般以1~2m为宜，可按方形或梅花形布置。

3）钎探深度：应根据基础压缩层深度、基岩埋深和人工钎探的准确程度等因素确定，一般不深于6m。

4）操作方法：在探点处挖一小坑，向坑中加水，同时将探钎慢慢下插。插钎过程中需保持坑中有水，以减轻操作人员的劳动强度。当探到空洞时会产生掉钎现象。发现土洞后，可在钎孔里注水，如水不易漏失，说明土洞内填有软土或水；如总灌不满，证明为空洞，并与基岩中的通道相连。

（4）夯探

开挖基槽后，可沿着基槽进行重锤夯击，对浅埋土洞可依据夯击回声的变化来判定其是否存在。

（5）钻探

主要在查明深埋土洞时使用。

1）一般孔深度的确定：当基岩埋藏浅，且上覆土层厚度小于10m时，应钻至基岩面。当上覆土层厚度大于10m时，钻孔深度可考虑为8~15m。

2）控制孔深度的确定：深度一般按30m考虑。

14.2　土洞、空洞典型地质条件下明挖法施工风险分析

14.2.1　土钉、锚杆失效风险

（1）风险分析

在基坑围护结构施作土钉时，如土洞、空洞位于土钉锚固段的上方，会由于注浆不实，从而造成锚固力满足不了设计要求，在基坑发生变形时，土钉失效。

在基坑围护结构施作锚杆时，如土洞、空洞位于锚杆锚固段时，会由于锚孔发生方位偏移，加上注浆不实，从而造成锚固力满足不了设计要求，在基坑发生变形时，锚杆失效。

（2）风险对策

1）施工前，查明施工区域可能存在的土洞（空洞）位置及尺寸，当土洞较大时，应对土洞进行回填密实。

2）有针对性地采用钢花管注浆来代替土钉。

3）采用在孔口设置止浆阀，进行压力注浆，确保空洞的充填密实。

14.2.2　土钉、锚杆施工中孔壁塌落

（1）风险分析

如土洞或空洞中含水，则在土钉、锚杆施作过程中由于振动或施工扰动，会造成孔壁塌落。

（2）风险对策

1）施工前，查明施工区域可能存在的土洞（空洞）位置及尺寸，当土洞较大时，应对土洞进行回填密实。

2）采用钢花管注浆替代土钉，使其充填空洞或土洞，并使孔内沉渣固结。

3）采用跟管锚杆钻机施工，将坍塌的土层置换成泥浆带出，用压力注浆将空洞充填密实。

14.2.3　支护桩（墙）施工引起地面塌陷

（1）风险分析

支护桩（墙）施工过程中，由于施工机械本身自重的加载，以及施工中对地层的扰动，使得土洞顶板原有的力学平衡被打破，从而引发土洞顶板的垮落，继而引发地面塌陷。

（2）风险对策

1）施工前，查明施工区域可能存在的土洞（空洞）位置及尺寸，当土洞较大时，应对土洞进行回填密实。

2）在支护桩（墙）施工影响范围内，采用注浆方法填充空洞。

14.2.4　主体结构的不均匀沉降风险

（1）风险分析

空洞破坏了地层结构的均匀性，弱化了地层自身强度和抗变形能力。土洞上部受到主体结构长期振动荷载的作用，会逐渐打破空洞上方地层的力学平衡，导致空洞上方地层结构的失稳破坏，造成主体结构不均匀沉降或开裂。

（2）风险对策

1）查清影响范围内的空洞发育情况。

2）对存在的空洞进行深孔注浆，使其充满空洞。

14.3　土洞、空洞典型地质条件下矿山法施工工程风险分析

14.3.1　竖井围护结构坍塌风险

（1）风险分析

竖井开挖，一般采用钢筋椻架加钢筋网片加锚喷混凝土支护，随着竖井的逐步开挖，支护

体系承受的土压力也越来越大，支护体系产生一定的位移，从而引发土体的变形，当地层中存在空洞或土洞，导致土洞原有的力学平衡被打破，土洞进一步发展，导致土压力进一步增大，引起支护体系进一步变形，滑裂面进一步外移，当支护体系承受不了外侧土压力时，造成支护体系局部失效，最终导致竖井坍陷。

（2）风险对策

1）查清影响范围内的空洞发育情况。

2）对存在的空洞进行深孔注浆，使其充满空洞。

14.3.2　隧道开挖拱顶坍陷风险

（1）风险分析

拱顶土体不实或存在空洞，则在开挖过程中会破坏土体原有力学平衡，导致拱顶坍塌破坏。

隧道开挖过程中，位于隧道拱顶和侧壁的大型土洞和空洞，极易造成隧道开挖面围岩失去稳定性，进而造成开挖面塌方；位于隧道底部的土洞，则容易造成人员设备突然陷落，造成事故。

（2）风险对策

1）采用超前地质探测查明空洞的位置、范围及残留物。

2）暗挖施工把防止"坍方"放在首位，遵循"管超前，严注浆，短开挖，强支护，早封闭，勤量测"的十八字施工原则，结合施工方案，确保安全生产。

3）空洞的处理方法：对于洞径大于 2m 的无填充或半填充的溶洞，通常先采取填砂处理，然后进行注浆加固。小于 2m 的溶洞，可采取直接注浆填充，区分地层含水情况和结构防水要求来选择不同种类的浆液。

4）全填充砂泥空洞处理方法：采用压力注浆的方法，进行加固填充，注浆材料宜采用水泥浆或水泥-水玻璃混合浆液。注浆时，采用端头带有梅花形小孔的花管或采取袖阀管，控制压力从低到高，间歇、反复注入。

14.3.3　掌子面涌土涌水

（1）风险分析

位于隧道穿越地段的大型空洞，隧道开挖过程中已经破坏了其自有结构，溶洞内的泥砂、水大量涌出，溶洞周围围岩的巨大压力易在溶洞处释放、坍塌，进而造成地表沉陷，为避免地表塌陷和沉降过大，需对空洞进行处理。

（2）风险对策

1）开挖前，如地层有渗水现象，要用洛阳铲对前方地层进行超前探，查明前方地层及水层情况，避免前方存在水囊、空洞，造成开挖时土体坍塌和涌水事故。

2）对于不明的水源，必须封闭掌子面，待调查清楚，并有效排除隐患后才能继续施工。

3）采用插管导流等方式将空洞内水体排出。

14.4　土洞、空洞典型地质条件下盾构法施工工程风险分析

14.4.1　盾构机掘进陷落风险

（1）风险分析

在土洞发育地段，盾构法施工打破了土洞顶板原有的力学平衡，造成垮坍，可导致盾构机具陷落等事故。

开挖过程中，位于隧道拱顶和侧壁的大型溶洞和空洞，极易造成隧道开挖面围岩失去稳定性，进而造成开挖面塌方，给施工人员、设备带来安全隐患；位于隧道底部的溶洞，则容易造成人员设备突然陷落，造成事故。

（2）风险对策

1）查清影响范围内的空洞发育情况。

2）对存在的空洞进行深孔注浆，使其充满空洞。

3）对于洞径大于 2m 的无填充或半填充的溶洞，通常先采取填砂处理，然后进行注浆加固。小于 2m 的溶洞，可采取直接注浆填充。

14.4.2　盾构机掘进姿态改变

（1）风险对策

盾构机在掘进过程中如遇到空洞，由于空洞的存在导致盾构机受力不平衡，同时由于盾构表面与隧洞间的摩擦阻力不均匀，开挖掌子面上的土压力以及切口环切削欠挖地层引起的阻力不均匀，会引起一定的偏差。

（2）风险对策

1）盾构掘进同步注浆的目的，是为了防止土体松弛和下沉，减少地表沉降。浆液既可以填充建筑空隙，又有一定的支护能力，是施工中控制后期沉降的重要手段之一。

2）对于洞径大于 2m 的无填充或半填充的溶洞，通常先采取填砂处理，然后进行注浆加固。小于 2m 的溶洞，可采取直接注浆填充。

14.5　对周边环境的风险分析

14.5.1　地面开裂、坍陷

（1）风险分析

由于空洞产生塌陷、片帮及涌土、涌水等灾害，进一步加剧了土洞或空洞的发展，导致空洞上方地层结构的失稳破坏，造成相邻建筑物发生不均匀沉降，引发地面开裂、塌陷（图 14.5-1）。

图 14.5-1　土洞（空洞）导致地面塌陷

（2）风险对策

1）查清影响范围内的空洞发育情况。

2）对存在的空洞进行深孔注浆，使其充满空洞。

14.5.2　建筑物开裂倒塌

（1）风险分析

由于土洞或空洞的存在，回填注浆不实，没有采用深孔注浆，引起土洞垮塌，向上发展，引起地层沉降，导致相邻建筑物产生不均匀沉降，其结果必然导致建筑物开裂，如此时所采取的处置措施不当，将会引起建筑物倒塌。

（2）风险对策

1）查明施工影响范围内的地层中存在的土洞和空洞。

2）采取深孔注浆或填充措施予以先期处理。

3）必要时施作隔离桩，予以隔离，减轻盾构施工对相邻建筑物的影响。

4）加强对相邻建筑物深层土体位移监测，如地层变形或建筑物沉降过快时，应召开相关各方参加的专家会，分析原因，制订对策，及时对建筑物予以加固。

14.5.3　案例

某地铁车站发生路面塌陷事故。经调查，该区域雨污水管线较多，因管线施工土体回填不密实及管线长期渗漏等原因形成较大地下空洞及水囊，空洞平均深度约 2.2m，洞内面积约 21m^2；同时施工降水和地层扰动破坏了不良地层结构的受力状态及其周围土体的稳定性，加之路面交通荷载作用，最终导致了大范围路面塌陷（图 14.5-2）。

图 14.5-2　造成某车站严重塌陷事故的地下空洞

第 15 章　有害气体的工程风险

15.1　有害气体描述

15.1.1　有害气体定义

是指对人或动物的健康产生不利影响，或者说对人或动物的健康虽无影响，但使人或动物感到不舒服，即影响人或动物舒适度的气体。

15.1.2　有害气体分类

（1）根据对人体产生危害的作用过程，有害气体可分为：

1）单纯窒息性气体。其本身并没有毒性，但随着在空气中含量的增加，空气中的氧气含量相对减少，使人窒息。如甲烷、氮气等。

2）化学性窒息性气体。此类气体经呼吸进入人体后，会与机体中的成分发生化学反应，由于与血液中的红细胞结合的能力大于氧与红细胞的结合能力，阻碍了氧气的输送使人体缺氧而引起窒息，也称内窒息。如一氧化碳等。

3）刺激上呼吸道的气体。此类气体对鼻、咽喉等有刺激性作用，易引起炎症，从而影响人的身体健康。如氨、二氧化硫等。

4）刺激肺脏的气体。此类气体强烈刺激肺脏，易引起肺炎、肺水肿，甚至诱发肺癌等疾病。如二氧化氮等。

5）对中枢神经有损伤的气体。此类气体进入人体后，易使中枢神经麻痹、麻醉，损伤中枢神经。如硫化氢等。

（2）根据有害气体的来源可分为：

1）人类活动产生的有害气体。包括日常生活、工业生产、航空航天等。如垃圾填埋，化工厂排出的有害气体，工程爆破和工程机械工作、矿物燃烧、航空航天推进器燃料燃烧排出的气体等。

2）自然产生的有害气体。煤层和天然气地质构造岩层，河湖相、海相、沼泽相沉积环境下沉积的淤泥、淤泥质土及其他岩土层。

15.1.3　工程中常见的有害气体

工程中常见的有害气体主要有：瓦斯、氡气、一氧化碳、二氧化碳、氮氧化物、硫化氢、氨、二氧化硫等。

（1）瓦斯

主要成分是烷烃，其中甲烷占绝大多数，另有少量的乙烷、丙烷和丁烷，此外一般还含有硫化氢、二氧化碳、氮和水汽，以及微量的惰性气体。

自然产生的瓦斯赋存的地层结构如图 15.1-1 所示。

（2）氡气（Rn-222）

1）特性：氡气是自然界唯一的天然

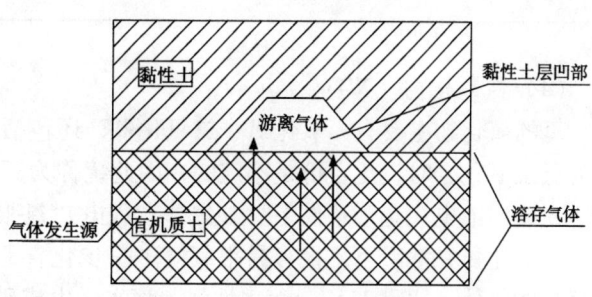

图 15.1-1　含瓦斯地层典型地质剖面图

放射性惰性气体。它具有无色、无味的特性。氡气的比重为9.73，是空气比重的7.5倍。氡气溶于煤油、水、血、甲苯、CS₂，易被脂肪、硅胶、橡胶、活性炭吸附，常温下氡气在空气中能形成放射性气溶胶而污染空气。氡的半衰期只有38d，氡形成后很快衰变并产生一系列放射性产物，最终成为稳定元素铅。氡气浓度的单位为 Bq/m³，熔点：-71℃，沸点：-62℃。

2）危害：氡是致癌物质之一。氡对人类健康的影响确定性效应表现为：在高浓度氡的暴露下，机体出现血细胞的变化。如外周血液中红细胞增加、中性白细胞减少、淋巴细胞增多、血管扩张、血压下降并可见到血凝增加和高血糖。氡对人体脂肪有很高的亲和力，特别是神经系统与氡结合使人痛觉缺失，随机效应主要表现为肿瘤的发生。

3）来源：氡气的产生与特定的地质条件有关，可能是镭、铀、钍等放射性元素衰变过程中的产物。氡气不是均匀、连续地释放，释放时的浓度也大小不一，但氡气在无风、低洼处可以积累，围岩暴露面积越大的洞段氡气浓度越高。隧洞掌子面由于其围岩为三面裸露，氡气的浓度高于别的洞段。

（3）一氧化碳（CO）

一氧化碳是无色、无味、无臭的气体，比空气稍轻，比重为0.97，密度为1.25，难溶于水，在20℃时，溶解度为0.2。它具有强烈的毒性，对人体非常有害。它与血液中的血红蛋白的结合能力要比氧气结合能力大200~300倍，因此一氧化碳进入人体后，迅速与血液中的血红蛋白结合，从而阻碍血红蛋白与氧气的正常结合，妨碍了血液对氧气的正常输送，造成人体组织和细胞大量缺氧而引起中毒，甚至窒息死亡。空气中的一氧化碳不同含量对人体的中毒特征见表15.1-1。CO也为可燃气体，是人工煤气中的重要组分之一。自燃点为608.89℃，遇明火或热会爆炸，在室温和大气压力下，空气混合爆炸极限为12.5%~74.2%。

空气中一氧化碳不同含量对人体的中毒特征　　　　　　表15.1-1

序号	CO含量（%）	中毒症状	备注
1	0.0148	1h内使人轻微中毒，出现头痛、头晕、耳鸣、心跳加速等	吸入新鲜空气后症状消失
2	0.128	1h内严重中毒，除出现轻微中毒的症状外，还出现肌肉酸痛、四肢无力、恶心、呕吐、感觉迟钝等，甚至丧失行动能力，短时间内昏厥，同时皮肤和粘膜呈桃红色，尤其脸部两颊、前胸和大腿内侧最明显	抢救及时，数天内即可恢复，一般不留后遗症
3	0.4	20~30min可使人致命中毒，人将失去知觉、痉挛、突然晕倒，可昏迷数小时，甚至几昼夜，严重者呼吸停顿，处于假死状态	清醒后可能精神异常，甚至可能出现痴呆、瘫痪等症状
4	1.0	人经过几次吸气，即失去知觉，1~2min后就可引起致命中毒	

（4）氮氧化物（NO）

氮的氧化物主要有一氧化氮、二氧化氮，还包括一氧化二氮、三氧化二氮、五氧化二氮等，因为氮跟氧化合时，化合价是不定的，因此统称为氮氧化物。

在高温或电火花等条件下（如爆炸、闪电）氮跟氧直接化合成无色的一氧化氮。

一氧化氮在常温下，很容易跟氧气进一步化合，生成二氧化氮。二氧化氮是棕红色有刺激性臭味的气体，比重1.57，溶水性强，溶水后生成硝酸和一氧化氮。其中毒特点是：起初无感觉，经过6h甚至更长的时间才出现中毒征兆。即使在危险浓度下，开始也只感觉呼吸道受刺激、咳嗽，经过 20~30min 后，才出现严重支气管炎，呼吸困难，吐黄痰，发生肺水肿、呕吐，以致死亡。

（5）硫化氢（H_2S）

硫化氢是无色、微甜，有臭鸡蛋气味的气体。它的比重是 1.17，密度是 1.539，容易溶于水，在 20℃时，其溶解度为 2.4。硫化氢对人体有强烈的毒性，能使人的中枢神经中毒，对眼睛和呼吸器官的粘膜有强烈的刺激作用：当空气中硫化氢含量为 0.0001%~0.0002% 时，人的嗅觉可以嗅到臭鸡蛋味。当含量达到 0.0027% 时，气味最浓；当含量超过 0.0027% 后，因人的嗅觉失灵而闻不出来。空气中硫化氢不同含量对人体的中毒特征见表 15.1-2。硫化氢也是可燃气体，遇热、明火或氧化剂易着火。其在室温和大气压下的爆炸极限为 4.3%~46%。

空气中硫化氢不同含量对人体的中毒特征　　　表 15.1-2

H_2S 含量（%）	中　毒　症　状
0.01~0.015	人轻微中毒，表现为流唾液和清水鼻涕，呼吸困难
0.02	人严重中毒，表现为头疼、呕吐、四肢无力
0.05	人会致命中毒，半小时内失去知觉，痉挛而死

（6）氨（NH_3）

氨是无色，但有刺激性气味的气体，它比空气轻，比重为 0.59，氨易溶于水，常温下，其溶解度达 700。氨的水溶液就是我们通常说的氨水。氨是现代化学工业的重要产品之一，可以制造硝酸、氨盐、各种氮肥和某些炸药等。

（7）二氧化硫（SO_2）

二氧化硫是无色的气体，具有呛人的特殊刺激性气味，它有毒，对粘膜有强烈的刺激作用。二氧化硫比空气重，其比重为 2.2。二氧化硫容易溶解于水。在通常情况下，其溶解度为 40°。二氧化硫具有杀菌、漂白的作用。

（8）二氧化碳（CO_2）

二氧化碳是和一切动植物生活密切相关的气体，人及其他动物呼出的气体含有多量的二氧化碳；化石燃料燃烧时有二氧化碳生成，动植物腐烂也有二氧化碳生成。二氧化碳还是一切绿色植物不可缺少的养料，通过光合作用，绿色植物吸收二氧化碳并转化成其体质。二氧化碳也是煤矿井下常见的有害气体，无色，略有酸气味，人不易察觉。其比重为 1.52，比空气重，密度为 1.977，多积聚在通风不良空间的底部。它比氧气和氢气易溶于水。通常情况下，其溶解度为 1。大气中有微量二氧化碳存在可促进人的呼吸加快，呼吸量增加，但空气中二氧化碳含量增加而氧气不足时则对人体有窒息危害。

空气中不同含量的二氧化碳对人的危害特征见表 15.1-3。

不同含量的二氧化碳对人的危害特征　　　表 15.1-3

CO_2 含量（%）	中毒症状	CO_2 含量（%）	中毒症状
3	人的呼吸急促，很快出现疲劳	10	出现头昏，甚至发生昏迷现象
5	呼吸困难，耳鸣	20	会使人迅速中毒死亡

此外，有害气体还有芳烃、卤化物等，主要是由生活垃圾产生。

15.2　工程风险分析

目前，城市轨道交通工程中，基坑（槽）开挖、地下洞室开凿和隧道掘进过程遇到的常见的有害气体为瓦斯（沼气），其主要成分为甲烷（CH_4）；其次为硫化氢、二氧化硫、氮氧化合物、一氧化碳等。

有害气体的危害主要有三种方式：

（1）使人不适和窒息

含量达到一定程度会使人感觉不适；空气中甲烷含量增加到 43% 以上时，氧气浓度就会降低到 12% 以下，这时人就会失去理智，时间稍长即可窒息死亡。

当瓦斯浓度增加到 57% 以上时，空气中氧含量降到 9% 以下，能使人立即死亡。

（2）燃烧和爆炸

当浓度在 2%～5% 或超过 16% 时，瓦斯遇到火源一般会发生燃烧。

含量在 5%～16% 之间，同时空气中的氧气含量不低于 12%，瓦斯遇到明火就会发生爆炸。某轨道交通工程勘察中发生的瓦斯爆炸事故如图 15.2-1 所示。

图 15.2-1　钻探中的瓦斯爆炸

如果瓦斯和空气混合气体中含有其他可燃性气体时，爆炸界限还要扩大。

（3）地面及建（构）筑物沉降

地层中有害气体的排放会改变原有地层气、液、固的三相组成，结构力学性质发生变化，发生压缩变形，造成施工作业面失稳，周土层扰动破坏，地面及周边建（构）筑物发生沉降开裂等，带来市政管线损毁等次生灾害。

15.3　有害气体防治

有害气体的防治，是一个系统工程，需在城市轨道工程中每个阶段，包含勘察阶段、设计阶段、施工阶段、运营阶段采用不同的应对措施，如避让、排放、通风、检测、监测等，综合治理，消除或降低其对工程及作业人员的危害，保护人类健康和生产、生活的正常进行。

15.3.1　勘察阶段

勘察阶段前期，首先要对区域地质深入研究，宏观上把握是否有气源岩、储气层、放射性地层的存在。研究拟建工程区地层与这些地层的相互关系。如果规划条件许可，尽量避开上述不利地层；如不能避开，勘察工作中就需专题研究有害气体。图 15.3-1 和图 15.3-2 为勘察揭示的有害气体——瓦斯。

图 15.3-1　瓦斯喷出图

图 15.3-2　瓦斯燃烧图

15.3.1.1　勘察目的

（1）目的

是消除浅层有害气体对地铁工程质量与安全的隐患，确保工程基坑、隧道、盾构、人工挖孔等施工安全。

（2）主要任务

1）初步查明地下浅层有害气体在不同区域是否有赋存，及在空间分布上的差异性。

2）测定土体中有害气体含量、主要化学成分、浓度；查明有害气体的分布及量测其压力，划定影响工程区域的分布范围。

3）分析有害气体的赋存规律、来源，判定施工中是否发生井喷或是否需预放气，评价其可能造成的危害，为工程设计和施工提出针对性防治措施和建议。

15.3.1.2　勘察控制原则

（1）探排结合的原则

首先布置检测孔进行查探，用甲烷气体逸出仪器检测，若无气，则封孔；若有气体反应，则放至达到设计要求止，单孔内的有害气体压力释放降至 0.05MPa 以下。

（2）均衡放气原则

有害气体释放的速率应不产生对放气孔周围地层的显著扰动，进行缓慢均衡放气，以不带出泥砂为控制标准，释放过程注意气体压力的动态变化。

（3）安全性原则

注重防火、防喷的措施。在勘探作业中必须严格执行国家和行业中关于有害气体安全防护的有关规定，加强安全意识的宣传，参照有关安全规程的要求制订具体的安全防护措施，确保施工人员人身安全。

15.3.1.3　勘察方法

（1）地球物理勘探

针对有害气体的特点，可采用横波地震法确定有害气体的分布范围。

（2）原位测试

采用改装型静力触探仪法查明有害气体的成分、气源层、储气层、埋藏深度和压力。

（3）钻探方法

1）钻孔的布置：根据有害气体研究资料，气体呈囊状分布，探气孔主要分布在车站主体外围和隧道沿线，编制勘查大纲，按大纲方案进行施工。按照 150～200m 间距布置探测点，若发现沼气，则加密钻孔，直至查明沼气的分布赋存范围。

另外，为避免放气钢管在放气后无法起拨而成为钻孔桩施工的地下障碍物，放气孔位置应偏离隧道区间5～8m。

2）勘查深度的确定：原则上在勘探过程中采用前述方法若发现区域范围有浅层气出露，则在浅层气分布区布置静探探气设备，以进一步查明分布深度和范围，并结合专用放气设备查明储气带的气压。根据区域浅层有害气体的分布规律设计孔深，终孔原则为揭穿下部贮气层或盾构底板下3～5m。

15.3.1.4　有害气体预排放

针对含有害气体的场地，可在结构施工前进行预处理。

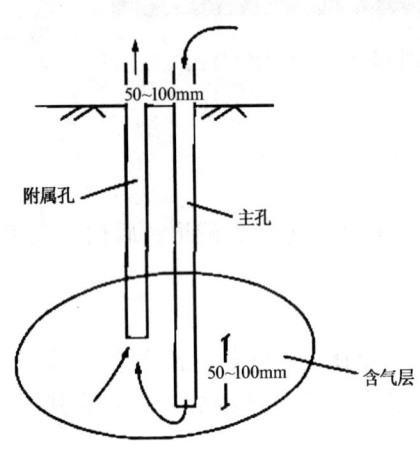

图15.3-3　双孔排气示意图

针对排气的难易程度，排气可分为单孔排气和双孔排气。双排气孔排气如图15.3-3所示。应采取探杆端头的钻孔多而密，且钻孔口径应尽可能小，同时滤网应采用纹路细密，并在出气口处增设节流阀和减压阀，可调节排放的压力和流量，做到有控放气。

有害气体释放时应进行补充注浆，回填因放气而造成的地层损失，同时还应对周边建（构）筑物及地下管线进行监测。

（1）放气设备的选择：

1）陆上：采用钻孔放气法和静力触探放气法相结合的施工方法。

2）水上：根据水文特征和地理环境条件，以工程船体作为作业平台，采用机械钻孔设施结合循环导气释放工艺。

（2）水上勘察及预排气施工工艺流程图，详见图15.3-4。

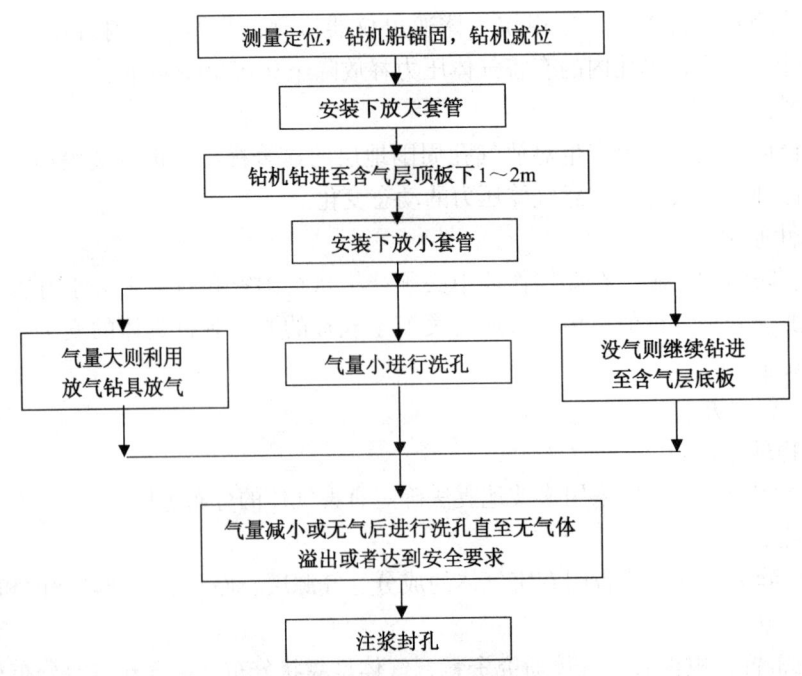

图15.3-4　水上预排气施工工艺流程图

（3）陆上勘察及预排气施工工艺流程图，详见图 15.3-5。

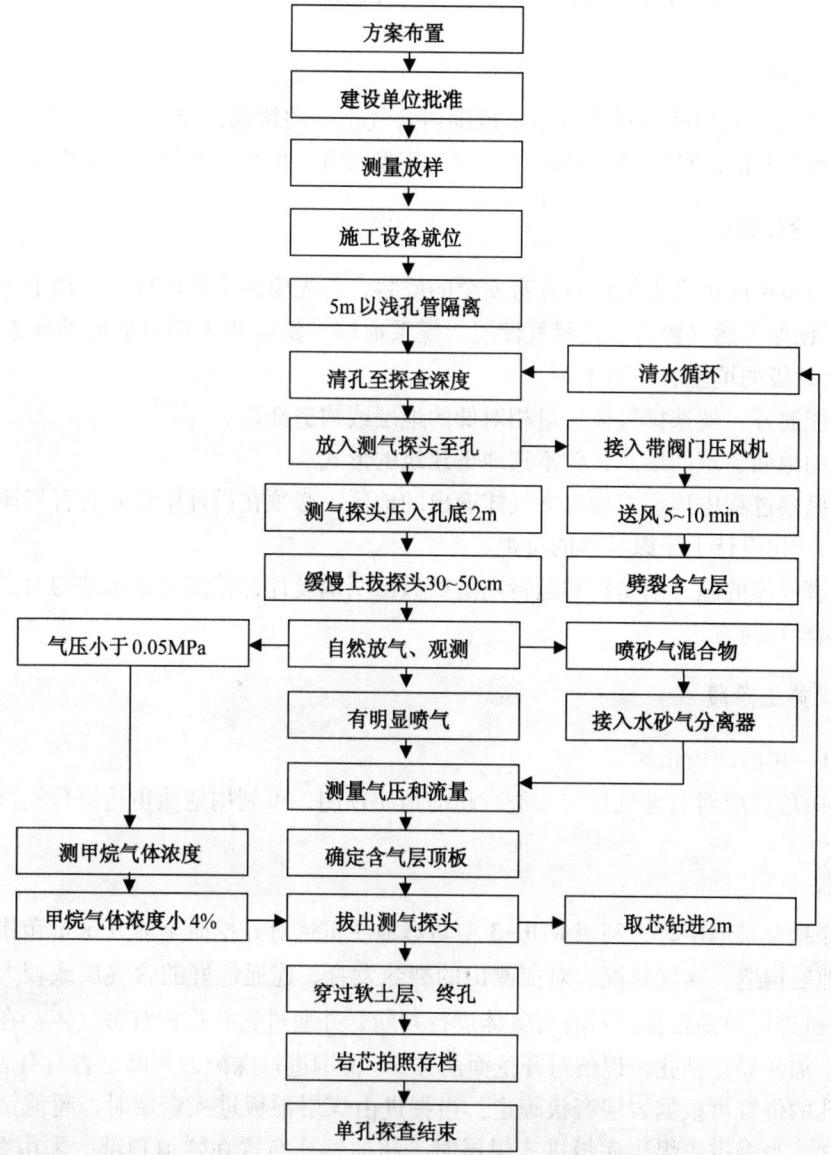

图 15.3-5 陆上预排气施工工艺流程图

（4）排放控制原则：

1）点位放样定位准确、成孔垂直度控制，释放孔不得侵入隧道断面。

2）释放由南向北，先释放最靠近左线隧道两侧的两排。

3）释放应尽量彻底，原则上以不能测出压力为止。

4）沼气释放应在盾构穿越前完成。

5）安全性原则：注重防火、防喷措施，确保人员、设备等安全。

6）可控放气原则：有害气体释放的速率应不产生对放气孔周围地层的显著振动，进行缓慢均衡放气。

（5）放气的终止条件：

有害气体有控放气以周围地段气压≤0.05MPa 为准。

（6）封孔：

放气结束后，采用水泥浆进行灌浆封孔，后期孔增加投掷黏土球进行封堵孔口，确保地层结构的稳定性。

（7）工程实例：

如杭州地铁某区间为减小对盾构施工范围内含气土层的扰动，释放孔布置在隧道结构线左、右侧各 3m 处布置 1 排，间距 15~20m，呈"Z"字型布置。按相关要求进行放气后，效果良好。

15.3.2　设计阶段

1）地下洞室中防范有害气体对人身安全的威胁，首先要在工程场址的选择中尽量避开不利地层的影响，比如天然气源岩、天然气储层、煤系地层、淤泥质土层及放射性元素氡含量高的地层、含生活垃圾的填土、污染土等。

2）若不能避开，就选择气体含量相对低的地层或构造部位。

3）能采用地面建筑的形式，就不选地下建筑的形式。

4）对于勘察过程中地层发现有害气体逸出的地区，必须在设计中针对有害气体的特性，在地铁构筑物的结构设计上予以足够的重视。

5）对有害气体的施工期防护和运行期防护做出明确设计，特别是止水结构的设计应考虑有害气体的防漏材料与方法。

15.3.3　施工阶段

15.3.3.1　超前地质预测

1）施工阶段，应对有害气体灾害进行超前地质预测，可利用地质雷达进行先行探测，然后打设钻孔。

2）实例：

某隧道穿越含煤地层时，利用 KDL-3 型防爆地质雷达对开挖面至前方 60m 范围进行超前探测，了解其地层构造、含气状况。对探测出的裂隙发育、连通性好的含气层或较大的气囊，用 ZY-150 型钻机进行超前钻探，对有害气体进行判断，并通过钻孔排放有害气体。在每个开挖循环作业之前，加强局部钻孔。以便对开挖面前方 5m 范围进行探测，判断是否有有害气体逸出。

超前钻孔的位置可根据岩层产状确定：当掘进由煤层顶板进入煤层时，超前钻孔布置在隧道底部；反之，当掘进由煤层底板进入煤层时，超前钻孔布置在隧道顶部。采用 5m 超前钻探工艺，避免了钻机的频繁移动，不中断隧道的正常掘进。简便易行，事半功倍。同时由于科学布孔，最大限度地发挥了钻孔作用。超前探孔还可兼做炮眼，既节约了成本，又提高了功效。

15.3.3.2　做好施工防护

城市轨道交通地下工程大规模施工开始时，有害气体的来源也随之增加，此时要对作业空间的有害气体进行防控，在此阶段最重要、最有效的手段是保证通风的连续性和有效性，使有害气体含量在安全值范围内。施工单位须严格按照相关规定，根据有害气体的涌出量，加强监测，按照安全规程和标准来管理施工过程。

采用综合施工措施，使有害气体含量降低至安全水平以内，保证工程建设及施工人员人身安全，对周边环境影响程度达到最小。

（1）排放措施

基本思路就是降低有害气体的压力和含量。为防止有害气体的突出危害，采用排放和监测措施，检验预排放的效果，降低有害气体对工程建设的安全影响，减少施工危害。

1）通过钻孔自由排放，钻孔量需要很大，有时还需在钻孔中注水促进气体的排放。

2）抽排，类似开采天然气那样，把气体从地层中抽出，加速有害气体压力的降低。

针对隧道施工，排放的钻孔可以设在隧道中，也可在地面设置。

钻孔排放的效果主要取决于地层的透气性，透气性越大，排放效果越好。

排放措施已被广泛运用于含煤地层的瓦斯排放和防突治理。排放的有害气体如沼气含量大，还可以收集起来进行综合利用，如发电等。

3）工程实例：

杭州地铁 1 号线某区间盾构穿越含有害气体施工时，委托专门机构对区间隧道底板与含气层顶板距离小于 5m 处需采用有控放气，放气到沼气压力小于 0.05MPa。待沼气自由排放结束后，安装负压抽排设备，对沼气抽放孔进行负压抽排，以提高沼气的抽排效果。沼气负压抽排施工结束后，观察周围压力监测孔的压力变化情况，获得沼气聚集的基本参数。为了检验盾构施工范围内的有害气体是否排放干净，在盾构推进到达前一个月再次实施勘探查气。勘探孔布置在地铁结构线两侧 3m 处，各布置 5 个查气孔，孔间距 50m。若探明有害气体压力仍 ≥ 0.05MPa，则继续加密勘探探孔放气；若有害气体压力小于 0.05MPa，方可进行盾构施工。

（2）封堵（隔离）措施

城市轨道交通工程地下空间中的有害气体积聚成害，一般是由于有害气体通过围岩中诸如孔隙、裂隙、节理、断层等运移通道及地下水体不断向地下空间汇集而成。因此采用封堵或隔离的措施从根本上切断有害气体的通道与地下空间的联系。对围岩实施诸如帷幕灌浆、锚喷混凝土、混凝土衬砌等能有效地减少围岩中有害气体的汇入，并减少对周边环境的危害。

在隧道施工中采取"短进尺、早二衬"的施工方案，将有害气体涌出点及时封闭，切断气体源。

某隧道有瓦斯突出，采用全断面混凝土封闭衬砌。铺设聚乙烯塑料板作隔离层，在高瓦斯地段，混凝土中加硅粉，工作缝中加设止水带。

在有害气体设防段，可采用二次衬砌方案进行封堵。

初期支护采用气密性喷混凝土封闭瓦斯，二次衬砌采用全封闭复合式衬砌，模筑气密性混凝土，气密性混凝土渗透系数小于 10×10^{-11} cm/s。

对有害气体含量高的地段，为施工及营运安全，采用小导管注浆封闭周边围岩裂隙，防止有害气体渗漏。使用 ϕ42 钢管钻梅花孔，管长 5m，沿开挖周边以 5°~8° 外插角钻孔，钢花管插入孔内，孔口用锚固剂堵塞缝隙。注浆用水泥~水玻璃双液浆掺 BR 增加型防水剂，其配合比为：水:水泥:水玻璃:防水剂 = 1:1:0.67:0.256，注浆压力为 0.7~0.9 MPa。

（3）通风措施

通风是城市轨道交通地下工程施工中最常用、最普遍的安全措施，是有害气体防治的最有效手段。其目的就是不断向洞内、基坑或探孔内送入新鲜空气，通过用新鲜的空气来置换、稀释含有害气体的空气，降低有害气体浓度、防止有害气体积聚，使其含量达到安全范围以内。排出有害气体，从而改善洞内施工环境，确保洞内施工安全和人体健康，提高生产效率。通风量的计算、通风设备的选择、通风方式的设计均是关键因素。

隧道通风，可由 2 种方式获得。即自然通风和机械通风。

1）自然通风

自然通风是利用自然因素引起的洞内空气自然流通，这种自然风流将把新鲜的空气引入洞内，并把有害气体排出洞外。自然通风只能在开挖面较大的基坑中实现。

2）机械通风

当自然通风不能满足通风要求时，就需采用机械通风。

机械通风设备必须经常保持良好状态和正常运行，配备专职通风管理人员及机电检修人员，负责通风机的使用和检修。

通风设备必须防止其漏风，并配备备用的通风机，一旦工作中的通风机发生故障时，备用机械能立即供风，保证工作面空气内的瓦斯浓度在允许限度内。当通风机发生故障或停止时，洞内工作人员应立即撤离到新鲜空气地区，直至通风恢复正常，才允许进入工作面继续工作。洞内空气中允许的瓦斯浓度应控制在下述规定值（同时以安全规程及相关规范规定为准）内：

①洞内总回风风流中的瓦斯浓度小于 0.75%。

②从其他工作面进来的风流中的瓦斯浓度小于 0.5%。

③掘进工作面的瓦斯浓度在 2% 以下。

如瓦斯浓度超过上述规定，工作人员必须立即撤到符合规定的地段，并切断电源。

开挖工作面风流中和电动机附近 20m 以内风流中瓦斯浓度达到 1.5% 时，必须停工、停机，撤出人员，切断电源，进行处理。

开挖工作面内，局部积聚的瓦斯浓度达到 2% 时，附近 20m 内必须停止工作，切断电源，进行处理。

因瓦斯浓度超过规定切断电源的电器设备，必须在瓦斯浓度降低到 1% 以下时，方可重新开动机器。

由于停电或检修，通风机停止运转时，必须有恢复通风、排除瓦斯和送电的安全措施。恢复正常通风后，所有受到停风影响的地段，必须经过检测人员检测，确认无危险后方可恢复工作。所有安装电动机和开关地点的 20m 范围内，必须检查瓦斯浓度，符合规定后才可启动机器。局部通风机停止运转，在恢复通风前，亦必须检查瓦斯浓度，符合规定方可开动局部风机，恢复正常通风。

（4）监测措施

为确保防护措施的有效性，对地下空间实施有效检测是不可少的。工程建设中，就是依靠严密的监测和强大的通风，保证了工程的顺利进行。

应建立监测预警系统，发现数据异常及时报警，使作业人员安全撤离。应连续监测，贯穿整个工程建设周期。

1）监测目的

①防止在隧道施工过程中，有害气体超限带来危险，确保人身、机具和工程安全。

②根据有害气体的含量高低、浓度大小，采取相应的技术措施。

③检验技术措施效果，正确指导隧道施工。

④为穿越含有害气体地段轨道交通施工积累经验。

2）监测内容

根据有害气体的复杂性，把困扰施工的瓦斯（CH_4）、硫化氢（H_2S）、一氧化碳（CO）、二氧化碳（CO_2）作为主要监测对象，而把一些含量低、浓度小的有害气体作为辅助监控对象。

参照《煤矿安全规程》、《防治煤与瓦斯突出细则》、《铁路瓦斯隧道技术暂行规定》、《公路隧道施工规范》并根据上述规程等的要求进行有害气体监测控制。有害气体极限浓度标准见表 15.3-1。

有害气体极限浓度标准　　表 15.3-1

有害气体名称	极限浓度
瓦斯（CH_4）	1%
一氧化碳（CO）	0.0024%
二氧化碳（CO_2）	1.5%
硫化氢（H_2S）	0.00066%
二氧化硫（SO_2）	0.0005%
氨（NH_3）	0.0004%
二氧化氮（NO_2）	0.0025%
氮氧化合物（NO_n）	换算浓度 NO_2 不超过 $5mg/m^3$

3）采用的仪器

一般采用的监测仪器见表15.3-2。

常用的有害气体监测仪器　　　　　　　　　　　　表15.3-2

仪器名称	型号	主要技术指标	仪器特点	产地及用途	使用方法
四合一气体检测仪	YHA102	量程参数为：0～100% CH_4，0～50×10^{-6} H_2S，0～500×10^{-6} CO，0～25% O_2	全自动，可任意调节报警指标，自动报警，精度高	英国产测 CH_4、H_2S、CO、O_2	由瓦检人员随身携带巡检
三合一气体检测仪	GBX2（NL式）	可任意调节报警指标，当出现警报状态时可发出特定的警报信号，它能在可燃性气体浓度超过爆破下限、CO浓度超过500×10^{-6}和H_2S浓度超过100×10^{-6}时进行检测并显示，它也能对氢气浓度在0～25%以外范围的情况下进行分析，当达到预置的缺氧水平，或检测到了可燃性气体、CO、H_2S时，会发出特定警报	较先进的有害气体监测仪，其精度高，自我保护装置优良，不易损坏，故障率低	日本产测 CH_4、CO、O_2	由现场瓦检人员在洞内各部位巡检
瓦斯警报断电仪	ADJ-2	①量测范围：0～3% CH_4 ②误差：浓度为0～1.0%时，误差为±0.10%；浓度为1.0%～2.0%时，误差为±0.12%；浓度为2.0%～3.0%时，误差为±0.3% ③检测距离：0～1000m（主机至探头） ④报警点：0.5%～1.5% CH_4可调 ⑤断电点：0.5%～2%可调	可对甲烷进行连续检测，声光报警，精度高，探头移动位置大，在出现瓦斯超限时自动切断洞内电源，人工送电，确保安全	国产测 CH_4	掌子面一台，衬砌台车上固定一台
光干涉甲烷测定器	GWJ-1A	①测量范围：0～10% CH_4 ②误差范围：浓度为0～1%时，误差为±0.05%；浓度为1%～4%时，误差为±0.1%；浓度为4%～7%时，误差为±0.2%；浓度为7%～10%时，误差为±0.3%	精度高，可探测探孔内浓度，测定范围大	国产测 CH_4	由值班瓦检员随身携带测洞内各处
甲烷二氧化碳测定仪	JEJ-1	①测量范围：0～10% CO_2，3.0%～99.9% CH_4，（0～3.0% CH_4的参考值） ②基本误差：0～1.5% CO_2，±0.3%；1.5%～3.0% CO_2，±0.5%；3.0%～10% CO_2，±1.0%；3.0%～99.9% CH_4，误差不大于真值约10%	属热导式，可测高、低浓度 CH_4、CO_2	国产测 CH_4、CO_2	由瓦检人员随身携带，进行检测
瓦斯突出预测仪	ATY	①测量范围：0～10000Pa ②测量精度：±1.5% ③分辨率：10Pa ④环境条件：温度0℃～40℃，相对湿度95%以内	具有数据处理、储存、打印、报警等功能	国产预测突出危险性	在工作面使用

4）人员培训

专职瓦检员进行专业技术培训，取得资格证后方可上岗，所有进洞施工人员都要经过瓦斯知识培训，合格后方可进洞施工。

5）监测方法

每工作班安排 2 名瓦检员以 30min 的频率 12h 连续平行检测，每隔 100m 量测一个断面，每个断面测五个点：即拱顶、两侧拱腰处和两侧墙脚处，掌子面处应多测几点。对高含气段地层，实行重点监测，增加监测断面的密度。

6）管理措施

①检测仪器专人保管、充电，应随时保证测试的准确性。按各种仪器说明书要求，定期送外鉴定，日常每 3d 校正一次，对需要大修的仪器应送国家认定机构进行修复。

②每个检测点应设置明显的记录牌，每次检测应及时填写在有害气体记录本上，并定期逐级上报。

（5）其他措施

利用有害气体的化学、物理特性，采取下列措施，也可降低有害气体浓度：

1）对 H_2S 气体，可向岩土体压送石灰水及化学浆液。

2）盾构隧道应适当提高管片衬砌结构的气密性，同时在管片外涂抹气密性土层，并对有害气体易溢出段管片采用全环嵌缝，提高接缝防水的可靠性。

（6）运行期的防护

在按要求进行必要的防护工程后，地下工程的运行期最主要是确保通风系统的正常运转，应在关键部位设置有害气体监测探头，通过定期和不定期的对有害气体进行检测，及时发现问题，采取补救措施，以保证工程运行期的安全。

第16章　孤石、漂石的工程风险

16.1　漂石孤石典型地质条件描述

16.1.1　漂石孤石的定义

根据《城市轨道交通岩土工程勘察规范》GB 50307—2012 关于碎石土分类的规定，漂石是赋存在砂卵石地层中，颗粒含量为粒径大于200mm的颗粒的质量超过总质量的50%，以圆形和亚圆形为主。

孤石是残留于风化岩体中，多为中~微风化状，周围岩体多为全风化状，主要是不均匀风化的产物（如花岗岩球状风化），孤石是独立存在的，一般处的位置不高（图16.1-1）。

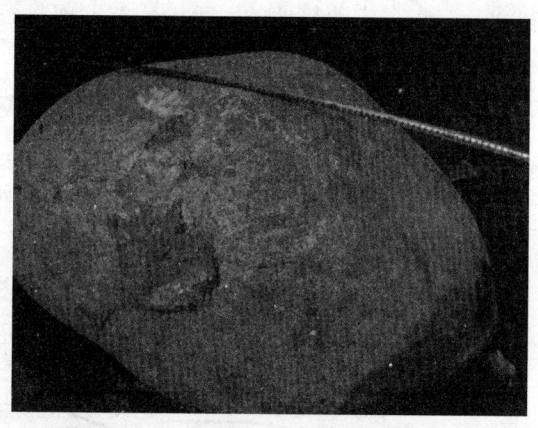

图 16.1-1　城市轨道交通工程盾构
竖井开挖出的孤石

16.1.2　漂石孤石的成因

漂石多分布于砂卵石地层中，在冲积扇平原尤为多见，同属于沉积产物。在冲积扇形成过程中，因为地表水流的能量在出山口的瞬间得到迅速释放，导致水体搬运的沉积物快速堆积，没有形成良好的分选，其中粒径较大的石块称为漂石。漂石与卵石一样，其形成过程可分为两个阶段：第一阶段是岩石风化、崩塌阶段；第二阶段是岩石在河流中被水体搬运和磨圆阶段。

孤石即球状风化体，属于风化产物，为花岗岩的不均匀风化。花岗岩风化作用与岩性特征、地形地貌、地质构造、水文地质条件、气候条件、人为活动等因素有关，岩性特征是控制风化作用的内因，气候、地形地貌及水文地质等则是控制风化作用的外因。花岗岩有三组相互正交的原生节理，这三组节理是在岩浆上升过程即花岗岩成岩过程中同步产生的，它们把岩体分割成许多长方形或近似正方形的岩块，是造成球状风化的重要内因。当风化特别集中在三组节理相交会的棱角部位，经过一段时间之后，棱角逐步圆化，方形岩块逐渐变为球形岩块，这种现象为球状风化。漂石孤石的成因主要是由于岩石岩性不均匀、抗风化能力差异大所致。花岗岩的矿物成分主要为石英、长石以及少量黑云母、角闪石、辉石等。花岗岩造岩矿物的抗风化能力相差很大，石英抗风化能力最强，其次是长石，而云母、角闪石、辉石等抗风化能力较弱。抗风化能力较弱的矿物风化较快和彻底，抗风化能力较强的矿物风化较慢。如花岗岩岩体某些部分的抗风化能力较强的矿物比较集中，节理发育程度较差，风化的过程大大减缓，形成被大量风化碎屑包围的风化程度较低的球形岩块。

16.1.3　漂石孤石的分布范围

漂石常赋存在砂卵石地层或其他土层中，其空间分布具有较大随机性，较难找到规律。通常在位于河流边缘的城市中，进行地下工程勘察或施工，可能会遇到漂石分布，如北方地区的济源、洛阳、兰州以及山东、辽宁等地区，南方地区包括贵州、重庆、广东、广西等地区。

孤石多赋存于花岗岩岩体风化壳内，从以往城市轨道交通工程实践中发现，孤石多存在于残积土层或花岗岩全、强风化带中，但也具有一定的离散性、空间赋存特征不规则的特点，通常随其埋深的增大，孤石体积也有所增大，但分布密度则有所减小，呈现"上多下少、上小下大"的总体分布规律。孤石的大小基本上随着风化程度的增强而减小，而数量却随着风化程度的增强而增加，在全风化带中也可能存在较大的孤石，在强风化带中也有可能出现较小直径的孤石，说明孤石的大小也受到局部岩性条件和地质条件等因素的影响，但是这种情况比较少见。在我国南方沿海地区，如福建、广东、广西等地的工程中均有发现孤石（表 16.1-1）。

城市轨道交通工程已发现漂石孤石的城市　　　　　　　　表 16.1-1

地层类型	分布城市	地层类型	分布城市
漂石	北京、成都、兰州等	孤石	广州、深圳、东莞、福州、武汉等

选取北京地铁 9 号线军事博物馆站~白堆子站区间和广州市轨道交通 6 号线二期苏元站~萝岗站区间作为漂石孤石典型地质概化图，如图 16.1-2、图 16.1-3 所示。

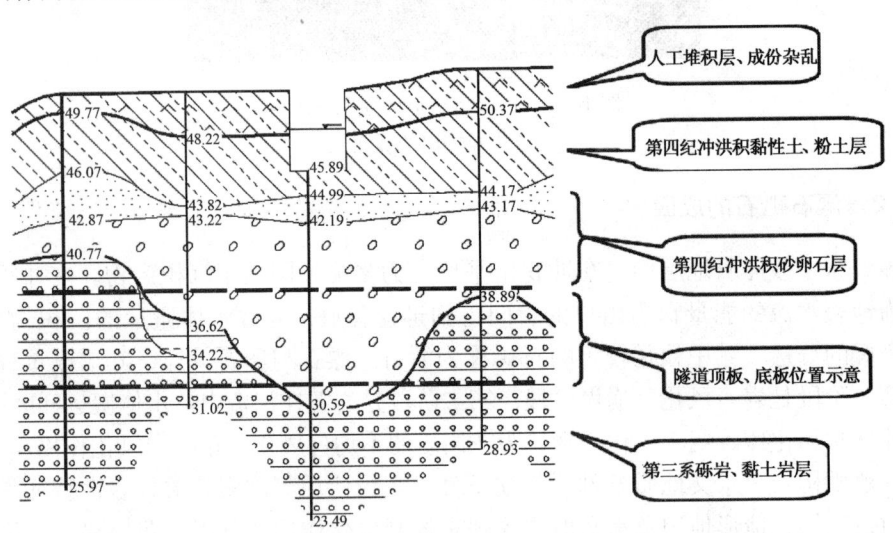

图 16.1-2　北京地铁 9 号线漂石（砂卵石）典型地质概化图

16.1.4　漂石孤石的岩土工程特性

孤石单轴抗压强度非常高，广州市轨道交通 3 号线工程曾遭遇单轴抗压强度高达 160MPa 的孤石，其四周主要为花岗岩全、强风化带等，两种地层强度差异非常大，而且四周的土层稳定性差，给城市轨道交通工程尤其是盾构施工带来较大的困难。

漂石的风化程度大多为微风化，少数为中等风化。呈浅灰色、灰色等，中粒、细粒结构，块状构造，岩石组织结构基本未变化或部分破坏，矿物成分基本未变化，岩芯断口处新鲜，节理面稍被铁染，岩质坚硬，锤击声脆。钻探岩芯呈长柱状、短柱状。在竖向多为单个孤石，个别为串珠状孤石，其厚度通常为 0.5~7.5m。中风化漂石单轴抗压强度通常为 20~30MPa，微风化漂石单轴抗压强度通常为 70~100MPa。

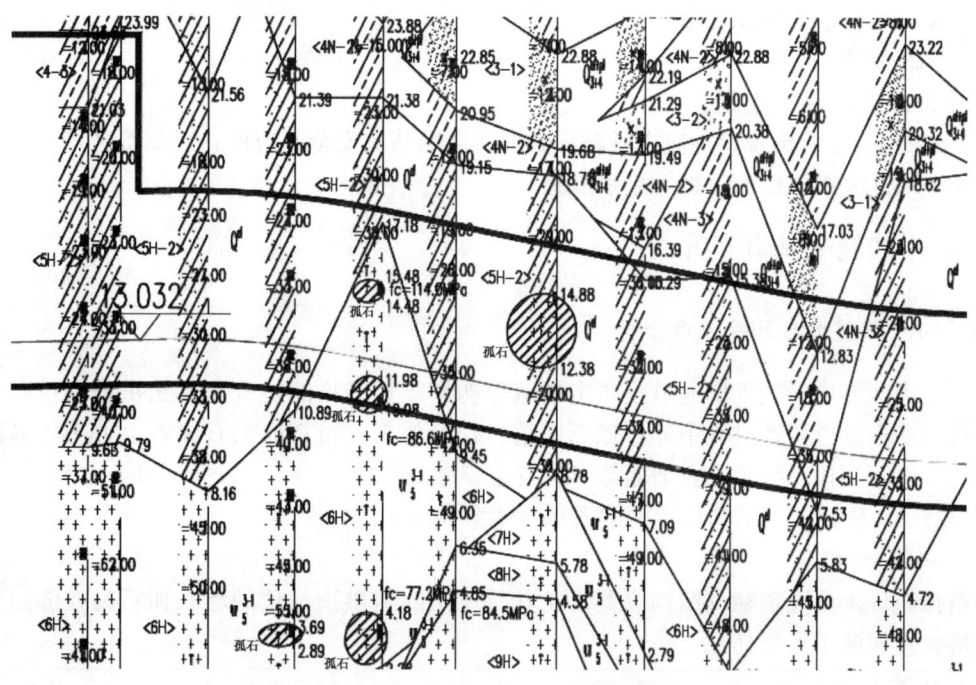

图 16.1-3　广州市轨道交通 6 号线二期孤石典型地质概化图

16.2　明挖法施工风险分析

16.2.1　围护结构施工过程的风险分析

城市轨道交通工程中，明挖车站或区间竖井等围护结构范围内存在漂石孤石，将对围护结构施工例如钻孔灌注桩的成孔、地下连续墙的成槽等造成很大的施工困难，极大影响其施工质量，从而引发明挖基坑施工过程中的安全风险问题。

16.2.1.1　围护结构（钻孔灌注桩、地下连续墙等）偏斜风险

（1）风险分析

围护结构成孔或成槽等过程中遇漂石孤石形成的软硬不均地层，导致钻头钻进方向或抓斗成槽方向偏离设计轴线，其垂直度达不到设计与规范要求。

（2）风险对策

1）预先采用冲孔、地面钻孔爆破等方式对漂石孤石进行预处理。

2）遇漂石孤石导致钻进偏斜应停止施钻，回填片石或卵石重新钻进，并应采用低钻压、慢速钻进，必要时还需采用冲孔对漂石孤石进行处理。

3）成孔或成槽等过程中应定时检测其垂直度。

4）采用旋挖钻机破碎漂石孤石时，需嵌岩筒钻配合短螺旋钻头和双底板捞砂钻斗钻进。嵌岩筒钻的主要作用在于对孔内岩芯的圆周进行松动掏空，为以后投入嵌岩短螺旋钻头破碎岩芯创造破碎自由面。

16. 2. 1. 2　围护结构渗漏、基坑外侧水土流失风险

（1）风险分析

围护结构成孔或成槽等过程中遇漂石孤石形成的软硬不均地层，导致钻头钻进方向或抓斗成槽方向偏离设计轴线，造成围护结构尤其为地下连续墙垂直度不足，相邻两幅连续墙接头部位出现间隙，形成水土渗漏通道。

（2）风险对策

1）控制好围护结构垂直度。

2）围护结构接头出现渗漏应进行补漏处理，影响基坑安全时应停止对基坑开挖，并在围护结构外侧采取注浆或施作旋喷桩等止水措施。

16.3　矿山法施工风险分析

16. 3. 1　隧道土方开挖风险分析

矿山法区间隧道、施工横通道或联络通道等初期支护结构的位置尤其是拱顶部位存在漂石孤石，将可能在隧道开挖过程中漂石孤石坠落，伤及施工人员；而漂石孤石上方土体易因未进行加固或加固不到位，导致土方坍塌等事故发生。

16. 3. 1. 1　隧道初支结构位置的漂石孤石坠落风险

（1）风险分析

漂石孤石侵入到隧道初支结构位置，尤其是位于隧道拱顶部位的漂石孤石易在隧道开挖过程中坠落，造成施工人员伤亡。

（2）风险对策

1）施工期间应对漂石孤石的稳定性进行监视，并应采取措施尽早对其进行处理。

2）必要时应对漂石孤石采取有效的支承措施。

3）对漂石孤石处理完毕后应及时施作初支结构，及时封闭成环。

16. 3. 1. 2　漂石孤石坠落后引起其上方土体坍塌风险

（1）风险分析

对于体积较大的漂石孤石，利用超前小导管注浆对其上方土体进行加固比较困难，容易出现无法加固或加固不到位。

（2）风险对策

1）施工期间应对漂石孤石的稳定性进行监视，并应采取措施尽早对其进行处理。

2）必要时应对漂石孤石采取有效的支承措施。

3）对漂石孤石处理完毕后应及时施作初支结构，及时封闭成环。

16. 3. 1. 3　爆破振动对周边地层产生扰动，影响围岩稳定性风险

（1）风险分析

爆破过程中，对用药量、爆破振动等控制不当，扰动到周边的松软地层。

（2）风险对策

1）选择合适的炸药品种和起爆时差。

2）采用短进尺、少装药的方式来降低爆破振动的强度。

3）对漂石孤石处理完毕后应及时施作初支结构，及时封闭成环。

16. 3. 2　隧道土方开挖风险分析

（1）风险分析

卵砾石层颗粒之间一般无胶结、无粘结力，结构相对松散，对施工扰动反应灵敏，是一种典型的力学结构不稳定地层，破坏过程表现出偶然性、突发性、平面及直线型的特征。在此地层土方开挖中，遇大漂石镶嵌在初衬之间时，破岩风险大，而且漂石粒径大、数量多，洞内运输困难，施工时存在较大风险。

（2）风险对策

1）当土层颗粒为大于 80cm 的大漂石时，人工外运非常困难，需采用无声爆破剂先将其破碎成若干小块后外运。

无声爆破施工技术：无声爆破剂是一种粉状快速、定时、耐低温的静态破碎材料，又称为碎石粉，静裂剂，无声破碎剂、静态膨胀剂、无声裂石剂、无声炸药、静态爆破剂等。因具有无振动、无飞石、无毒气、无污染安全破裂，而广泛使用于钢筋混凝土建筑物的安全拆除，特别适用于不宜采用炸药爆破的场合。无声爆破是一种新型的爆破方法，使用过程中应注意：

①为安全起见，施工时操作人员必须戴防护眼镜，头要偏离孔口，更不能用眼睛直视孔口，以防喷浆，伤害眼睛。刚打好的孔或气温高时装药最易喷浆，更要注意安全。操作完毕，立即离开现场，直到被破物开裂前，被破物附近不能有人畜和贵重物品，保证现场安全，以防发生意外事故。

②万一因操作不当发生喷浆，溅入未戴防护镜的眼睛内，应用清水立即反复冲洗，直到冲洗干净为止，最好滴入几滴醋酸或硼酸于水中（含酸量 0.1%），疗效最佳。如不及时冲洗干净，可能会造成眼角膜严重损害。应立即到医院就医，并告知被强碱性物质接触，pH = 14。无声爆破剂对皮肤有轻度腐蚀性，施工时最好能戴乳胶防护手套。

③无声爆破剂应轻装轻卸，防潮保存。

2）当土层颗粒为一般大漂石（粒径 50~80cm）时，先使用风镐沿漂石边缘打入，连续钻打至漂石至漂石有稍许的松动后，在漂石正下方安装好钢丝网加工的网兜，网兜安装必须牢固，可以将网兜固定在格栅主筋上，然后由工人使用长度不小于 1.5m 的撬棍在漂石远端对漂石进行撬动，将漂后撬落后落入网兜，人工就近搬至小推车中，石头较大时可辅以翘板搬运，然后由小推车运至龙门架下方土兜中，外运至堆土场。整个过程费时费力，且危险性相当大，是降低暗挖功效的主要方面。

3）当大漂石侵入结构内时，一般可以采取先隧道施工，后漂石处理的原则进行施工，绕过去后再处理的措施。

漂石位于拱顶及边墙处：

①漂石未位于格栅安装位置时：

a. 如漂石外露长度小于在土中埋深，且不大于初支厚度时，可采取安装格栅，漂石部位内侧挂单层网片，喷射混凝土进行封闭处理。

b. 如果外露长度大于土中埋深或外露长度大于初支厚度时，先进行初支施工，漂石部位钢筋网片及纵向联结筋断开，漂石两侧各加强一根纵向联结筋，待初支施工至距漂石位置 2m 后，再用风镐将漂石凿除，将纵向联结筋连接，挂网喷射混凝土。

②漂石位于格栅安装位置时：

a. 当漂石粒径在 40~60cm 之间时，缩小格栅间距，在漂石两侧各布置一榀钢格栅，挂网喷射混凝土，漂石部位钢筋网片及纵向联结筋断开，漂石两侧各加强两根纵向联结筋，若漂石不侵入二衬结构，则直接封闭在初支内，若侵入二衬结构，则待初支施工至距漂石位置 2m 后，用风镐将漂石凿除，将纵向联结筋焊接连接，挂网喷射混凝土。

b. 当漂石粒径在 60cm 以上时，缩小格栅间距，除在漂石两侧各布置一榀格栅外，在漂石中间部位也布置一榀格栅，该格栅在漂石部位断开，纵向联结筋加密，待初支施工至距漂石位置两榀格栅位置时，用风镐将漂石凿除，将格栅主筋焊接连接，挂网喷射混凝土。

③位于仰拱时，需将漂石挖出，并回填密实，然后进行初支施工。

④大漂石正好位于上下台阶连接板位置，影响至下台阶格栅连接时，必须将漂石从土体中挖掘出来，拟采用在漂石四周打设花管对漂石四周土体进行加固处理，待加固完成后将漂石从土体中挖掘出来。

⑤对于受砾石层影响的仰拱施工，若仰拱格栅部位大粒径漂石较多时，采用两步开挖的方法。

⑥但若遇到漂石在拱顶部位集中分布时，格栅断开量较大会降低结构强度，危及隧道安全，若要保持格栅完整，则必须先对漂石进行处理。在小导管打不进去的情况下，直接剔除漂石，势必会引起隧道塌方；即便采取超前深孔前进式注浆的方式对地层进行预加固，但漂石自身的强度比加固体的强度大得多，剔除漂石时会整体掉落，不仅可能砸伤人，而且可能引起塌方，超挖量也很大。在此情况下，初步考虑加高隧道断面，采用深孔注浆预加固的办法对漂石群地层进行超前回固，待对地层进行加固后再处理漂石群。

⑦对于开挖大漂石导致的开挖及空洞，先挂网喷射混凝土封口并预留打料管，封闭完成后通过料管向孔洞内喷射干料回填，最后采用料管进行背后注浆回填密实。

16.4　盾构法施工风险分析

16.4.1　盾构掘进风险分析

盾构区间隧道开挖范围内存在孤石，给盾构施工带来很大困难，掘进速度缓慢，且在掘进过程中对地层造成较大扰动，导致产生较大的地表沉降，对隧道影响范围内的建（构）筑物保护极其不利。

16.4.1.1　造成刀具、刀盘严重磨损风险

（1）风险分析

漂石孤石与四周地层强度差异大，相对较难被盾构刀具破碎，易随盾构的推进在刀盘前方滚动，长期与刀具、刀盘摩擦，加速了刀具、刀盘的磨损。

（2）风险对策

1）对存在漂石孤石应加密钻探，探查清楚漂石孤石的大小和位置。

2）具备地表处理条件的情况下，应采取地表钻孔爆破、冲孔破除或人工挖孔等方式进行预处理；对于不具备地表处理条件的，可采取洞内进舱爆破、岩石分裂机破除等方式进行处理；对于体积较小、可利用盾构机直接破除的漂石孤石，必须同时具备两项施工条件：

①盾构机必须具有足够的破岩能力，应尽量采用面板式刀盘，配置破岩滚刀，刀盘开口率应在 30% 左右；②球状风化体必须处于固定状态。

3）盾构选型时，应根据区间地质条件选用合适的盾构机刀盘形式和刀具的数量和布置，才能具备充足的破岩能力。

4）施工过程中应做到勤检查勤换刀，防止刀具严重磨损引起刀盘变形损坏。

16.4.1.2　盾构姿态难以控制风险

（1）风险分析

漂石孤石随盾构的推进在刀盘前方滚动，与其四周地层形成软硬不均的地层，导致盾构机刀盘受力不均，盾构姿态波动较大。

（2）风险对策

盾构机在存在漂石孤石地层掘进，当参数出现异常时，如掘进速度突然变慢、刀盘扭矩突然增大、盾构出现振动、刀盘位置出现异响时，应停止掘进，进行原因分析。

16.4.1.3　对地层扰动大、造成较大地表沉降

（1）风险分析

漂石孤石随盾构的推进在刀盘前方滚动的过程中，对周边地层产生很大的扰动，易引起地表隆起或沉降。

（2）风险对策

调整盾构掘进参数，盾构机刀盘接近孤石后，采用低贯入度掘进，增加泡沫注入量，并以"小推力、高转速、低扭矩"为指导思想，使刀具对孤石的切削、冲击频率加大，靠刀盘的冲击破碎通过孤石区域。

16.4.1.4　工程实例：广州地铁三号线孤石处理

广州地铁三号线天河客运站～五山站区间左线盾构机遇到花岗岩孤石，停机后进行压气换刀，但地面漏气无法进行换刀，采用洞内注浆加固后累计换刀 10 把，因地面漏气过大而需要更换的刀具无法全部更换。采用地面钻孔爆破以及 $\phi 2.5m$ 冲孔桩对孤石进行处理，但盾构机恢复掘进后仍掘进速度缓慢且频卡刀盘。经讨论认为：

1）孤石形状、大小不规则，采用爆破清除效果不理想。

2）冲孔桩清理孤石无法做到完全清除干净，盾构机在刀具磨损的情况下仍无法通过没有清除的少量孤石。

3）地面具备加固条件，采取地面加固后换刀及洞内清除孤石。

现场采用地面三重管高压旋喷加固方法，共设 7 排 $\phi 700mm$ 旋喷桩，排距 500mm，刀盘前一排及其上一排桩间距 500mm，其他桩间距 600mm，旋喷范围为隧道上部 5m 至底部 1m。完成加固后，在常压条件下开舱换刀成功，共换刀 27 把后恢复掘进。

16.4.2　开挖面土体失稳坍塌导致作业人员伤亡、地表沉陷风险

（1）风险分析

漂石孤石周边的较软弱地层通常稳定性较差，开舱过程中开挖面土体易失稳坍塌；采取预加固措施时，存在地层加固不到位而导致土体坍塌的风险；在存在孔隙的地层压气作业时，易因发生漏气导致土仓内气压不足，从而引发土体失稳坍塌。

（2）风险对策

1）具备施工条件下应采取地层加固措施，在开舱前对地层加固效果进行检测，开挖面稳定性和气密性必须满足人员进舱作业的要求。

2）开舱作业期间在刀盘开口部位应设置挡板进行封闭。

3）可参考泥水盾构制造泥膜的方式，采用浓稠膨润土浆或砂浆进行填舱置换，但采用砂浆时应注意防止盾体被包裹和刀盘、螺旋输送机被固结。

16.5　周边环境风险分析

16.5.1　建（构）筑物开裂倾斜、道路沉陷开裂、地下管线破损等风险分析

（1）风险分析

盾构穿越存在漂石孤石地层时，因刀盘受到漂石孤石阻碍导致掘进速度缓慢，刀盘长时间对周边较软弱地层的扰动以及漂石孤石在刀盘前方滚动而造成的扰动，均易引起周边地层再固结，体积收缩，从而引发地表沉陷。当区间隧道下穿或侧下穿建（构）筑物、道路、地下管线等，盾构掘进容易对这些地上物造成不利影响，如房屋开裂倾斜、道路沉陷开裂、地下管线破损等。若给水、污水、雨水等管线开裂受损造成渗漏，水渗入到隧道周边土体中，将加剧盾构

掘进施工的风险。

（2）风险对策

1）应进行针对性的补充勘探工作，对漂石孤石的位置、大小、地质特性等探查清楚，以指导制订针对性的处理措施。

2）对漂石孤石应优先考虑进行地表预处理，对建（构）筑物、地下管线等正下方的漂石孤石，可考虑通过潜孔钻等特殊设备施钻斜孔等方法进行处理。

3）如遇到未探明的漂石孤石，可采取进舱爆破、岩石分裂机破除等方式进行处理。

16.5.2　工程实例：广州地铁三号线北延段孤石处理

广州地铁三号线北延段京溪南方医院站～同和站区间孤石群所在位置向东4m是南方医院住院部大楼，向西南约20m是南方医院门诊楼，西邻交通繁忙的广州大道北向主干道，沿路存在多种地下管线。其中南方医院住院部大楼内设ICU重症监护室和心血管、脑外科等手术室，对建筑物变形和施工噪声等控制要求很高。

由于现场狭小，大型设备无法进场作业，只能采取人工挖孔人工破除法。

在人工挖孔前，沿孤石处理范围周边先进行双重管旋喷帷幕注浆，旋喷桩桩径600mm，桩中心间距400mm，桩间咬合200mm，梅花形布置，旋喷桩孔底至进入＜5H－2＞地层3m为止，以切断开挖范围与外界的水力联系。

人工挖孔桩布置为在有孤石段隧道纵向做三排ϕ2m人工挖孔桩，每排7个，共21个（图16.5-1），人工挖孔桩间距2.2m，排距2.2m，孔深至底板以下0.5m（孔深18.5m）。开挖时首先用Φ16@50mm钢筋超前支护，然后开挖，每循环0.5m，采用现浇C20钢筋混凝土护壁，下部7.5m采用同规格玻璃纤维筋代替。

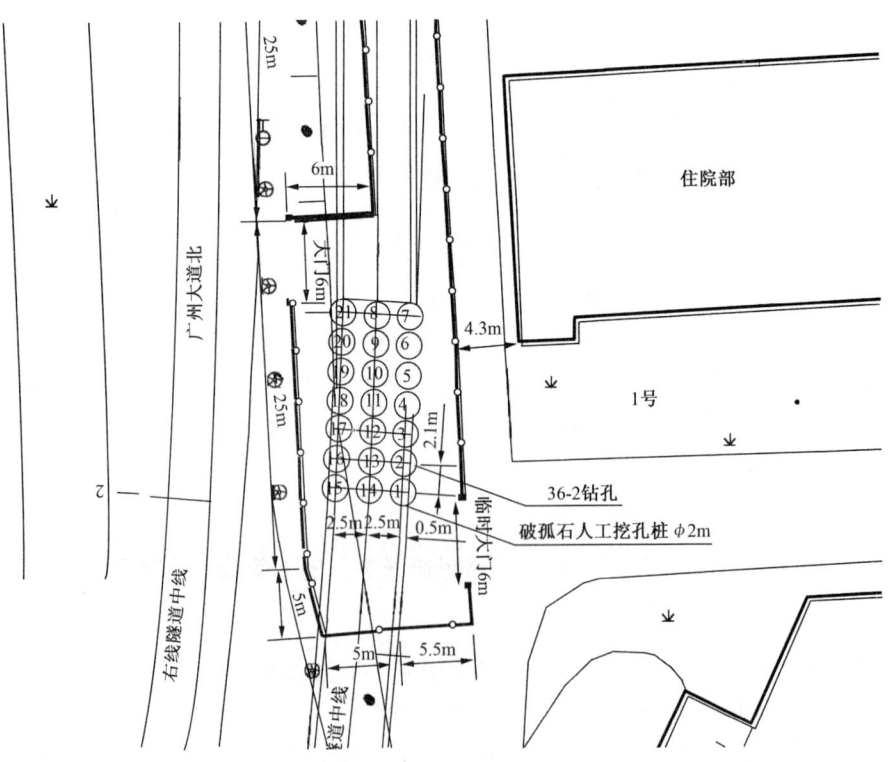

图16.5-1　人工挖孔桩平面布置图

施工过程中，由于孤石强度较高，风钻无法劈裂整块孤石，采用岩石分裂机破岩由于没有临空面，破岩效率低下，因此需要改进破岩的工艺和方法，选用水钻钻孔，水钻直径100mm，咬合20mm，每次钻孔深度40mm，形成一个临空面，再采用岩石分裂机破除，效果较好。

孤石处理的人工挖孔桩回填C10低强度等级混凝土。虽大部分孤石已经通过人工挖孔处理，但人工挖孔桩与桩之间还有部分未处理的硬岩，硬岩强度较高，对刀具磨损较大，盾构机进入孤石区域时进行常压开舱检查和更换刀具，配备硬岩掘进刀具。

16.6 工程实例：广州地铁六号线二期孤石处理

广州地铁六号线二期萝岗站～香雪站区间补充勘探工作完成后，结合详勘资料，左线揭露孤石钻孔14处，其中有1处不在隧道范围内；右线揭露孤石8处，其中1处不在隧道范围内。已探明的孤石情况详见图16.6-1、图16.6-2。

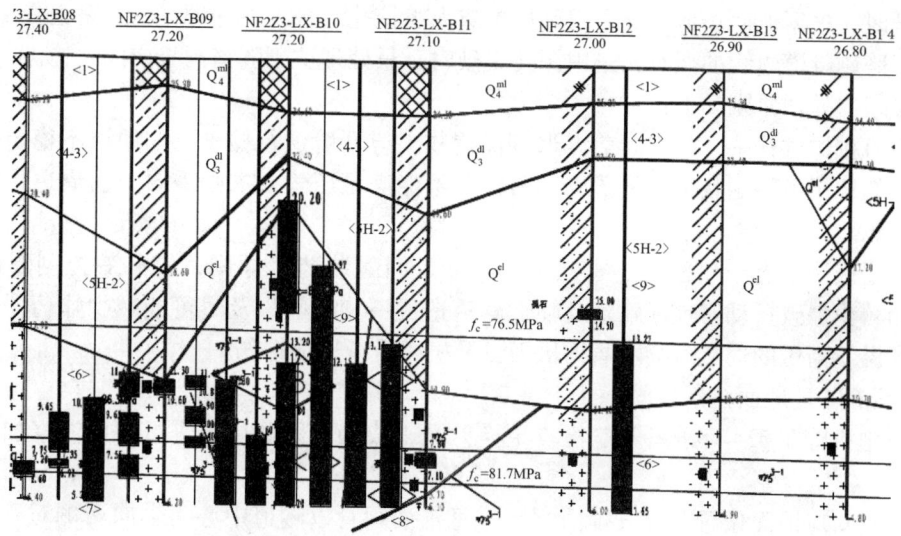

图16.6-1 左线揭露孤石剖面示意图

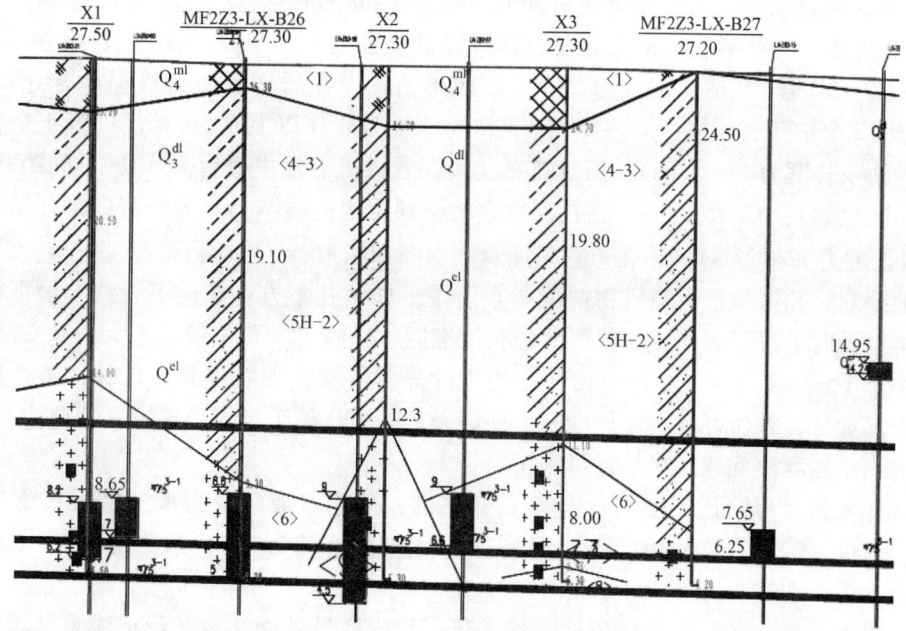

图16.6-2 右线揭露孤石剖面示意图

孤石地面预处理原则如下：

①对钻探揭露位于隧道洞身直径为 0.4m 至 2~3m 的单个孤石采取深孔爆破处理；直径大于 2~3m 的孤石优先选择深孔爆破处理。

②钻探揭露位于隧道洞身直径大于 2~3m 的单个孤石当采取深孔爆破处理困难时，可采用旋挖桩结合人工爆破取出处理，当地面不具备摆放旋挖桩机条件时采取人工挖孔桩结合人工爆破取出处理。

③钻孔揭露位于隧道洞身的孤石群采取旋挖桩或人工挖孔结合人工处理。

④钻孔垂直方向揭露两个或以上的孤石，首选采用深孔爆破处理方案。当深孔爆破实施困难时可根据地面场地条件在孤石上方施工旋挖桩或人工挖孔，然后进行人工爆破、人工取出第一块孤石，按从上往下的顺序依次处理下方的孤石。

⑤对于拟采用深孔爆破的孤石，当周边建（构）筑物距爆破点安全距离不足或其他条件限制无法爆破时，根据地面场地情况采用旋挖桩或人工挖孔结合人工处理（包括静态爆破）。

⑥对于跨越隧道边线的孤石，采用深孔爆破时，只处理位于隧道洞身内的岩体。

孤石隧道内处理原则如下：

在盾构机掘进过程中，如判断前方遇到障碍物，应开舱进行检查，如地层不稳定则需进行压气开舱，如地层不稳定且覆土过薄或气密性差不能满足压气要求则需要刀盘周边地层进行加固后进行开舱。

隧道内爆破严格遵循"浅孔、密眼、小药量、间隔装药"原则，应有效控制爆破振动效应，避免和减少爆破振动对地面建筑及临近隧道造成不利影响以及尽可能减少炸药爆炸产生的爆轰波及高温、高压的爆轰产物对盾构机刀盘及机械设备造成损伤。

1）右线 634 环地面注浆加固

右线盾构机曾在 634 环准备开舱检查更换刀具未成功，因此决定进行地面注浆加固后再进行开舱。

在盾构机对应地面位置布置五排袖阀管，每排袖阀管以隧道中心为轴向两侧对称布置：第一排设在盾构机刀盘里程前方 1.9m，间距 0.7m，共设 9 个钻孔（编号：1~9 号），钻孔深度为 23m；第二排钻孔设在盾构机刀盘里程前方 1.2m，间距 0.7m，共设 10 个钻孔（编号：10~19 号），钻孔深度为 23m；第三排钻孔设在盾构机刀盘里程前方 0.5m，间距 0.7m，共设 11 个钻孔（编号：20~30 号），钻孔深度为 23m；第四排钻孔设在盾构机刀盘里程后方 0.2m，间距 0.7m，共设 12 个钻孔（编号：31~42 号），钻孔深度为盾体以上 0.5m（最外侧 4 个孔钻孔深度为 23m，注浆长度为 12~23m）；第五排钻孔设在盾构机刀盘里程后方 0.9m，间距 0.7m，共设 11 个钻孔（编号：43~53 号），钻孔深度直接钻到盾构机盾体上（最外侧 2 个孔钻孔深度为 23m，注浆长度为 12~23m）。钻孔布置平面及剖面图如图 16.6-3、图 16.6-4 所示。

施工前要对钻孔区域地下障碍物情况调查清楚，如钻孔下方存在地下管线、地下构筑物或其他障碍物应及时上报，联系相关权属单位获批准后才能施工。孔位偏差不大于 0.2m，钻孔垂直偏斜率小于 1%。注意观察、记录钻孔中出现的异常气味，如发现异常气体，将使用气体检查仪器检查其成分，并做好现场保护措施，保证人员安全。施工过程发现异常情况应及时汇报，以便采取适当措施解决问题，严禁盲目施工。

袖阀管注浆长度为钻孔深度 12m 处至钻孔底部，采用双液注浆，水泥浆水灰比为 0.8:1，水:水玻璃为（4~2）:1（重量比），水泥浆溶液:水玻璃溶液为 1:1，水泥使用 P·O42.5 普通硅酸盐袋装水泥，水玻璃为 Be40。

注浆时采取"注一跳一"的间隔注浆法进行，且先注最外圈注浆孔形成帷幕，再注内圈孔位。双液浆配比根据现场实际情况调整，初凝时间控制在 30~40s，注浆压力不超过 1.5MPa。

注浆过程中如发现某处注浆量很大而注浆压力很小，可适当调整双液浆比例加快凝固时间，防止浆液流走而起不到加固效果。

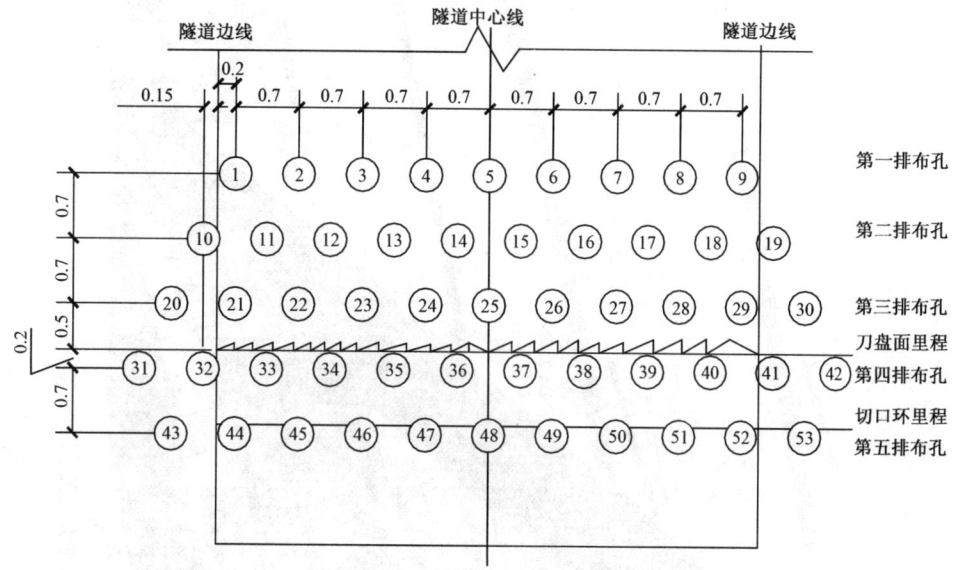

图 16.6-3　钻孔布置平面图

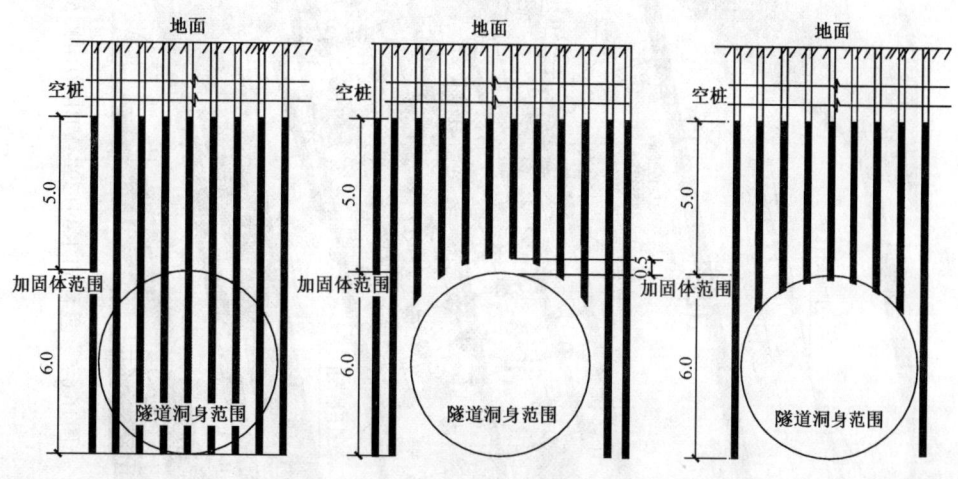

图 16.6-4　钻孔布置剖面示意图

　　进行注浆前先往土仓注膨润土不低于 6 槽，注浆前通过往土仓注膨润土，土仓压力不低于 2.8bar，且置换部分渣土把扭矩降至 130bar 以下，并在注浆期间每隔 2h 正反向转动刀盘 5min。转动刀盘过程中关注土仓压力及扭矩变化，如出现土压突然增大或扭矩较大时及时上报。每次转动刀盘须做好土仓压力、扭矩的初始值及变化情况记录。注完浆后等待 24h 后压气开仓检查刀具。

　　2）右线大塱村段 2 号 ~ 3 号预加固区地面三管旋喷加固

　　右线大塱村段孤石发育严重，隧道上部分布有砂层，地质条件较差，尤其大塱村段的 2 号 ~ 3 号预加固区之间（里程 YDK39 + 398 ~ YDK39 + 407.5）已探明的孤石达 9 块，孤石的大小从六七米至几十厘米不等，其抗压强度达 100MPa 左右，并且该段隧道洞身上半部存在 2m 左右的中粗砂层，洞顶以上为 5 ~ 9m 厚的砂层。该区域周边水系发达，地下水丰富。里程 YDK39 + 398 ~ YDK39 + 407.5 孤石勘探布置及剖面图如图 16.6-5、图 16.6-6 所示。

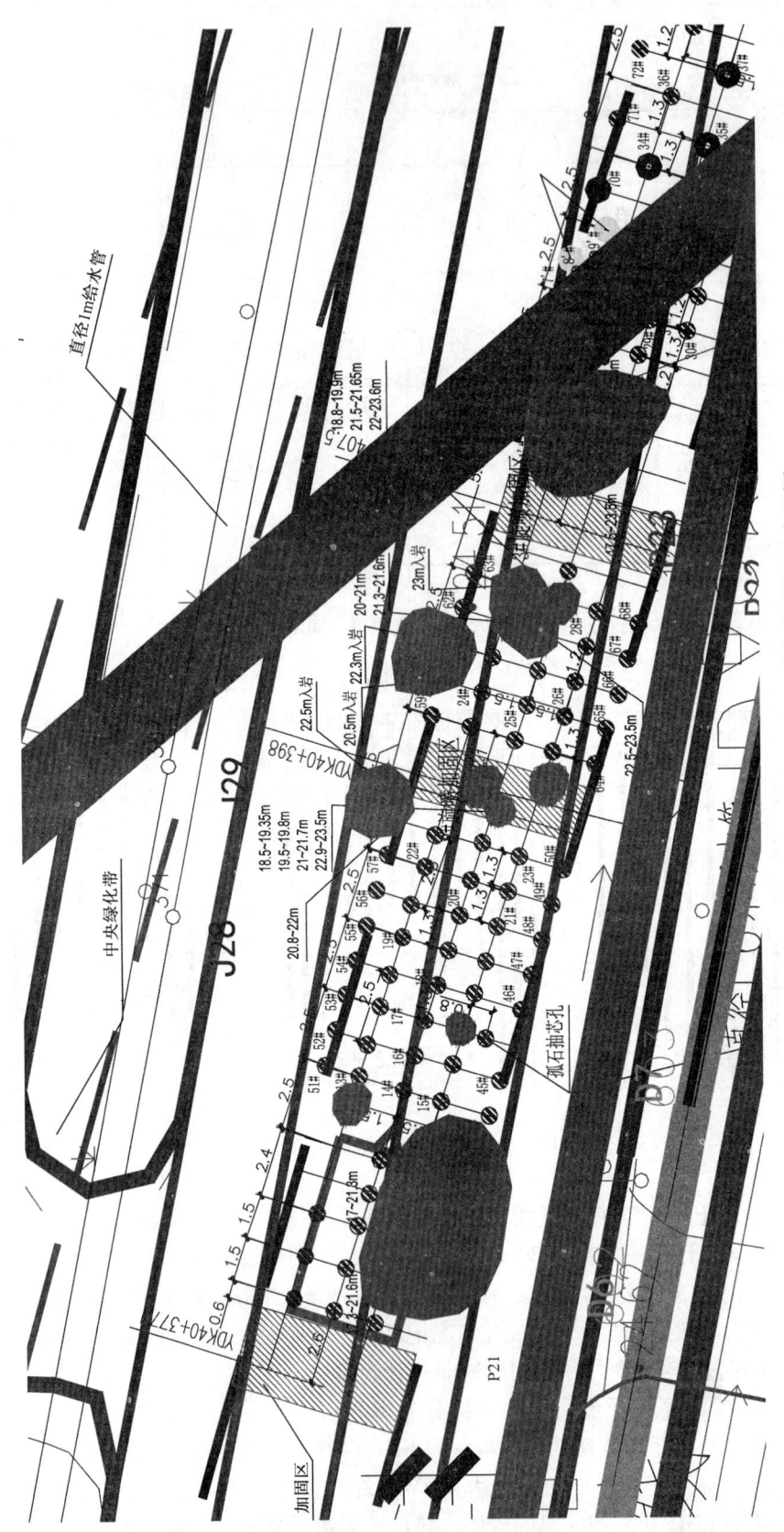

图16.6-5　里程YDK39+398~YDK39+407.5孤石勘探平面布置图

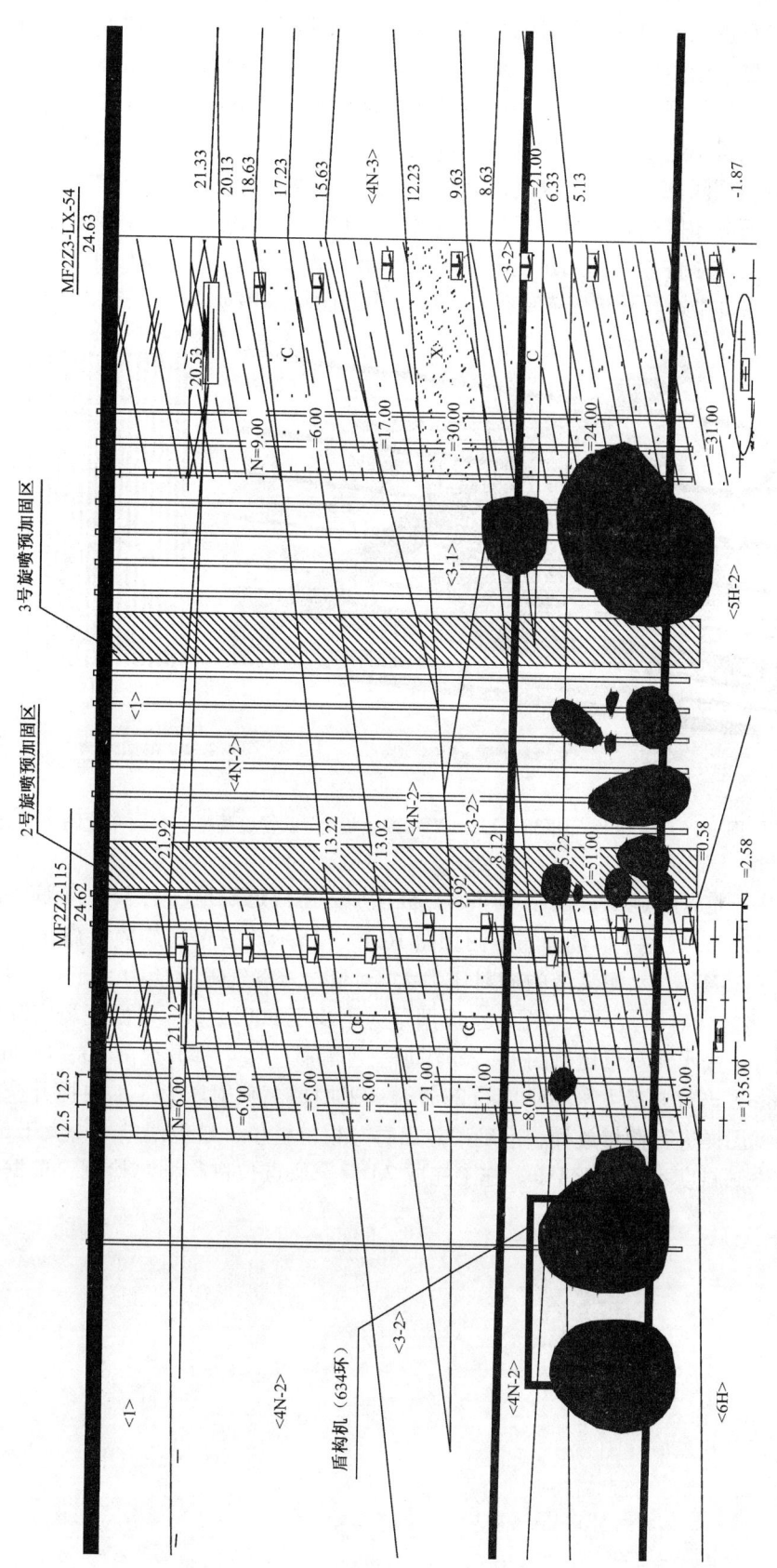

图16.6-6　里程YDK39+398~YDK39+407.5孤石勘探剖面图

右线盾构机自进入大塱村以来施工遇到极大困难，其中包括：①盾构掘进期间需要频繁开舱，当不采用爆破手段预处理孤石时，基本上每掘进 1 ~ 1.5m 就需要开舱检查刀具，而当对孤石进行预爆破后盾构再掘进时，如 629 环盾构机脱困后掘进至 634 环共 5 环的距离又需要开舱检查刀具；②盾构机掘进困难，盾构机在此段隧道无法采用半土压半气压的模式掘进，只能保高土压掘进，掘进期间推力大、速度慢，且经常卡刀盘，另外施工期间伴随喷涌、超挖的问题；③开仓困难：孤石分布区较长，即使预先进行爆破处理，在盾构机通过期间都不可避免地要开仓换刀，但由于地质条件差，采用压气开舱成功率低。曾 6 次尝试洞内加固后压气开舱均不成功，3 次尝试从地面加固后开舱仅成功 2 次，该 2 次开舱均采用地面旋喷桩加固方案。

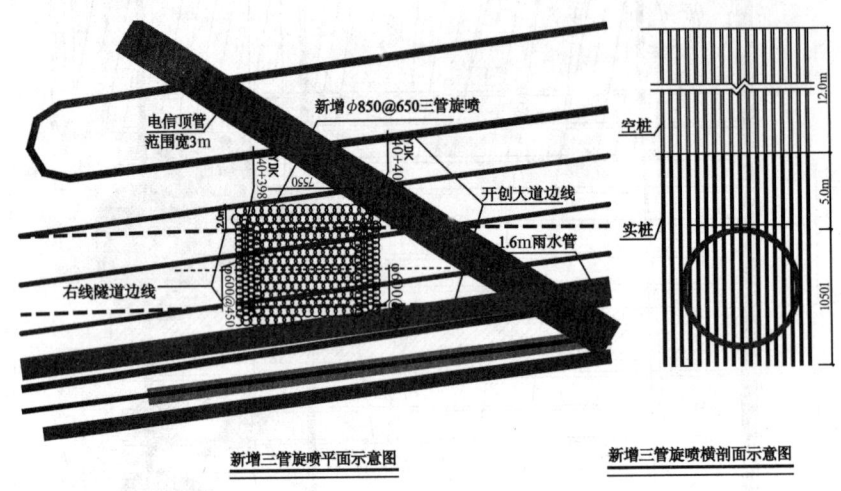

图 16.6-7　里程 YDK39 + 398 ~ YDK39 + 407.5 三管旋喷平、剖面布置图

旋喷桩采用三重管法施工，桩径 800mm，桩顶加固至隧道拱顶以上 5m，桩底在隧道结构拱底以下 1m。该段三管旋喷平、剖面布置图如图 16.6-7 所示。三重管旋喷桩施工要求为高压水的喷射压力大于 35MPa，水泥浆液的喷射压力大于 2MPa，空气喷射压力大于 0.7MPa。注浆采用 PO·42.5R 级复合硅酸盐早强水泥，水泥用量为不少于 300kg/m，根据现场实际情况适量调整，为加快成桩，按水泥重量比例的 1 ~ 2% 添加三乙醇胺。喷射提升速度 10 ~ 15cm/min，旋转速度 5 ~ 20r/min，当冒浆量大于灌浆量的 20% 时，采用提高喷射压力、加快提升速度和旋转速度等措施。根据图样进行测量放样，准确确定出每一根桩桩位，桩位偏差不得大于 50mm，施工时旋喷管的允许倾斜度不得大于 1%。施工完成 7d 后选取点位进行抽芯检测，根据检测结果确定开舱时间。

第17章 软硬复合地层的工程风险

17.1 软硬复合地层典型地质条件描述

17.1.1 软硬复合地层的定义

将开挖断面范围内和开挖延伸方向上,由两种或两种以上不同地层组成,且这些地层的岩土力学、工程地质和水文地质特征相差悬殊的地层组合,定义为复合地层。复合地层的组合方式是非常复杂多样的,但总的来说可分为三大类:第一类是在断面垂直方向上不同地层的组合;第二类是在水平方向上不同地层的组合;第三类是上述两者兼而有之。

复合地层在垂直方向上的变化,最典型的是软硬复合地层,即断面上部是松软土层如残积土、坡积土、淤泥质土以及砂层等软弱地层,下部是坚硬的岩石地层如岩石微风化带;或上部是软弱岩层而下部是硬岩层;或者是在硬岩层中夹软岩层,或软岩层中夹硬岩层等。

软硬复合地层是一种特殊的不良地质,既有软土或软岩地层的不稳定性,又具有硬岩的高强度。软硬复合地层地质勘探抽芯如图17.1-1所示。

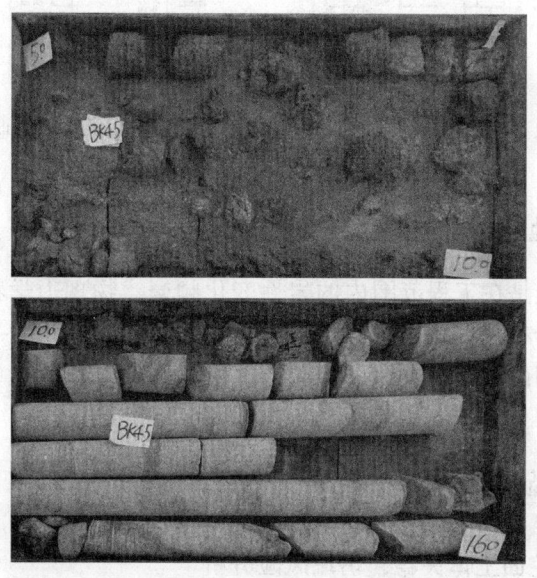

图 17.1-1 软硬复合地层地质勘探抽芯

17.1.2 软硬复合地层的分布范围

根据《城市轨道交通岩土工程勘察规范》GB 50307—2012关于隧道围岩分级的规定,通常隧道断面上两种或以上围岩级别相差两级,单轴饱和抗压强度 f_r 值相差较大,可按软硬复合地层考虑。对于城市轨道交通建设来说,通常在基岩岩面埋深不大的地区较容易遇到,例如南京、广州、深圳、南宁、东莞等城市在修建城市轨道交通时也遇到该类地层。

选取广州市轨道交通九号线飞鹅岭站~花都汽车城站区间作为软硬复合地层典型地质概化图,如图17.1-2所示。

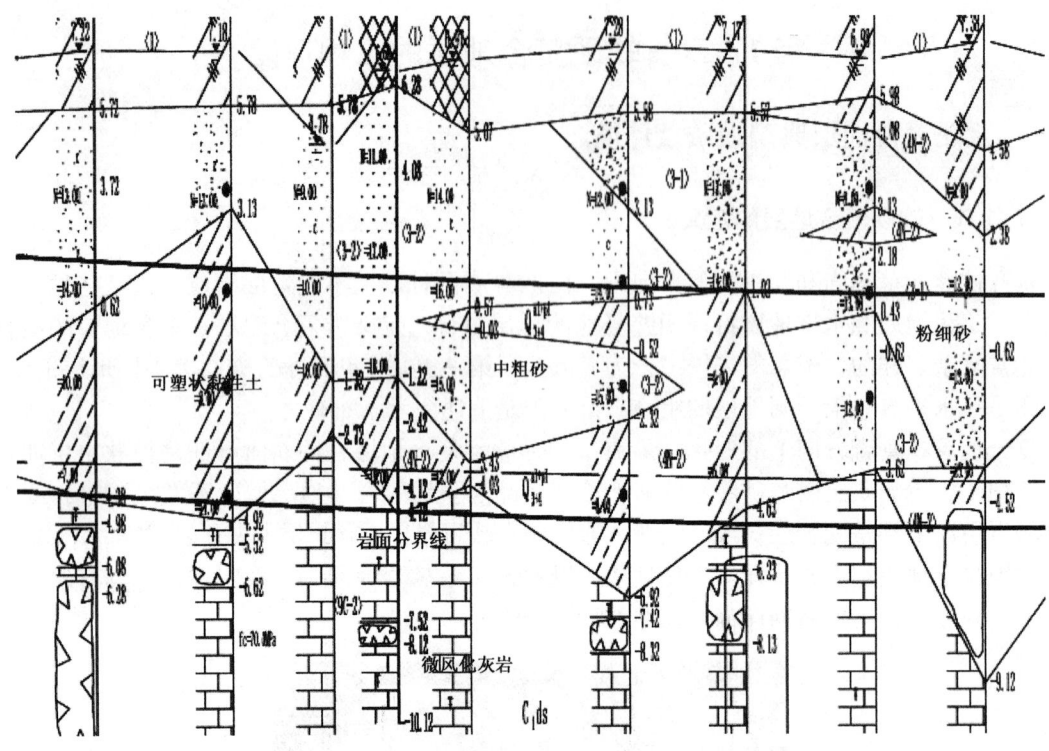

图 17.1-2　飞鹅岭站～花都汽车城站区间软硬复合地层典型地质概化图

17.1.3　软硬复合地层的岩土工程特性

复合地层的主要特点是在工程范围内的岩性变化频繁，物理力学特性差异大，基岩风化界面起伏大，断层破碎带分布密集，含水量差异明显。具体表现为：同一里程横断面表现为上下或左右软硬不均，在纵剖面上表现为软硬相间。地层剖面的复合特性，对隧道施工的影响尤为明显。

17.2　矿山法施工风险分析

17.2.1　马头门开挖面土体失稳、坍塌风险分析

（1）风险分析

矿山法区间隧道、施工横通道或联络通道等洞身处于软硬复合地层时，因开挖范围上部地层的不稳定性，通常在马头门开挖施工前需要采取土体加固或降水等辅助措施，但加固或降水等措施并不一定能使土体达到理想的自稳性。对竖井围护结构进行破除后，由于土体加固不到位等原因，开挖面上部地层自稳性不足，引发土体失稳、坍塌。

（2）风险对策

1）如采取地层土体加固，应切实做好加固工作，按要求对加固效果进行检测。

2）可采取超前小导管注浆或超前管棚等方式进行超前支护。

3）现场应准备必要的应急物资和设备，在开挖面出现失稳或渗漏征兆时，应及时对开挖面进行挂网喷射混凝土封闭，并采取补充加固等措施。

17.2.2 隧道土方开挖风险分析

对软硬复合地层进行矿山法开挖时,往往开挖范围下部的坚硬岩层需要采取爆破施工,爆破引起的振动对上部软弱地层造成扰动,尤其是隧道拱顶位置存在填土、淤泥质土或砂性土等不良地层,极易发生开挖面坍塌、初支结构变形和引起地表沉陷等风险。

17.2.2.1 开挖面坍塌风险

（1）风险分析

爆破施工时过大的爆破振动对软弱地层造成扰动,造成开挖面失稳、坍塌。

（2）风险对策

1）采取必要的降振措施,包括选择合理的槽眼布置、炸药品种和用量、起爆时差、爆破循环进尺等,尽量防止欠挖,避免多次爆破对地层进行多次扰动。

2）采取半断面深孔注浆对上部软弱地层进行加固。

17.2.2.2 地表沉陷风险

（1）风险分析

爆破开挖期间造成土体坍塌或地层受扰动后产生再固结均可引起地表较大沉降或沉陷。

（2）风险对策

1）采取必要的降振措施,包括选择合理的槽眼布置、炸药品种和用量、起爆时差、爆破循环进尺等,尽量防止欠挖,避免多次爆破对地层进行多次扰动。

2）采取半断面深孔注浆对上部软弱地层进行加固。

3）加强监测工作,包括对爆破振动、噪声和地表沉降等,实施信息化施工。

17.3 盾构法施工风险分析

17.3.1 盾构掘进风险分析

17.3.1.1 盾构姿态难以控制风险

盾构机穿越软硬复合地层往往导致盾构掘进困难,并易引发周边环境受到不利影响。

（1）风险分析

盾构机掘进过程中,上部软弱地层较容易被刀盘切削进入土仓,但下部坚硬岩层不易被刀盘破碎,导致盾构机姿态有向上偏移的趋势。

（2）风险对策

1）加强地质补勘,摸查清楚地层特性以及岩面分界线。

2）刀具的布置应采用全断面滚刀的配置形式。

3）保持合理的盾构掘进参数,减少对地层的扰动。

17.3.1.2 刀具损坏严重且更换困难风险

（1）风险分析

隧道断面下部坚硬岩层致使盾构机的滚刀较快磨损,而上部软弱地层自稳性差,或遇水软化崩解,给开舱换刀带来较大的风险。

（2）风险对策

1）盾构机进入软硬复合地层前应在具备开舱条件的位置进行刀具更换,并对盾构机设备进行检查和维修。

2）刀具的布置应采用全断面滚刀的配置形式。

3）施工前制订刀具更换计划,必要时对换刀地点进行预加固处理。

4）盾构掘进时遇掘进参数发生突变或异常等情况，应暂停掘进，分析原因，必要时进行刀具检查，不可盲目掘进。

5）对于盾构机无法破除的硬岩，应采取辅助措施处理，如采用冲孔破除或爆破处理等。

17.3.1.3　地表沉降难以控制，易造成地表塌陷风险

（1）风险分析

隧道上部地层稳定性差，容易坍塌，且刀具与岩面作周期性的碰撞，刀盘振动大，掘进速度缓慢，对上部地层扰动较大。

（2）风险对策

1）盾构掘进时遇掘进参数发生突变或异常等情况，应暂停掘进，分析原因，必要时进行刀具检查，不可盲目掘进。

2）对于盾构机无法破除的硬岩，应采取辅助措施处理，如采用冲孔破除或爆破处理等。

3）保持合理的盾构掘进参数，减少对地层的扰动。

4）做好监测工作，及时反馈监测信息。

17.3.1.4　盾构机易卡壳风险

（1）风险分析

盾构刀盘破除下部硬岩时边缘滚刀、超挖刀等容易严重磨损，造成盾构开挖洞径缩小，可能导致盾构机卡壳。

（2）风险对策

1）盾构机进入软硬复合地层前应在具备开舱条件的位置进行刀具更换，并对盾构机设备进行检查和维修。

2）盾构掘进时遇掘进参数发生突变或异常等情况，应暂停，分析原因，必要时进行刀具检查，不可盲目掘进。

17.3.1.5　工程实例

（1）某区间左线砂层地段掘进至52环时地面突然发生沉陷，沉陷位置位于刀盘正上方，面积约 80m²，地面监测点最大累计沉降为 368.6mm，造成附近一居民小区的围墙及一栋两层临时建筑严重开裂，沉陷附近地面冒出大量泡沫。隧道掘进断面中、下部为 <9> 微风化泥岩，上部为 <8> 中风化泥岩和 <3-2> 砂层。隧道覆土主要为 <3-2> 砂层、<2-1> 淤泥和 <1> 杂填土。

分析地表沉陷的原因，主要有以下三点：

1）从地表冒出泡沫与盾构机掘进使用泡沫同步，在盾构机停止掘进时地表冒泡也相应停止，且已排除该地段不太可能有沼气产生，可判断泡沫为盾构掘进时施加的压缩空气与泡沫溶液所产生，盾构开挖面与地表存在透气通道。

2）根据地表沉降的监测数据，盾构机掘进与否，地表沉降反应敏感。土仓压力维持在 0.17~0.23MPa，但由于刀盘的扰动，仍难以保持地表稳定。

3）刀盘掘进断面存在黏性较大的泥岩，在较大的土压力作用下，刀盘与刀具间结成硬块，形成泥饼，使掘进速度从 25~30mm/min 降至 1~5mm/min，刀盘在原地的扰动又加剧了地表沉降的发展，使地表沉陷加大，并致使建筑物损坏。

（2）某区间右线在掘进104环到145环，盾构机出现上漂和向右偏离的倾向，隧道超限，出现盾尾受困和盾构姿态难以控制的问题，盾构机后点单环垂直方向最大偏移28mm（121~122环），最大向右偏移14mm（111~112环）。

掘进至129环（推进油缸行程到620mm时）2号铰接油缸行程达到了131mm快达到铰接油缸行程极限，推力达到1750t，无进尺，盾构机后点垂直方向向上累计偏移219mm，向右累计偏移 119mm，现场立即停止掘进，开舱对刀具进行检查，发现刀具磨损较小，开挖面岩层节理面分明，岩面倾斜。恢复掘进推力达 1900t，盾构机仅前移 20mm，2 号铰接油缸行程达到 140mm，停止掘进。

在中、尾盾体之间焊接 8 道 ϕ30mm 钢板连接杆，恢复掘进，在掘进 130 环时推力达到 1726t，掘进平均速度 20mm/min；掘完 132 环割除钢板连接杆，并拉收铰接油缸，2 号铰接油缸行程由 136mm 回收到 118mm。

通过一段时间的尝试和分析，在各方专家的诊断下，决定启用超挖刀，A 组推进油缸油压比 C 组高 110~114bar，B 组推进油缸油压比 D 组高 40~60bar。对盾构姿态进行纠正，先让盾构姿态形成回归状态（水平和垂直趋势呈向设计轴线方向），土压适当降低到 1.1~1.2bar，通过启用超挖刀的情况下连续掘进 6 环（145~151 环），推力从 1220t 下降到 900t，盾尾脱困，解除刚性连接，从 145~151 环垂直前点和后点由 436/429 变为 398/466，水平前点和后点由 237/217 变为 192/208。经过此后一个阶段的持续纠偏，直到 180 环垂直方向已经回到 50mm 以内，水平方向从 190 环回到 100mm 以内，198 环回到 50mm 以内，盾构机纠偏完成。其后经过设计总体对线路进行了调线、调坡，完成整个纠偏。

17.3.2　盾构开舱风险分析

盾构穿越软硬复合地层时，下部硬岩会对刀具造成较快磨损，因而在该地层进行开舱换刀无法避免。在软硬复合地层进行开舱作业，由于上部软弱地层自稳性较差，在开舱过程中，即使是采取压气作业的方式，上部地层中若存在空隙，也可引起漏气导致无法在土仓内维持稳定的压力，从而引发开挖面土体失稳坍塌。

（1）风险分析

盾构在软硬复合地层进行开舱作业，上部软弱地层自稳性较差，易引发开挖面土体失稳坍塌，导致作业人员伤亡、地表沉陷等。

（2）风险对策

1）具备施工条件下应采取地层加固措施，在开舱前对地层加固效果进行检测，开挖面稳定性和气密性必须满足人员进舱作业的要求。

2）开舱作业期间在刀盘开口部位应设置挡板进行封闭。

3）可参考泥水盾构制造泥膜的方式，采用浓稠膨润土浆或砂浆进行填舱置换，但采用砂浆时应注意防止盾体被包裹和刀盘、螺旋输送机被固结。

17.4　周边环境风险分析

17.4.1　矿山法施工对周边环境的风险分析

在软硬复合地层进行矿山法开挖施工时，因爆破造成土体坍塌或周边地层受扰动均可引起地表较大沉降，进而危及周边建（构）筑物、道路、地下管线等。

17.4.1.1　建（构）筑物开裂倾斜、道路沉陷开裂、地下管线破损风险

（1）风险分析

因爆破造成土体坍塌或周边地层受扰动均可引起地表较大沉降，进而危及周边建（构）筑物、道路、地下管线等。

（2）风险对策

1）采取必要的降振措施，尽量防止欠挖，避免多次爆破对地层进行多次扰动。

2）采取半断面深孔注浆对上部软弱地层进行加固。

3）加强对周边建（构）筑物、道路、地下管线等监测工作，实施信息化施工。

17.4.1.2　工程实例

某区间隧道采用盾构法和矿山法并存施工。隧道位于新近填海造地区域，地面上有众多住宅建筑（无桩基侵入隧道范围），隧道顶部覆土厚度为7.8～12.7m。该段隧道穿越微风化岩层，但隧道上部为富水软弱地层，甚至局部处于砂层区及填石区，采用矿山法构筑初衬并破除高强岩石后，再在初衬内盾构空推拼装管片的方案。

图17.4-1　隧道施工引起地面道路开裂

隧道所处区域地面交通繁忙或建筑物众多，对上部软弱地层的加固只能从洞内进行。隧道左、右线均处于曲线上，导致管棚无法一次性打设。隧道施工空间小，爆破后会导致采用CRD工法的先期钢架变形。因此隧道采用超前双排小导管，短台阶法施工以加快初衬施工尽快封闭成环。为避免爆破施工对建筑物产生影响，采用人工凿除的破岩方式进行开挖。为确保隧道开挖面的稳定，防止拱顶软弱地层坍塌，采用隧道全断面超细水泥-水玻璃双液浆注浆加固。

根据监测数据的统计，隧道拱顶最终沉降最大值达到20.4cm。在施工过程中地面上还出现过3～4次塌陷（最大塌陷超过50cm，引起地面开裂，如图17.4-1所示）。

地面塌陷的重要原因是地表新近填石层中夹带过多的建筑垃圾与生活垃圾，施工中超前注浆预加固效果差。在填石层侵入隧道断面的位置处隧道上方的地面容易引起塌陷，由于在隧道内采用了深孔注浆加固的措施，对凝固拱顶砂层取得了明显的效果。但在填石层、砾质黏性土（残积层）中的加固效果不佳；在填石层中注浆钻孔很难打设，时常出现偏位。隧道开挖至填石层时，用人工将隧道范围内的大石块取出或击碎，然后安装初衬钢架。在喷射混凝土初衬封闭后，还须对拱顶初衬背后2～3m范围内压浆，以确保隧道初衬背后的密实性。

17.4.2　盾构法施工对周边环境的风险分析

盾构穿越软硬复合地层时，因刀盘受到下部硬岩层阻碍，掘进速度缓慢，刀盘长时间对上部软弱地层的扰动，容易引发地表沉陷。当区间隧道下穿或侧下穿建（构）筑物、道路、地下管线等，盾构掘进容易对这些地上物造成不利影响，如房屋开裂倾斜、道路沉陷开裂、地下管线破损等。若给水、污水、雨水等管线开裂受损造成渗漏，水渗入到隧道周边土体中，将加剧盾构掘进施工的风险。

17.4.2.1　建（构）筑物开裂倾斜、道路沉陷开裂、地下管线破损风险

（1）风险分析

盾构机刀盘受到下部硬岩阻碍导致掘进速度缓慢，刀盘长时间对上部软弱地层的扰动易引发地表沉陷，影响建（构）筑物、道路、地下管线等的结构安全。

（2）风险对策

1）加强地质补勘工作。

2）控制合理的盾构掘进参数，尤其对土压、出土量、注浆量、注浆压力等关键参数应加强管理。

3）具备施工条件的前提下，应采取必要的对建（构）筑物等的加固保护措施。

4）提前选取合理的刀具检查与更换位置，及时进行刀具更换，必要时应采取预加固处理措施。

5）加强监测工作，实施信息化施工，并做好对建（构）筑物等的应急保护准备工作。

6）必要时对上部软弱土层进行加固改良，减少软硬差异。

（3）工程实例

广州地铁五号线三溪站～鱼珠站区间软硬不均地层段统计见表17.4-1。

盾构周边环境的风险分析　　　　　　　　　　　　　　　表 17.4-1

地质类型	里程	长度（m）	隧道地层描述
上软下硬	YCK27 + 135.7 ~ 234	98.3	上部 <2-2> 淤泥质砂层、<2-3> 含蚝壳中粗砂层、<3-2> 中粗砂层，下部 <7> 强风化泥质砂岩、<8> 中风化泥质砂岩
	YCK27 + 338 ~ 488	150	上部 <3-2> 中粗砂层、<5-2> 硬塑状粉质黏土、<6> 全风化泥质砂岩，下部 <7> 强风化泥质砂岩、<8> 中风化泥质砂岩
	YCK27 + 582 ~ 625.9	43.9	上部 <6> 全风化泥质砂岩，下部 <7> 强风化泥质砂岩、<8> 中风化泥质砂岩

本区间盾构隧道第 120 ~ 295 环（共 264m）影响范围内共有 256 座建筑年代不同、基础形式各异、结构不一的村庄密集住宅区楼房群，其中隧道正上方约 180 多座。区间施工风险和重、难点主要有以下三点：

1）地质情况不明朗：通过的房屋密集，在多次地质初勘和详勘过程中，对这段地质情况均不能按相关规范加密地质勘探。

2）房屋变形要求高：由于房屋的建筑年代不同、基础形式各异等原因，且很多房屋均存在不同程度的裂纹、变形等损坏，对盾构通过的要求会更高。

3）基本不具备开舱换刀的条件：该区间的 <8> 中风化泥质砂岩、<9> 微风化泥质砂岩对盾构刀具磨损非常严重，在房屋段开舱换刀时要求地表沉降达到可控范围非常困难。

对此在工程实施阶段，施工策略如下：

1）进行详细的地质补勘

加强与当地居民的协调，把地质钻机拆开分块搬到居民房院中重新组装进行地质补勘，在村中仅有的几条自行车道上也进行补勘，在村旁小河中则打上浮筒进行地质补勘，共完成地质补勘 60 多个。

2）严格房屋段掘进管理

采取土压平衡推进，一环内土压波动值不超过 0.03MPa；确保添加剂的效果，每环要多次观察渣土的泡沫改良情况，对出渣量的管理，每推进 300mm 计算、核实一次；坚持信息化施工，进行每天 4 次的地表建（构）筑物沉降变形量测，并在第一时间由总工程师进行分析，及时发出盾构施工指令；足量同步注浆，间隔补充二次注浆，采用的浆液水泥含量为 120kg/m³，每隔 5 环注 1 环水泥-水玻璃双液浆补强，形成环箍。

3）合理、科学的计划换刀

在该区间房屋下方因刀具损坏而被动开舱换刀，风险非常大。首先采用熟悉的、质量性能稳定的刀具；其次在推进过程中，各种参数应在保护刀具的前提下进行选择，尤其严格控制刀具的贯入度不大于 15mm；第三是合理、科学的计划换刀位置，在地质情况允许的位置和刀具可能磨损严重的位置，进行开舱检查并更换部分刀具。

第18章 岩溶的工程风险

18.1 岩溶典型地质条件描述

18.1.1 岩溶的定义

岩溶是地表水和地下水对可溶性岩层（碳酸盐类、硫酸盐类、卤盐类等）进行以化学溶蚀作用为主，还包括流水的冲蚀、潜蚀，以及坍塌等机械侵蚀过程所形成的各种地表和地下形态和现象的总称，又称喀斯特地貌（图18.1-1）。

图 18.1-1 喀斯特地貌

18.1.2 岩溶发育的基本机理

岩石成分、成层条件和组织结构等直接影响岩溶的发育程度和速度。一般来说，硫酸盐岩层、卤素类岩层岩溶发育较快；碳酸盐类岩层则发育速度较慢。质纯层厚的岩层，岩溶发育强烈，且形态齐全、规模较大；含泥质或其他杂质的岩层，岩溶发育较弱。结晶颗粒粗大的岩石岩溶较为发育，结晶颗粒细小的岩石，岩溶发育较弱。

岩溶发育需要具备三个条件：①有大量可溶性岩石存在；②岩石要具有一定的透水性；③具有溶蚀能力的流动地下水。

岩溶发育的主要形态有溶洞、土洞、溶沟、溶槽、溶隙、暗河、石芽、漏斗及钟乳石等。

因此可根据地层中是否揭露软弱土层、砂层，岩层性质、岩体结构及构造、岩层产状、接触关系，断裂、褶皱、节理、裂隙、风化程度等，对岩溶的发育情况进行判别。此外，还可根据钻探时，浆液流失迅速、钻杆进尺快、掉钻、滑钻、岩心采取率低、标贯击数少于相邻地层等标志进行岩溶土洞判别。

18.1.2.1 溶洞

可溶性岩层，在地下水流的渗流作用下，地下水沿裂隙及含有炭质薄膜的相对软弱的灰岩岩层走向流动，使岩层缓慢溶蚀而形成溶洞。浅部基岩与上部孔隙水活动交替较强烈，因此，溶洞多分布于浅部基岩中。

18.1.2.2 土洞

当上覆有适宜被冲蚀的土体，其下有排泄、存储冲蚀物的通道和空洞，地表水向下渗透或地下水位在岩土交界面附近频繁升降运动（如枯水期～降水期地下水位变化），由于水对土层的潜蚀作用，地下水的交替作用，上覆土层不断崩落而形成土洞。土洞继续发展，即形成地表塌陷。因此，土洞与岩溶之间存在密切的关系。

18.1.3　岩溶的分布范围

我国地域辽阔，碳酸盐岩分布十分广泛，从黑龙江到海南岛，从青海台盐湖到东海之滨，已见于 23 个省区，大部分分布于桂粤、黔、湘、赣、川、滇、鄂等省区。总分布面积达 34 万 km²，其中以广西、云南和湖南省为多，约占总面积的 33%，26% 和 27%。其次是华北地台碳酸盐岩分布区，西部青藏高原岩溶发育微弱。

我国岩溶分布广泛，类型众多，比较集中的分布在以下几个地区：

1）华南地区，包括广西、广东和台湾，均为我国典型的热带岩溶地区，广西岩溶分布面积大，碳酸盐类岩石的分布面积占全省面积的 41% 左右，以泥盆系（D）、石炭系（C）、二叠纪系岩层（P）岩溶发育最强，岩性多为厚层石灰岩和白云岩。广东岩溶主要分布在西北部北江、连江和西江流域，面积小，多呈零星分布。台湾岩溶主要分布在南部，面积很小。

2）西南地区。包括贵州的中部和南部以及云南的东部。贵州碳酸盐类岩石的分布面积占全省的 80% 左右，厚度占地层厚度的 50%～70%，以石炭系和二叠系岩层岩溶发育最强。云南东部碳酸盐岩石面积约占总面积的 50%，其厚度占地层厚度的 63%，以中上石炭系、下二叠系和中三叠系岩层岩溶最为发育。贵州在构造上以线形褶皱为主，可溶岩与非可溶岩常成互层，在地表呈带状交替出露，故岩溶多作与构造纹一致的带状分布，非可溶岩构成隔水层，有利于岩溶区的水位建设。贵州黔西高原的水城、威宁一带，主要发育一些小洼地、漏斗、落水洞和低矮峰林地貌，贵州南部为向广西盆地倾斜的斜坡地带，地下水以垂向运动为主，峰林最发育，还伴有峰丛、洼地地貌，如兴义一带。贵州中南部六枝一带有覆盖石林，高达 10m 以上，已被第四系沉积物掩盖。

3）中部地区，包括长江中下游各省及浙江，其中尤以贵州北部、湖北西部、湖南西部和四川东部碳酸盐类岩石分布较广，从震旦系到三叠系的碳酸盐类岩层均有出露。

贵州北部主要为北北东—南南西的平等褶皱，岩溶分布亦作北北东—南南西的平行条带。由于灰岩与页岩相间分布，一般页岩或垅状丘陵，灰岩成槽形谷地，故在地形上，丘陵与槽谷相间分布，如遵义一带。

4）华北地区。主要分布在北京的西山地区，山东中南部，山西与河北的太行山、太岳山、吕梁山和燕山一带，该区碳酸盐类岩石以寒武-奥陶系为主。

5）干燥和半干燥区，主要指内蒙古东部。

6）西藏高原。岩溶发育于海拔 4000m 以上的高寒高原上。是世界岩溶的一种特殊类型。总体上，中国岩溶分布面积广，发育程度深的地区主要集中在华南西南两个地区。

以广州地铁 5 号线（火车站～小北站）盾构区间地质图作为溶、土洞典型地质概化图（图 18.1-2），由图可见，在隧道范围内、隧道顶部及底部均有岩溶发育。

18.1.4　岩溶的岩土工程特性

溶土洞按充填性可分为三类：充填溶洞、半充填溶洞和无充填溶洞。充填物以软～流塑状为主，也可有可塑状或灰石碎块等，洞高为几十厘米的小洞至十几米的大洞不等，溶土洞常呈单个洞和串珠状洞群分布，其平面形态有近圆形、椭圆形以及长条形和不规则形态等。

土洞虽然多有填充，但填充物的标准贯入度较低，多为 1～3 击。土洞受周边工程活动影响大，可在短时间内发展并扩大，对隧道行车安全构成威胁。因此隧道下方的土洞为高风险区。发现的土洞均需处理。

溶洞的发育扩展时间较慢，溶蚀速度以百年甚至万年计，运营的隧道对下部岩土体层产生的荷载较小，往往多处在抗浮状态，因此具有一定厚度顶板的溶洞，在隧道使用寿命期内是较安全的。

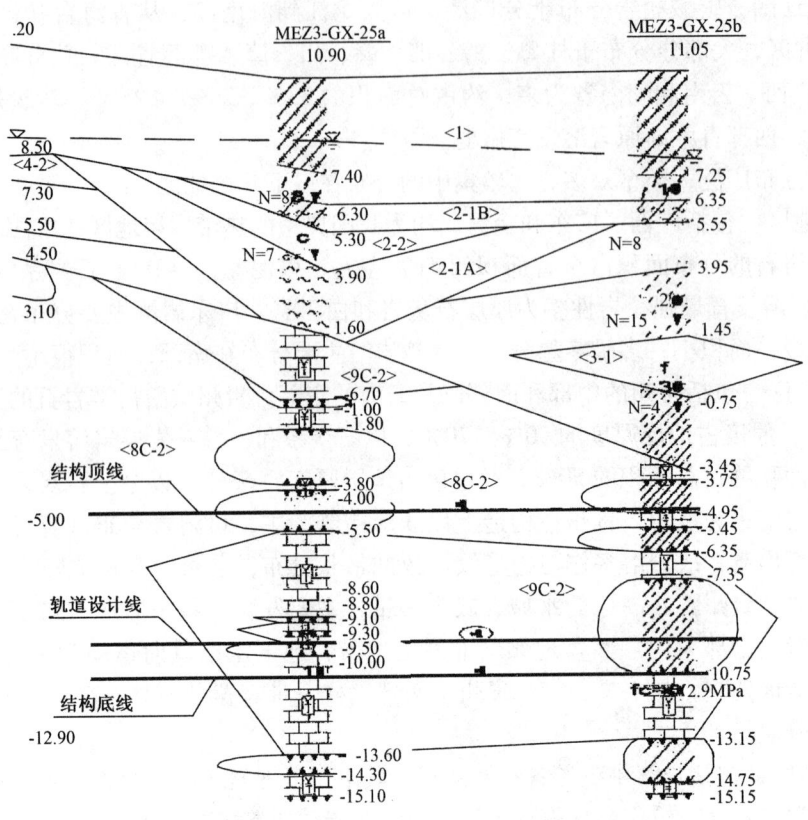

图 18.1-2　溶、土洞典型地质概化图

岩溶含水层的富水性总的来说是较强的，但是含水又极不均匀。因岩溶水并不是均匀地遍及整个可溶岩的分布范围，二是埋藏于可溶岩的溶蚀裂隙、溶洞中，所以往往同一岩溶含水层在同一标高范围内，或者同一地段，甚至相距几米，富水性可相差数十倍至数百倍。

岩溶中常赋存有地下水，分为潜水或承压水。由于岩溶发育不均匀，岩溶潜水分布亦不均匀。岩溶水是良好的供水水源，但对于矿坑和地下建筑工程施工，常造成灾害性突然涌水、涌泥。

18.1.5　岩溶处理的目的

岩溶地区发育有溶洞、土洞、溶沟、溶槽及岩溶塌陷区等不良地质体；在岩溶地区进行基坑围护结构施工、明挖法基坑开挖、矿山法隧道施工及盾构法隧道施工，易发生危及施工安全及影响周边环境的风险，如突水（泥）、开挖面坍塌、机械陷落、地基承载力不足等。岩溶地区所发育的溶洞、土洞在地下水以及人类的工程活动影响下，易继续发展发生坍塌、突（涌）水及危及周边建（构）筑物安全等风险。因此，在岩溶发育区针对岩溶可能对城市轨道交通土建工程产生的不良地质风险进行处理，确保城市轨道交通土建工程施工期的安全及运营期的结构稳定显得尤为必要。

18.1.6　岩溶的处理原则

（1）对于明挖法施工

1）位于连续墙外 3.0m 以内的溶洞、土洞，全部自地面进行充填加固处理。

2）位于连续墙段的溶洞、土洞，以及位于连续墙底以下 2.0m 范围内的溶洞、土洞，全部自地面进行充填加固处理。

3）连续墙每幅墙预理 2 根注浆管，对墙底持力层中遇到新发现的溶洞、土洞进行充填加固处理，并对影响围护结构安全的已充填加固溶洞、土洞进行二次注浆。

4）当车站底板处于岩层时，位于车站底板下 5m 范围内的已揭示溶洞，全部自地面进行充填处理。

5）当车站底板处于土层时，车站底板下的土层采用"水泥土墩柱"进行分段加固，对墩柱间已揭示的溶洞全部自地面进行充填加固处理。

6）车站底板下的土层进行旋喷桩加固时，旋喷桩与土形成水泥土墩柱。旋喷桩施作位置若遇到新发现的土洞，分两种情况办理：

①土洞为全填充的，利用旋喷桩加固即可；

②土洞为无填充或半填充的先进行地面充填加固处理。

7）处理"串珠状"溶洞时，当洞体之间的岩层厚度小于 0.5m 时，下层溶洞也应进行相应的处理。

（2）对于矿山法、盾构法施工

1）隧道拱顶、两侧范围各 2m 以内。

2）当岩面侵入隧道时，处理范围为隧道底部 2m 以内。

3）当隧道底部有稳定的隔水层，其厚度大于 2m 时，对隔水层以下的岩溶可不处理。

4）当隧道底部为砂层，到岩面无稳定隔水层时，处理范围为隧道底部 5m 以内。

18.2　明挖法施工风险分析

18.2.1　围护结构施工过程的风险分析

18.2.1.1　成孔（槽）卡钻风险

（1）风险分析

钻头突然击穿溶洞顶板，造成孔形不圆顺或掉入大空洞中，使钻头旋转不能提钻。

（2）风险对策

1）在岩溶发育地区进行加密补勘以探明未知岩溶。

2）对探明的溶土洞可进行地面预填充、加固处理。在溶洞顶板施钻时也应先用小冲程开孔，并注意旋转钻头，溶洞开口后，要及时抛填片石和黏土块填筑，逐渐进入正常钻孔。

3）当发生卡钻时，可采用以下方法进行现场处理：

①松紧法：主绳放松与收紧依次循环，使钻头产生位移从原位提出；

②副绳法：将主绳放松后，用钻头副绳吊一重物向下冲击钻头，使钻锤产生松动，主绳重复松紧交替法；

③强提法：用起重机、千斤顶或钻机副绳穿滑车组加力强行提升，但该法需注意提升力度避免过大，致使主绳断裂。

18.2.1.2　成孔（槽）漏浆、埋钻风险

（1）风险分析

成孔（槽）施工时，如遇无充填或少量充填的大空洞，浆液迅速涌入空洞，孔内水头急剧下降，孔壁失去孔内压力，外部地下渗透水压过高而产生过高水压力，引起孔壁坍塌，进而造成埋钻。

（2）风险对策

1）在岩溶发育地区进行加密补勘以探明未知岩溶。

2）采用泥浆处理器循环处理泥浆，及时将废渣运走，提高泥浆质量，成孔过程中严格控制泥浆比重（1.2～1.3），有利于泥浆护壁。

3）对探明的溶、土洞可进行地面预填充、加固处理。

4）当发生漏浆、埋钻时，可采用以下方法进行现场处理：

①穿透溶洞时，应密切注意护筒/槽内泥浆面的变化，发现漏浆及时提起钻头，向孔内补水注浆，保持水压力，采取相应措施，堵住漏浆。

②若不能保持水压，应立即提出钻头，向孔（槽）内补浆或补水，保持孔（槽）内浆（水）面高度，如浆面仍不断下降，应及时进行抛填，将片石、黏土及水泥制成混合物，视漏浆程度反复散抛填，每次应达到1～3m，直到不漏浆为止。

③对于钻孔灌注桩，当钢护筒底部漏浆时，可继续下沉钢护筒，并用黏土封闭护筒周围缝隙，防止地表水继续渗入，然后向孔内填掷黏土块和碎石，填筑高度以高出钢护筒底1m为宜，最后用小冲程反复冲砸，达到加固钢护筒底部孔壁与堵漏的目的。

④当漏浆太快，散填难以达到目的时，应采用集中抛填将黏土袋、袋装水泥、片石等集中在短时间内大量填入。对于溶洞较发育地区，如抛填措施无效时，可采用全护筒跟进方法，并使其长度跟进至岩溶底部岩层。

18.2.2 土方开挖过程的风险分析

18.2.2.1 基坑突水、涌泥、涌砂风险

（1）风险分析

在岩溶发育区域进行土方开挖，如直接揭露岩溶或当挖除上部土层时下伏岩溶顶板厚度不足以平衡岩溶水压力，会击穿岩溶顶板，导致基坑发生突水、涌泥、涌砂现象。

（2）风险对策

1）在岩溶发育地区需进行加密补勘以探明未知岩溶。

2）对探明的溶洞、土洞可进行地面预填充、加固处理，对可能产生突水的节理、裂隙及通道的处理：主要采用格栅状抽条加固、水泥土墩柱对基坑进行分块，施工时当基底出现突（涌）水时可以分块进行处理。

18.2.2.2 机械陷落风险

（1）风险分析

基底下部溶洞、土洞顶板厚度小、无充填或充填不密实，造成基底塌陷，导致开挖机械陷落甚至被埋等事故。

（2）风险对策

1）在岩溶发育地区需进行加密补勘以探明未知岩溶。

2）对探明的溶土洞可进行地面预填充、加固处理。

18.2.2.3 地基承载力不足风险

（1）风险分析

当地基主要受力层范围内有岩溶发育或可溶性岩石发生断裂，在断裂、裂隙处，地下水流易将物质迁运至别处，使土层不断瓦解形成溶洞，最终上部覆盖层失稳，导致地基承载力不足。

（2）风险对策

1）在岩溶发育地区需进行加密补勘以探明未知岩溶。

2）对于已探明的岩溶采用挖填、灌填、桩基、跨盖法，或采用"溶（土）洞填充＋水泥

土墩柱"的方法提高地基承载力。

①挖填法适用于浅层溶洞、溶槽、溶沟等，施工时挖除岩溶形态中的软弱充填物，然后以碎石、灰土或素混凝土等回填，以增强地基的强度和完整性，或者在压缩性地基上凿去局部突出的基岩，铺盖可压缩的垫层（褥垫），以调整地基的变形量；

②灌填法适用于基础下的较深溶洞埋深时。施工中通过钻孔向洞内灌注砂砾、水泥砂浆、混凝土等，以填堵溶洞；

③桩基法适用于地基上修建重要建筑物，岩溶溶洞较深的情况。可采取冲孔桩、钻孔桩、预应力管桩、群桩等。施工时将桩直接打入至基岩持力层或钻孔灌入混凝土桩，可承受较大的上部荷载；

④跨盖法适用于基础下有溶洞、溶槽、漏斗、小型溶洞。施工时可采用钢筋混凝土梁板跨越，或用刚性较大的平板基础覆盖，而不对其下地基进行处理。

18.2.3 工程实例

某地铁车站补充勘察实例

某地铁车站位于市区，线路沿线地面条件复杂，主要为城市交通干道、居民小区、商业区。沿线城市干道车流量大，住宅、商业区人员密集，建筑物稠密。从区域地质角度出发，沿线揭露的地层按时代、成因和岩性总体上为二元地层，即上部为第四系沉积物，下部为石炭系沉积岩。勘察资料表明，车站附近岩溶发育，而且还存在土洞。由于地质条件复杂，需要对车站的岩溶和土洞分布情况进行详查。

为了了解竖井及其附近地下将要开挖部分（图 18.2-1 右侧虚线框部分）是否存在土洞、溶洞等不良地质体，在车站内进行了探测。由于车站已经开始施工，地面存在较多固定建筑和器械，加上各种围挡的阻拦，地质雷达测线布置受到一定的限制，只布置了 20m 长的测线（图 18.2-1）。

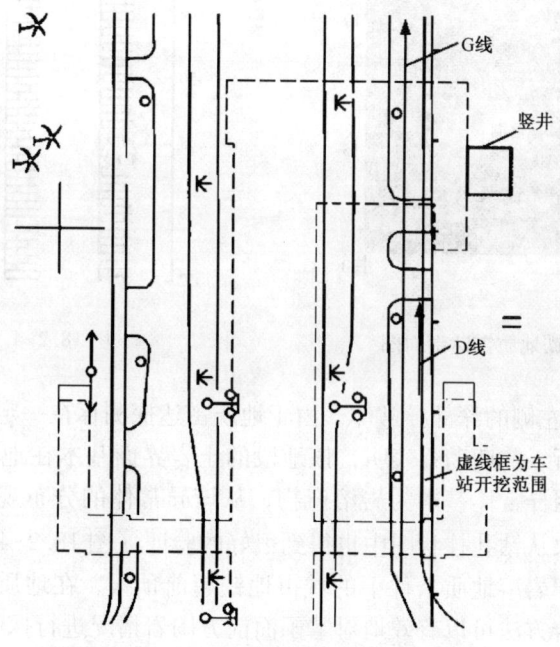

图 18.2-1 广州某地铁站地面测线布置图

高密度电阻率法采用的仍为偶极布极方式，极距为2m，测线G线（108m）的探测结果如图18.2-2所示。地质雷达采用连续扫描方式，测线D线（20m）的探测结果如图18.2-3所示。

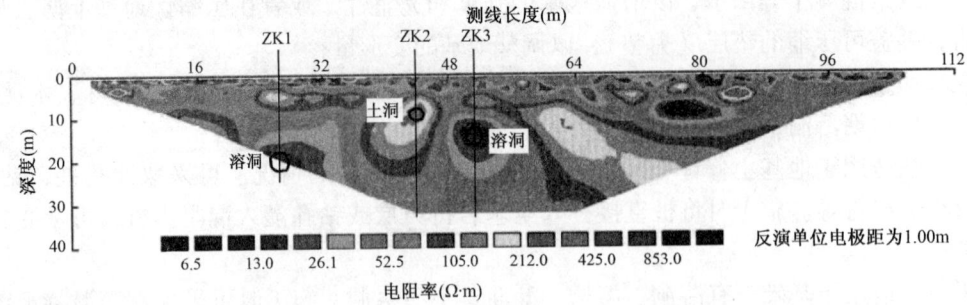

图18.2-2 广州某地铁站高密度电阻率法视电阻率断面图

探测结果显示，用高密度电阻率法首先探测到3个较明显的异常体，为了进一步确认该异常是否为假异常，开展了地质雷达探测，其结果与高密度探测结果较为吻合，通过二者解释，可确定一个为土洞，另一个为溶洞（图18.2-2、图18.2-3），这与后来的钻孔验证结果（图18.2-4中的钻孔ZK2和ZK3）非常吻合。

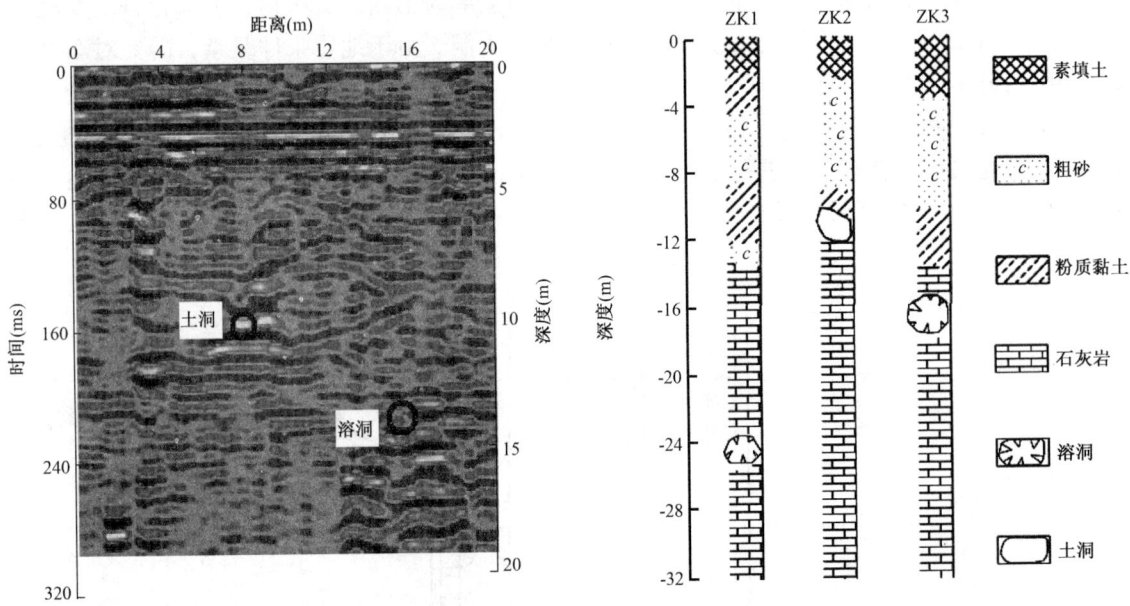

图18.2-3 广州某地铁地质雷达剖面图　　　　图18.2-4 钻孔柱状图

至于图18.2-2中最左侧的深部异常体，由于地质雷达探测存在一定困难，该异常体的解释需要结合相应的地质分析。前期勘察表明，该地段的土岩界面基本在地下13m左右，因此，一个发育在石灰岩中的低阻异常体基本为岩溶产物，从该异常体的分布规律和形状而言，判断其为一个溶洞。该解释结果从钻孔柱状图中也得到很好的验证（图18.2-4中钻孔ZK1）。

上述实践表明，对于岩溶地质条件下的城市地铁超前预报，在地质分析的基础上，利用高密度电法和地质雷达综合方法可以有效地对掌子面前方围岩情况进行探测。

18.3　矿山法施工风险分析

18.3.1　突水、突泥风险

（1）风险分析

矿山法隧道施工及爆破时，易对周边溶洞、土洞造成扰动，破坏其结构平衡或其直接被揭露，从而发生岩溶水突涌现象，导致突水、突泥等事故。

（2）风险对策

1）进行洞内预注浆、爆破等需钻孔时，应先查明钻机钻进范围内，是否存在岩溶水。

2）爆破时采用短进尺、少装药、多炮眼的方式。

3）在岩溶发育地区需进行加密补勘、地质预报与超前钻孔以探明未知岩溶。

4）对探明的岩溶进行地面预填充、加固处理。

18.3.2　开挖面坍塌风险

（1）风险分析

隧道开挖揭露溶土洞，其原有的平衡结构被打破，可导致开挖面及其上部的岩土体发生坍塌。

（2）风险对策

1）在岩溶发育地区需进行加密补勘、地质预报与超前钻孔以探明未知岩溶。

2）隧道开挖时，严禁超挖，及时进行初支架设、尽早封闭成环。

3）进行洞内超前小导管、大管棚支护。

4）对探明的溶土洞进行地面预填充、加固处理。

18.3.3　工程实例

1）某地铁联络通道进行爆破土方施工时，掌子面上台阶左上角发生涌水事故。右线地面房屋、桥桩产生沉降，累计沉降超过 100mm。事后补勘查明，该处为破碎带并存在空洞，爆破施工造成空洞水及地下水急剧涌出，淹没隧道和盾构机。

根据事故分析，采取应急措施，在距离出水口 1.8m 处用袋装水泥堆码设置两层封堵，预埋 φ120mm 钢管四根；对整个封堵口采用钢筋网片焊接，并对封堵面喷射混凝土封闭，并迅速组织抽水，同时加强对桥墩和建筑物的监测。

2）某地铁折返线在里程 YCK6+527～YCK6+540、YCK6+600～YCK6+700 段，勘察揭露到石洞的钻孔有 8 个，洞穴多为半充填、无充填状态，充填物为粉质黏土。洞穴周边裂隙发育，地下水活动频繁，是过水通道。

由于查明的空洞在隧道开挖范围内，或距离隧道较近，在施工中易引起隧道内渗漏水以及涌水事故，造成施工困难。岩洞特征及与隧道的空间位置关系见表 18.3-1。

某地铁车站溶洞数据统计一览表 表 18.3-1

钻孔孔号 MFZ3-RYF	洞顶埋深（m）	洞高（m）	车站隧道与溶洞顶板的距离	充填情况	岩性	备注
007B	32.00	0.40	在隧道内	无	粉砂岩	溶洞
008B	29.80	0.70	在隧道内	粉质黏土	粉砂岩	溶洞

续表

钻孔孔号 MFZ3-RYF	洞顶埋深 （m）	洞高 （m）	车站隧道与溶洞顶板的距离	充填情况	岩性	备注
030B	30.00	1.80	在隧道内	无、漏水	粉砂岩	溶洞
033B	27.80	6.70	在隧道底	无	粉砂岩	溶洞
036B	30.15	5.00	在隧道底	无	粉砂岩	溶洞
037B	26.50	0.30	在隧道内	无、漏水	粉砂岩	溶洞
042B	30.60	4.80	在隧道底	无	粉砂岩	溶洞
043B	30.90	1.20	在隧道内	无、漏水	粉砂岩	溶洞

2008 年 3 月 19 日，右线折返线向黄沙方向暗挖隧道施工时，在里程 YDK6+684 位置掌子面右下角仰拱处，因炮眼钻孔施工出现一股较大承压裂隙水，喷出约 3m 远。根据勘察报告，相应出水点位置临近溶洞。

施工单位在该处采用注水泥浆止水措施，注浆后该处出水量有所减小，水压力减弱，但止水效果并不十分明显。之后，施工单位对该区域进行了工地超前地质钻探，发现 13 个钻孔中有 10 个孔揭露存在空洞。

2008 年 4 月 16 日，施工单位对空洞采取在隧道内钻 ϕ110mm 钻孔、内灌砂浆的方法进行填充的措施。要求灌满且不涌水为止，并在灌浆后对该处采用抽芯检查，确保充填密实。同时在下一步隧道开挖过程中需进行超前钻探。

18.4　盾构法施工风险分析

18.4.1　突水、突泥风险

（1）风险分析

盾构掘进揭露溶（土）洞，导致洞内的水或泥涌出。

（2）风险对策

1）在岩溶发育地区需进行加密补勘、地质预报与超前钻孔以探明未知岩溶。

2）对探明的溶土洞可进行地面预填充、加固处理。

3）用挖填、灌填、桩基、跨盖法。

4）对于已探明的岩溶采用"溶（土）洞填充+水泥土墩柱"的方法提高地基承载力。

18.4.2　盾构机栽头、侧偏、陷落风险

（1）风险分析

盾构机掘进揭露溶（土）洞，易导致盾构机栽头、侧偏、陷落等风险。

（2）风险对策

1）在岩溶发育地区需进行加密补勘、地质预报与超前钻孔以探明未知岩溶。

2）对探明的溶土洞可进行地面预填充、加固处理。

3）采用挖填、灌填、桩基、跨盖法。

4）对于已探明的岩溶采用"溶（土）洞填充+水泥土墩柱"的方法提高地基承载力。

18.4.3　工程实例

1）广州轨道交通 6 号线大坦沙站～黄沙站盾构区间，补充勘察发现分别在里程 ZDK5 + 550、ZDK5 + 557、ZDK5 + 560 和 ZDK5 + 562 深度 18～21m 处有溶洞或岩溶裂隙，由于该段地层岩溶裂隙较发育，需要填充、灌注的范围比较大，因此在补勘钻孔过程中，对这些补勘孔预埋 PVC 花管以备注浆。

在盾构机穿越该地段前，通过 PVC 花管注浆，使该地段的岩溶裂隙和小溶洞群得到比较理想的充填加固；在盾构机穿越该地段时，及时进行同步注浆和二次注浆，从而使盾构机安全、顺利地通过该岩溶地段。

2）广州轨道交通 5 号线火车站～小北站盾构区间，详堪钻孔揭示存在溶洞，但由于钻孔间距过大，盾构掘进前采用以补充钻探为主，多种方法综合运用的探测方案，包括高密度电阻率法、电磁波深孔 CT 等方法。

查明溶洞的情况后，对隧道底部 5m 范围内的溶洞采取袖阀管注水泥浆加固的措施，对隧道周围 3m 范围内的溶洞密实充填并注浆加固。溶洞处理的施工顺序为：先对周围开放连通的裂隙通道封闭注浆，然后处理中间区域；中间区域跳跃施工；先对无填充、半填充溶洞填砂处理，然后对其他溶洞进行注浆填充处理。

第19章 地裂缝的工程风险

19.1 地裂缝典型地质条件

19.1.1 定义

地裂缝是一种独特的城市地质灾害，"地面裂缝"的简称。它是地表岩层、土体在自然因素或人为因素作用下，产生开裂，并在地面形成一定长度和宽度的裂缝的一种宏观地表破坏现象（图19.1-1）。

图19.1-1　地面裂缝

19.1.2 分类定名

地裂缝的形成原因复杂多样，地壳运动、地面沉降、滑坡、特殊土质的膨胀、湿陷等以及人类活动都可引起。按地裂缝的成因，分为如下几类：

1）地震裂缝：各种地震引起地面的强烈震动，均可产生这类裂缝。

2）基底断裂活动裂缝：由于基底断裂的长期蠕动，使岩体或土层逐渐开裂，并显露于地表而成。

3）隐伏裂隙开启裂缝：发育隐伏裂隙的土体，在地表水或地下水的冲刷、潜蚀作用下，裂隙中的物质被水带走，裂隙向上开启、贯通而成。

4）松散土体潜蚀裂缝：由于地表水或地下水的冲刷、潜蚀、软化和液化作用等，使松散土体中部分颗粒随水流失，土体开裂而成。

5）黄土湿陷裂缝：因黄土地层受地表水或地下水的浸湿，产生沉陷而成。

6）胀缩裂缝：由于气候的干、湿变化，使膨胀土或淤泥质软土产生胀缩变形发展而成。

7）地面沉陷裂缝：因各类地面塌陷或过量开采地下水、矿山地下采空引起地面沉降过程中的岩土体开裂而成。

8）滑坡裂缝：由于斜坡滑动造成地表开裂而成。

此外，通常还按形成地裂缝的动力原因，即地壳内动力和外动力，将地裂缝分为构造地裂缝、非构造地裂缝和混合成因地裂缝3大类。前述的1）、2）类即属构造地裂缝，4）、5）、6）、

7)、8）类为非构造地裂缝，3）类应为混合成因地裂缝。

19.1.3　分布范围

我国地裂缝主要分布在华北和长江中下游，以汾渭地堑（宝鸡-风陵渡-大同，延伸约 1000km，最宽约 100km）、太行山东麓平原（北保定-郑州转西-三门峡与汾渭地堑相接，全长约 800km）和大别山北麓平原（信阳-六安等，南北宽 100km，东西长约 150km）为三大地裂缝发育地带。此外，在豫东、苏北、鲁中南等地也有发育。西安地裂缝群分布范围西至皂河，东到纺织城，南起三爻村，北至井上村，面积约 155km²。它发育在特殊的黄土梁洼地貌的基础上，成带状发育，准平行等间距，NNE 向展布，主地裂缝均显示南倾南降特点，如图 19.1-2 所示。

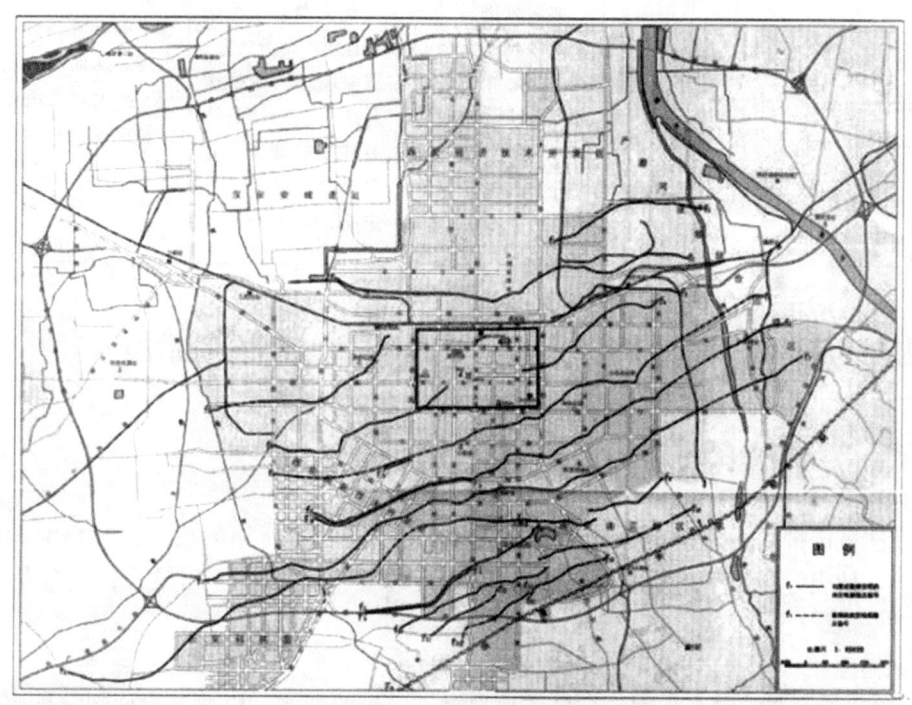

图 19.1-2　西安地裂缝分布图

19.1.4　工程特性

地裂缝的工程特性主要表现在：
1）地裂缝发育具方向性与延展性（同一地区地裂缝的方向大致相同）。
2）地裂缝灾害的非对称性和不均一性（地裂缝的差异沉降或水平拉胀、错动）。
3）灾害的渐进性（裂缝缓慢蠕动扩展而逐渐加剧）。
4）地裂缝灾害的周期性（构造运动与人类活动有周期性）。

19.1.5　致灾机理

地裂缝的形变分为错断和开裂两种形式。
错断主要表现为平行于裂面的位移；开裂主要表现为垂直于裂面的位移；土层差异压密变形的影响表现为开裂位移。

地裂缝的致灾机理　　　　　　　　　　　　　　表 19.1-1

类型	受灾对象	对象特点	力学行为	防御措施	灾链效应
介质中灾害型	古墓文物、地下管线设施、地下建筑、地铁等	埋深较深，横截面的形状、特性一般相同或相似，工程选址相对固定，建设周期长，土建规模较大	地裂缝的活动主要在结构中产生剪切错断效应，这种作用通过周围土体直接作用于主体结构中，且结构的变形会受到周围土体的约束	一般无法简单避让，可考虑深埋，加固横断面，或采用特殊方法调节结构对剪切变形的自适应能力	叠加后会在地裂剖面的两侧引起不均匀压密，对土层产生剪切错断作用，加剧地裂缝的垂向活动，扩大裂面；而地裂缝的垂直活动会对深部含水层产生切割作用，破坏含水层的完整性，加剧新产生的差异沉降危害
介质表面灾害型	建筑物、公路、高架立交桥、高架轨道设施	埋深较浅，截面形状、特性在长轴方向上多有变化，工程选址相对灵活，建设周期较短，土建规模较小	地裂缝的活动主要在结构中产生拉裂效应，作用力沿周围土层-地基-基础-上部结构向上传递，主体结构的变形一般无周围约束	优先避让，无法避让时可部分拆除，或采取结构措施增强结构整体性和抗差异变形能力，亦可预留变形带进行定期的维护	叠加后会加速地裂缝在平面上的破裂延伸速度和开裂程度，从而形成新的次级裂缝，扩大地裂缝带在平面上的影响范围；而土体表面的开裂、延伸则会在平面上将地块分割成条状，削弱其整体性，加速地面沉降过程

19.2　地裂缝典型地质条件下明挖法施工工程风险分析及处理措施

19.2.1　围护桩（墙）塌孔风险

（1）风险分析

钻孔灌注桩围护结构一般采用机械成孔。地铁明挖基坑中所用的成孔机械多为螺旋钻机和冲击式钻机。地裂缝段由于工程性质较差，在成孔过程中反复钻进和提升，孔壁扰动后易于坍塌。

（2）风险对策

1）在地铁工程选线时多采用正交穿越地裂缝破碎带的方式，以此减少地裂缝破碎带对地铁工程的影响长度。

2）围护结构成孔时，合理选择泥浆配比，进行有效护壁，防止出现塌孔、漏浆等现象。

3）增加护筒长度。

19.2.2　基坑侧壁渗水坍塌风险

（1）风险分析

地裂缝段土体破碎，具有孔隙大、不均匀等特点，如果降水或者止水效果不佳，会出现基坑侧壁渗水。严重时会导致桩间土流失、桩间护壁面层脱落，桩（墙）背后形成空洞，甚至引起地面沉降或垮塌。

（2）风险对策

1）地裂缝处理段的施工，基坑内地裂缝两侧并沿基坑宽度外扩一定范围内采用旋喷桩止水和加固措施，并辅以基坑外降水。

2）及时寻找并切断补给水源，插设导流管引排，将地裂缝段破碎地层中的滞水排出，加强桩间土防护措施，对围护桩（墙）背后已出现的空洞进行注浆回填。

19.2.3　主体结构裂缝、防水失效风险

（1）风险分析

由于近年来地下水的大量开采，地裂缝活动频繁，造成地裂缝上、下盘出现不均匀沉降，容易造成地下工程结构开裂，防水失效。

（2）风险对策

设置特殊变形缝，变形缝防水由外侧全包的"且"形止水带和内侧"U"形止水带形成第一道和第二道封闭的止水带，同时在变形缝两侧预埋多次性注浆管，用以以后对产生变形形成的空隙进行注浆填充。

（3）工程实例

西安地铁一号线劳动路~玉祥门明挖区间穿越 f3 地裂缝（AK10+037~071；AK10+003~025），根据长安大学的研究成果，该区间与 f3 地裂缝呈 31°斜交（图 19.2-1）。交汇处最大垂直位移、横向水平位移和轴向位移量设计值分别为 300mm、46mm、27mm，地铁明挖穿越地裂缝采用旋喷桩加固地层和增设特殊变形缝防水的措施，以保证施工和运营期间的安全。

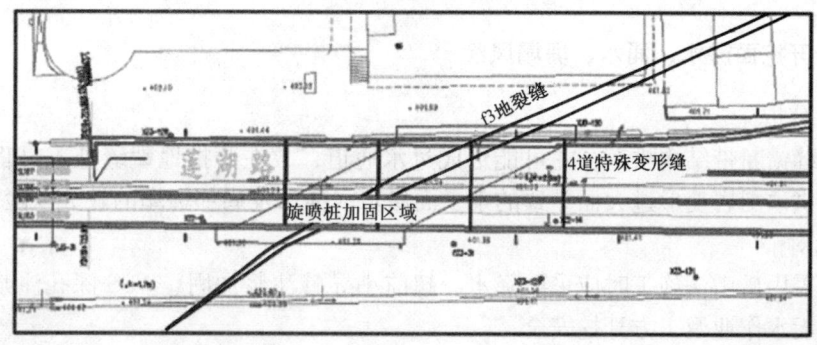

图 19.2-1　西安地铁 1 号线劳动路~玉祥门明挖区间与 f3 地裂缝位置关系图

本区间明挖基坑深度约 18m。在施工过程中，在土方开挖接近设计标高时，基坑底部及侧壁出水量逐渐增大，在基坑底部呈蜂窝状涌水，地层由黄土层变为粉细砂层（图 19.2-2）。需采取基底加固止水措施并尽快封闭基底，及时施作主体结构。

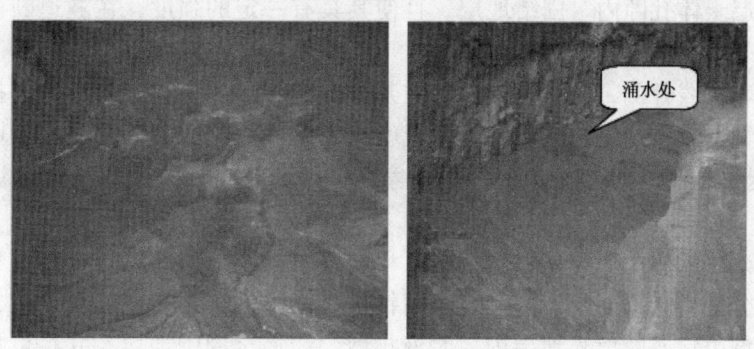

图 19.2-2　地裂缝段基底涌水现场照片

采取了旋喷桩加固止水措施：设计采用在基坑内地裂缝两侧各 5m，并向基坑宽度方向外扩 2m 范围内打设旋喷桩的方法对地裂缝影响地铁的区域进行止水和加固地层（图 19.2-3），旋喷桩采用直径 0.6m，桩间距 0.45m，密排。加固浆液采用单液水泥浆，水灰比 1.0~1.5，加固土

体强度 3MPa，渗透系数小于 10^{-6}cm/d。

基坑外旋喷桩从地面打设，深度 22m，其中上部 17m 为空桩，下部 5m 为实桩。基坑内旋喷桩自土方开挖至基底以上 1m 时打设，深度 5m，均为实桩。

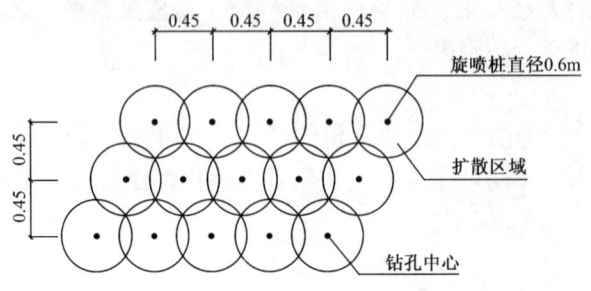

图 19.2-3　旋喷桩设置图

19.3　地裂缝典型地质条件下矿山法施工工程风险分析及处理措施

19.3.1　开挖面渗水、涌水、坍塌风险

（1）风险分析

由于地裂缝错断带结构松散，并可能形成过水通道，故在开挖地裂缝施工过程中存在降水效果不理想、拱顶围岩变形过大而导致的掌子面渗水、涌水及局部坍塌的较大风险。

（2）风险对策

地裂缝段采用矿山法施工时应采取降水、超前小导管注浆加固、WSS 深孔注浆加固三方面的措施来保证无水作业及土方开挖安全。

（3）工程实例

大雁塔站～后村站区间喷锚构筑法隧道段受地面地势环境影响，隧道埋深大并穿越老黄土、古土壤、粉质黏土地层，区间采用双排降水井降水，但由于该地层渗透系数小及 22m 左右有一层饱和水，降水效果无法达到洞内无水作业要求，洞内施工困难。

为确保隔绝外来水体、达到止水帷幕的止水效果，采用 WSS 工法进行注浆，通过浆液扩散将浆液充填地层土体孔隙内、固结地层，且使其具有一定的强度，在隧道断面周围形成一道隔水帷幕，隔绝外来水体。

为此在隧道轮廓线外侧，利用呈辐射状注浆方式交叉形成一道帷幕，这样控制处理设定区域土体的渗水性、形成预定定向注浆处理区域就成为解决问题的关键，在大雁塔～后村站区间暗挖隧道段 F7 地裂缝专家评审会上，多位专家共同研究确定，采用双液化学注浆法进行加固处理。

双液化学注浆法的施工原理是根据不同工程的要求以及地层的特点，将工程预先配制好的特殊化学浆液，分别盛于不同容器内。当采用钻进机具将钻杆钻至设计深度后，利用注浆泵通过二重管和混合剂由钻头喷射入地层内，浆液扩散、渗透至周围地层，并在可控与可调的时间内与地层发生反应，产生凝胶作用，固结预定地层，达到注浆目的。

根据西安地铁其他地裂缝地段施工情况，通过对土体进行 WSS 注浆止水加固后，地下水渗漏得到有效治理，土体固结后稳定性得到很大提高，可保证地裂缝带施工安全；因此，对大雁塔站～后村车站暗挖区间 F7 地裂缝段左右线南北各 10m，共计 40m 范围内采用全断面 WSS 注浆进行止水加固，同时在左右线下半断面出水的位置进行注浆止水。

19.3.2　衬砌变形破坏风险

（1）风险分析

根据地裂缝活动特征，将地裂缝活动引起地铁隧道变形破坏大致可分为如下两种模式：

1）拉张-挤压破坏

当地裂缝活动速率较低时，它对地铁隧道的影响可等效于隧道长期在上覆土层重量和其两侧土体向下的摩擦阻力共同作用下的疲劳破坏。

当地裂缝垂直位错超过某一定值时，位于地裂缝上盘的隧道底部出现脱空，衬砌顶部将产生拉应力，底部产生压应力。当拉、压应力超出了隧道衬砌的抗拉和抗压强度后，位于下盘的隧道衬砌顶部在距离裂缝一定距离处出现开裂，隧道产生拉张—挤压破坏（图19.3-1）。随着地裂缝垂直位错量的进一步增大，隧道衬砌顶部裂缝向两侧扩展而使衬砌产生环向开裂。

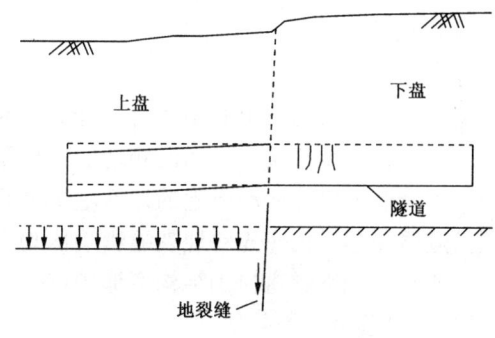

图 19.3-1　拉张-挤压破坏

2）直接剪断破坏

当地裂缝在过量抽取地下承压水或大地震等作用下，其活动量突然增大，隧道上覆土层的重力和两侧土体向下运动产生的侧壁摩擦阻力在衬砌内部产生较大的剪力，使隧道产生直接剪断破坏（图19.3-2）。以往地裂缝强烈活动导致地下管道被错断和地裂缝穿过南绕城对地下洞室的剪断破坏也证明了这一点（图19.3-3）。从地裂缝监测及其活动趋势来看，地裂缝未来强烈活动的可能性很小，故这种破坏模式一般较少发生。

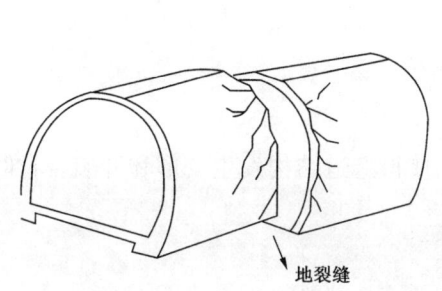

图 19.3-2　衬砌剪断破坏

图 19.3-3　地裂缝活动引起地下洞室剪断破坏

（2）风险对策

在地裂缝的风险对策上，应采取地质降水措施，结构处理措施和道床处理措施。通过结构处理措施，保证地铁隧道的基本运营；通过道床处理措施，保证地铁隧道在地裂缝作用下的后期正常运营。地铁隧道穿越地裂缝采取"防"与"放"相结合，以结构措施适应变形为主的技术方案是合理可行，但必须有适应大变形的防渗设施。

同时在跨地裂缝上、下盘主变形区，将扁钢板作成抱箍固定在隧道衬砌外围或直接浇在衬砌内，其上焊接一钢筋做的测杆使其穿越地层延伸至地表，在地表做好醒目标记作为测点（上、下盘的地铁隧道衬砌各布设一个），对测点进行长期地表高精度水准测量，根据测点沉降变形的大小，进行实时准确快速的直接式预警。同时，在地裂缝主变形区隧道底部与土层接触面上沿纵向埋设压力传感器，根据接触压力的变化判断隧道底部是否脱空，从而进行间接式预警。

19.3.3 地基脱空风险

（1）风险分析

地裂缝两侧上、下盘地层相互错动，引起地铁隧道结构跟随地层变形，结构内力增加，结构开裂或压曲破坏。由于地层连续性及刚度与隧道的连续性及刚度不同，地裂缝上、下盘相对错动时，地层的相对错动与结构变形不一致，导致地基脱空。

（2）风险对策

1）地基加固法

随着地裂缝活动量不断增大，位于地裂缝上盘的隧道在一定范围内将出现底部脱空现象，此时，隧道在上覆地层自重和两侧地层的向下的摩擦剪应力的双重作用下，结构将出现变形破坏。为了减弱地裂缝活动引起的地铁隧道变形破坏，结构应预留注浆孔，适时进行必要的注浆处理。隧道修建时也应先对地裂缝影响区地基进行注浆加固处理，强化地基整体刚度。该方法可缓解或抑制地铁隧道衬砌结构变形的进一步发展。

2）弹性囊变形恢复法

基于弹性变形可恢复的原理，笔者提出了弹性囊变形恢复法，该方法原理类似于汽车轮胎（可称为轮胎思路）。考虑到地铁隧道衬砌结构在地裂缝变形区分段设缝后，因地裂缝活动量不断增大，结构管段底部会出现部分脱空现象。将隧道管段底部可能脱空部位地基整平夯实后预铺设一个弹性囊（弹性囊可设计为多层以增强其安全可靠性），弹性囊需由耐久性好的高强度弹性材料制成，弹性囊壁设一细管（类似于汽车打气孔或管）穿过结构壁引到隧道内部控制室，当隧道底部出现脱空时，可在隧道内部控制室预设的细管向弹性囊充气或水，通过弹性膨胀抬高或控制下沉变形的隧道管段，从而起到适应地裂缝变形的作用。此外，西安地铁埋深一般为 $10 \sim 15m$，土压力加上隧道本身重量荷载和交通荷载等，总荷载也不过 $200 \sim 300kPa$，只要保证了弹性囊的耐久性，弹性囊完全可以满足压力要求。

19.3.4 结构变形破坏风险

（1）风险分析

地铁隧道结构随地裂缝带的上下两盘相互错动，使得隧道结构发生变形和开裂，长时间变形活动错动量超过行车限界时，行车受阻。

（2）风险对策

1）扩大断面和局部衬砌加强

考虑到未来 100 年地裂缝地段隧道设计预留量为 500mm，为防止隧道建筑限界入侵，保证隧道净空和行车安全，隧道穿越地裂缝变形区必须局部扩大断面预留净空，同时采用双层衬砌或复合式衬砌局部（主要为接头部位）加强以确保结构强度。

2）分段设缝加柔性接头

为使隧道结构适应地裂缝两侧土体的差异大变形，区间隧道穿越地裂缝应采取分段设变形缝，每段隧道结构采用柔性接头连接。与整体式隧道相比，分段隧道的柔性接头消除了因地裂缝活动在衬砌结构内部产生的弯矩和剪应力，可以适应地裂缝变形，尽管给隧道衬砌防水带来较大困难，但能确保衬砌结构安全，因结构安全比结构防水补漏相对重要得多。当衬砌管段对缝设（即变形缝正对地裂缝位置）时，衬砌结构受力较小，管段接头变形较大，防水较为困难；当衬砌管段骑（跨）缝设时，管段接头变形较对缝设小很多，衬砌则受一部分弯矩和剪力作用，但对结构影响不大。考虑到在地裂缝活动的主变形区地铁隧道结构内力变化梯度最大。

3）"管中管"结构

"管中管"结构是以基坑支护时的连续墙作为外管，外管承担地裂缝的作用，在地裂缝处设置变形缝，在外管的基础上，用简支结构支撑内管，由于内外管结构隔开，消除了因地裂缝活动引起地层垂直和水平运动与隧道衬砌摩擦而产生的剪应力和张应力，避免了地裂缝影响，外管对内管起保护作用，故内管结构不会有大的变形，只需注意外管结构接头的防水问题。"管中管"结构不失为一种较好的防治地裂缝隧道病害的结构措施之一，但该结构工程量太大，造价高，且施工场地要求高，故受到限制，须慎重采用。

4）柔性外围护适应变形结构

隧道柔性外围护是一种托换结构，它是通过改变隧道外围环境，而不是隧道本身来适应地裂缝引起的地层变形，从外到内包括由 BQXF（一种波纹板强化橡胶复合防水材料的简称）卷材和聚氨酯泡沫（填料）组成的柔性外围护抗裂防渗变形层和由中、粗砂组成的变形调整层。该结构类似"管中管"结构，它的作用机理是当地裂缝引起地层发生沉降变形时，柔性外围护层将其变形传递给变形调整层，变形调整层调整本身变形，消化吸收柔性围护层传递来的变形，而使隧道结构不受地裂缝的影响，但该结构的可靠性仍有待进一步验证。

19.3.5　防水失效

（1）风险分析

据地裂缝勘察资料，西安地铁与地裂缝交汇处地下水位埋深 8～19m，而地铁隧道埋深大部分为 10～15m，基本处于地下水位线以下或附近，加之地裂缝地段原生地层破坏，地下水连通性好，是较好的渗流通道，地表水亦可沿地裂缝带下渗。在地铁设计使用年限（100 年）内，地裂缝的最大垂直位移按 500mm 设防，若不采取有效的防治措施，隧道衬砌结构变形破坏是不可避免的。一旦衬砌开裂，极有可能发生严重的隧道水害——隧道涌水现象。

（2）风险分析

1）初期支护施工中水的处理

开挖施工时，根据招标文件和地质勘查资料，预测地裂缝段地下水情况；施工中对隧道的渗水情况、渗水部位、水量大小等作好观测记录。若渗水较大，则选择适合的方法进行封堵。

在喷混凝土时应控制施工工艺，增加喷混凝土的密实度和表面平整度，减少渗漏水的可能，若初支表面有较大水成股流出，可先埋设水管将水引出，在初支喷混凝土达到强度后，进行注浆封堵。

回填注浆须采用跟进式对初期支护与围岩之间的空隙进行回填，封堵透水通道达到初步治水的效果。在初期支护完成后，施作防水前，对初期支护进行再次系统注浆和渗漏处毒水处理，达到初期支护基本无渗漏。

2）混凝土衬砌结构自防水

地铁隧道穿越地裂缝地段以采用浅埋暗挖法施工的马蹄形隧道为主，结构本身的防水在地裂缝段没有什么特殊的地方，主要是处理好以下四点即可：

①设计方面。结构分段、局部截面扩大，结构管段本身不再设施工缝，加强结构纵向分布钢筋，其总配筋率不得低于 0.5%。

②合理选择原材料。优先采用添加有膨胀剂的补偿收缩防水混凝土，增加混凝土的抗裂防渗性能。此外，可采用钢纤维混凝土和近年来发展的聚丙烯纤维混凝土的材料，以提高材料韧性，但价格均比较昂贵。

③加强施工工艺。防水混凝土应分层连续浇筑，采用高频机械振捣密实，加强养护，防水混凝土保温养护持续时间不得少于 15d。同时加强开挖断面轮廓的控制，保证喷混凝土与围岩、

二次衬砌与初期支护之间的密贴,做好初期支护背后的注浆工作。

④防水层材料采用膨润土防水板,缓冲层和保护层采用 $400g/m^2$ 的土工布。

3)变形缝防水

地裂缝周围环境应力场、渗流场的情况复杂,为保证结构的安全,设计时需要在地裂缝处将结构断开,设置变形缝来适应地层的变形。由于地裂缝两侧的不均匀沉降较大,变形缝的设置区别于以往的情况,需要采用刚柔结合、多道设防、防排结合的手段来防水。对于地裂缝处的主变形缝,由于其变形较大,常规的处理方法在此不再适用,必须根据情况制订新的措施,在此提出下述三种方法:

①GINA 止水带法。该法借鉴目前地下工程变形缝防水方面比较成熟的穿越江河湖海的沉管隧道防水技术。GINA 止水带是一种呈环形的止水带,断面形状可以根据工程情况订制。安装时,现将止水带固定在变形缝一侧的初衬结构上,然后通过一定的方案将止水带压紧,同时浇筑另一侧的混凝土结构,形成与沉管类似的防水体系,具体设置如图 19.3-4 所示。

图中 1 为可伸缩的橡胶板,主要为了阻挡初支衬砌破坏后土体进入变形缝;3 为膨润土充填材料,构成防水的第一道防线;10 为两道 GINA 止水带,固定在二衬上构成第二道防线,是防水措施中最主要的防线;8 为 Ω 型橡胶止水带,是第三道防线。另外,还设置了多个可以多次重复注浆的注浆孔,以便紧急情况时的堵漏、维修处理。为了减小 GINA 止水带与结构之间的剪切力,在结构上预埋特制的光滑高密度 PE 板。该方法对于隧道的变形有一定的适应性,特别对变形缝在隧道的下沉过程中的张开适应较好,但是由于 GINA 安装后不可更换,且抵抗剪切位移的能力远达不到 600mm 的程度,加之 GINA 必须进口,不太经济。

②可卸式管片拼装双层结构法。考虑到地裂缝大位移错动后,防水失效是不可避免的,因此考虑的重点应该在于经过一段时间变形防水失效后如何修补的问题上。鉴于此,根据研究,提出变形缝的防水采用可卸式管片拼装双层结构法来解决,这种方法是在双层结构和局部扩大法的综合。其思路是在地裂缝处将隧道局部扩大,在复合衬砌的基础上在局部增加一层由管片拼装而成的内衬,防水措施主要安装在这一可卸的部分上,原来的复合衬砌主要起支撑土体和初始段的防水作用。防水失效修补时,先将内部衬砌拆下,然后更换防水材料,最后再将管片重新拼装成整体。因为管片本身不会破坏,因此维修相当方便和经济。其具体形式如图 19.3-5 所示。这种方法较好地体现了"以防为主,刚柔结合,多道设防,可拆可修,综合治理"的原则。

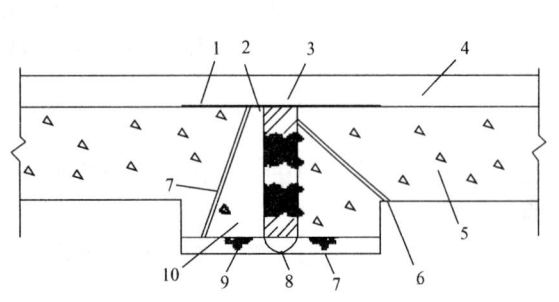

图 19.3-4　GINA 止水带防水设置

1—橡胶板;2—预埋特制光滑高密度 PE 板;
3—填缝材料;4—初次衬砌;5—二次衬砌;
6—预留注浆孔;7—盖板;8—Ω 型橡胶止水带;
9—GINA 止水带;10—止水带紧固件

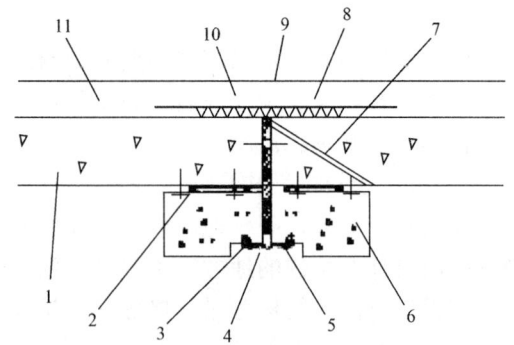

图 19.3-5　可卸式管片拼装双层结构示意

1—二次衬砌;2—橡胶止水圈,下铺膨润土防水毯;
3—止水带紧固件;4—Ω 型止水带;
5—遇水膨胀橡胶止水带;6—拼装衬砌;
7—预埋注浆管;8—橡胶板;9—填缝材料;
10—中埋式止水带;11—初次衬砌

③波纹强化橡胶复合材料（缩写"BQXF"）防裂止水带法。该法是在钢板橡胶复合止水带的基础上经过改进而提出来的。BQXF 可按需要选取不同厚度、不同波纹的钢板、PVC 板等为夹芯，外裹聚合物材料三元乙丙橡胶、氯丁橡胶、天然橡胶等经模压硫化形成。笔者对其进行了局部改进，外侧增加了铆钉固定的钢板，支撑土压力和水压力作用，对 BQXF 防裂止水带起到保护作用。据初步的试验研究，BQXF 防裂止水带本身能适用较大变形，也可按结构分段串联处理以增加适用变形能力。

19.3.6　轨道变形风险

（1）风险分析

地裂缝活动将使隧道衬砌产生变形，隧道净空减小，建筑界限入侵，衬砌将其变形逐步传递至隧道内部的轨道，从而导致跨地裂缝处的轨道产生变形。此外，地表水可沿地裂缝带下渗，在其向下的流动过程中会冲刷地裂缝侧壁，使地裂缝宽度变大，随着水流冲刷作用的进一步增强，可导致地铁隧道底部土层被掏空，衬砌基础下沉，亦可引起整体轨道下沉变形。考虑到地铁轨道的上下允许变形量不能超过几个毫米，所以这将严重影响列车的正常运行。

（2）风险对策

1）轨道变形监测、预警及应对措施

在跨地裂缝地段将轨道分段，每段两端下设混凝土支墩，固定在整体式道床上，使轨道与道床分离，在两端混凝土支墩处的轨道与道床之间布设高精度伸长计测量轨道与道床之间的相对变形或位移，根据伸长计测量值的大小（即轨道变形量）进行预警。预警后可通过每段轨道与混凝土支墩间的可调支座，调整支座控制地裂缝地段轨道的变形，同时在地裂缝段道床上预留注浆孔，当地裂缝活动量超过了可调装置的可调位移量时进行紧急注浆处理，或者采用整体式道床中的纵向浮置板道床和简支梁结构的组合。

2）其他措施

在地铁穿越地裂缝附近适当调整线路走向尽量使地铁隧道与地裂缝正交或大角度相交，避免小角度相交。因为地铁隧道与地裂缝正交或大角度相交时，穿越地裂缝变形区长度较小，结构受力基本受剪切作用，而小角度相交时，隧道穿越地裂缝变形区长度较大，且受力较复杂，不利于结构适应地裂缝的变形，增加结构防水的难度。

19.4　地裂缝段施工对周边环境变形风险分析

19.4.1　周边地表沉降、塌陷

（1）风险分析

地铁隧道埋深一般位于水位线以下，为了保证矿山法施工时无水作业须采用井点提前降水，在降水过程中地裂缝段土体失水固结产生一定沉降，同时在隧道开挖时土体扰动地表，严重时造成地表裂缝、塌陷。

（2）风险对策

1）WSS 深孔注浆加固方案。

2）超前小导管预注浆加固的方案。

3）增设临时仰拱方案。

（3）工程实例

西安地铁二号线草场坡～小寨区间隧道穿越 F_6、F_6 发生地裂缝，地裂缝总体走向近东西，地裂缝造成该区间地面开裂，开裂宽度 10～20cm，主裂缝南盘与次裂缝北盘有明显下错现象。

本区间隧道主要穿越地层为3-1-1新黄土，3-2-2古土壤，4-1-2老黄土。地下水位埋深6.7~11m，位于拱顶以上。

为控制地表沉降，区间隧道施工超前支护采取双层小导管支护，小导管环向间距0.3m，纵向间距1.5m，外插角10°~30°。施工掌子面采用全断面WSS深孔注浆技术，使原有土层形成具有一定抗压强度和能止水、能隔水的坚硬固结土层。在台阶法施工中增设临时仰拱，分上、下导洞施工。拱墙设置砂浆锚杆，每步开挖设置锁脚锚管控制隧道沉降，及时进行回填注浆，填充初支与土层间隙。

本区间隧道穿越地裂缝施工过程中主要是采取全断面深孔预注浆和临时仰拱的办法。经监测数据表明，该技术可有效地控制地表沉降。

19.4.2 周边建（构）物开裂

（1）风险分析

地裂缝段土质较松散，结构杂乱，粘结力差，隧道开挖土体变形容易引起建（构）筑物发生不均匀沉降。尤其是扩大基础、条形基础的建筑物，条状的地下构筑物，对不均匀沉降较为敏感，容易开裂。

（2）风险对策

1）洞外可采用隔离桩处理措施，也可采用建（构）筑物地基加固方案。

2）洞内可采用超前大管棚加固方案，也可采用双排小导管等地层预加固方案。

（3）工程实例

某地铁线路试验段区间全长901.557m，区间穿越F7地裂缝。F7地裂缝暗挖段左、右线起讫里程为ZDK11+910.414~ZDK12+080.441（YDK11+910.000~YDK12+080.000），全长170m。

地裂缝段隧道采用马蹄形断面（9.5m宽×9.58m高），复合式衬砌，拱顶覆土16~17.4m，竖井横通道及地裂缝处理段均采用矿山法施工。

区间在ZDK12+007.914设置施工竖井（位于雁塔北路西侧人行道内），竖井内净空尺寸为5m×8m，锁扣圈加固。初衬采用钢格栅挂网喷射混凝土，并沿四周打设注浆锚管。

该区间沿线跨黄土二、三级台地两个地貌单元。地层自上而下分别为：表层为以路基为主的人工填土；地下水位以上为具湿陷性3-1-1层新黄土，地下水位附近的为性质一般的3-2-2层古土壤及4-1-1层老黄土，再向下为物理力学性质较好且厚度、层位稳定的夹密实中粗砂薄层的4-4层粉质黏土。该场地地面下45m深度内，各地层均连续分布，且成层厚度均匀，如图19.4-1所示。

施工影响范围内场地地下水属第四系孔隙潜水，稳定水位埋深6.70~9.80m，相应高程402.92~406.83m，水位年变化幅度约为2m。竖井开挖深度28.93m，水位埋深较浅，施工中需进行降水，并防止出现流沙、涌泥等现象。场地潜水赋存于上更新统残积古土壤、中更新世风积黄土和冲积粉质黏土及其砂夹层中。潜水补给主要由大气降水及地下径流等补给。潜水主要流向NE。潜水排泄方式为地下径流、人工开采及蒸发消耗等。

该区间竖井东侧非机动车道，东侧壁紧距离暗挖开挖边墙2.1m。竖井正西侧为某住宅楼，住宅楼均为5层砌体结构，其中4号住宅楼位于竖井正西侧，距离7.5m（竖井井壁至房屋外墙面间距，锁扣圈宽度2m），3号住宅楼东侧散水整体下沉，东北角一楼阳台出现纵向裂缝，裂缝宽度最大为5mm。竖井施工对行车无影响。平面位置如图19.4-2所示。

场地内地下管线主要有南北方向的电信电缆和热力管线。在竖井西侧（紧邻竖井侧壁）为

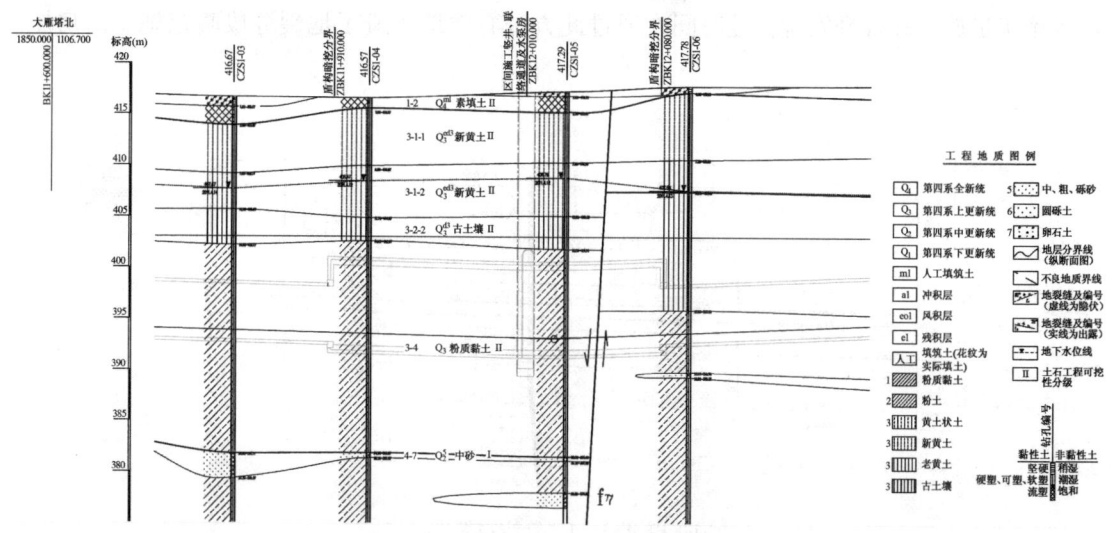

图 19.4-1　F7 竖井及暗挖段地质断面图

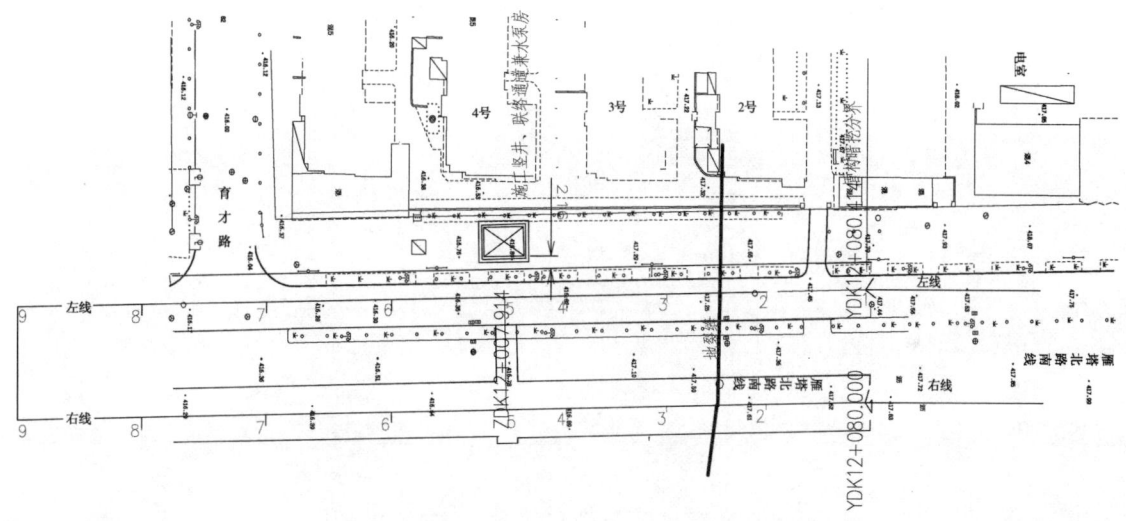

图 19.4-2　F7 周边房屋位置图

电信、邮政、电力电缆等，在竖井东侧（紧邻竖井侧壁）为移动电缆，在竖井壁东侧约 4m 处为 2 条 $\phi600$ 热力管道，在竖井壁东侧约 6.5m 处为电信、军用光缆等，埋深 1.5m。管线情况如图 19.4-3 所示。

本区间暗挖段采用先降水后开挖施工。该工法在施工中容易引起地下水流失，从而引起地面沉降，重要管线和房屋周边需采取切实可行的保护措施；在施工中处理不当，容易引起地面坍塌，从而造成对周边环境的影响和引发施工事故。因此，F7 竖井降水及开挖过程中的风险因素主要是地面沉降。在竖井开挖及降水过程中，可能会引起周边建筑物的不均匀沉降，造成建筑物墙面开裂、结构破坏等情况。

根据现场施工条件及产权单位要求，为保证房屋结构安全，减少地面不均匀沉降对地表建筑物的影响范围和程度，在 F7 竖井整个土建及降水施工过程中对 2~5 号住宅楼的影响范围内采用合理的加固施工措施，以尽量减小不均匀沉降，确保建筑物安全及施工的顺利开展。

由于现场实际施工场地较小，且紧邻居民卧室，通过方案优缺点比选论证，最终采用围护桩加固施工措施，并合理安排作业时间，通过此方法有效地规避了地裂缝段暗挖施工对房屋的影响。

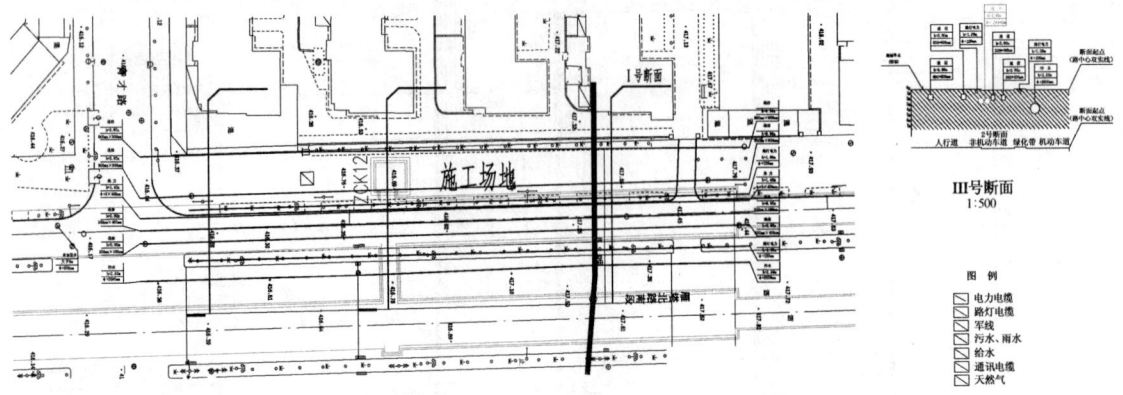

图 19.4-3　F7 管线布置图

第5篇

地下水的工程风险

第20章　地下水典型地质条件描述

20.1　地下水定义及分类

20.1.1　地下水定义

地下水，是指贮存于包气带以下地层空隙，包括岩石孔隙、裂隙和溶洞之中的水（图20.1-1）。

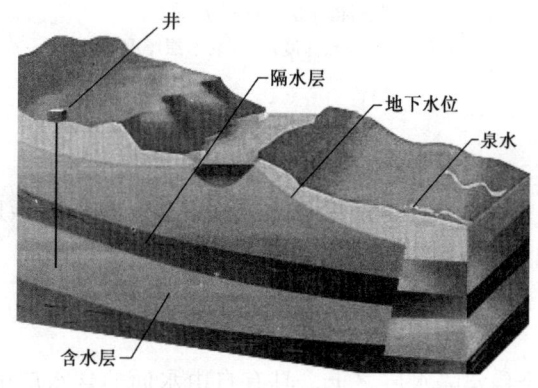

图20.1-1　地下水

20.1.2　地下水分类

目前，我国工程地质工作中主要按埋藏条件和含水层性质对地下水进行综合分类。

所谓地下水的埋藏条件，是指含水层在地质剖面中所处的部位及受隔水层（弱透水层）限制的情况，据此可将地下水分为包气带水、潜水及承压水。按含水层类型，可将地下水区分为孔隙水、裂隙水及岩溶水。分类详见表20.1-1。

地下水分类表　　　　　　　　　　　　　　表20.1-1

埋藏条件＼含水层类型	孔隙水 疏松岩土孔隙中的水	裂隙水 坚硬岩石裂隙中的水	岩溶水 岩溶裂隙空洞中的水
上层滞水	包气带中局部隔水层上的水，土壤水等	裂隙浅部季节性存在的重力水及毛细水	裸露岩溶化岩层上部岩溶通道中季节性存在的重力水
潜水	各类松散沉积物浅部的水	裸露于地表的各类裂隙岩层中的水	裸露于地表的岩溶化岩层中的水
承压水	山间盆地及平原松散沉积物深部的水	组成构造盆地、向斜构造或单斜断块的被掩覆的各类裂隙岩层中的水	组成构造盆地、向斜构造或单斜断块的被掩覆的岩溶化岩层中的水

（1）按埋藏条件分类

1）上层滞水

埋藏在地面以下包气带中的水称包气带水。

包气带水可分为非重力水和重力水两种。非重力水主要指吸着水、薄膜水和毛细水，又称土壤水。重力水则指包气带中局部隔水层上的水称上层滞水，如图20.1-2所示。

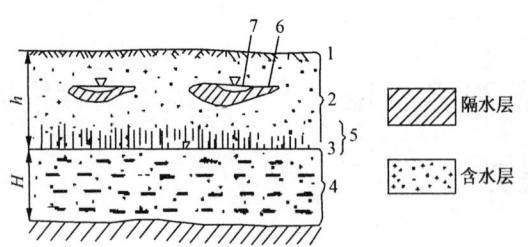

图 20.1-2　上层滞水和潜水示意图

1—地面；2—包气带；3—潜水面；4—潜水带；5—毛细水带；

6—局部隔水层；7—上层滞水；

h—潜水埋藏深度；H—含水层厚度

上层滞水的特征：

①分布于接近地表的包气带内，与大气圈关系密切；

②这类水是季节性的，主要靠大气降水和地表水下渗，也不排除地下各种管线渗漏补给，故分布区与补给区一致，以蒸发或逐渐向下渗透到潜水中的方式排泄；

③雨期水量增加，干旱季节减少，甚至完全消失。

2）潜水

潜水是饱和带中第一个稳定隔水层之上、具有自由水面的含水层中的重力水。潜水没有隔水顶板，潜水的自由表面，称为潜水面，从潜水面到隔水底板的垂直距离为潜水层厚度。潜水主要分布于松散土层中，出露地表的裂隙岩层或岩溶岩层中也有潜水分布。

潜水的主要特征如下：

①潜水具有自由水面，为无压水。在重力作用下可以由水位高处向水位低处渗流，形成潜水径流。

②潜水的分布区和补给区基本是一致的。在一般情况下，大气降水、地表水可通过包气带渗入直接补给潜水。

③潜水的动态（如水位、水量、水温、水质等随时间的变化）随季节不同而有明显变化。如雨期降水多，潜水补给充沛，使潜水面上升，含水层厚度增大，水量增加，埋藏深度变浅，而在枯水季则相反。

④在潜水含水层之上因无连续隔水层覆盖，一般埋藏较浅，因此容易受到污染。

⑤潜水的自由水面称潜水面。潜水面上任一点的高程称该点的潜水位；自地面某点至潜水面的距离称该点潜水的埋藏深度；潜水面到隔水底板的距离为潜水含水层的厚度。潜水面的形状主要受地形控制，基本上与地形倾斜一致，但比地形平缓。在河旁平原地区潜水面平缓，微向河流倾斜。一般情况下潜水流向河流。不排除雨期河流水位高涨，从而补给潜水。

3）承压水

承压水是充满于两个稳定隔水层之间，含水层中具有水头压力的地下水。隔水层顶、底板之间的距离为含水层厚度。

承压水的特征如下：

①承压性是承压水的一个重要特征，承压水如果受地质构造影响或钻孔穿透隔水层时，地下水就会受到水头压力而自动上升，甚至喷出地表形成自流水。

②承压水的上部由于有连续隔水层的覆盖，大气降水和地表水不能直接补给整个含水层，只有在含水层直接出露的补给区，才能接受大气降水或地表水的补给，所以承压水的分布区和补给区是不一致的，一般补给区远小于分布区。

③承压水由于具有水头压力，所以它的排泄可以由补给区流向地势较低处，或者由地势较低处向上流至排泄区，以泉的形式出露地表，或者通过补给该区的潜水或地表水而排泄。

④承压水比较稳定，水量变化不大，主要原因是承压水受隔水层的覆盖，所以它受气候及其他水文因素的影响较小（图20.1-3）。

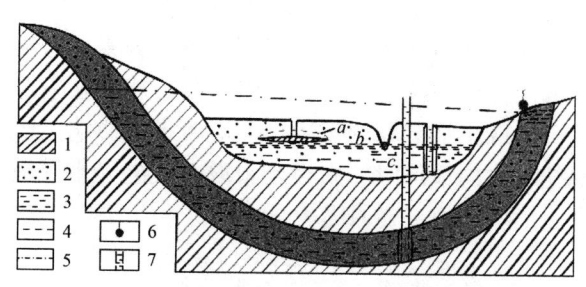

图 20.1-3　潜水、承压水及上层滞水

1—隔水层；2—透水层；3—饱水部位；4—潜水位；

5—承压水测压水位；6—泉（上升泉）；7—水井，实线表示井壁不进水

a—上层滞水；b—潜水；c—承压水

（2）按含水介质分类

1）孔隙水

孔隙水即存在于土层或岩层孔隙中的地下水。它主要分布于松散的沉积层中，也存在于半胶结的碎屑沉积岩中。

孔隙含水层一般含水比较均匀。在第四纪的冲积、洪积、湖积及冰水沉积的砂层或砂砾石层中，常有水量大、水质好、可作供水水源的孔隙水。

2）裂隙水

裂隙水是指存在于岩层裂隙中的地下水。

根据岩层含水裂隙的产状，裂隙水一般可分为：风化带裂隙水、层状裂隙水及脉状裂隙水三种类型。

3）岩溶水

岩溶水原称"喀斯特水"，是存在于可溶性岩层的溶蚀空隙（如溶洞、溶隙、溶孔等）中的地下水。

岩溶水可分为潜水、承压水。

可溶性岩层大面积出露的地区，岩溶水常是潜水。由于岩溶发育不均匀，岩溶潜水分布亦不均匀。它既可以具有相互联系的统一自由水面，又存在径流相对集中的暗河通道。在岩溶强烈发育的山区，岩溶潜水比较集中存在于地下暗河系统中，地下水位较深，常形成地下富水而地表缺水现象。而在平原地区以及受某些地质结构控制所形成的汇水地区，由于暗河、溶蚀孔洞发育相连，岩溶潜水的分布相对比较均匀，水位也较浅。

岩溶潜水的特点是：水量丰富而集中、富水程度不均、与地表水联系密切和具有较大的动态变化幅度。

在可溶性岩层与非可溶性岩层相互成层的地区，则主要是层状岩溶承压水。它与一般承压水特点不同的是水量大和含水均匀。岩溶水是良好的供水水源，但对矿坑和地下建筑工程施工，常造成灾害性突然涌水。大量抽取岩溶水时要注意防止地面塌陷。

20.2　地下水的岩土工程特性

20.2.1　上层滞水

虽然上层滞水季节变化大，分布面积小，水量也小，但是在地铁工程领域中却不能忽视，上层滞水常常是引起土质边坡滑坍、路基冻胀病害等的重要因素。值得注意的是，由于城市的地下管网密集，受管道渗漏的补给，地铁沿线的很多地段可能存在上层滞水，当这种补给源在地铁明挖基坑外侧时，受降水或止水措施的作用，上层滞水的影响一般会得到有效的控制，而当这种补给源位于地铁暗挖结构的顶部时，则很难采取有效的降水措施，在这种情况下，上层滞水往往是诱发冒顶、掌子面塌方的主要原因。

20.2.2　潜水

潜水含水层岩性主要是砂土、卵砾石，由于地层透水性强、富水性好，易产生渗透变形、土体流失、潜蚀、管涌等，严重时造成体积很大的"空洞"，威胁地铁结构的基坑侧壁或围岩的整体稳定；潜水可能引起锚杆或土钉与周围土体之间握裹力降低，因而对地铁结构施工影响较大。

1）地铁结构底板处于潜水含水层中部时，根据降深要求和潜水厚度大小采用潜水完整井或非完整井降水可达到无水作业要求，但如果潜水含水层透水性很强，厚度又比较大时，涌水量很大，需加强构筑排水系统。

如沈阳地铁二号线工程主要受巨厚含水层的潜水影响，降排水量极大。

2）地铁结构底板处于潜水含水层底部或已进入潜水含水层底板时，需疏干地铁结构范围的潜水，这种情况的降水难度较大，一般可采用潜水—承压水混合降水井，以抽渗结合的方式降水。如果降水井的密度不足，则潜水层底板上的界面水将持续影响地铁掘进施工，这时还需在洞内采取辅助排水措施。

20.2.3　承压水

承压水含水层岩性主要是砂土、卵砾石，地层透水性强、富水性好。当地铁结构的基坑底或围岩底板进入承压水层或隔水层顶板的预留厚度不足被承压水将隔水层顶板冲破，会造成突涌现象。造成基底隆起、地基强度降低、围岩失稳等危害。

第21章　地下水条件下施工工程风险分析

地铁土建施工方法可概括为明挖法、暗挖法、盾构法三大类，除盾构法区间掘进受地下水影响较小外，包括盾构法的明挖竖井在内的各类人工或机械开挖施工作业受到地下水的影响形式基本类似。明挖法基坑或暗挖法的隧道施工中遇到地下水，可能出现基坑边坡（隧道侧壁、掌子面）失稳、基坑底部发生承压水突涌等问题。这些由地下水问题带来的工程直接风险表现为流砂、流土造成的地层损失；管涌造成的地层损失、突涌造成的地基土破坏、坑道内突水伤亡等后果。

21.1　流砂、流土造成地层损失风险

（1）风险分析

1）基坑（隧道）开挖造成的流砂

流砂是指土的松散颗粒被地下水饱和后，由于水头差的存在，动水压力使松散颗粒产生悬浮流动。流砂主要发生在颗粒级配均匀而细的粉、细砂等砂性土中。其表现形式是所有的颗粒同时从一近似管状通道中被动水流冲出，发展的结果是使周围建筑物的基础发生滑移、不均匀下沉、基坑边坡坍塌、基础悬浮等，如图21.1-1所示。

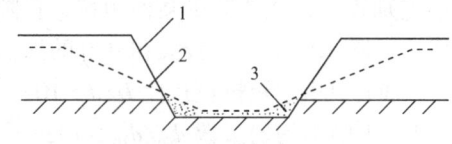

图21.1-1　流砂示意图

1—原基坑坡面；2—地下水位；3—流砂堆积物

流砂形成的基本条件：

①土中粒径在0.01mm以下的颗粒含量在30%～35%以上，并含有较多的片状、针状矿物和附有亲水胶体矿物颗粒。

②水力梯度较大，流速增大，动水压力超过了土颗粒的重量时，就能使土颗粒悬浮流动形成流砂。

③土的渗透系数较小时，排水条件不通畅，易形成流砂。

④砂土中孔隙比越大，越容易形成流砂。

2）地下管线渗漏水造成流土、流砂

城区地下市政管网密集，带水管线自身未进行有效的防渗处理，或者因邻近地下工程施工引发管线变形开裂等原因都会造成大量的管线渗漏水。基坑或隧道开挖过程中揭露或影响到局部滞水时，易形成向开挖范围内的涌水。在动水压力作用下，回填的土层结构被破坏，引发流土、流砂。大量的细颗粒流失造成地表沉降、塌陷，如图21.1-2所示。

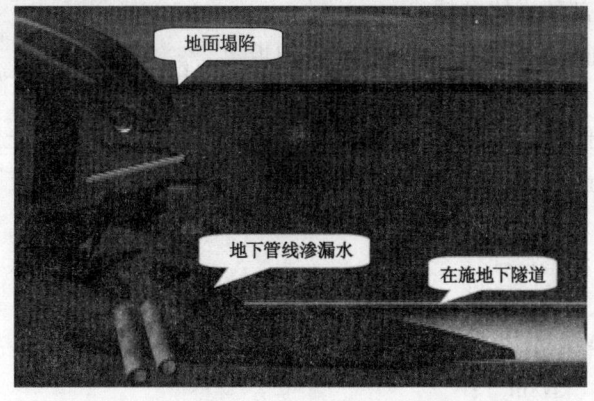

图21.1-2　管线渗漏水引起地面塌陷示意图

（2）风险对策

应采取地下水控制措施，一般地下水的处理方法包括两大类：一是降低地下水位，通过抽取地下水实现降低开挖范围内地下水水位至开挖面以下；二是堵截地下水，在开挖范围以外施工闭合的不透水墙体阻断开挖范围内外的水力联系，同时疏干开挖范围内的地下水。具体方法详见 21.5 节。

21.2　管涌造成地层损失风险

（1）风险分析

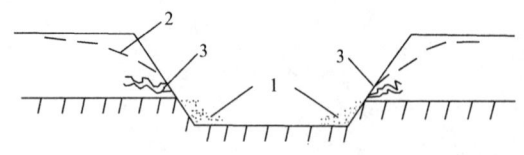

图 21.2-1　管涌示意图

1—管涌堆积物；2—地下水位；3—管涌通道

地基土在具有一定渗流速度（后梯度）的水流作用下，其细小颗粒被冲走，土中的空隙逐渐增大，慢慢形成一种能穿越地基的细管状渗流通道，从而掏空地基或坝体，使之变形、失稳，如图 21.2-1 所示。

管涌多发生在非黏性土中，其特征是：颗粒大小差别较大，往往缺少某种颗粒，孔隙直径大而且互相连通。颗粒多由相对密度较小的矿物组成，易随水流动，有较大和良好的渗流出路。其表现为：

1）土中粗细颗粒粒径比 $D/d > 10$；

2）土中不均匀系数 $d_{60}/d_{10} > 10$；

3）两种互相接触的土层渗透系数之比 $k_1/k_2 > 2 \sim 3$；

4）渗透梯度大于土的临界梯度。

（2）风险对策

同样应采取地下水控制措施，详见 21.5 节。

21.3　突涌造成地基土扰动风险

（1）风险分析

当基坑下有承压含水层存在时，开挖基坑减少了含水层上覆不透水层的厚度，当它减少到一定程度时，与承压水的水头压力不能平衡时能顶裂或冲毁基坑底板，造成突涌，如图 21.3-1 所示。

突涌的表现形式为：

1）基底顶裂，出现网状或树状裂缝，地下水从裂缝中涌出，并带出下部的土体颗粒。

2）基坑坑底发生涌水涌砂现象，从而造成边坡失稳。

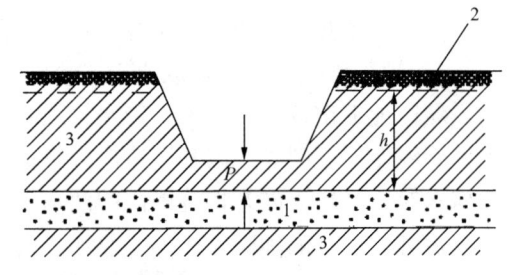

图 21.3-1　基坑突涌示意图

1—承压含水层；2—承压水位；3—弱透水层

3）基底发生类似于"沸腾"的喷水现象，使基坑积水积砂，地基土扰动。

4）基坑突涌后大量水和沙涌入基坑，使边坡失稳，围护结构变形破坏，周围地面塌陷，道路管线损坏，房屋歪斜、倒坍。

基坑突涌产生的条件是：

$$H < (\gamma_w h)/\gamma$$

式中　H——不透水层的厚度（m）；

　　　γ_w——水的重度（kN/m³）；

γ——土的重度（kN/m^3）；

h——承压水水头高于含水层顶板的高度（m）。

基坑或隧道开挖过程中，因地下水造成的流砂、管涌、突涌等危害在不同的施工工法中带来的工程风险也有所不同，如流砂造成明挖基坑侧壁失稳；突涌破坏结构底部天然地基强度等工程风险。

（2）风险对策

应采取地下水控制措施，详见 21.5 节。

21.4　岩溶水等局部异常水的突水风险

（1）风险分析

暗挖隧道施工过程中，穿过溶洞发育的地段（尤其是遇到地下暗河系统）、厚层含水砂砾石层或与地表水连通的较大断裂破碎带等，易发生突然大量涌水现象，造成安全事故。

（2）风险对策

应采取地下水控制措施，详见 21.5 节。

21.5　地下水控制措施

21.5.1　降低水位的方法

地铁工程降水一般针对采用明挖、暗挖方法施工的车站和区间隧道，包括其附属的风井、风道，以及盾构法施工的区间隧道的盾构始发井、接收井和横通道等。不同地域城市的地铁工程采用的降水方案有着很大差别，甚至截然不同。有时，由于地铁结构施工方法的不同，也会造成降水方案的差异。采用何种降水方案，应认真进行经济和技术论证。

目前常用的降水方法：轻型井点、喷射井点、深井井点（管井井点）、辐射井点、明沟结合集水井排水方法。

（1）管井井点

1）适用范围

管井井点适用于渗透系数大的砂砾层，地下水丰富的地层，以及轻型井点不易解决的场合。每口管井出水流量可达到 $50\sim100m^3/h$，土的渗透系数在 $20\sim200m/d$ 范围内，降低地下水位深度为 $3\sim5m$。随着深基坑的大量出现，管井井点降水方法应用越来越广泛，一般用于潜水层降水。

2）工艺特点

在降水工程中很多人容易将"管井降水"和"大口井降水"混淆在一起，实际上两者不同，但也无严格定义。参照《建筑与市政降水工程技术规范》JGJ/T 111 和施工中的常用方法，我们可将井径为 $\phi300\sim600mm$ 的降水井定为"管井"，井径大于 $\phi600mm$ 的降水井定为大口井。

管井降水是在明挖车站基坑或暗挖车站结构外侧（一般要求≥2.0m）按一定间距呈封闭状（若不能封闭可采用延伸方法）布设降水井，在每眼井中安装抽水泵，通过抽水形成水位降落漏斗，各个降水井抽水形成群井水位降落漏斗叠加，以此来达到降低施工范围内地下水位的目的。

管井井点降水方法是在北京地铁降水工程中采用最多的降水方法。它具有以下特点：

①适用于不同的含水地层：从目前地铁降水成功的实例来看，从细颗粒的粉土、粉细砂地层到粗颗粒的卵砾石、漂石地层，都可以采用管井降水方法，通过对不同的地层井的密度、单

井出水能力、井身结构等参数进行调整，都能达到降水效果和满足排水含砂量的要求。

②适用不同的降水深度：由于管井结构在深度上仅受施工机械和水泵提升能力所限，因此理论上对管井降水的深度没有限制。从北京地区管井降水成功的经验来看，几米到几十米（国家大剧院最深至32.5m）都获得了成功。

③施工工艺成熟：现有的施工设备和施工工艺对于降水管井按照设计要求成井已基本无问题，并且很多施工队伍已熟练掌握了多种方法成井的施工工艺。

④降水工程成本较低：与其他的降水方法相比（比如真空井点、辐射井点降水），管井降水方法的成本相对较低。

⑤降水维护较容易：工程降水期间对管井的二次处理、换泵、水位监测等工作易操作，并可安装水泵自动启/停装置，减少人工和水泵损耗。

在城市地铁施工中，管井井点降水方法由于其施工机械和施工场地的要求，也受很多条件所限制，比如：

①地面条件限制：降水施工场区有建筑物，或位于桥区、河段、铁路、交通要道等，地面无条件系统布井。

②地下障碍：施工场区有不能破坏的地下管线（沟），地下构筑物，受其他条件所限降水管井无法躲避。

③空中障碍：施工场区空中有无轨电车线或其他电线，桥区等，其高度限制了钻孔设备施工。

（2）深井井点

1）适用范围

深井井点是基坑工程中应用较多的降水方法，它的优点是排水量大、降水深度大、降水范围大等。对于砂砾层等渗透系数很大且透水层厚度大的场合，一般用轻型井点和喷射井点等方法不能奏效，采用此法最为适宜。深井井点适用的土层渗透系数为 $10 \sim 250 m/d$、降低水位深度可大于15m，常用于降低承压水。

2）工艺特点

它可以布置在基坑四周外围，必要时也可布置在基坑内。有时这方法与其他井点系统组合应用降低水位效果更好。对于基坑底部有可能发生突涌、流砂、隆起的危险场合，深井点降低承压水位，有助于减除压力、保证基坑的安全性。深井点的缺点是：由于降水深度大、出水量大和水位降落曲线陡等原因，势必造成降水的影响范围和影响程度大，因此基坑周围建筑物的不均匀沉降要引起足够重视、慎重对待、定时观察，及时处理。

（3）明沟加集水井

1）适用范围

明沟加集水井是一种人工排降法，它具有施工方便，用具简单，费用低廉的特点，在施工现场应用最为普遍。在高水位地区基坑边坡支护工程中，这种方法往往作为阻挡法或其他降水方法的辅助排降水措施，它主要排除地下潜水、施工用水和天降雨水。在地下水较丰富地区，若仅单独采用这种方法降水，由于基坑边坡渗水较多，锚喷网支护时使混凝土喷射难度加大（喷不上），有时加排水管也很难奏效，并且作业面泥泞不堪，阻碍施工操作。因此，这种降水方法一般不单独应用于高水位地区基坑边坡支护中，但在低水位地区、土层渗透系数很小且允许放坡的工程中可单独应用。

2）工艺特点

明沟加集水井是一种人工排降法，是一种设备简单、排水方便、应用普遍的方法。在基坑或基槽开挖时，采用截、疏、抽的方法来进行排水。具体方法是：首先在基坑两侧或四周设置排水沟，然后在基坑四角或每隔 20 ~ 40m 设置集水井，使基坑渗出的地下水通过排水沟汇入集水井内，然后用水泵抽出坑外。

（4）轻型井点

1）适用范围

轻型井点适用于颗粒较细的含水地层（黏性土、粉土、粉细砂），在降水深度 < 6.5m，细颗粒含水地层情况下，其降水效果比管井降水效果好。它比其他井点系统施工简单、安全、经济，特别适用于基坑面积不大，降低水位不深的场合。城市地铁车站的出入口斜通道部位、隧道与地面线的过渡段等开挖较浅部位主要受上层滞水（或台地潜水）的影响，采用轻型井点降水方法，不但降水效果好，成本也较低。

2）工艺特点

轻型井点（一级轻型井点）是国内应用很广的降水方法，该方法降低水位深度一般在 3 ~ 6m 之间，若要求降水深度大于 6m，理论上可以采用多级井点系统，但要求基坑四周外需要足够的空间，以便于放坡或挖槽，这对于场地受限的基坑工程一般是不允许的，故常用的是一级轻型井点系统。轻型井点适用的土层渗透系数位 0.1 ~ 50m/d，当土层渗透系数偏小时，需要采用在井点管顶部用黏土封填和保证井点系统各连接部位的气密性等措施，以提高整个井点系统的真空度，才能达到良好的效果。

轻型井点降水采用对降水区域实行封闭式布设井点，对线型开挖的隧道采用两侧布井。一般要求井点轴线距开挖面 2.0m，井点间距 1.5 ~ 2.0m。

（5）喷射井点

喷射井点系统能在井点底部产生 250mm 水银柱的真空度，其降低水位深度大，一般在 8 ~ 20m 范围。它适用的土层渗透系数与轻型井点一样，一般为 0.1 ~ 50m/d。但其抽水系统和喷射井管复杂，运行故障率较高，且能量损耗很大，所需费用比其他井点法要高。

（6）水平井点降水方法（辐射井）

1）适用范围

目前在基坑、隧道等地下工程降水方法中，运用最广的是垂直井点降水。但垂直井点降水无法解决"疏不干"（即含水层渗透系数低）问题，而且降水时间长。

水平井点降水，如水平轻型井点、水平斜设井点等都是目前常采用的洞内降水管井类型。水平井降水适用于各类地层，其井深和降深不受限制。当降水工程施工受地面条件限制（如桥区、河段、铁路、交通要道、地面建筑物等）、地下条件限制（如地下管线、地下构筑物等）或空中条件限制，无法在地面系统布设降水井时，可采用辐射井降水方法。对于用常规的降水方法无法疏干的工程，辐射井降水方法亦能较好地解决。

2）工艺特点

水平井降水，是在降水场地设置水平降水井，使地下水通过水平管井抽出含水层中的水。工程实践表明，水平降水有较高的效率。水平井降水技术因可顺含水层布置，可布设在含水层与隔水层分界面处，多管阶梯状布设可有效地切断基坑内外地下水的水力联系，彻底消除"疏不干"（即低渗透）问题。水平降水技术能最大限度减少占地面积，而且设置位置灵活性高。水平降水的降落漏斗呈平缓蝶状，降落曲线坡度远小于垂直井点降水，从这个角度说，水平井降水过程中所引起的差异地面沉降要较垂直降水的小，对地面的影响相对弱些。此外，水平滤水管的疏导能力强，可以与土方开挖同步，所以可以大大缩短工期。

辐射井是由一眼大口径竖井和在竖井内的很多水平井所组成，竖井的作用是：可以为在地下施工水平井提供空间和安全保证；同时作为水平井的集水井，可安装抽水设备将水抽出。水平井的作用是改变含水层中地下水的径流方向和径流途径，将水平井辐射范围内的地下水引到竖井中再抽出去，从而达到降低地下水位的目的。由于水平井在深度上可在一个含水层的不同部位和不同的含水层中任意布置，在平面上可在不同方向任意辐射，在单井长度上仅受施工设备能力限制，在数量上可根据出水量调整，因此辐射井降水能达到较好的效果。

一般情况下一眼辐射井控制的范围约 80.0m 左右，水平井与开挖隧道外皮或车站结构外皮呈内夹角方式辐射状布设，两眼辐射井的水平井应交叉一段，以更好地控制侧向补给的地下水。对于上层滞水、潜水或含水层透镜体，水平井应布在含水层的底板位置，对于承压含水层，水平井的位置应综合考虑基坑中心点水位降深，基坑引用半径和水力坡度等因素。

北京地铁五号线工程降水首次引进了辐射井技术，所施工的辐射井（图 21.5-1），从施工和降水的效果来看，辐射井降水适用的地层较广，卵砾石层、砂层、粉土层等含水层中采用水平井降水，只要施工工艺选择正确，均达能到预期的降水效果。

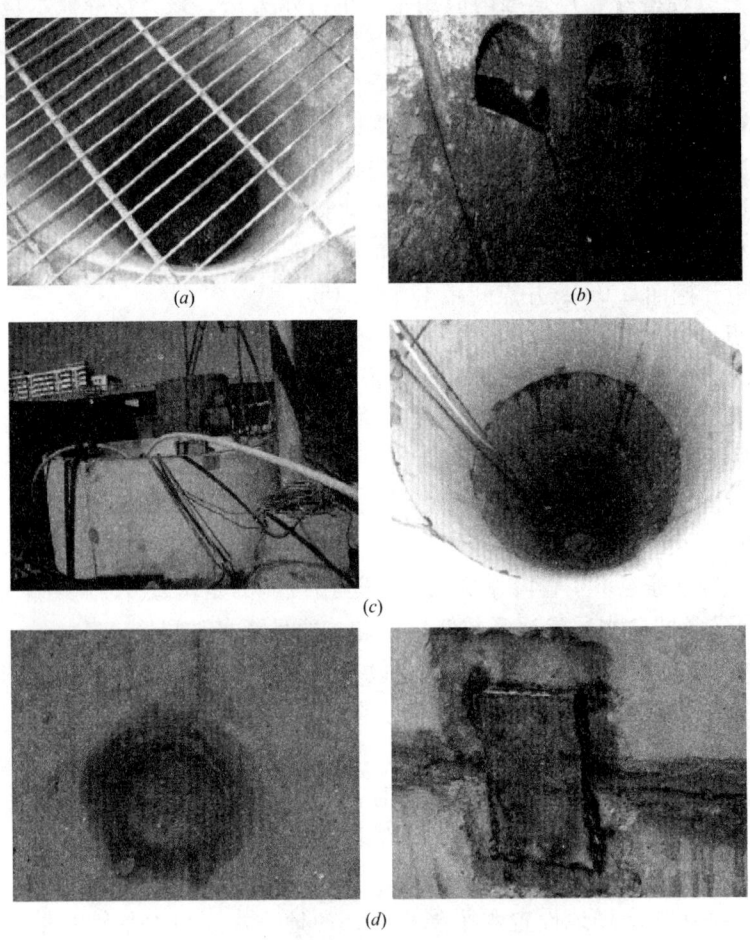

图 21.5-1　辐射井施工现场
(a) 锚喷法施工的竖井；(b) 辐射井水平井管；(c) 沉管法施工的竖井；
(d) 竖井沉管泥浆套注浆口竖井沉管连接方法

（7）真空管井降水方法

1）适用范围

本工法适用于各类地下工程、基坑工程的降水工程，适用土层主要为填土、粉土、黏性土、砂土，尤其对渗透性较差（渗透系数 $K<0.5\mathrm{m/d}$）土层的地下水疏干作用明显。

2）工艺特点

真空管井降水方法是以管井降水方法为基础，因此降水井的施工与常规管井质量控制要点一致，而重点是在真空系统的安装。真空系统包括密封措施和真空设备连接两部分。密封措施就是真空管井井身密封段长度的确定；真空设备连接是真空泵量与连接方式的确定。

密封段主要是采用不透气死管和管外回填黏土球的方法，该段长度依据场地水文地质条件确定。首先井管上部必须采用密封段，长度要贯穿回填土层，长度可设计至含水层顶。其次是井身滤水段的密封设计，针对透水性较好的地层，释水后可能出现漏气现象，因此在含水层段增加部分密封井管，减小滤水管长。真空泵泵量选取要合理，根据真空泵抽气能力可以采用单泵连接 1 ~ 4 口管井的方式（图 21.5-2）。

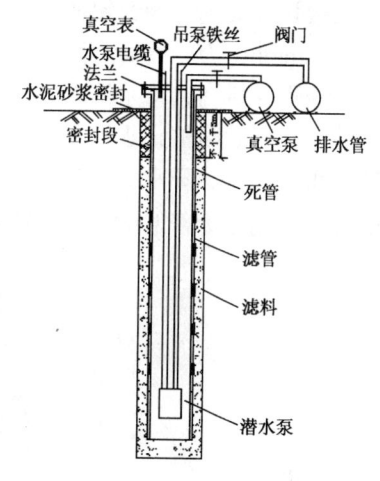

图 21.5-2　真空管井复合降水系统

21.5.2　堵截地下水的方法

（1）地下连续墙

1）适用范围

地下连续墙是利用各种挖槽机械，借助于泥浆的护壁作用，在地下挖出窄而深的沟槽，并在其内浇筑适当的材料而形成一道具有防渗（水）、挡土和承重功能的连续的地下墙体。施工振动小、噪声低，墙体刚度大，防渗性能好，对周围地基无扰动，可以组成具有很大承载力的任意多边形连续墙代替桩基础、沉井基础或沉箱基础。对土壤的适应范围很广，在软弱的冲积层、中硬地层、密实的砂砾层以及岩石的地基中都可施工。

2）工艺特点

地下连续墙与其他施工方法相比，具有许多优点：

①墙体刚度大，用于基坑开挖时，可承受较大的土压力。

②防渗性能好，由于墙体接头形式和施工方法的改进，可具有较高的防渗性能。

当然，地下连续墙的施工方法也有一定的局限性和缺点，如：

①对于岩溶地区承压水头很高的砂砾层或很软的黏土（尤其当地下水位很高时），如不采用其他辅助措施，目前尚难于采用地下连续墙工法。

②如施工现场组织管理不善，可能会造成现场潮湿和泥泞，影响施工的条件，而且要增加对废弃泥浆的处理工作。

③如施工不当或土层条件特殊，容易出现不规则超挖和槽壁坍塌。

④地下连续墙如仅用作施工期间的临时挡土结构，在基坑工程完成后就失去其使用价值，所以当基坑开挖不深，则不如采用其他方法经济。

⑤需有一定数量的专用施工机械和用具并要求具有一定技术水平的专业施工队伍。

（2）高压喷射注浆法

1）适用范围

高压喷射注浆是以高压旋转的喷嘴将水泥浆喷入土层与土体混合，形成连续搭接的水泥加固体。高压喷射注浆法的注浆形式分旋喷注浆、摆喷注浆和定喷注浆 3 种类别。根据工程需要和机具设备条件，可分别采用单管法、二管法和三管法，加固体形状可分为圆柱状、扇形块状、壁状和板状。高压喷射注浆法适用于处理淤泥、淤泥质土、流塑、软塑或可塑黏性土、粉土、砂土、黄土、素填土和碎石土等地基。该工法施工占地少、振动小、噪声较低，但容易污染环境，成本较高，对于特殊的不能使喷出浆液凝固的土质不宜采用。

2）工艺特点

高压喷射注浆法是在静压注浆法的基础上，应用高压水射流切割技术而发展起来的。它利用钻机把带有喷嘴的注浆管钻进至土层的预定位置后，以高压设备使浆液或水成为 20～40MPa 的高压流，从喷嘴中喷出，以冲击破坏土体。当能量大、速度快和脉动状的喷射流的动压超过土体结构强度时，土颗粒便从土体剥落下来。一部分细小的土粒随着浆液冒出水面，其余土粒在喷射流的冲击力、离心力和重力作用下，与浆液搅拌混合，并按一定的浆土比例和质量大小有规律地重新排列，待浆液凝固后，便在土中形成一道连续的止水帷幕，达到支护、止水的作用，而且高压旋喷桩止水帷幕能有效隔断地下水的渗流，防止基坑开挖出现涌砂。该技术适于在地下水量丰富，降水周期长，土质为黏土、砂土、粉土等易于与水泥浆凝固的工程中应用。我国目前应用较为普遍的二重管旋喷桩施工如图 21.5-3 所示。

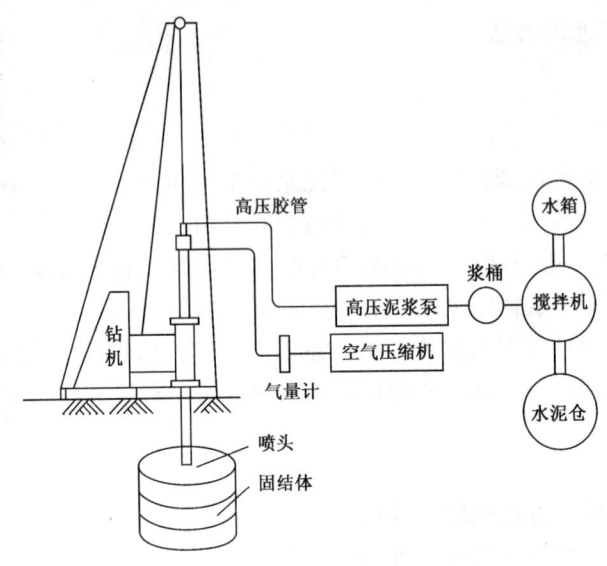

图 21.5-3 二重管旋喷桩施工示意图

（3）深层搅拌法

1）适用范围

深层搅拌法采用水泥作为固化剂，通过特制的搅拌桩机，在地基深处就地将软土和水泥强制搅拌形成具有一定强度和整体性、水稳性的水泥土防渗墙。该工法适用于黏性土和粉土为主的软土地层。

2）工艺特点

"SMW" 工法是在水泥土搅拌桩内插入 H 型钢或其他种类的劲性材料，从而增加水泥土桩抗弯、抗剪能力．并具备较好的抗渗能力的基坑围护施工方法。该类工法施工周期短，工程造价低、抗渗能力较强，增加了施工期间对周围环境挤土的影响，在 6～10m 基坑围护中具备较优的技术优势。H 型钢或钢轨一次性投资大，支护工程完毕后可将它们拔出再行使用。在 6～10m 的围护结构施工中与常规的灌注桩加水泥土搅拌桩支护体系相比，可降低造价约 18%，与用钢筋混凝土地下连续墙施工方法相比，可降低造价约 35%。

（4）压力注浆法

1）适用范围

压力注浆可对裂隙含水岩层、松散砂土层，以及大裂隙、破碎带和大溶洞等复杂地层进行堵水、加固。注浆技术的应用范围较广，对于一般地下工程、它都是一种有效的施工技术。

2) 工艺特点

压力注浆技术是用液压、气压或电化学的方法，把某些能很好地与岩土体固结的浆液注入岩土体的孔隙、裂隙中去，浆液经扩散、凝固、硬化使岩土体成为强度高、抗渗性好、稳定性高的新结构体，从而达到改善岩土体的物理力学性质，达到岩土加固和堵水的目的。它同高压喷射注浆止水原理类似，都属于注浆工艺中的一种。

根据注浆机理可以划分为下列两种形式：

①渗入性注浆。对于具有一定孔隙或裂隙受扰动和破坏的围岩，在注浆压力作用下，浆液克服各种阻力，渗入围岩的孔隙或裂隙中，达到固结地层的目的。

②劈裂、压密注浆。对于致密的土质地层，在较高的浆液压力作用下，裂隙被挤开，使浆液得以渗入，达到压密岩体的目的。

压力注浆可对裂隙含水岩层、松散砂土层，以及大裂隙、破碎带和大溶洞等复杂地层进行堵水、加固。注浆技术的应用范围较广，对于一般地下工程，它都是一种有效的施工技术。但由于解决该工法的科学知识少，注浆压力、浆液固化时间、扩散范围控制、加固体检测等方面缺乏明确的设计依据及合理的确定方法，目前注浆施工还是靠经验进行设计和施工，而这些已不能适应现实的需要。

（5）冻结法

1) 适用范围

冻结法是一种特殊的地层加固方法。它利用人工制冷的方法，将低温冷媒送入地层，把要开挖体周围的地层冻结成封闭的连续冻结帷幕，以抵抗地压并隔绝地下水与开挖体之间的联系，从而确保开挖和做永久支护工程环节的安全、顺利开展。当遇到涌水、流砂淤泥等复杂不稳定地质条件时可以采用，以保证安全穿过该段地层，特别适用于在松散含水表土地层的土木工程施工。

2) 工艺特点

从人工冻结技术特点看，人工地层冻结技术特别适合作为我国城市地铁浅埋暗挖施工的辅助技术。当前由于我国城市地铁和地下工程建设的发展，浅埋暗挖法得到比较普遍的应用。而浅埋暗挖需要一些辅助的地层加固法，水平冻结技术是一项值得研究和发展的好方法。冻结法具有以下优点：

①安全可靠性好，可有效的隔绝地下水。

②适应面广。适用于任何含一定水量的松散岩土层，在复杂水文地质如软土、含水不稳定土层、流砂、高水压及高地压地层条件下冻结技术有效、可行。

③灵活性好。可以人为地控制冻结体的形状和扩展范围，必要时可以绕过地下障碍物进行冻结。

④可控性较好。冻结加固土体均匀、完整。

⑤污染性小。"绿色"施工方法，符合环境岩土工程发展趋势。

⑥复杂地层施工经济合理。

冻结法最显著的缺点是因冻胀和融沉作用，地表变形难以控制。

第 22 章　降水工程风险分析

22.1　粉土、淤泥质土层疏干难

（1）风险分析

赋存自由水的弱透水层渗透性很差，给出水量较小，尤其常规依靠重力释水的降水方法效果差。弱透水层赋存的自由水在基坑或隧道开挖后，从而向开挖范围内形成一定水力坡度，当水量补给丰富且形成一定的渗透压力时易破坏原有土体结构，造成土体坍塌，影响隧道或基坑侧壁失稳、坍塌，地面出现较大沉降变形。

（2）风险对策

采用水平向轻型井点降水方法，通过施加真空负压有效疏干弱透水层内地下水，提高土体物理力学性质。

22.2　地层界面水疏不干

（1）风险分析

基坑或隧道开挖揭露含水层与隔水层交界面时，因要求完全疏干界面残留水与降水井需有效的过水断面相矛盾，造成无法通过井点降水方法疏干界面水。北京等地区为砂层与黏性土层交互沉积地层，如图22.2-1所示为该地区的典型地层条件，当开挖至埋深15m左右的潜水含水层底部时，界面水渗流作用造成桩间土体流失严重。由于长时间水土流失，极易造成周边地层过度沉降，从而引发周边地下管线、建（构）筑物的变形破坏。

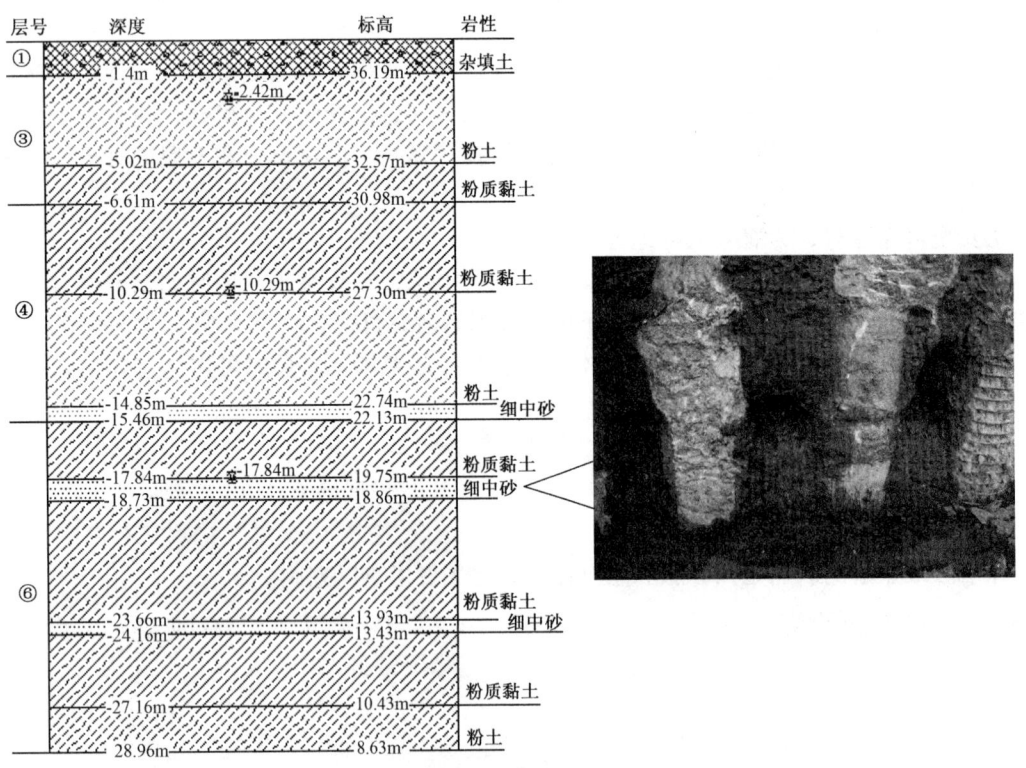

图 22.2-1　地层概化图

（2）风险对策

开挖过程中及时采取插设盲管导排措施，避免渗透携带细颗粒。导排措施应根据出水情况灵活调整，总结起来主要应注意以下几个要点：

1）界面位置插设导流管

开挖至含水层与隔水层交界面时，在该深度插设导流管。导流盲管一般采用塑料管（直径25~50mm），做成花管并缠60~80目尼龙网，如图22.2-2所示。

2）集水方式选择

通过导流管引出的地下水集中排走，集水方式可采用明（盲）沟或集水管路形式。

明（盲）沟设置在基坑坡脚，距坑壁不小于300mm，截面大小依据水量来确定。为了防止水流将基坑底部细颗粒带走造成基底土扰动，应在沟中填直径4~6mm的砾石。

导流管位置高于基底时，应将导流管接长，直接将水引入排水沟内，切忌直接排至坡面上。在开挖范围较小的竖井一类工程中，可以采用集水管的形式。在界面出水位置，沿基坑周圈架设集水总管，集水总管降水引入坡脚集水井，再由潜水泵抽排至地表。

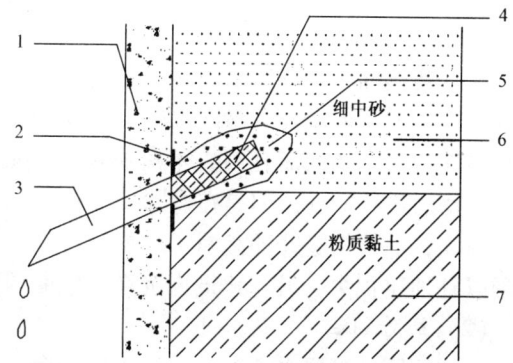

图22.2-2　排水管插设示意图
1—锚喷面层；2—孔口止水；
3—排水管；4—缠尼龙网；5—砂石滤料；
6—砂石含水层；7—黏性土隔水层

3）导水盲管

地铁工程各工序穿插作业，槽底无肥槽，坑内施工空间有限，外露导水管影响侧壁防水等工作。因此，基坑侧壁剔挖沟槽敷设导水管，同时在侧壁出水点以下位置向管井方向掏挖导洞，将边坡渗水引入管井。喷锚后，基坑侧壁无出水点，没有悬挂的导水管影响其他工序作业。

22.3　卵砾石富水地层抽降难

（1）风险分析

较厚砂卵石含水层补给丰富，渗透性强，如北京西部地区，含水层厚度在15m以上，渗透系数不小于300m/d，依靠周圈布置一排降水井无法抽排至设计降深。这主要是因为目前采用的井点降水方法施作孔径不超过600mm，单井的出水能力有限，井点抽水量无法满足设计降深所需抽排的基坑涌水量，从而造成地下水水位无法降至设计深度以下，影响工程实施。

同时含水层渗透性应强，当电路系统故障造成大量抽水设备无法正常工作，地下水很快会涌入基坑或隧道内，酿成安全事故。

（2）风险对策

1）岩土工程勘察一定要重视水文地质试验，要在初勘时做好长期观测孔，做好分层水位观测、分层抽水试验、混合抽水试验，取得一手的水文地质参数，确保地下水控制设计质量。

2）考虑到过水断面的限制，必要时通过计算，增加降水井数量，在拟开挖范围外布置两圈或两圈以上的降水井，有效增大降水井总体抽排能力。

3）针对电路故障造成大量抽水设备无法工作的风险，应设置双电源工点系统，如备用发电机、二路电源，以应对紧急停电时快速恢复抽水。

第23章 止水帷幕工程风险分析

23.1 富水细颗粒地层地下连续墙接缝渗漏

（1）风险分析

地下连续墙施工时，采用连续槽段施工，每隔一定间距施工一幅地下连续墙，墙施工接缝部位是地下连续墙最容易渗漏水部位。采用传统接头管的地下连续墙施工中，液压抓斗在开挖紧靠墙体接头一侧的槽孔时，不可避免地会碰撞墙体接头造成磕碰伤，使墙体接头凹凸不平。尽管成槽后进行刷壁，但是在刷除墙体接头凸面上沉渣、泥皮时，也将泥浆带入接头的凹坑之中。因此，墙体接缝处的渗漏水现象很常见。当遇到细颗粒地层，因渗水携带细颗粒造成开挖范围以外地层损失，引起建筑物沉降、地面塌陷等环境危害。

（2）风险对策

根据不同的渗漏水情况，分别采取两种方案：当围护结构一般渗漏水时，采用化学注浆堵漏（在地下连续墙外无法进行封堵作业时，若无水压采取聚氨酯或环氧树脂化学灌浆法在坑内进行封堵，若有水压则采取由坑内向外打孔至地下连续墙外侧灌注纳米防水水泥浆及水玻璃浆进行外侧封堵（即双液注浆））。当围护结构渗漏水较大时，采用基坑外高压旋喷注浆堵漏。

化学注浆方法施工原则："化学灌浆、刚柔结合、共同作用"，按以下工艺施工：

1）对渗漏水部位进行基面清理，清理出渗漏水部位的混凝土。

2）先剔除泥土和松散的混凝土脆化层，然后清理并用水冲洗剔除部位侧壁。

3）在施工缝两侧交叉钻孔，孔深视连续墙混凝土厚度而定，一般为混凝土厚度的1/2，在孔内布设灌浆针头，然后进行压力试验以确定灌浆的压力。

4）灌浆前的准备：氰凝TPT型、催化剂、增强剂、稳定剂、防水剂等进行化学浆液的配比，根据漏水量大小确定辅助材料的配制比例、凝胶和灌浆时间。

5）开始灌浆，电动压力灌浆泵工作压力<2.0MPa。

6）观察灌浆压力直至浆液从施工缝中流出并膨胀时结束，然后换下一个注浆止水针头处开始注浆，至完成所有注浆止水针头的化学压力灌浆。

7）检查经过化学压力灌浆的漏水部位，如果发现从施工缝存在渗水现象，通过补灌完全解决渗漏水问题，保证化学灌浆堵漏实施部位不出现渗漏水。

8）待化学压力灌浆工作完成6~12h后，清除废料。

23.2 富水细颗粒地层旋喷桩、水泥土桩等止水帷幕桩体渗漏

（1）风险分析

随着基坑开挖深度的不同，围护结构所受的土水压力也发生了一定的变化，一些未被发现的深层搅拌水泥加固土成墙质量问题逐渐体现出来，如成墙时相邻组之间相互没咬合上或咬合量较小、断浆后接缝不严或衔接量不够、搅拌不均匀带有杂物造成夹层或夹块、水泥加固土受地质中土的活性以及特殊地质的影响固结不好或没有固结等因素，均可造成止水帷幕渗漏。一般此种渗漏流量较小但夹带泥沙较多，由于时空效应，基坑外围局部土体形成流沙，处理不及时基坑外土体会形成较大的空洞，危及基坑及周围地下管线和建筑物的安全。

地下管道渗漏、距离河道较近、降雨过多造成土体含水量过大，都会使土体颗粒悬浮流动，使围护结构受主动土压力增大，由此引发因围护结构变形量过大造成止水帷幕断裂，从而产生渗漏，如果外围水量过大，还有可能引发基坑工程事故。

（2）风险对策

基坑开挖面以上围护结构堵漏时，由于采用的基坑围护结构形式不一样，根据所用的材料不同可分为钢筋混凝土缝隙渗漏和水泥土缝隙渗漏两种，在堵漏时应分别治理。

1）钢筋混凝土缝隙渗漏

基坑以钢筋混凝土材料为主体的围护结构，应充分利用钢筋混凝土强度高、胶结性能良好的特性，进行堵漏。采用的堵漏方案是：先疏后堵，即在渗漏处预埋导流水管，将渗漏出来的水疏导出去；然后在缝隙间使用瞬凝混凝土封堵，待混凝土达到一定强度后，最后封堵导流管。

①堵漏材料：导流水管，瞬凝水泥，填充物。

②堵漏施工工艺：清除混凝土表面—充填空洞—安装钢筋网片—固定导流管—立模板—拌制瞬凝混凝土—封堵缝隙—混凝土养护—封堵导流管。

a. 清除渗漏部位钢筋混凝土缝隙表面的泥土和杂质，露出新鲜混凝土面。

b. 缝隙中较大的空洞，可以使用棉纱或废旧布料等透水阻砂的材料塞填空洞。

c. 如果缝隙过大，可将混凝土中的钢筋凿出，焊上钢筋网片，或绑扎铁丝网片，填充混凝土。

d. 在缝隙中合适的位置安放固定导流水管，导流水管应包缠滤网并深入缝隙一定长度，也要露出封堵混凝土一定长度。

e. 如果缝隙较大，应在缝隙外立模板，以防止混凝土流失。

f. 使用瞬凝水泥拌制混凝土，封堵缝隙。封堵时要保持导流水管畅通，并将导流水管固定在封堵混凝土的中间。

g. 混凝土养护数小时（一般为 4 个小时以上），达到一定强度后（20MPa 左右以上）即可封堵导流管。使用钢管做导流管，可用木塞或者堵头封堵；使用橡塑或橡胶软管做导流管的，只要将露出一定长度的导流管弯折绑扎即可。

③可能存在的缺陷及其解决方案：当渗漏水压力较大时，渗漏点被堵住了，压力水又可能从其他薄弱部位突破出来。出现这种情况，应对其他被压力水突破的部位继续堵漏，再次堵漏时可以不封堵导流管。

2）水泥土缝隙渗漏

基坑以水泥土材料为主体的围护结构（SMW 工法），开挖后出现局部渗漏。由于水泥土的强度低、胶结性能差，使用上述瞬凝混凝土插设导流管堵漏法难度较大，可采取疏堵结合的物理"膨胀材料堵漏法"。

①堵漏材料：吸水膨胀材料，材料袋等。

②堵漏施工工艺：修挖渗漏缝隙——材料准备——充填缝隙空洞——顶撑膨胀材料——膨胀材料吸水膨胀。

a. 修挖渗漏缝隙，把渗漏点挖成"里大外小"的洞隙，便于安装膨胀材料。

b. 根据经修挖的渗漏缝隙空间情况，把膨胀材料装入材料袋，在材料袋定向膨胀方向用美工刀划出几道口子，以便膨胀材料吸水膨胀。

c. 安装膨胀材料，膨胀材料要塞紧渗漏缝隙，不留空隙。

d. 渗漏缝隙空间过大时，可采取对膨胀材料进行顶撑固定。

e. 膨胀材料一般需数十分钟，甚至数小时吸水后膨胀，充盈缝隙，达到堵塞缝隙，阻止流沙流泥。

③可能存在的缺陷及其解决方案：使用膨胀材料对缝隙进行堵塞，堵住缝隙后还会有少量的清水渗漏。堵住这类渗漏缝隙后，虽然可以防止流沙、流泥，以及管涌的发生，缓解渗漏，减轻基坑围护渗漏对周边环境的影响，但这一措施的缺陷是不能完全止水。使用这种堵漏措施

之后，如果水压力明显降低，可以使用上述先疏后堵的堵漏方案，彻底封闭渗漏点，达到彻底止水的目的。

23.3　富水砂层冻结法施工过程中涌水、涌砂

（1）风险分析

1）开孔引起涌水涌砂：冻结管采用在隧道管片上开孔后，用钻机成孔，遇富水地层或高承压水含水层，钻孔打入含水层中，或者孔口密封装置失效，引起涌水涌砂。

2）帷幕透水引起涌水涌砂：联络通道处在沼气层，或者先前高压旋喷桩施工，土层中可能存在沼气包或水窝等地层缺陷，会在冻土帷幕中形成空洞或冰体，造成冻土帷幕缺陷，开挖时由于冻土帷幕"天窗"导致涌水涌砂等帷幕透水事故。

（2）风险对策

1）开孔引起涌水涌砂控制措施

冻结管开孔应避开管片手孔、接缝、主筋和钢管片的肋板。开始时放慢钻进速度，避免管片混凝土开裂。在混凝土管片上开孔采用二次开孔方法，二次开孔示意图如图23.3-1所示。第一次：在管片内弧面采用ϕ150mm钻头的取芯钻机钻进250mm深（管片厚为350mm），然后插入孔口管，插入深度不少于20mm，在孔口管与管片孔壁间压入盘根，接着用快硬水泥封堵，严禁渗漏。第二次：先在孔口管和旁通管上安装闸阀，然后在孔口管内放置ϕ110mm钻头，按设计要求调整好钻头的方位及角度，进行第二次开孔，直到开透管片。开透管片后立即退出开孔钻头，关闭闸阀。冻结管成孔施工采用跟管钻进法，即在隧道管片上开孔后用钻机直接钻进带有钻头的ϕ89mm冻结管。孔口装置示意图如图23.3-2所示。

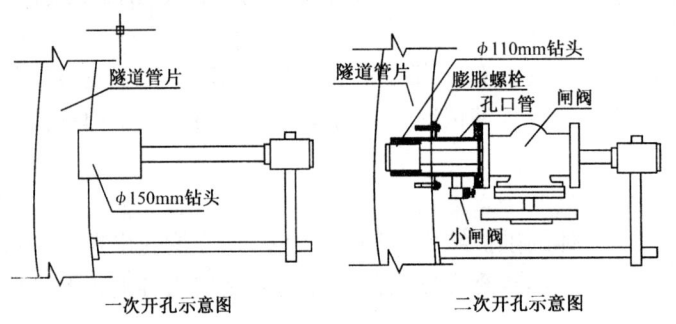

图 23.3-1　钻孔开孔示意图

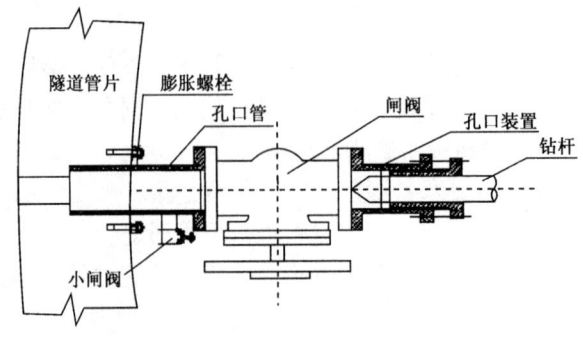

图 23.3-2　孔口装置示意图

2）帷幕透水引起涌水涌砂风险对策

开挖前装好安全防护门，采取边探边挖措施，探多少挖多少，开挖步距控制在 0.5m，及时架设水平钢支撑和背板，在钢支撑架两个垂直方向布置收敛监测点，进行两个方向收敛监测，同时加强测温孔的监测。

测温孔实测数据及冻结孔的偏斜数据实测值，推算出的该地层冻土发展速度，钢管片上冻结壁的内侧打探孔，观察孔内是否流水、流砂，有无空洞等。随后往前试挖 50mm，确定无泥水流出方可进一步开挖。开挖后冻土帷幕与空气接触面增加，冷量损耗大，制冷机维持积极冷冻状态。一个步距开挖完成后及时架设钢支撑和背板，背板后面用低标号的水泥砂浆塞实，减少冷量的散失及后期融沉影响。

23.4　高承压水锚杆施工涌水、涌砂风险

（1）风险分析

1）在开孔、成孔过程中，由于高水头的作用，具有压力的地下水携带细颗粒沿着钢套管外侧涌出，大量地层损失势必会造成地面塌陷。

2）未凝固的水泥浆液在高水头地下水作用下，有可能将水泥浆液从孔内挤出，造成锚固段失效，抗拔力不够。

（2）风险对策

1）在高水头砂层锚索开孔、成孔过程中，采用套管与钻杆同步钻进、打击成孔工艺，有效控制排渣，在外套管钻进过程中将周围土体挤压密实，增大外套管与砂层之间的摩阻力来平衡高水头下的渗流力。同时在开孔位置采用防涌砂装置来平衡外部水土压力，进一步控制成孔过程中涌套管外的涌砂涌水，内钻杆则通过泵入一定的压力水，平衡孔内的水土压力。

2）注浆后，拔出套管时，水泥浆液是否涌出取决于水泥浆液压力与地下水压力是否平衡。存在涌浆现象的，应通过增加锚固段长度的方法来确保其抗拔力，再通过拔出套管后的快速封堵来避免出现涌砂。

3）拔出套管所有管节后，孔口会出现涌浆继而涌砂，必须采用快速封堵材料封堵。为此，采用了一种吸水快速膨胀、形状可任意塑造的膨胀止水砂袋。

第24章 地下水控制周边环境风险分析

24.1 风险分析

降水方法是通过抽排实现地下水水位降低至开挖深度以下，同时因含水层释水产生附加荷载而导致地层压缩产生地表沉降，对周围建筑物及市政设施会构成不同程度的危害。

降水使含水层的水头（或水位）下降，并牵动相关层水头（或水位）降低，从而导致孔隙水压力减少，有效应力增加。有效应力增加，等同于给土层施加附加压应力，使得含水层与相邻土层产生压缩变形，多土层变形而产生的综合效应即为地面沉降。砂土的模量较高，因此黏性土是主要的释水受压缩层。

除因孔隙水压力减少引发的压缩变形外，由于降水井的施工质量不佳，抽水携带部分细微土粒，形成地下松散区或空洞，从而引发周围地面沉降、塌陷。

24.2 风险对策

（1）预防措施

针对降水引起的细颗粒流失问题，更多应在方案设计阶段，通过反滤层粒径级配的设计、井管外包滤网的设计、合理的抽降深度及时间控制等避免该类风险的出现。

（2）控制措施

1）灌浆或压力注浆填充方式。这是常用的方法，这里不再展开叙述。

2）回灌措施。

地下水水位下降引起的地面沉降控制措施可采取回灌的方式。

降水工程中，地下水回灌井主要有管井、大口井和渗坑三类，国内普遍使用的回灌方法有真空回灌、压力回灌和重力回灌。

大口径和渗坑受地层和深度限制应用相对较少，渗透性较好的地区较多采用管井重力回灌的方式，软土地区多采用加压回灌的方式。

①适用条件

管井回灌使用于所有的含水层。只是由于含水层岩性的不同，单井回灌量存在很大差异，因此，对降水工程来说，就不是所有工程都适合。

大口井的回灌量比较大，在含水层埋藏不深，含水层厚度不大，富水性条件较好，地下水位有一定埋深的情况下，都可以使用大口井。

渗坑在某些特定条件下也可以使用。当浅部存在粗颗粒地层，且部分含水或无水，简单开挖就能揭露砂卵砾石层或已存在渗坑，则可以考虑采用渗坑回灌。

②回灌井的设计

回灌管井设计与降水井设计基本一致。

a. 井位。回灌井最好位于降水影响范围之外，且条件允许的情况下，位于地下水流的下游方向。

b. 井深。许多情况下，同层回灌存在需要较多回灌井的情况。若条件允许，可以考虑异层回灌，则相对减少回灌井的数量，且可以使回灌井位于场地附近，便于管理，并减少输水管线长度。

具体的回灌井深度应根据场地的水文地质条件和回灌水量的要求综合确定，并以成本最小原则，确定回灌井井数和深度。

对于有非饱和的砂卵砾石层，回灌时应充分利用，以增加回灌量，降低回灌井深度。

c. 过滤器。对于潜水含水层来说，回灌井的过滤器长度应大于含水层厚度；对于承压水含水层来说，回灌井的过滤器应与含水层厚度一致。

回灌井过滤器孔隙率应适当增加，以降低过滤器的阻力。

d. 填砾要求。回灌井回灌过程中水流是向含水层中流动，因此，可以适当增加填砾粒径。考虑到回灌井回扬时不会因抽取含水层中的细颗粒影响周边环境安全，则回灌井的填砾规格可取要求的上限。

③重力回灌操作方法及技术要求

a. 操作方法

a）打开进水阀门，关闭回扬水阀门。

b）回灌中应定时记录回灌量、水位等信息。

c）当回灌井水位超过规定值后，打开回扬水阀门，开启潜水泵。

d）潜水泵开启 15min 左右没达到水清后停泵，同时观测动水位。

e）停泵，关回扬水阀门。

f）回灌过程中，可根据需要停灌回扬洗井。

b. 技术要求

a）回灌时，要避免过多的空气随回灌水进入井内，避免形成气阻，影响井的回灌量，因此从抽水井到回灌井之间宜采用封闭管路。

b）由于降水井在抽排水时含砂量可能相对较高，有必要在降水井和回灌井之间的管路上增加除砂器，避免过多的砂粒带入回灌井，组成堵塞。

c）定时监测回灌井水位，避免回灌井水位溢出。当回灌井内水位升高至设计动水位后应立即清洗回灌井或回灌至其他回灌井内。

d）坚持定期回扬冲洗回灌井，排除滤网附近的杂质。一种方法是停止回灌后，对回灌井进行抽水至水清砂尽；另一种方法可以在回灌的同时，进行扬水洗井。

④加压回灌操作方法及技术要求

用水泵加压回罐的操作程序为：

a. 离心水泵、进水阀门、控制阀门、回流阀门，开出水阀门。

b. 开泵回扬至水清。

c. 停泵，关出水阀门。

d. 开进水阀门和控制阀门。

e. 开水泵灌水、放气，待水溢出，关放气孔，再开回流阀门。

f. 控制回灌压力，定期记录。

在加压过程中，必须注意：

a. 回扬时应详细记录和测定静水位、动水位、压力值、灌水值、出砂量等。

b. 坚持定期回扬冲洗，回扬后要放气。

c. 放气时先从泵内进水，以排除井内空气，当水从放气孔大量排出后，才可以开回流阀门。

d. 灌水量与压力要由小到大，逐步调节到适宜压力。

e. 离心泵不能断水打空泵，若遇此情况必须停泵，及时回扬处理。

f. 加压灌注法回灌井点管路装置都必须达到密封要求，且泵管与井管之间也必须密封，本次拟采用井泵座密封，即井泵直接坐落在铸铁基座上，并加有橡皮圈进行密封，如图 24.2 - 1 所示。

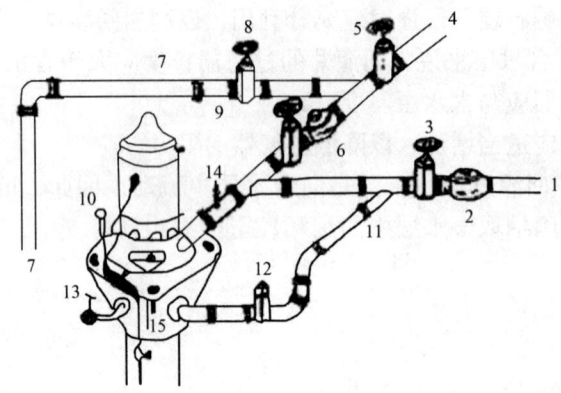

图 24.2-1　回灌设备图

1—进水管；2—进水水表；3—进水阀；4—用水管；5—用水阀；
6—用水水表；7—扬水管；8—扬水阀；9—单流阀；10—压力表；11—回流管；
12—回流阀；13—放气阀；14—温度计；15—井座管

第25章 工程案例

25.1 管井降水工程案例

（1）工程概况

北京地铁 7 号线位于北京南城地区，线路总体呈东西走向，沿线经过丰台、西城、东城、朝阳 4 个行政区。线路全长约 23.9km，全部为地下线。全线共设车站 20 座，达官营站是北京地铁 7 号线工程的第 2 座车站，位于湾子站与广安门内站之间，三里河南延路和广安门外大街交叉路口以东，沿广安门外大街东西向布置。车站共设两组风道、4 个出入口等附属结构，主体结构长 235.80m，宽约 23.75m，顶板标高 35.826m，覆土厚度 7.788m，底板标高 20.58m，埋深约为 25m，采用暗挖法（PBA）施工（图 25.1-1）。

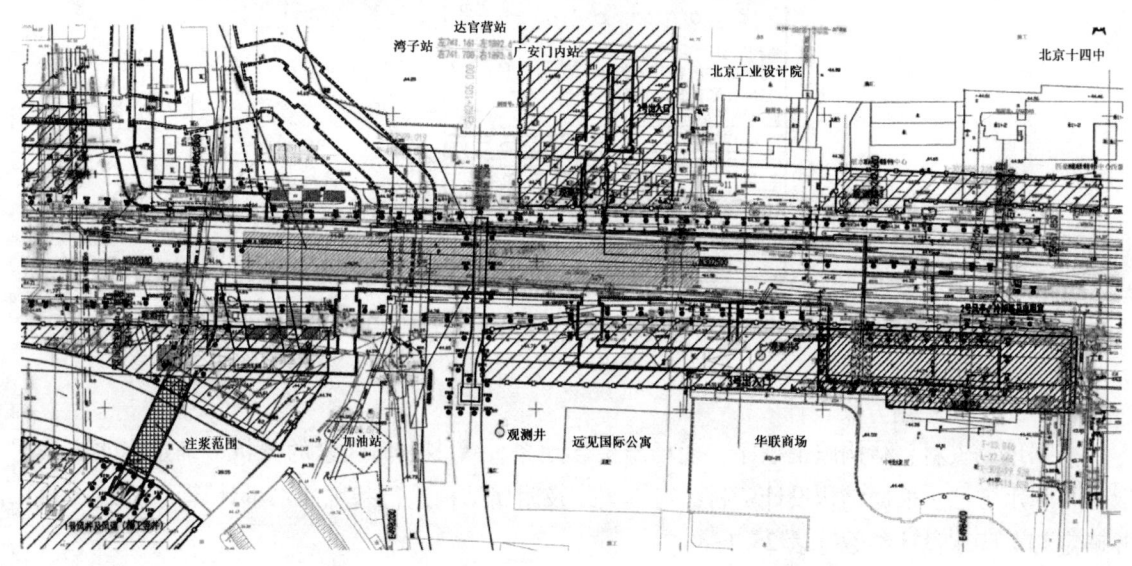

图 25.1-1 北京地铁 7 号线达官营站工程平面示意图

（2）工程地质条件、水文地质条件

根据勘察报告，本工程场地勘探深度范围内的土层划分为人工堆积层（Q_{ml}）、新近沉积层（Q_{al+pl}^4）、第四纪晚更新世冲洪积层（Q_{al+pl}^3）、下第三系（E）四大层。勘探深度范围内实际量测到 1 层地下水，为潜水（二），含水层主要为卵石⑦层，透水性好，主要接受侧向径流补给以侧向径流为主要排泄方式。含水层的主要参数见表 25.1-1。达官营站区间地下水概况示意如图 25.1-2 所示。

含水层参数一览表   表 25.1-1

含水层	主要岩性	含水层平均厚度（m）	渗透系数（m/d）	水位标高（m）	水位埋深（m）	观测日期
潜水（二）	卵石⑦	6.0	250	23.26	20.80	2009.4
				17.15～18.47	26.40～27.50	2010.2
				22.55	21.51	2010.7

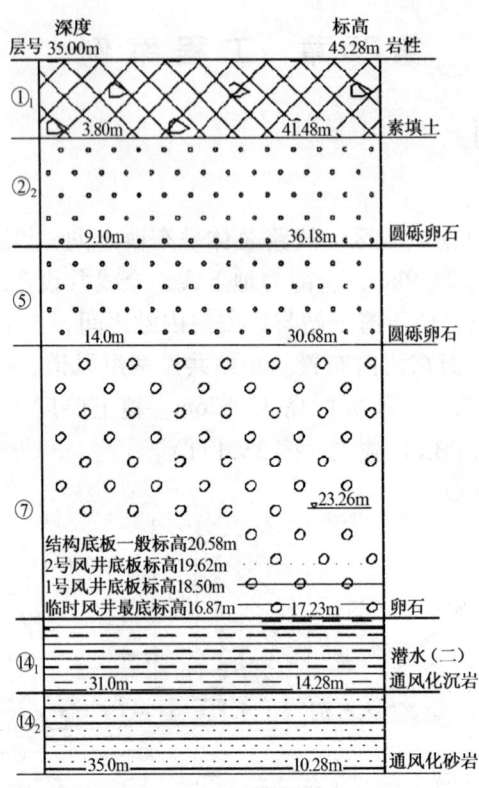

图 25.1-2 达官营站区间地下水概况示意图

（3）地下水控制方案设计

根据地勘资料、结构施工顺序、现场施工场地条件等多方面因素的分析，确定降水方案采取管井降水方法。根据结构设计资料，对本车站及附属结构进行基坑涌水量计算（表 25.1-2），并确定相关降水设计参数（表 25.1-3）。

达官营站降水计算参数表 表 25.1-2

降水部位	含水层类型	等效半径（m）	含水层厚度（m）	降深（m）	渗透系数（m/d）	影响半径（m）	排水量（m³/d）
临时竖井	潜水	8.4	6.0	6.00	250.0	464.7	7024
1 号风道	潜水	8.9	6.0	5.30	250.0	410.5	7259
2 号风道	潜水	12.6	6.0	4.20	250.0	325.3	7829
站体	潜水	68.0	6.0	3.20	250.0	247.8	14433

（4）降水工程的辅助措施和补救措施

1）建立地下水动态监测网

为了准确掌握场区地下水动态变化，及时采取必要的处理措施，在降水工程实施的同时，建立地下水动态监测网，监测点的布设应掌握以下原则：在降水影响范围以内呈放射状布置观测孔；在降水影响范围以内的高大建筑物与抽水系统之间布置观测孔；不同含水层布设分层观测孔。

降水设计参数表 表 25.1-3

位　　　置	类型	井径（mm）	管径（mm）	井深（m）	井管类型	滤网（目）	井距（m）	滤料（mm）	井数
临时竖井及横通道	管井	600	360/30	32	加筋混凝土滤水管	1 层 40	6	4~7	26
1 号风道竖井	管井	600	360/30	31		1 层 40	6	4~7	35
2 号风道及竖井	管井	600	360/30	31		1 层 40	6	4~7	35
主站体	管井	600	360/30	30		1 层 40	7	4~7	53

注：1. 管径为：外径/壁厚。

　　2. 管井内安装 25m³/h 潜水泵，施工时应根据水位观测孔内实际水位情况及时调整泵量，以满足降水需求。

　　3. 管井沿围护结构外侧 1.5~2.0m 布置，但受地下管线及占道施工的影响局部有调整，降水井距车站结构较远，因此适当减小了井间距，主体站标准井间距为 7.0m，竖井标准井间距 6.0m，局部受地下障碍物影响为 8.0~12.0m。

通过地下水位的观测，了解抽水期间水位的变化情况，从而对降水效果进行预测，保证基坑的安全。观测井结构：观测井井深 30.0m，孔径 130mm，下入直径 50mm 的钢管，下部 8.0m 加工成滤水管，孔内填入纯净透水滤料，上部距地表 2.0m 深度内填入黏土封孔。

观测内容：静水位—成孔完毕后井内自然水位标高；动水位—抽水水位稳定、抽水进行时，孔内水位标高；水位降深—静、动水位之差；绘制地下水水位降深曲线。

观测方法：采用电测水位计。由万能表或微安表、电极、双导线组成，当电极接触水面时，电源回路导通，即可测出水面高度。

2）建立沉降监测网

在降水工程实施之前，根据降水设计中计算的抽水影响范围内的高大建筑物及地下管线布设沉降监测点，在降水期间进行连续沉降检测；对基底进行变形监测，防止基坑管涌、基底隆起等现象。

（5）局部异常水的处理

由于车站范围内管线密集，可能存在管线渗漏的情况，位置不清，水量大小不明，往往造成基坑壁或隧道壁失稳，基底土层的扰动，给工程带来巨大损失。为了有效预防这种局部异常水给工程带来损失，应采取如下措施：

1）当遇到地下不明构筑物时不要盲目破坏，应查明是否含水。

2）当确定地下构筑物含水时，应先查明其是否有补给水源，断其补给源，然后将水排走。

3）当以上工作需在基坑内或隧道内进行时，应先准备好临时支护设施和紧急排水设施后方可进行。

基坑开挖局部开挖较深地段，由于疏不干效应，局部会存在滞留水，应及时停止开挖施工，在滞水层底板处插导水管，在基坑及隧道槽边开挖盲沟，通过导水管将水导入盲沟中，汇入集水坑或集水井中明排排走。

（6）基坑降水对周边地面及周边环境的影响

当开始降水时，降水管井不断地把潜水渗流入下部含水层中加以消纳，进入区域地下水径流淌，造成水资源流失。

基坑周边地层中的水被渗流走后，土体原来状态被破坏，土层孔隙减小，引起周围地面沉降，给周围管线及建筑物安全带来影响。

加强管井的施工质量，防止抽水时细颗粒被抽走，将含水层部分的井管外侧缠 1 层 40 目尼龙网，防止土颗粒流失。将含砂量降水初期控制在半小时内含砂量小于 1/10000；降水过程中管井正常运行时含砂量小于 1/50000。

公司专业测量人员定期对周边地面进行沉降观测。工程场地南侧中设大厦距本工程最近约10m、本工程 1 号风道下穿南侧莲花河河堤，降水期间加强该建筑物的观测。

（7）备用电源措施

为防止在抽水期间发生意外停电事故，长时间停电造成水位回升，影响地下结构施工，现场备有电源（如发电机、二路供电系统），并配有自动转换装置。

25.2　辐射井降水工程案例

（1）工程概况

北京地铁奥运支线是北京市轨道交通线网中的 8 号线中的一部分，线路全长 4.5km，全部为地下线路。北辰桥区位于奥运支线奥奥区间，本区间起点为奥体中心站北端，地铁线路在中轴路下方由南向北行至奥林匹克公园站。中轴路现状为绿地，施工条件较好。区间下穿北京四环路北辰桥呈 U 形槽结构，区间隧道外顶距离北辰桥结构底净距 6.6~8.4m，该范围内不具备区间外围封闭降水的场地条件。

（2）工程地质、水文地质条件

根据勘察报告，勘察深度 45.00m 范围内为人工堆积层、第四系冲洪积层，岩性为黏性土和砂卵石互层。

根据勘察报告，在桥区勘探深度内存在 4 层地下水：

第一层含水层水位标高 36.92~39.98m，主要赋存于粉土③层，含水层厚度约 0.88m，分布于隧道结构顶板以上 6.5m 处。

第二层含水层主要赋存于粉土④₂ 层，分布在隧道结构顶部及中上部，呈饱和状态，属弱含水层，厚度 1~3m。

隧道之下的地下水为层间潜水和承压水，均分布于隧道结构底板以下，局部加深段与层间潜水水位相距约 7.0m，与承压水水位相距约 12.60m。

本区段在暗挖期间，主要疏干第二层层间水，层间潜水及承压水对结构施工无影响。

（3）降水方法的选择

采用辐射井对区间进行整体降水，在隧道和北四环交叉外侧即公路与地铁线路交叉之东南角、西南角、西北角、东北角的绿地上共施工 4 眼辐射井（如果辐射井竖井采用人工方法成井时则须在其周围布设 3 眼管井用于辅助竖井施工，当辐射井竖井采用漂浮法成井时则不用布设辅助降水管井），在竖井内采用双壁反循环工艺施工水平井，水平井互相交错搭接穿过桥区段，竖井汇集由水平井流入的地下水，并通过设置在竖井内的潜水泵将这部分地下水抽排至地表的排水系统。

场区含水层岩性表现为颗粒较细，渗透性差，并且局部以透镜体形式分布，设计采用多层布设水平降水井，使施工部位的层间水达到基本疏干，满足结构施工基本作业的要求。

（4）降水方案确定

北辰桥区采用辐射降水井方案，将弱含水层粉土④₂ 层内的饱和水疏干，满足隧道暗挖施工要求。施工竖井、水平降水井布设如图 25.2-1 所示。

施工竖井布置在北辰桥 2 号桥四角外侧的绿地位置，竖井与区间隧道净距≥5.0m，竖井与北四环深槽净距≥5.0m。自竖井内向隧道外侧、隧道内、隧道间均设施工水平降水井。控制隧道外侧地下水补给，疏干隧道内及隧道间残留水。

竖井井深：竖井井深以绝对标高控制，井底标高数值≤23.50m，且井深≥23.00m。

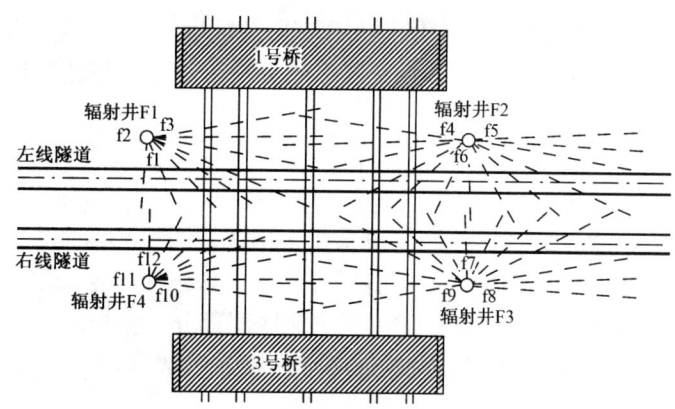

图 25.2-1　北辰桥区辐射井降水井平面布置图

水平井开孔标高：上下共布置 3 层水平井主要位于饱和④₂层粉土中，开孔标高分别为 32.35、30.65、28.45m。开孔标高数值是依据桥区附近地层剖面（勘探钻孔 3AL02）经综合分析后确定的，竖井施工中应作好施工记录，根据实际含水层顶底板位置对水平井开孔位置作出必要调整。

（5）辐射井施工技术要求

本工程竖井采用锚喷倒挂壁法，成井工艺如图 25.2-2 所示。

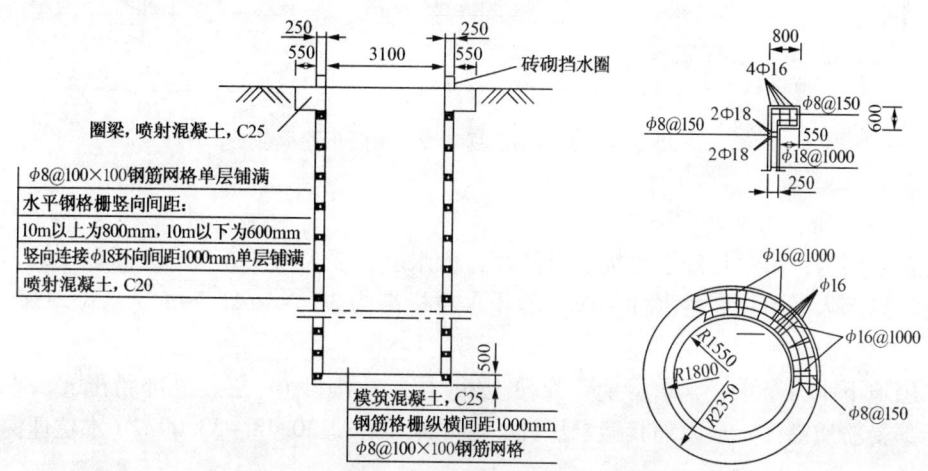

图 25.2-2　辐射井竖井锚喷护壁图

本工程水平井采用双壁反循环法成井工艺，该法是采用双壁钻杆钻进，高压水从双壁钻杆的内外管之间进入，泥砂、砾卵石从钻杆的内管内排出，此法能保证成井质量，孔径不扩大，适应地层较广。

（6）抽水要求

1）按降水单元，辐射井 F1、F4 竖井内设置 3.0～5.0m³/h 潜水泵；辐射井 F2、F3 竖井内设置 5.0～10.0m³/h 潜水泵，泵底距井底 1.5～2.0m。

2）按降水单元，采取全封闭降水方法，开挖前的超前抽水时间应不少于两周。

3）抽水含砂量控制：为防止因抽降地下水带出地层细颗粒物质造成地面沉降，要求抽出的水含砂量＜五万分之一。

（7）辐射井降水效果

辐射井 F1 ～ F4 的前期日抽水量基本保持在 22.0 ～ 34.0m³，后期水量有所减少。经过辐射井的有效降水，跨北辰桥区的地铁隧道开挖，降水效果明显，符合土建施工要求。

25.3　真空管井降水工程案例

（1）工程概况

北京地铁十号线安定路至北土城路区间段采用矿山法、明挖法两种方法进行施工。该区间围护结构采用钻孔灌注桩 + 桩间网喷，局部有锚杆支护。该区间开挖深度范围地层为粉土和黏性土交互，透水性差，本真空管井降水试验段属安北区间部分，全长约 200m，里程号为 K10 + 203.501 ～ K10 + 403.501。采用"双线双排"的布井形式，共成井 42 口，如图 25.3-1 所示。

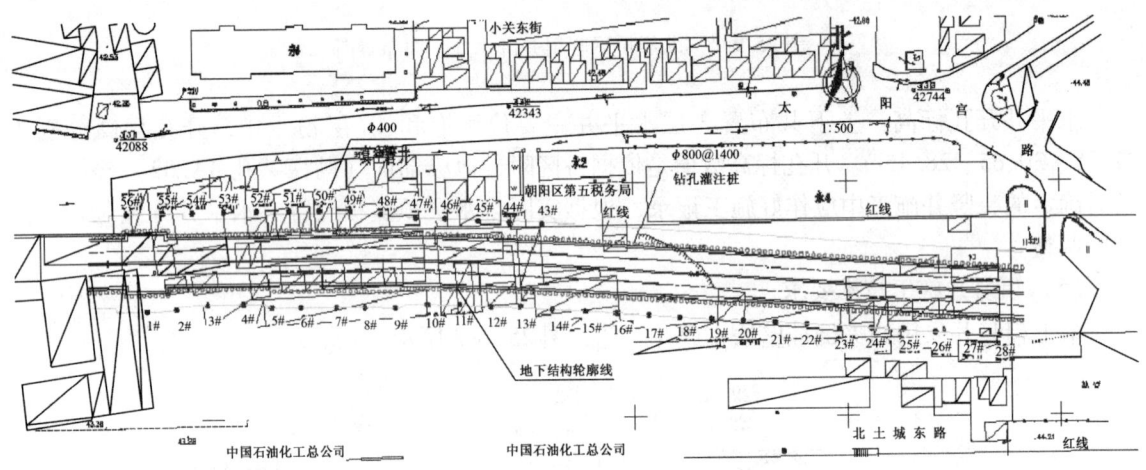

图 25.3-1　试验场地真空管井平面布置示意图

（2）工程地质、水文地质条件

目标含水层为：第一层地下水为上层滞水，含水层主要为粉土③层、粉质黏土③₁ 层、粉质黏土④层，局部人工填土，透水性一般，静止水位标高为 36.24 ～ 41.79m（水位埋深为 2.00 ～ 7.50m）。

第二层地下水为潜水，含水层主要为粉土⑥₂ 层、粉细砂⑥₃ 层，局部粉土④₂ 层，透水性一般，局部受粉质黏土④层阻隔具微承压性，静止水位标高 30.48 ～ 33.09m（水位埋深 11.00 ～ 13.00m）。

第三层地下水为层间潜水，含水层主要为粉土⑥₂ 层、细中砂⑦₁ 层、粉土⑧₂ 层，透水性一般，局部受粉质黏土⑥层阻隔具微承压性，静止水位标高 22.29 ～ 25.42m（水位埋深 18.10 ～ 21.60m）。

（3）真空管井降水方案

降水井设计技术参数详见表 25.3-1。

安定路站 ~ 北土城东路站区间真空管井降水设计参数　　　　表 25.3-1

井类型	井径（mm）	管径（mm）	井管类型	井深（m）	井间距（m）	滤料（mm）	井数
HDPE 双壁波纹管	600	345/21.5	HDPE	25.0	≤7.5	2 ～ 4mm 砾料	42
无砂水泥管井	600	400/50	无砂混凝土管				

管井结构设计如下：

1）间距、孔深：井间距约为7.50m；井深25.00m。

2）孔径：管井孔径均为600mm。

3）井管：真空管井上部4.0m采用HDPEϕ345/302双壁波纹管，管壁底部1~1.5m采用3~5cm黏土球填充，上部用黏土封闭；其下部均下入内径300mm的水泥砾石滤水管，外充填砾石滤料；水泥砾石滤水管外包3层80目尼龙滤网。

4）滤料：在井管外围填入直径2~4mm的砾石滤料。应具有一定的磨圆度，滤料含泥量（包括含石粉）≤3%。

5）利用1台真空泵、通过6″橡胶真空管汇带动3~4口井进行真空抽降。真空管汇可与排水管并行摆放。

（4）降水效果

从安北区间开挖的槽段观察分析发现，本试验段真空管井降水的效果明显，没有地下水渗出，潜水含水层地下水完全疏干（图25.3-2、图25.3-3）。

图25.3-2　安北区间紧临工点普通管井降水工作面渗水情况

图25.3-3　安北区间真空管井降水工作面情况

25.4　注浆止水工程案例

（1）工程概况

北京地铁14号线右安门外站—北京南站矿山法区间位于北京市丰台区，南三环与南二环之间，本区间自右安门外站沿凉水河北岸向东，穿越开阳里西巷、开阳里东巷、开阳路与北京南站预留工程对接。

（2）工程地质、水文地质条件

拱部上方为圆砾、卵石层与粉土层界面，通过现场小导管打设观察到，拱顶距圆砾、卵石层厚10~20cm，拱顶两临界面土层土体稳定性差，易形成坍塌。横通道开挖过程中揭露出：圆砾、卵石层上层滞水水量较大，达到 3.5m³/h。拱部粉土层土体太薄，薄的粉土层无法起到隔水和稳定作用，并且在打设超前注浆管时易出现打通粉土层，导致粉土层破碎、坍塌，进而造成上层圆砾、卵石层形成灾害性塌方。拱部上方为上层滞水界面，上层滞水丰富，上层滞水下渗，导致粉土层含水丰富，粉土层土体渗透性为中等，遇水极易软化、出现块状剥离性溃塌。

（3）注浆加固工艺的确定

选择水平袖阀管和前进式注浆工艺相结合的施工方案。

（4）注浆设计

1）注浆加固范围。根据工程经验类比，隧道施工时沿隧道开挖方向每加固 12m 时，开挖 10m，则为一个循环。注浆施工前掌子面需喷射 10～15cm 厚的混凝土封闭。

2）袖阀管注浆孔位布孔方式采用圆弧形布孔法，在隧道上半断面分布，每一个循环按梅花形设置 2 排，一共布置 17 根管，钻孔外插角 6°。终孔间距按 60cm 控制。

3）注浆参数。注浆材料采用普通硅酸盐水泥浆，袖阀管的套壳料采用普通水泥与普通膨润土掺配，配合比为水泥：膨润土：水 = 1:2:3，浆液的水灰比为（0.8～1.2）:1，其他参数见表 25.4-1。

注浆参数表						表 25.4-1
序号	注浆工艺	注浆压力 （MPa）	凝固时间 （min）	浆液水灰比	循环段长度 （m）	有效扩散半径 （cm）
1	前进式注浆	0.3～0.4	15	0.8:1	3～4	80
2	袖阀管注浆	0.8～1	30	（0.8～1.2）:1	0.6	60

（5）组合注浆施工工艺施作过程

本段注浆施工历时 74d，自 2011 年 8 月 6 日开始至 2011 年 10 月 20 日结束，共完成 8 个循环 81m 的注浆施工任务，每循环开挖施工时间 5d，注浆施工时间 5d。具体施工工艺如下。

1）施作止浆墙：注浆施工前的止浆墙采用 C30 混凝土喷射完成，厚度 20～25cm，待停留 3h 止浆墙上强度后，开始注浆施工。

2）前进式注浆施工：注浆孔采用 ZDY-1500 钻机成孔，钻孔完毕后布设 108mm 孔口管，孔口管长度 82cm，孔口管伸进土层内 62cm，外露 20cm，再进行前进式分段深孔注浆。

3）袖阀管注浆施工：采用前进式注浆施工将地层内的大量涌水控制后，再采用袖阀管注浆施工进行"精细"注浆，对前进式注浆的效果进行补充，达到组合注浆的设计效果。袖阀管注浆工艺施工采取先注套壳料，再注水泥浆（水灰比 0.8:1～1:1）。

（6）数值分析

为了验证注浆加固效果，并预测加固后的地面沉降值和隧道拱顶及边墙的收敛情况，对上述注浆加固施工进行了数值分析。

图 25.4-1 和图 25.4-2 分别是注浆加固前后塑性区的分布情况，加固后不仅使隧道周围土体的受力状况得到改善，塑性区有所减小，更重要的是地表下方的塑性区范围也明显减小，从而对地表沉降起到了很好的控制作用，说明加固效果较为显著。结果表明，加固前后的最大竖向位移均出现在地表，加固前的最大值为 14cm，加固后的最大值为 8.4cm，与加固前相比减小了约 43%，拱顶的收敛值约减小了 50%；左侧边墙的收敛值由加固前的 3.9cm 减小为加固后的 1.8cm，减小幅度约为 28%，右侧边墙的收敛值则由加固前的 3.3cm 减小为加固后的 1.8cm，减小幅度约为 45%，显示注浆对洞内的收敛也起到了较好的控制作用。

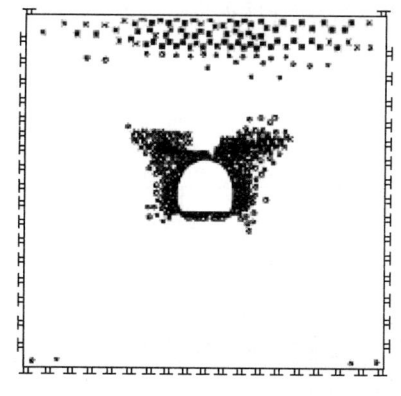

图 25.4-1 注浆加固前的塑性区分布   图 25.4-2 注浆加固后的塑性区分布

图 25.4-3，图 25.4-4 分别为地面沉降实测值与模拟值以及拱顶收敛实测值与模拟值的对比结果。

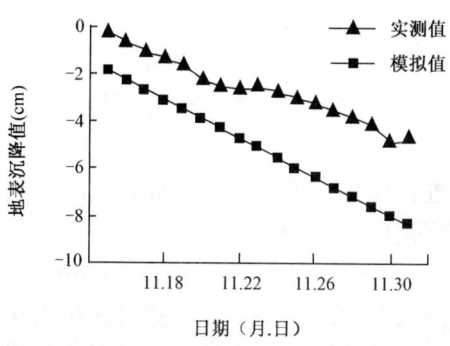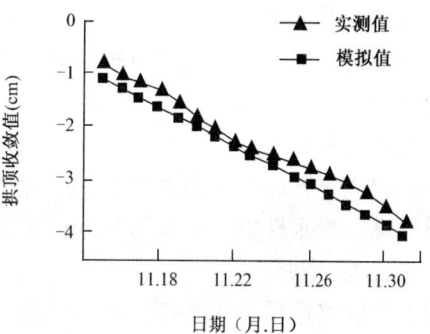

图 25.4-3 地面沉降实测值与模拟值的对比   图 25.4-4 拱顶收敛实测值与模拟值的对比

从图 25.4-3 可以看出，模拟值较实测值要大，沉降速率也略大于实测值，这可能与隧道上覆地层的物理力学参数的取值有关；图 25.4-4 显示，拱顶收敛值与实测值非常接近，且收敛速率也极为近似，说明注浆加固效果与预期的基本吻合。

（7）注浆效果评价

1）通过开挖掌子面显示，浆液扩散，封堵了水流通道，达到了止水的目的。开挖过程中拱部土层稳定，未出现塌方，堵水效果较好。

2）数值模拟的结果较为客观地反映了注浆加固的实际效果，通过模拟值与实际监测值的对比分析发现，对地层进行注浆加固后，无论是地面沉降值还是洞内收敛值都有较为明显的下降，说明注浆加固的效果比较显著，对地层强度的提高贡献颇大。

3）在 8 个注浆循环的施工过程中，遇到部分循环地层变化较大，为了能使注浆达到预期的效果，现场采用了增加袖阀管注浆孔的数量、提高注浆压力、增加袖阀管注浆的往复次数等方法，确保了施工质量。

25.5 冻结法工程案例

（1）工程概况

杭州地铁九堡东站～乔司南站盾构区间隧道联络通道及泵站位于区间隧道中部，联络通道及泵站采取合并建造模式，距离联络通道上部地面正上方 14m 处有一居民房，联络通道上方无重要管线。拟构筑联络通道所在位置的隧片为钢管片，隧道内径为 $\phi5.5\text{m}$，上、下行线隧道中心线距离 15.46m。联络通道结构如图 25.5-1 所示。

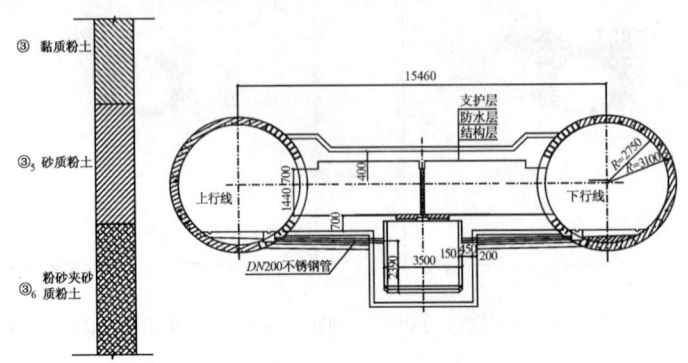

图 25.5-1　联络通道结构示意图

（2）工程地质及水文地质条件

根据地质勘察报告，联络通道所处地层上部和中部为③₅砂质粉土、下部③₆粉砂夹砂质粉土，如图 25.5-1 所示。该土层具有高压缩性、低强度、灵敏度高、透水性强等特点，在动力作用下易产生流变现象。

在该地层内进行联络通道开挖构筑，须对土体进行稳妥、可靠的加固处理。冻结法加固土体具有强度高，封水性好，安全可靠的优点，极适于本工程。

（3）冻结加固设计

根据上述联络通道施工条件，决定采用"隧道内水平冻结加固土体、隧道内矿山法开挖构筑"的全隧道内施工方案。即：在隧道内利用水平孔和部分倾斜孔冻结加固地层，使联络通道及泵房外围土体冻结，形成强度高、封闭性好的冻结帷幕。在冻土中采用矿山法进行联络通道及泵站的开挖构筑施工，地层冻结和开挖构筑施工均在区间隧道内进行。冻结孔的布置如图 25.5-2 所示。

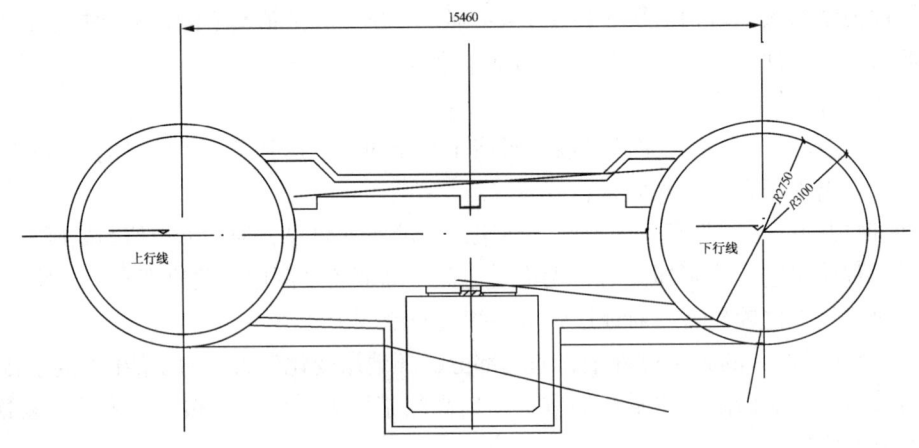

图 25.5-2　冻结孔布置剖面示意图

（4）冻结孔施工

具体施工工艺流程如图 25.5-3 所示。

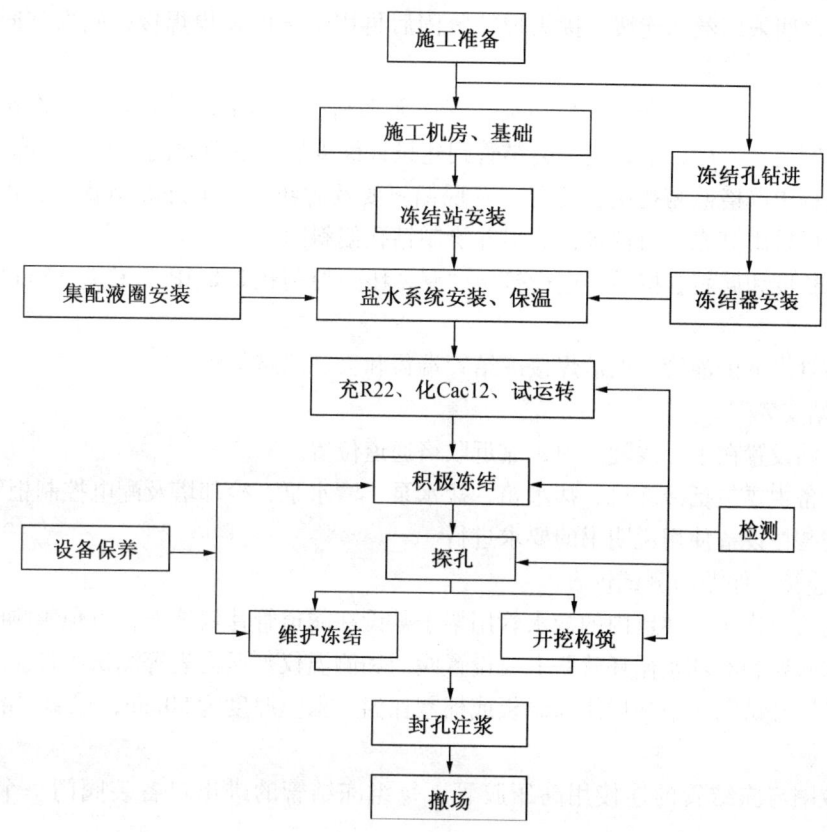

图 25.5-3　冻结法施工流程图

1）冻结孔定位与管片开孔

①依据施工基准点，进行冻结孔孔位放线，孔位布置首先要依据管片配筋图和钢管片加强筋的位置，在避开主筋、管片缝、螺栓及钢管片肋板的前提下可适当调整，不大于 100mm。

②开孔选用 J-200 型金刚石钻机，配 ϕ130mm 金刚石取芯钻头进行钻孔，深度为 200 ~ 250mm，控制不得钻穿管片。

③用钢楔楔断岩心，取出后，打入加工好的孔口管，且用至少有 4 个固定点将孔口管固定在管片上，然后安装密封装置。

2）冻结孔施工顺序

①根据穿透孔的偏差，进一步调整有关钻进参数。

②根据联络通道施工的孔位，采用由上向下的顺序进行施工，这样可防止因下层冻结孔的施工引起上部地层扰动，减小钻孔施工时的事故发生率。

3）钻孔偏斜和终孔控制

①钻孔的偏斜应控制在 150mm 以内。

②在确保冻结帷幕厚度的情况下，单排冻结孔最大间距不得大于 1.4m，多排冻结孔最大间距不得大于 1.68m，否则应补孔。

③冻结孔钻进深度应不小于设计深度。钻头碰到隧道管片的，不参与制冷循环的长度不大于 150mm。

4）冻结孔钻进与冻结管设置

①钻孔设备使用 MD-50 钻机一台，配用 BW250 型泥浆泵，钻具利用 ϕ89mm × 8mm 冻结管作钻杆。

②冻结管之间采用丝扣连接，接头螺纹紧固后再用手工电弧焊焊接，确保其同心度和焊接强度。

③正常情况下，钻进时安装简易钻头，直接无水钻进。如果钻进困难时，在钻头部位安装一个特制单向阀门，采用带水钻进。冻结管到达设计深度后冲洗单向阀，并密封冻结管端部。

④钻进过程中严格监测孔偏斜情况，发现偏斜要及时纠偏，下好冻结管后，进行冻结管长度的复测，然后再用灯光测斜仪进行测斜并绘制钻孔偏斜图。

⑤冻结管长度和偏斜合格后再进行打压试漏，压力控制在 0.8MPa，稳定 15min 压力无变化者为试压合格。

⑥在冻结管内下供液管，然后焊接冻结管端盖和去、回路羊角。

5）冷冻站安装

①将冻结站设置在上行线隧道内，靠近联络通道位置。

②站内设备主要包括冷冻机、盐水箱、盐水泵、清水泵、冷却塔及配电控制柜等。

③设备安装按设备使用说明书的要求进行。

6）管路连接、保温与测试仪表

①管路用法兰连接，隧道内的盐水管用架子敷设在隧道管片斜坡上，以免影响隧道通行。

②在盐水管路和冷却水循环管路上要设置阀门和测温仪、压力表等测试组件。

③盐水管路经试漏、清洗后用保温板或棉絮保温，保温厚度为 50mm，保温层的外面用塑料薄膜包扎。

④集配液圈与冻结管的连接用高压胶管，每组冻结管的进出口各装阀门一个，以便控制流量。

⑤冷冻机组的蒸发器及低温管路用棉絮保温，盐水箱和盐水干管用 50mm 厚的保温板或棉絮保温。

⑥联络通道两侧管片保温：由于混凝土和钢管片相对于土层要容易散热得多，为加强冻结帷幕与管片胶结，联络通道两侧管片表面采取保温措施，以减少冷量损失。

⑦将钢管片格栅内用素混凝土填充密实，然后采用 PEF 保温板对冻结帷幕发展区域管片进行隔热保温。保温范围为冻结帷幕区域处加向外扩展 2m。

⑧在冻结站对侧隧道的冻结管的端部区域范围内布置冷冻排管，然后采用 PEF 板对冻结排管进行覆盖隔热保温。

7）积极冻结与维护冻结

①设备安装完毕后进行调试和试运转。在试运转时，要随时调节压力、温度等各状态参数，使机组在有关工艺规程和设备要求的技术参数条件下运行。冻结系统运转正常后进入积极冻结。

②此阶段为冻结帷幕的形成阶段，积极冻结期盐水温度为 $-28℃ \sim -30℃$，设计冻结时间 40d，视现场实际冻结效果，如不能按时达到冻结壁的设计要求，可延长积极冻结时间。

③在积极冻结过程中，要根据实测温度资料判断冻结帷幕是否交圈和达到设计厚度，同时要监测冻结帷幕与隧道的胶结情况，测温判断冻结帷幕交圈并达到设计厚度且与隧道完全胶结后，可进入维护冻结阶段。

④维护冻结期温度为 $-25℃ \sim -28℃$，冻结时间贯穿联络通道及泵站开挖和主体结构施工始终。

8）具备开挖冻结技术指标

要确定打开管片进行开挖还需结合测温孔资料、卸压孔压力、探孔情况等方面综合考虑，并具备如下条件，方可进行开挖构筑的施工，具体指标可参照表 25.5-1。

开挖冻结技术指标 表 25.5-1

项　目		数　值	备　注
冻结帷幕厚度		达到设计要求	根据测温孔推算
冻结帷幕平均温度		-10℃	用成冰公式法计算
盐水温度	积极期	-28℃ ~ -30℃	用测温仪监测
	维护期	-25 ~ -28℃	
盐水去、回路温差（包括各支路）	积极期	2℃以内	冻结至设计温度时
	维护期	1.0℃以内	
卸压孔	交圈前	静水压力	通过压力表观测
	交圈后	剧增至 0.15 ~ 0.3MPa	

（5）融沉控制及收尾工作

1）融沉控制

本联络通道所处的地面环境较好，没有重要的建筑物及管线，同时冻结加固的土层主要为③₅砂质粉土、③₆粉砂夹砂质粉土，拟采用自然解冻结合跟踪注浆的方式来控制融沉。并根据监测反馈的信息，进行动态调整注浆参数。

2）收尾工作

①浇筑完集水井混凝土结构层即可停冻，进行施工设备的拆除工作，并清理、整理现场，按要求跟踪注浆。

②冻结孔管补强：冻结站拆除，回收供液管，放出 $CaCl_2$ 盐水后，割去露出隧道管片的孔口管和冻结管，并在孔口管管口焊接 12mm 厚的封口板封闭管口。

③待通道混凝土结构达到设计强度后，拆除隧道内的钢支架，并再次对称拧紧特殊衬砌环内的所有连接螺栓。

④按设计在集水井上方加装钢盖板。

⑤用混凝土浇筑钢管片内格栅，并将外露钢构件表面刷涂环氧沥青漆二度。

⑥整理、修整、清理联络通道施工现场，并用清水进行冲洗，通道内不得有泥浆、油污和上道工序留下的施工设备。

参 考 文 献

[1] 中华人民共和国国家标准. 建筑地基基础工程施工质量验收规范 GB 50202—2002 [S]. 北京: 中国建筑工业出版社, 2012.

[2] 中华人民共和国国家标准. 地下铁道工程施工及验收规范 GB 50299—1999 [S]. 北京: 中国计划出版社, 2000.

[3] 中华人民共和国行业标准. 建筑基坑支护技术规程 JGJ 120—2012 [S]. 北京: 中国建筑工业出版社, 2013.

[4] 中华人民共和国行业标准. 建筑与市政降水工程技术规范 JGJ/T 111—1998 [S]. 北京: 中国建筑工业出版社, 1999.

[5] 中华人民共和国行业标准. 湿陷性黄土地区建筑基坑工程安全技术规程 JGJ 167—2009 [S]. 北京: 中国建筑工业出版社, 2010.

[6] 地方标准. 基坑管井降水工程技术规范 DB 42/T 830—2012 [S].

[7] 地方标准. 建筑基坑支护技术规程 DB 62/25—2000 [S].

[8] 地方标准. 地铁暗挖隧道注浆施工技术规程（试行）DB 01—96—2004 [S].

[9] 地方标准. 旁通道冻结法技术规程 DG/TJ 08—902—2006 [S].

[10] 企业标准. 轨道交通降水工程施工质量验收标准 QGD—013—2005 [S].

[11] 地方标准. 上海市轨道交通工程技术标准（暂行）STB 42/ZH—000001—2010 [S].

[12] 刘琦, 永梅. 水泥土搅拌桩的常见问题及应对措施 [J]. 中国军转民, 2010 (12).

[13] 崔永男. 钻孔灌注桩如何在碎石黏土层成桩.

[14] 阮晓璠, 张章坤. 钻孔灌注桩穿越碎石黏土层的工程实践 [J]. 浙江建筑, 2000 (S1).

[15] 刘振波, 赵春宏. 云南红黏土工程特性及岩土工程问题与对策 [J]. 岩土工程·勘测. 2005 (4).

[16] 王圣涛, 石雷. 深基坑开挖基底隆起原因分析与处理技术 [J]. 中国科技信息, 2009 (6).

[17] 杨晨. 论地铁盾构深基坑的土方开挖施工方法浅析 [J]. 城市建筑, 2013 (4).

[18] 李春英, 吴志强. 浅谈工程施工中黏土层的快速锚固技术 [J]. 安徽建筑, 2009 (5).

[19] 陈棚, 江玉生, 马振, 张迪. 盾构到达接收井主要风险因素分析及其防治. 市政技术, 2012 (6).

[20] 陈立. 黏土层中泥水盾构掘进施工技术探讨. 第二届隧道掘进机（盾构、TBM）专业委员会第一次学术研讨会暨中铁隧道集团城市盾构项目管理、施工技术、设备维保交流会论文集 [C]. 2011.

[21] 宋明胤, 郑杰元, 包锦. 黏土卵石层中的土压盾构施工技术 [J]. 山西建筑, 2011, 37 (10).

[22] 王振锋. 卵石地层中地铁隧道盾构施工引起的地表沉降研究 [D]. 西安: 西安科技大学, 2013.

[23] 中华人民共和国国家标准. 岩土工程勘察规范（2009 年版）GB 50021—2001 [S]. 北京: 中国建筑工业出版社, 2010.

[24] 周德凯, 郭涛峰, 唐继飞等. 地下连续墙接头渗漏原因及防治措施 [J]. 中国水运, 2010, 10 (7): 222-225.

[25] 潘秀明, 雷崇红等. 北京地铁砂卵石砾岩地层综合工程技术 [M]. 北京: 人民交通出版社, 2012, 333-334.

[26] 竺维彬, 钟长平, 黄威然等. 盾构施工"滞排"成因分析和对策研究 [J]. 广州. 2013.

[27] 常士骠, 张苏民. 工程地质手册第四版 [M]. 北京: 中国建筑工业出版社, 2007, 463-467.

[28] 侯景岩, 金淮等. 地铁工程监理人员质量安全培训教材 [M]. 北京: 知识产权出版社, 2009, 166-167.

[29] 吴言军. 北京地区人工填土的工程地质特征与工程应用分析 [J]. 工程地质学报, 2011, 19 (suppl): 282-287.

[30] 陈洪胜. 复杂人工填土的岩土工程勘察 [J]. 西部探矿工程, 2011, 12: 17-18.

[31] 孙建, 朱鹏翔, 梅向阳. 某填土区岩土工程勘察实例分析 [J]. 西部探矿工程, 2011, 6: 17-20.

[32] 钱培楠. 搅拌桩处理人工填土地基 [J]. 西部探矿工程, 2004, 612: 23-24.

[33] 孙飞, 李金奎. 人工填土下浅埋暗挖横通道 CRD 法施工的地表沉降监测分析 [J]. 现代隧道技术, 2012, 49 (1): 148-151.

[34] 陈继慧，姚建伟．深圳地区人工填土的承载力评价及处理对策 [J]．路基工程，2011，3：214-216．

[35] 何勤江，蒋华．回填土段超浅埋暗挖隧道下穿城市楼房施工技术 [J]．2010 年增刊：504-507．

[36] 中华人民共和国国家标准．膨胀土地区建筑技术规范 GB 50112—2013 [S]．北京：中国建筑工业出版社，2014．

[37] 工程地质手册编委会，工程地质手册（第五版）[M]．北京：中国建筑工业出版社，2007．

[38] 肖杰，杨和平，倪啸．北京西六环膨胀岩（土）深路堑柔性支护处治技术 [J]．中外公路，2010，30 (3)：38-41．

[39] 谢武．采用锚杆技术治理膨胀土陡边坡的经验 [J]．探矿工程（岩土钻掘工程），2007，(10)．

[40] 魏永幸，张仕忠，甘鹰等．成都膨胀岩土边坡稳定性分析方法研究 [J]．工程勘察，2010，(增1)：522-528．

[41] 李强，王明年，李德才等．地铁车站暗挖隧道对既有桩基的影响 [J]．岩石力学与工程学报，2006，25 (1)：184-190．

[42] 阮松．地铁车站钱买暗挖法施工引起沉降的控制措施研究 [M]．北京：北京交通大学，2007．

[43] 李立．地铁区间隧道穿越建筑物基础的保护方案探讨 [J]．隧道建设，2008，28 (6)：720-723．

[44] 沈捷．地铁隧道矿山法施工与地面沉降控制方法 [J]．山西建筑，2009，35 (14)：308-309．

[45] 朱训国．非饱和膨胀岩土的膨胀力特征研究 [J]．金属矿山，2010，413：21-26．

[46] 范秋雁，徐炳连，朱真．广西膨胀岩土滑坡治理工程实录 [J]．岩石力学与工程学报，2013，32 (增2)：3812-3820．

[47] 程全，武卫东，闫宏敏等．黑山地区膨胀岩土特性与地基处理 [J]．辽宁工程技术大学学报（自然科学版），1999，18 (1)：19-22．

[48] 范恩让．克拉玛依某研究所地区工程性质及房裂分析 [J]．岩土工程学报，1993，15 (5)：82-89．

[49] 唐咸远，肖杰，罗得把．两种柔性支护技术处治部分滑坍的膨胀岩土路堑边坡 [J]．公路，2014，(3)：1-5．

[50] 朱珍德，邢福东，刘汉龙等．南京红山窑第三系红砂岩膨胀变形性质试验研究 [J]．岩土力学，2004，25 (7)：1041-1044．

[51] 唐迎春，黄钟晖，张凯等．南宁第三系浅表层风化泥岩物理力学及膨胀特性指标分析 [J]．工程地质学报，2014，22 (1)：144-151．

[52] 陈世刚，牟伟，刘军．南水北调中线工程膨胀土渠段改性土施工中存在的困难及对策研究 [J]．长江科学院院报，2013，30 (9)：85-88．

[53] 方勇，崔戈，符亚鹏等．膨胀地层层状膨胀对盾构隧道结构荷载影响 [J]．铁道工程学报，2013 (7)：59-64．

[54] 郭瑞，何川，方勇．膨胀土地层中盾构隧道管片结构受力分析与对策研究 [J]．现代隧道技术，2010，47 (6)：17-22．

[55] 马少坤，WONGKS，吕虎等．膨胀土地基中隧道施工对群桩影响研究 [J]．岩土力学，2013，34 (11)：3055-3060．

[56] 李雄威，孔令伟，郭爱国．膨胀土地区边坡拟框锚结构工作特性的现场试验 [J]．岩土力学，2010，31 (增2)：125-130．

[57] 谢海成．膨胀土地区复杂环境下深基坑施工安全控制措施 [J]．安徽建筑，2014 (1)：99-112．

[58] 刘连保．膨胀土地区重型设备基础沉降处理措施 [J]．工程施工，2012，11 (9)：42-44．

[59] 康华．膨胀土对明挖车站围护结构设计的影响分析 [J]．甘肃科技，2009，25 (12)：118-119．

[60] 陈善雄．膨胀土工程特性与处治技术研究 [D]．武汉：华中科技大学，2006．

[61] 王年春，顾荣伟，章为民等．膨胀土中单桩性状的模型试验研究 [J]．2008，30 (1)：56-60．

[62] 杨庆，焦建奎，栾茂田．膨胀岩土侧限膨胀试验新方法与膨胀本构关系 [J]．岩土工程学报，2001，23 (1)：49-52．

[63] 林刚，罗世培，郭俊等．膨胀岩土地层盾构隧道结构力学行为研究 [J]．现代隧道技术，2011，48

（3）：74-79.

[64] 张海霞，张福海，张文慧等．青海省第三系泥岩的膨胀性和力学性研究［J］．人民黄河2005，27（1）：54-58.

[65] 马少坤，吕虎，Wong K S 等．双隧道对群桩影响的三维离心模型试验研究［J］．岩土工程学报，35（7）：1337-1342.

[66] 姜忻良，赵志民，李园．隧道开挖引起土层沉降槽曲线形态的分析与计算［J］．岩土力学，2004，25（10）：1542-1544.

[67] 王小春．西南山区膨胀土地区铁路路基工程风险评估与决策［M］．成都：西南交通大学，2011.

[68] 王新泰．湘桂铁路膨胀岩（土）路堑工点处理措施［J］．路基工程，2007（6）：132-133.

[69] 李国华，罗逸．用化学方法治理膨胀岩土渠道滑坡的研究［J］．港工技术，1995（4）：51-55.

[70] 缪协兴．用湿度应力场理论分析膨胀岩巷道围岩变形［J］．中国矿业大学学报，1995，24（1）：58-63.

[71] 缪协兴．用湿度应力场理论解圆形铜室遇水作用问题［J］．岩土工程学报，1995，17（5）：86-90.

[72] 欧孝夺，唐迎春，钟子文等．重塑膨胀岩土微变形条件下膨胀力试验研究［J］．岩石力学与工程学报，2013，32（5）：1067-1072.

[73] 李庆海，张夏临．桩板式 U 型槽结构在成都地铁膨胀岩土的应用［J］．路基工程，2008（4）：114-115.

[74] 袁建新．地下洞室有害气体测试评价与防护技术研究［D］．南京：河海大学硕士学位论文，2007.

[75] 吴应明．华蓥山隧道有害气体监测与综合治理技术［J］．现代隧道技术，2003，40（4）.

[76] 孙国林．铁路运营隧道有害气体防治［J］．内蒙古科技与经济，2010，（24）.

[77] 潘海洋．盾构穿越有害气体层设计，2012 年中铁随道集团低碳环保、优质工程修建技术专题交流会论文集［C］．2012.

[78] 高健等．浅层有害气体对地铁的影响及应对措施［J］．资源环境与工程，2014，28（4）.

[79] 史平扬．地铁工程中浅层气勘查及释放处理技术的探索［R］．广州施工技术交流会汇报材料，2014.

[80] 徐国庆等．杭州地铁 1 号线穿越钱塘江地层沼气释放技术探讨［J］．隧道建设，2013（3）.

[81] 赵云峰．北京地铁奥运支线北辰桥区辐射井降水施工技术［J］．探矿工程（岩土钻掘工程），2012，39（1）：57-60.

[82] 唐汐．北京地铁暗挖隧道注浆止水和加固技术分析［J］．山西建筑2012，38（15）：175-176.

[83] 陆云涌．辐射井降水方法在地铁施工中的应用研究［D］．吉林：吉林大学硕士学位论文，2005.

[84] 柳崇敏．基坑工程降水引起周围地表沉降的机理分析［D］．杭州：浙江大学硕士学位论文，2001.

[85] 徐锋．高压旋喷桩止水帷幕施工质量控制探讨［J］．中国水运（下半月刊），2011（02）.

[86] 孔恒．城市地铁隧道浅埋暗挖法地层预加固机理及其应用研究［D］．北京：北京交通大学博士学位论文，2003.

[87] 杨平．砂（卵）砾石层模拟注浆试验及渗透注浆机理研究［D］．长沙：中南大学博士学位论文，2005.